Buch-Updates

Registrieren Sie dieses Buch auf unserer Verlagswebsite. Sie erhalten damit Buch-Updates und weitere, exklusive Informationen zum Thema.

Galileo BUCH UPDATE

Und so geht's

> Einfach **www.sap-press.de** aufrufen

<<< Auf das Logo **Buch-Updates** klicken

> Unten genannten **Zugangscode** eingeben

Ihr persönlicher Zugang zu den Buch-Updates 132624331577

Entwicklerbuch SAP® Exchange Infrastructure

SAP PRESS

SAP PRESS wird herausgegeben von
Bernhard Hochlehnert, SAP AG

SAP PRESS ist eine gemeinschaftliche Initiative von SAP und Galileo Press. Ziel ist es, Anwendern qualifiziertes SAP-Wissen zur Verfügung zu stellen. SAP PRESS vereint das fachliche Know-how der SAP und die verlegerische Kompetenz von Galileo Press. Die Bücher bieten Expertenwissen zu technischen wie auch zu betriebswirtschaftlichen SAP-Themen.

Valentin Nicolescu, Burkhardt Funk, Peter Niemeyer, Matthias Heiler,
Holger Wittges, Thomas Morandell, Florian Visintin,
Benedikt Kleine Stegemann

Entwicklerbuch
SAP® Exchange Infrastructure

SAP PRESS

Liebe Leserin, lieber Leser,

vielen Dank, dass Sie sich für ein Buch von SAP PRESS entschieden haben.

Unternehmensprozesse sind komplex: Man hat es nicht nur mit betriebswirtschaftlichen Abläufen innerhalb des eigenen Unternehmens zu tun, sondern es müssen unter Umständen auch zahlreiche Kunden, Partner und Lieferanten entlang dieser Prozesse integriert werden. Und nicht zuletzt müssen Sie bei Ihrer täglichen Arbeit mit der Datenflut umzugehen wissen, die zwischen den verschiedenen Systemen ausgetauscht wird – vom Umgang mit verschiedenen Datenformaten und den entsprechenden Konvertierungen ganz abgesehen.

SAP stellt Ihnen für diese Art der End-to-End-Prozessintegration mit der SAP NetWeaver Exchange Infrastructure ein mächtiges Werkzeug zur Verfügung. Umso überraschender finde ich es immer wieder, dass das XI-System in schematischen Abbildungen als kleiner Kreis mit geschwungenem Pfeil dargestellt wird. Dass diese Vereinfachung der komplexen Prozesse innerhalb von SAP XI aber durchaus legitim ist, beweisen die Autoren dieses Buches auf jeder Seite: Sie sind nicht nur ausgewiesene Experten in der XI-Entwicklung, sondern schaffen es auch, alle Fragen rund um Adapter, Proxys und Mappings zum richtigen Zeitpunkt in der gebotenen Tiefe zu beantworten. Ich bin mir sicher, dass Sie nach der Lektüre dieses Buches Ihre Daten problemlos im Griff haben werden.

Jedes unserer Bücher will Sie überzeugen. Damit uns das immer wieder neu gelingt, sind wir auf Ihre Rückmeldung angewiesen. Kritik oder Zuspruch hilft uns bei der Arbeit an weiteren Auflagen. Ich freue mich deshalb, wenn Sie sich mit kritischen und freundlichen Anregungen sowie Wünschen und Ideen an mich wenden.

Ihr Stefan Proksch
Lektorat SAP PRESS

Galileo Press
Rheinwerkallee 4
53227 Bonn

stefan.proksch@galileo-press.de
www.sap-press.de

Auf einen Blick

Der Name Galileo Press geht auf den italienischen Mathematiker und Philosophen Galileo Galilei (1564–1642) zurück. Er gilt als Gründungsfigur der neuzeitlichen Wissenschaft und wurde berühmt als Verfechter des modernen, heliozentrischen Weltbilds. Legendär ist sein Ausspruch *Eppur se muove* (Und sie bewegt sich doch). Das Emblem von Galileo Press ist der Jupiter, umkreist von den vier Galileischen Monden. Galilei entdeckte die nach ihm benannten Monde 1610.

Gerne stehen wir Ihnen mit Rat und Tat zur Seite:
stefan.proksch@galileo-press.de bei Fragen und Anmerkungen zum Inhalt des Buches
service@galileo-press.de für versandkostenfreie Bestellungen und Reklamationen
thomas.losch@galileo-press.de für Rezensionsexemplare

Lektorat Stefan Proksch
Korrektorat Katrin Fischer, Baden-Baden
Einbandgestaltung Silke Braun
Typografie und Layout Vera Brauner
Herstellung Steffi Ehrentraut
Satz SatzPro, Krefeld
Druck und Bindung Bercker Graphischer Betrieb, Kevelaer

Bibliografische Information der Deutschen Bibliothek
Die Deutsche Bibliothek verzeichnet diese Publikation in der Deutschen Nationalbibliografie; detaillierte bibliografische Daten sind im Internet über http://dnb.ddb.de abrufbar.

ISBN 3-89842-810-9
ISBN 13 978-3-89842-810-1

1. Auflage 2006

Inhalt

Geleitwort

Die aktuelle Diskussion um eine »Enterprise Service-Oriented Architecture« (Enterprise SOA) basiert ganz wesentlich auf dem Gedanken der Integration fachlicher Dienste im Unternehmen (Enterprise Services) zu flexiblen und modularen Lösungen. Integrationsplattformen werden in diesem Zusammenhang für die technische Verbindung und Koordination einzelner Services verwendet. Sie nehmen somit eine sehr zentrale Rolle in modernen Unternehmenslandschaften ein. Die Beschäftigung mit diesen Plattformen ist daher für die Gestaltung moderner Softwarearchitekturen von großer Bedeutung.

Integrationsplattformen gibt es in den verschiedensten Ausprägungen, von umfangreichen EAI-Lösungen bis zu leichtgewichtigeren Angeboten, die sich momentan gerne mit der Bezeichnung »Enterprise Service Bus« (ESB) schmücken. Diese Heterogenität des Angebots alleine rechtfertigt eine eingehendere Beschäftigung mit diesem Thema. Auch stellt die Menge der Anforderungen, die ganz konkret durch die inner- und überbetriebliche Integration von Prozessen entsteht, für den Benutzer zunächst einen hohen Berg dar, den es zu erklimmen gilt.

Eine Hilfe beim Aufstieg stellt dieses Buch dar. Es ist das Ergebnis der gegenseitigen Befruchtung von Theorie und Praxis: Theorie im Sinne einer strukturierten Herangehensweise und einer didaktischen Aufbereitung eines komplexen Themas; Praxis, da der Gegenstand der Betrachtung Teil einer Unternehmenssoftware ist, ohne die die meisten Unternehmen weltweit nicht mehr arbeiten könnten. Das Buch lädt dazu ein, neue Konzepte anhand von umfangreichen Beispielen zu erlernen. Dabei stehen praktische Überlegungen aus dem Einsatzfeld von SAP NetWeaver XI im Vordergrund, während die notwendigen theoretischen Grundlagen so weit erläutert werden, wie sie für das Verständnis der Übungen notwendig sind.

Es würde uns freuen, wenn das Buch zahlreichen Lesern den Einstieg in die Thematik des Prozess- und Integrationsdesigns auf Basis der SAP NetWeaver Exchange Infrastructure erleichtern würde.

In diesem Sinne wünschen wir Ihnen eine spannende und aufschlussreiche Lektüre.

Prof. Dr. Helmut Krcmar
(Lehrstuhl für Wirtschaftsinformatik,
Technische Universität München)

Dr. Wolfgang Fassnacht
(Senior Product Manager, SAP NetWeaver Process
Integration & Enterprise Services)

Vorwort

Inhalt

Dieses Buch bietet anhand praktischer Beispiele eine Einführung in die prozessorientierte Integration mithilfe der *SAP NetWeaver Exchange Infrastructure* (SAP XI).

Die Integration betrieblicher Prozesse innerhalb von und über Unternehmensgrenzen hinweg spielt seit vielen Jahren eine bedeutende Rolle bei der Konzeption von Systemlandschaften. Während zu Beginn der Fokus auf der innerbetrieblichen Ebene lag, rückt die Realisierung von Prozessketten mit Geschäftspartnern zunehmend in den Mittelpunkt. Die steigende Komplexität bei der Umsetzung solcher Szenarien stellt an Berater und IT-Mitarbeiter immer höhere Ansprüche. Vernetztes Denken und ein Blick über den Tellerrand hinaus stellen dabei nur zwei Ansätze dar, diese Herausforderung zu meistern. Ein wichtiger Faktor, um mit dieser rasanten Entwicklung Schritt zu halten, ist die praktische Auseinandersetzung mit State-of-the-art-Produkten in diesem Bereich.

SAP hat mit Release 3.0 der SAP NetWeaver Exchange Infrastructure ein Produkt bereitgestellt, das aufgrund seiner umfangreichen Funktionen und der übersichtlichen Bedienkonzeption besonders dazu geeignet ist, Integrationsprozesse zu veranschaulichen und zu implementieren. Auf Basis dieser Anwendung und ihrer Einbindung in SAP-Systemlandschaften sollen Ihnen die praktischen Übungen in diesem Buch die Funktionsabläufe näher bringen.

Aufbau des Buches

Bevor der Blick auf das Produkt der SAP fokussiert wird, werden in **Kapitel 1** zunächst die Ansätze, Architekturen und Standards im Bereich der Integration als Grundlage der späteren Übungen betrachtet. Zudem wird die Bedeutung von EAI-Plattformen dargestellt und ein erster Blick auf das Business Process Management geworfen.

Kapitel 2 ordnet die SAP NetWeaver Exchange Infrastructure in die SAP-Produktfamilie ein und stellt dabei insbesondere ihre Rolle innerhalb von SAP NetWeaver vor. Bei der Betrachtung von SAP XI werden die einzelnen Bestandteile und ihre grundlegende Funktionsweise einprägsam anhand einfacher Beispiele beschrieben. Dabei beinhaltet die Betrachtung der XI-Bestandteile auch die Vorstellung verwendeter Konzepte.

Mit diesem Rüstzeug begeben Sie sich im zweiten Teil des Buches in den praktischen Teil: Damit Sie in Ihrer SAP-(Schulungs-)Landschaft alle Übungen durchführen können, werden in **Kapitel 3** Schritt für Schritt alle Vorbereitungen dazu getroffen. Es werden Ihnen dabei alle Einstellungen ausführlich erklärt, damit Sie die technischen Abläufe der praktischen Übungen besser verstehen.

Auf der Grundlage der vorbereiteten Schulungslandschaft werden Sie in **Kapitel 4** erste einzelne Übungen durchführen. Dabei stehen insbesondere der Umgang mit den Komponenten von SAP XI und das Umsetzen der Abläufe im Vordergrund. Sie werden in diesem Zusammenhang die wichtigsten Adapter und Monitoring-Methoden kennen lernen. Großen Wert haben wir bei den Übungen auf die Nachvollziehbarkeit der Herkunft aller Objekte gelegt. Es fällt »kein Objekt vom Himmel«, da Sie in Ihrem Arbeitsleben auch die meisten Objekte von Anfang an neu konzipieren müssen. Im Rahmen dieses Kapitels werden Sie sich zudem mit den Grundlagen des Business Process Managements in SAP XI auseinander setzen, was in der Fallstudie vertieft wird.

Nachdem Sie sich mit den grundlegenden Techniken von SAP XI vertraut gemacht haben, werden Sie in **Kapitel 5** einen kompletten Vertriebsprozess von der Kundenanfrage bis zur Rechnung umsetzen. Das Szenario setzt dabei auf der in SAP-Schulungen bewährten SARIDIS-Fallstudie auf.

Die vorgestellte Fallstudie kann mit Anregungen aus **Kapitel 6** erweitert werden. Darüber hinaus wird in diesem Kapitel das Beer Distribution Game vorgestellt, das ebenfalls Basis einer Fallstudie sein kann. Abschließend wird die Bedeutung von SAP XI im Zusammenhang mit serviceorientierten Architekturen – insbesondere mit der Enterprise Services Architecture (ESA) bzw. Enterprise SOA – betrachtet. Außerdem erhalten Sie einen Einblick in die Weiterentwicklung der SAP NetWeaver Exchange Infrastructure.

Zielgruppe

Da wir Autoren von Haus aus zwischen den Stühlen Pädagogik und Praxis sitzen, ist dieses Buch für einen größeren Leserkreis geeignet, als es vermuten lässt. Mit vielen Jahren Erfahrung in der SAP-Ausbildung im Hochschulbereich wissen wir um die Ansprüche aus der Praxis, die an Berater und Absolventen gleichermaßen gestellt werden. Gleichzeitig sehen wir uns jeden Tag der Herausforderung gegenüber, komplexe Sachverhalte verständlich zu erklären.

Aus diesem Grund ist dieses Buch einerseits für Berater, IT-Mitarbeiter und Entscheider gedacht, die sich einen ersten Eindruck von der Arbeit mit SAP XI machen möchten. Deshalb haben wir bei der Beschreibung der Konzepte und der Auswahl der Übungen darauf geachtet, praxisrelevante Problemstellungen aufzugreifen und Hilfen für die Umsetzung in Ihrem Betrieb zu geben. Andererseits ist dieses Buch für zukünftige Praktiker gedacht, die derzeit in verschiedenartigen Bildungseinrichtungen auf den Ernst des Lebens vorbereitet werden. Für diese Studenten und Schüler der Wirtschaftsinformatik und Informatik haben wir versucht, die grundlegenden Konzepte einprägsam zu beschreiben, damit nachvollziehbar wird, wieso die einzelnen Komponenten und Schritte erforderlich sind.

Diese erweiterte Leserschaft führt auch dazu, dass dieses Buch zum einen für die Bearbeitung durch Autodidakten und zum anderen für die Verwendung in Unterrichtskursen mit mehreren Teilnehmern und einem Dozenten konzipiert wurde. Als Kursgröße sind wir bei den Vorbereitungen der Quellcodes und Transporte von 20 Teilnehmern und einem Dozenten ausgegangen.

Vorkenntnisse

Zur Bearbeitung des praktischen Teils dieses Buches ist es ratsam, bereits erste Erfahrungen im Umgang mit SAP-Produkten gemacht zu haben und grundlegende Bedienregeln zu kennen. Darüber hinaus trägt es zum Verständnis der Übungen bei, wenn Sie grundlegende Kenntnisse in der ABAP-Programmierung besitzen. Diese sind jedoch nicht zwingend erforderlich, da jegliche ABAP-Entwicklung bereits als verwendbare Vorlage besteht. Ebenso trägt die Kenntnis über bisherige SAP-Integrationsmechanismen wie z.B. IDocs zum Verständnis bei.

Hinweise zur Nutzung

Ziel dieses Buches ist es, Ihnen schnell und einfach einen detaillierten Einblick in die SAP NetWeaver Exchange Infrastructure und ihre Funktionsweise zu geben. Dabei haben wir großen Wert darauf gelegt, dass alles nachvollziehbar, aber dennoch schnell umsetzbar ist. Leider erlaubt die Komplexität der Materie nicht in allen Fällen, alle Komponenten und Einstellungen vorgefertigt bereitzustellen. Wo es jedoch möglich war, fertige Elemente anzubieten, haben wir sie erstellt – auf der Webseite zum Buch unter *http://www.sap-press.de/1264* finden Sie Vorlagen für Dateien, Transporte, Beispielcode und alles, was Ihnen sonst noch die Umsetzung der Übungsbeispiele erleichtert. Über die in diesem Buch befindlichen Übungen und die Fallstudie hinaus haben wir am Ende viele weitere Ansatzpunkte aufgeführt, anhand derer Sie den praktischen Teil weiterentwickeln oder auf anderen Fallstudien und Szenarien aufsetzen können.

Wir werden uns bemühen, Fehler, die Ihnen oder uns auffallen, schnell und umfassend in eine Errata-Liste aufzunehmen. Dies ist jedoch nur durch Ihr Feedback möglich. Zögern Sie also nicht, uns Fehler und Verbesserungsvorschläge mitzuteilen. Berücksichtigen Sie dabei jedoch bitte, dass dieses Werk für viele Leser die ersten Schritte auf diesem Gebiet darstellt und wir die Inhalte so einfach, aber dennoch so praxisrelevant wie möglich gehalten haben. Diese notwendige Gratwanderung führte dazu, dass wir an vielen Stellen die Problemstellungen nicht so tief beschrieben haben, wie es möglich wäre. Wir hoffen jedoch, dass – womöglich auch durch dieses Buch angeregt – andere Autoren dort weiterschreiben werden, wo wir aufgehört haben.

Danksagung

Das vorliegende Buch wäre sicherlich nicht entstanden, wenn uns nicht viele Personen bei diesem Projekt zunächst ermutigt und tatsächlich auch das gehalten hätten, was sie uns versprochen haben: nämlich bei der Erstellung dieses Werkes mitzuwirken.

Wir möchten uns zunächst bei unseren Familien und Freunden bedanken, die uns in der Zeit der Konzeption und des Schreibens unterstützt und ermutigt haben.

Darüber hinaus wollen wir denjenigen danken, die uns mit Rat und Tat zur Seite gestanden haben: Thomas Mattern, Wolfgang Fassnacht, Harald Nehring und Sven Gierse für die Hilfe bei der Konzeption des Buches; Sven Leukert, Claudia Weller und Thomas Volmering für den Review einzelner Kapitel; Heino Schrader und Professor Dr. Helmut Krcmar für die Bereitstellung des XI-Systems; Dr. Amelia Maurizio und James Farrar für die Unterstützung im SAP University Alliances-Programm; Dr. Markus Friesen, Andreas Holz, Eckhard Schaumann und Michael Unterberger von SUN für die Bereitstellung und den Support von performanter Hardware; Matthias Mohr und Astrid Hoffmann für die Erlaubnis, die SARIDIS-Fallstudie zu verwenden; Joachim Biggel für Hilfestellungen bei der ABAP-Entwicklung; Patrick Bollinger für die Hilfe bei anfänglichen Startproblemen und schließlich Alexander Mors, Andre Bögelsack und Holger Jehle vom SAP Hochschul Competence Center an der Technischen Universität München.

Im Juni 2006

Valentin Nicolescu	**Prof. Dr. Burkhardt Funk**
Prof. Dr. Peter Niemeyer	**Matthias Heiler**
Dr. Holger Wittges	**Thomas Morandell**
Florian Visintin	**Benedikt Kleine Stegemann**

TEIL I
Grundlagen

In diesem Kapitel werden die Notwendigkeit der Integration von Informationssystemen und ihre Grundlagen dargestellt. Dabei werden die wesentlichen Schwierigkeiten aufgezeigt und Konzepte zu ihrer Lösung vorgestellt.

1 Integration von betrieblichen Informationssystemen

1.1 Grundlagen

Die Heterogenität heutiger Anwendungslandschaften macht die Integration von betrieblichen Informationssystemen zu einer der wesentlichen Aufgaben von IT-Abteilungen.

In diesem Kapitel wird die bisherige Entwicklung des Themas skizziert und die Integrationsnotwendigkeit erläutert. Anhand eines Praxisbeispiels erfolgt anschließend ein Überblick über die bei der Integration auftretenden Problemstellungen und die Konzepte und Technologien zu ihrer Lösung. Das Kapitel schließt mit einer Betrachtung der daraus abgeleiteten Komponenten einer typischen Integrationsplattform, wie beispielsweise SAP NetWeaver, ab.

1.1.1 Historische Entwicklung

Ausgangspunkt: Monolithische Anwendungssysteme

In den 50er und 60er Jahren dominierten Großrechner und die darauf laufenden monolithischen Anwendungssysteme die IT-Landschaften der Unternehmen. Da nur wenige betriebliche Abläufe zu dieser Zeit durch die IT unterstützt wurden, bestand kein ausgeprägter Bedarf an der Integration dieser »Insellösungen«. Mit zunehmender IT-Unterstützung der Unternehmen wuchs Anfang der 70er Jahre die Notwendigkeit, die Anwendungen beispielsweise in den Bereichen der Materialwirtschaft, des Personals und der Finanzbuchhaltung zu integrieren. Mit dem Kölner Integrationsmodell von Grochla und den Referenzmodellen von Scheer und Mertens entstanden Anfang der 70er Jahre die ersten Konzepte zur integrierten Informationsverarbeitung.

CIM und ERP

Praktische Bedeutung erlangte das Thema Integration mit der Entwicklung von *Computer Integrated Manufacturing* (CIM). Der wesentliche Nutzen besteht dabei in der Automatisierung von Datenflüssen zwischen verschiedenen Anwendungen. So konnten beispielsweise in der Automobilindustrie Stücklisten in einem CAD-System (Computer Aided Design) generiert und anschließend automatisch im Rahmen von Materialwirtschaft und PPS-Systemen (Produktionsplanung und -steuerung) genutzt werden.

Seit Mitte der 80er Jahre verfolgen ERP-Anbieter (*Enterprise Resource Planning*) das Ziel, bereits vorintegrierte Anwendungen zu liefern. Dies funktioniert, sofern ausschließlich Anwendungen eines Anbieters (einer »Softwaregeneration«) genutzt werden, sehr gut. In der Praxis zeigt sich jedoch, dass Unternehmen trotz der Verwendung von ERP-Systemen meist noch einzelne Altanwendungen einsetzen, die aufgrund ihrer Komplexität und Bedeutung für das Geschäft betriebswirtschaftlich nicht sinnvoll durch Standardsoftware abgelöst werden können. Darüber hinaus verfolgen Unternehmen häufig einen so genannten *Best-of-breed-Ansatz*, der vorsieht, dass für einzelne Anwendungen jeweils das beste am Markt verfügbare Produkt genutzt wird. Beide Aspekte begründen weiterhin die Notwendigkeit zur Integration von IT-Systemen.

Überbetriebliche Integration

Neben der innerbetrieblichen Integration von Anwendungssystemen – *Enterprise Application Integration* (vgl. Conrad et al., 2006) – ist spätestens seit Ende der 70er Jahre auch die überbetriebliche Integration von Bedeutung (siehe Abbildung 1.1). In der Anfangszeit handelte es sich meist um einen bilateralen Austausch von Daten auf der Grundlage von Datenträgern und proprietären Formaten. Diese Formate wurden im Rahmen des Electronic Data Interchange (EDI) um semantische und branchenspezifische Standards wie S.W.I.F.T (Banken), ODETTE (Automobil) und RosettaNet (Hightech) ergänzt. Während diese Standards auch heute noch eingesetzt werden, gewinnen XML-basierte Nachrichtenformate zunehmend an Bedeutung. Diese ermöglichen über Ansätze wie RDF[1] die branchenspezifische Bedeutungsgebung und sind gleichzeitig flexibel an den jeweiligen Anwendungsfall anpassbar.

1 Das Resource Description Framework (*http://www.w3.org/RDF*) ermöglicht die Beschreibung und Bedeutungsgebung anhand von Metadaten.

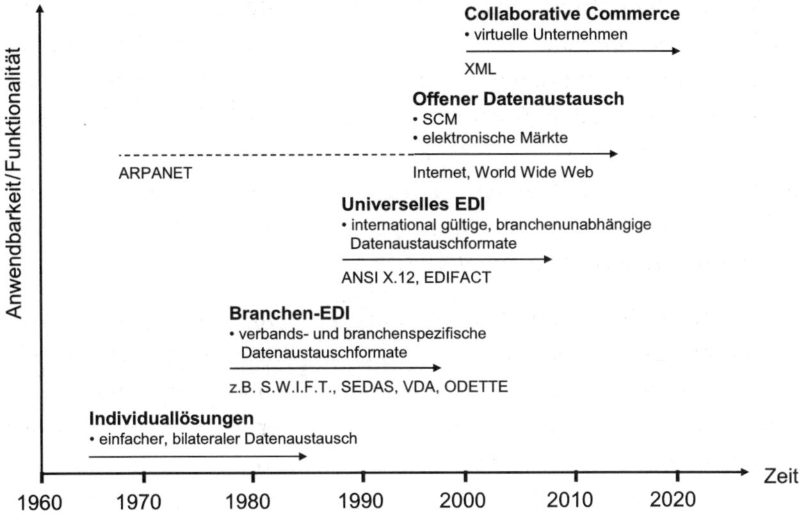

Abbildung 1.1 Entwicklung der überbetrieblichen Integration (Quelle: Scheckenbach)

Mit elektronischen Marktplätzen und E-Procurement-Plattformen stehen heute fachliche Anwendungen im Vordergrund, die eine prozessorientierte Integration über Unternehmensgrenzen hinweg umfassen. Um eine solche Integration kosteneffizient, schnell und flexibel umsetzen zu können, ist die Nutzung verbreiteter Standards (z.B. Nachrichtenformate, Protokolle) und von Infrastrukturdiensten (z.B. Sicherheit, Prozess-Engine, Monitoring) sinnvoll. Für diese Aufgaben werden zunehmend kommerzielle oder freie Integrationsplattformen genutzt – die SAP NetWeaver Exchange Infrastructure ist eine solche Plattform.

1.1.2 Gründe und Ziele für die Integration von IT-Systemen

Die technischen Gründe für die Notwenigkeit der Integration von IT-Systemen können in drei Kategorien unterteilt werden:

- **Plattformunterschiede**
  Hierzu zählen unterschiedliche Programmiersprachen, Entwicklungs- und Laufzeitumgebungen sowie unterschiedliche kommerzielle Komponenten (z. B. Datenbanken).
- **Architekturunterschiede**
  Diese umfassen unterschiedliche System- und Softwarearchitekturen (z. B. Client-Server-Architektur vs. vierschichtige Webarchi-

tekturen) und unterschiedliche Nachrichtenmodi (synchron vs. asynchron).

- **Nutzung von fremden und verteilten Diensten**
  Unabhängig davon, ob ein Unternehmen über mehrere Standorte verteilt ist oder Dienste anderer Unternehmen nutzen möchte, sind diese entweder über Online-Schnittstellen oder Techniken zur Batch-Verarbeitung miteinander zu integrieren.

Zielsetzung der Integration

Die Fortune-1000-Unternehmen geben nach Studien der Gartner Group und von Forrester Research jährlich 100 Mrd. US-Dollar und damit etwa 35 % ihrer IT-Budgets für Integrationsaufgaben aus. Die betriebswirtschaftlichen Gründe für die hohen Investitionen dienen der Erreichung folgender Ziele:

- Entwicklung neuer Produkte, Erreichen neuer Kundengruppen und Einbindung weiterer Lieferanten
- höhere Flexibilität in der Ablauforganisation und umfassende Prozessautomatisierung
- Reduzierung der Latenzzeiten in der Informationsversorgung und -verarbeitung
- Reduzierung der Entwicklungskosten

Die technische Zielsetzung für die Integration liegt insbesondere in der Komplexitätsreduktion und der Wiederverwendung von existierenden Softwarekomponenten und -systemen.

1.1.3 Merkmale der Integration

Nach Mertens kann die Integration anhand von vier Merkmalen charakterisiert werden: Gegenstand, Richtung, Reichweite und Automatisierungsgrad.

Integrationsgegenstand

Integrationsgegenstände können Daten, Programme, Funktionen, Prozesse und Dienste sein. Daten und Programme verweisen dabei auf die technischen Elemente, die integriert werden. Funktionen, Prozesse und Dienste hingegen stellen die fachlichen Elemente dar. So könnte ein Dienst beispielsweise die Prüfung der Bonität eines potentiellen Kunden sein. Dieser Dienst könnte wiederum in einen Auftragsbearbeitungsprozess integriert und somit mit anderen Diensten verbunden werden.

Integrations-richtung

Wie in Abbildung 1.2 dargestellt, wird bei der *Integrationsrichtung* zwischen der vertikalen und der horizontalen Integration differenziert.

- Bei der horizontalen Integration werden die einzelnen Stufen der Wertschöpfungskette miteinander verbunden. So erhält der Vertrieb beispielsweise einen Kundenauftrag, gibt diesen an die Beschaffung und anschließend an die Produktion weiter, um letztendlich die bestellte Ware auszuliefern.
- Die vertikale Integration zielt auf die Entscheidungsunterstützung im Rahmen der Planungs- und Kontrollsysteme ab. Wesentliche Aufgabe ist hierbei die Integration von Daten aus verschiedenen Anwendungen und Datentöpfen der operativen Anwendungssysteme. Als Beispiel seien die unterschiedlichen Vertriebssysteme eines großen Versandhandelsunternehmens (z.B. Webshop, Mailorder- und Callcenter-Anwendung) genannt: Zur Erstellung einer Vertriebsstatistik auf Unternehmensebene müssen die Daten aus den einzelnen Vertriebssystemen ermittelt und aggregiert werden. Die dabei auftretenden Probleme und die Lösungsansätze werden in den Abschnitten 1.2 und 1.3 erörtert.

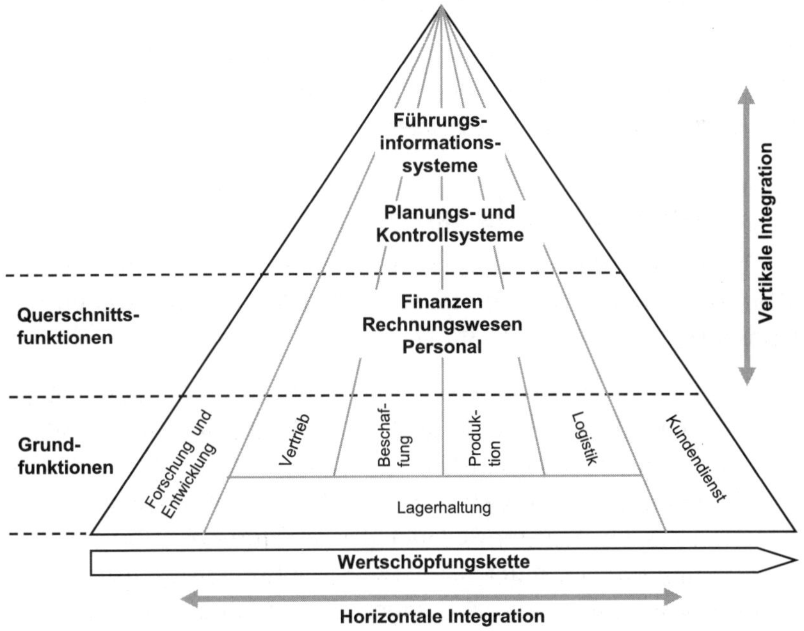

Abbildung 1.2 Horizontale und vertikale Integration innerhalb eines Unternehmens (in Anlehnung an Mertens)

Integrationsreichweite

Bei der *Integrationsreichweite* wird wie zuvor beschrieben zwischen der überbetrieblichen und innerbetrieblichen Integration differenziert. Letztere wiederum wird nach Mertens in die Bereichs- und die bereichsübergreifende Integration unterteilt. Beispiel für eine bereichsübergreifende Integration ist ein CRM-System, das sowohl auf Daten und Funktionen aus den Bereichen Marketing, Vertrieb, Produktmanagement als auch auf den Kundenservice zugreift.

Automatisierungsgrad und Latenzzeiten

Abhängig davon, ob bei der Integration von IT-Systemen eine Mensch-Maschine-Interaktion erforderlich ist, wird zwischen einer vollautomatischen und einer teilautomatischen Integration unterschieden. Die teilautomatische Integration erfordert Funktionen, die die Initiierung und Koordination der Kommunikation zwischen Mensch und Maschine übernehmen. Diese Aufgabe kann entweder von eigenentwickelten Komponenten, Komponenten einer Integrationsplattform oder einem spezifischen Workflow-Management-System (WMS) übernommen werden. Neben dem *Automatisierungsgrad* spielt auch die Art der Verarbeitung und die damit verbundene Latenzzeit als Integrationsmerkmal eine wesentliche Rolle. Unterschieden wird hierbei zwischen einer Integration, die in Echtzeit erfolgt (z.B. Kreditkartenabwicklung in einem Online-Shop) oder nur zu bestimmten Zeitpunkten (Batch-Modus).

1.2 Praktisches Integrationsbeispiel

Beispiel: Rechnungsprüfungsprozess

Nachdem Sie im vorangegangenen Abschnitt die Motivation und die wesentlichen Merkmale der Integration kennen gelernt haben, soll anhand eines betrieblichen Kernprozesses – der Rechnungsprüfung – erläutert werden, welche Herausforderungen bei der Integration von Geschäftsprozessen auftreten.

Im Rahmen der Rechnungsprüfung werden verschiedene Dinge geprüft, schließlich will man nur für die Waren und Dienstleistungen bezahlen, die man auch bestellt und erhalten hat und man möchte diese natürlich auch nur einmal bezahlen. Darüber hinaus müssen Unternehmen im Zeitalter des *Sarbanes-Oxley Act* (SOX) – zumindest wenn sie an der New York Stock Exchange gelistet sind – nachweisen, wofür sie bezahlt haben. Daher muss der Prozess zur Rechnungsprüfung und -verarbeitung auditierbar sein; d. h., dass ausgehend von einer archivierten Rechnung auch zu einem späteren

Zeitpunkt die zuvor genannten Aspekte nachvollziehbar sein müssen.

Die Rechnung selbst enthält die wichtigsten Informationen, anhand derer sie geprüft werden kann. So führt die Rechnung üblicherweise auf, von wem die Rechnung ist, für welche Produkte oder Dienstleistungen sie erstellt wurde, wer diese bestellt hat, wann sie bestellt wurden plus die Materialnummern der Waren oder Dienstleistungen. Im eigenen Unternehmen wiederum liegen hierzu die Bestellaufträge, die Wareneingangsbestätigungen und die bereits bezahlten Rechnungen vor.

Mehrere IT-Systeme und Anwendungen

Meist erfordert dieser Prozess die Einbindung mehrerer IT-Systeme und Anwendungen. So ist es in realen Situationen üblich, dass z.B. die Bestellungen bzw. der Wareneingang in mehreren dezentralen Bestell- und Wareneingangsystemen durchgeführt werden, die Bezahlung hingegen in einem zentralen Buchhaltungssystem abläuft. Daher ist es nicht immer offensichtlich, in welchem System man nach der Bestellung suchen muss. Gegebenenfalls ist die Bezahlung wiederum in einem *Shared Service Center* für einzelne Regionen zusammengefasst oder als Gesamtprozess an einen *Business-Process-Outsourcing*-Anbieter (BPO) vergeben, was die Integrationsanforderungen weiter erhöht. Im Falle von Dienstleistungen existiert meist keine zur Wareneingangskontrolle analoge Anwendung, stattdessen wird mit Rechnungseingang ein Workflow initiiert, der die Freigabe, Ablehnung oder Modifikation durch den Auftraggeber einfordert. Ein Workflow kann in diesem Zusammenhang mehrere einzelne Tasks umfassen (z.B. erfordert die Freigabe der Rechnung abhängig von der Höhe das Votum von zwei Mitarbeitern).

Welche konkreten Probleme und Aufgaben bei der Integration auftreten, soll im Folgenden anhand ausgewählter Prozess-Schritte (siehe Abbildung 1.3) aus Sicht des empfangenden Unternehmens erörtert werden.

Im Rahmen des Rechnungseingangs (siehe ❶) können neben Papierrechnungen auch elektronische Dokumente eingehen. Um aktuellen gesetzlichen und steuerlichen Anforderungen zu genügen, müssen diese digital signiert werden und die digitale Signatur muss bei Rechnungseingang geprüft werden (fachliche und prozessbedingte Komplexität).

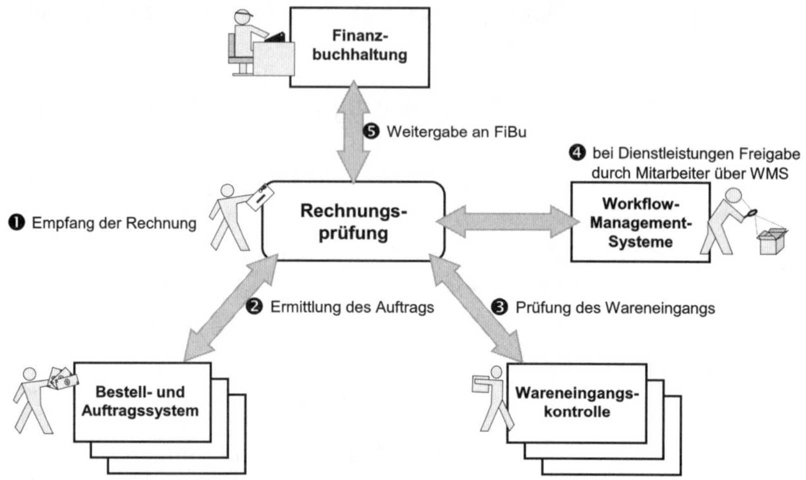

Abbildung 1.3 Beteiligte IT-Anwendungen in der Rechnungsprüfung

Die Rechnungsdokumente selbst können entweder unstrukturierte (z.B. in Form eines PDF-Dokumentes) oder strukturierte Daten enthalten (z.B. EDIFACT, XML oder CSV). Im Falle der strukturierten Übergabe der Rechnungsdaten ist eine weitgehend automatische Übernahme in die IT-Systeme des Unternehmens möglich und wünschenswert.

Sofern ein Auftraggeber nicht über die Marktmacht verfügt, den eigenen Lieferanten verbindliche Vorgaben zum Rechnungsinhalt und -format (z.B. Nutzung eines Standards wie EDIFACT) vorzuschreiben, können zwischen interner und externer Datendarstellung so genannte Schema- und Datenkonflikte (vgl. Conrad 1997; Conrad et al. 2006) auftreten.

Schemakonflikte

- Ein struktureller Schemakonflikt liegt beispielsweise vor, wenn beim Lieferanten Straße und Hausnummer durch getrennte Attribute dargestellt werden, während diese beim Rechnungsempfänger in einem Attribut gespeichert werden. Der Lieferant könnte darüber hinaus einzelne Rechnungspositionen hierarchisch detaillieren, die das Unternehmen in einer Auftragsposition zusammengefasst hat.

  Neben den strukturellen Schemakonflikten können bei der Integration verschiedene Typen von Beschreibungskonflikten auftreten. Dies können u.a. Skalierungskonflikte – durch unterschiedliche Mengen- und Währungseinheiten – und Datentypkonflikte sein. So könnte z.B. in dem einen System die Postleitzahl als Zahl, in dem anderen System als Zeichenkette dargestellt werden.

Datenkonflikte

- Datenkonflikte sind im Gegensatz zu Schemakonflikten inhaltlicher Natur. Hierzu zählen vor dem Hintergrund der Integration insbesondere inkorrekte Daten und unterschiedliche Repräsentationen. Durch einen manuellen Übertragungsfehler bei der Auftragsbearbeitung auf Lieferantenseite kann sich eine fehlerhafte Auftragsnummer einschleichen, die bei der automatischen Rechnungsprüfung nicht korrekt zugeordnet werden kann.

  In diesem Fall wird ein Workflow initiiert, der einem Mitarbeiter auf Basis einer Ähnlichkeitsanalyse Vorschläge unterbreitet, welcher Auftrag wahrscheinlich in Rechnung gestellt wurde. Unterschiedliche Repräsentationen von Daten beziehen sich auf einzelne Attribute, so kann das Geschlecht des Ansprechpartners auf Seiten eines Lieferanten als männlich/weiblich codiert werden, während das Unternehmen zwischen Herr/Frau unterscheidet. Ziel bei der Lösung dieser Konflikte ist die Vereinheitlichung der eingehenden Daten in ein internes Format, das von nachfolgenden Anwendungen eindeutig interpretiert wird.

Ortstransparenz

Im nächsten Prozess-Schritt der Rechnungsprüfung (siehe ❷) wird der Auftrag zur eingegangenen Rechnung ermittelt. Da mehrere Auftragssysteme an verschiedenen Orten existieren, muss zu diesem Zweck ermittelt werden, aus welchem Auftragssystem der betroffene Auftrag stammt. Die Ermittlung erfolgt beispielsweise anhand systemspezifischer Nummernkreise (z.B. 123–4711 für das System 123). Der eigentliche Rechnungsprüfungsprozess kennt die Auftragssysteme und ihren technischen Ort nicht (Ortstransparenz), stattdessen wird ein Dienst aufgerufen, der die Kenntnis über die Landschaft der dahinter liegenden Auftragssysteme kapselt und das richtige System anfragt. Die Umsetzung dieser als *Routing* bezeichneten Funktionalität werden Sie im Rahmen der so genannten *Empfängerermittlung* in Kapitel 4 kennen lernen.

Schnittstellentechnologien

Die Wareneingangskontrolle (siehe ❸) erfolgt ebenfalls in verschiedenen Anwendungen an unterschiedlichen Standorten. Erneut ist hier durch eine geeignete Kapselung die Ortstransparenz aus Sicht der Rechnungsprüfung herzustellen. Sind die Wareneingangskontrollsysteme zu unterschiedlichen Zeitpunkten entwickelt oder gekauft worden, kommt es in der Praxis darüber hinaus häufig vor, dass sich die verwendeten Schnittstellentechnologien unterscheiden. So mag ein System beispielsweise HTTP- und Webservice-Requests verarbeiten, während ein anderes System nur CORBA-Requests interpretieren kann. Analog zur Ortstransparenz werden auch hier Komponenten benötigt, die die technische Schnittstellenkomplexität vor dem zentralen Prozess verbergen. Hinzu kommen in der Praxis häufig noch Kommunikationseinschränkungen auf Netzwerkebene (z.B. durch Firewalls oder NAT), die für eine fehlerfreie Funktion berücksichtigt werden müssen.

Kommunikationstypen: synchron vs. asynchron

Die Kontrolle der erbrachten Dienstleistungen (siehe ❹) erfolgt wie zuvor beschrieben über die Initiierung eines Workflows. Workflow-Management-Systeme nutzen dabei meist eine asynchrone Kommunikation. Dies bedeutet, dass auf eine Anfrage an das System (hier die Initiierung des Workflows) nicht direkt die Antwort erwartet wird (schließlich muss der Auftraggeber erst die Rechnung manuell freigeben), sondern sich das aufgerufene System nach Bearbeitung der Workflow-Tasks aktiv beim Aufrufer zurückmeldet. Dies erfordert einerseits die netzwerkseitige Erreichbarkeit und andererseits das Angebot einer entsprechenden Callback-Schnittstelle auf Seiten des Aufrufers, die das aufgerufene System nutzt, um zu einem beliebigen Zeitpunkt aktiv zu antworten.

Insbesondere die Forderung nach einer Callback-Schnittstelle stellt in der Praxis häufig ein Problem dar, das Veränderungen an den IT-Anwendungen selbst und am Prozess erfordert. Setzt die IT-Anwendung, die den Rechnungsprüfungsprozess unterstützt, beispielsweise eine synchrone Kommunikation voraus (dies ist bei den Schritten ❷ und ❹ ausreichend), ist ein Adapter erforderlich, der vom Rechnungsprüfungsprozess eingehende Requests entgegennimmt, diese formal synchron beantwortet und »asynchron« an das WMS weiterleitet. Für die Rückantwort stellt dieser Adapter dann die entsprechende Callback-Schnittstelle zur Verfügung, die vom WMS aufgerufen wird. Abschließend wird im Falle der Freigabe die Rechnung an die Finanzbuchhaltung (siehe ❺) weitergeleitet.

Zusammenfassend lässt sich feststellen, dass eine Automatisierung des Rechnungsprüfungsprozesses die Integration von verschiedenen IT-Systemen im Unternehmen voraussetzt. Da die beschriebenen Integrationsprobleme offensichtlich auch in anderen Integrationsszenarien auftreten können, stellen Integrationsplattformen wie SAP

XI zu ihrer Lösung deshalb entsprechende Funktionalitäten (Mapping) zur Verfügung. Diese werden wir in Abschnitt 1.4 näher betrachten.

1.3 Integrationskonzepte und -technologien

Zur Lösung der in Abschnitt 1.2 beschriebenen Integrationsprobleme wurden viele Konzepte und Technologien entwickelt, auf deren vollständige Darstellung hier verzichtet werden soll; weiterführende Literaturempfehlungen finden Sie in Anhang B. Stattdessen werden die wesentlichen Aspekte aus den Bereichen Architekturen, Integrationsansätze und Technologien beschrieben, die für den Einsatz der SAP NetWeaver Exchange Infrastructure relevant sind.

1.3.1 Architekturen

Punkt-zu-Punkt-Integration

In der Vergangenheit wurden im Rahmen der Integration einzelner Anwendungen mangels geeigneter Konzepte und Technologien häufig proprietäre Schnittstellen entwickelt und die IT-Systeme direkt miteinander verbunden. In der Praxis findet man auch heute noch dieses Vorgehen, wenn eine geringe Zahl von Anwendungen integriert werden soll. Der wesentliche Vorteil einer solchen *Punkt-zu-Punkt-Integration* besteht darin, dass die Umsetzung einen geringeren Aufwand als die Einführung einer zentralen Integrationslösung verursacht.

Da die Zahl der erforderlichen Verbindungen jedoch quadratisch mit der Zahl der zu integrierenden Anwendungen steigt, nimmt die Komplexität und damit der Wartungsaufwand schnell zu. Darüber hinaus müssen die einzelnen Anwendungen Kenntnis über Formate, Schnittstellentechnologien und physische Erreichbarkeit (z.B. Ort und Sicherheitsmechanismen) der jeweils anderen Anwendungen haben. Verändern sich diese Eigenschaften einer Anwendung, müssen die verbundenen Anwendungen ebenfalls angepasst werden.

Die beschriebenen Nachteile können durch die Einführung einer zentralen Komponente überwunden werden.

Hub & Spoke

- In der *Hub-&-Spoke-Architektur* (siehe Abbildung 1.4) ist der Hub – benannt nach dem Hauptflughafen einer Fluggesellschaft – die zentrale Integrationsplattform. Die zu integrierenden Anwendungen – die so genannten Spokes – werden entweder direkt oder über leichtgewichtige Konnektoren an den Hub angeschlossen.

Dabei wird angestrebt, die Anwendungen möglichst nicht bzw. nur geringfügig im Zuge der Integration anzupassen. Da die Integrationsplattform in Hub-&-Spoke-Architekturen Funktionen wie Routing und Mapping übernimmt, benötigen die Anwendungen selbst nur eingeschränkte Kenntnis über die anderen Anwendungen, mit denen sie Informationen austauschen wollen. Der wesentliche Nachteil dieser Architektur besteht darin, dass die zentrale Integrationsplattform einen *Single Point of Failure* (SPOF) sowie einen Flaschenhals im Hinblick auf den Nachrichtendurchsatz darstellt.

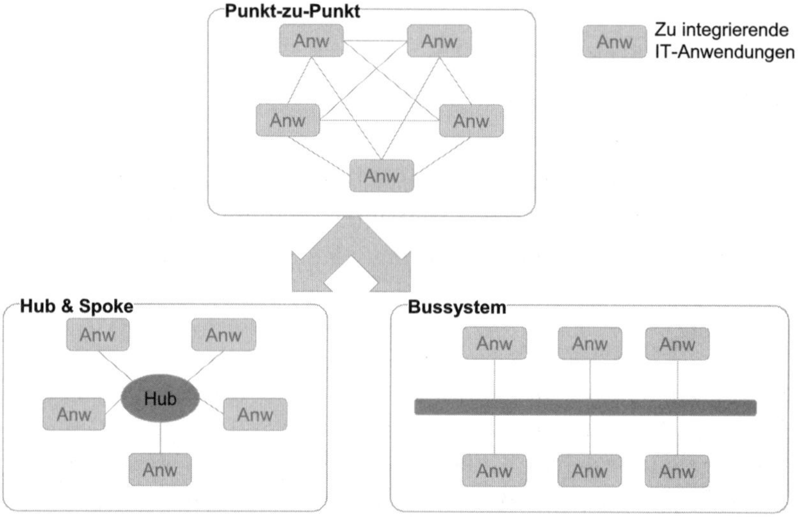

Abbildung 1.4 Integrationsarchitekturen – Hub & Spoke und Bussysteme

Enterprise Service Bus

- Hier setzt das Konzept des *Enterprise Service Bus* (ESB) an, das darauf abzielt, den Wildwuchs der Punkt-zu-Punkt-Integration zu vermeiden, gleichzeitig aber auf eine zentrale Komponente wie in der Hub-&-Spoke-Architektur zu verzichten. Der ESB selbst ist keine eigenständige Komponente, sondern besteht wiederum aus einzelnen ESB Services, die auf Basis von Webservices nachrichtenorientiert miteinander gekoppelt sind (siehe Abbildung 1.5).

Die Anwendungen, die über den ESB integriert werden sollen, verfügen entweder bereits über ein Webservice-Interface bzw. erhalten einen entsprechenden Wrapper. Dieser Ansatz gewährleistet im Vergleich zur Hub-&-Spoke-Architektur eine verbesserte Skalierbarkeit und Verfügbarkeit, erschwert jedoch auch das Monitoring und die Administration des Systems.

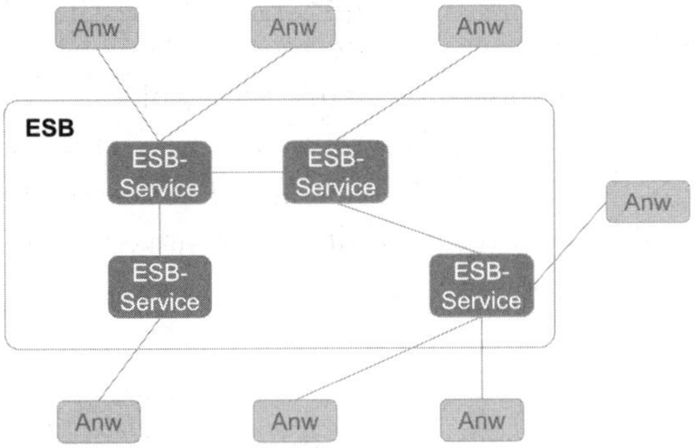

Abbildung 1.5 Enterprise Service Bus

Die SAP NetWeaver Exchange Infrastructure kann im obigen Sinne als ESB-Service verstanden werden und zum Aufbau eines Enterprise Service Bus genutzt werden.

1.3.2 Integrationsansätze

Neben den Integrationsarchitekturen unterscheidet man zwischen daten- und prozessorientierten Integrationsansätzen. Datenorientierte Integrationsansätze folgen dabei meist einer eher technischen Sichtweise, während prozessorientierte Ansätze die betriebswirtschaftliche Perspektive einnehmen.

Datenorientierte Integration

Die *datenorientierte Integration* setzt dabei auf den verschiedenen Schichten eines Softwaresystems auf. Häufig findet man in der Praxis eine Integration auf Basis der *Datenhaltung*. Hierbei greifen die zu integrierenden Systeme entweder gemeinsam auf eine relationale Datenbank zu oder die Datenbestände werden repliziert bzw. föderiert. Die Föderation von Datenbanken erfolgt entweder physisch oder virtuell. Die physische Föderation entspricht einer Zusammenlegung der Daten, während bei der virtuellen Föderation die Datenbestände weiterhin physisch getrennt existieren und z.B. über Multidatenbanksprachen wie SQL/MED zusammengefasst werden.

Bei komplexen betriebswirtschaftlichen Anwendungen ist der direkte Zugriff auf die Datenhaltung meist nicht zulässig, da die Integrität der Daten nicht alleine durch die Datenbank, sondern im Wesentlichen durch die verbundenen Anwendungssysteme sichergestellt wird. Darüber hinaus können die erforderlichen fachlichen Informationen wie beispielsweise die Bestätigung des Wareneingangs im zuvor beschriebenen Rechnungsprüfungsprozess häufig nicht ohne weiteres mithilfe einer einfachen Datenbankanfrage ermittelt werden. Zu diesem Zweck stellen Anwendungssysteme für die Integration auf *funktionaler Ebene* entsprechende Schnittstellen zur Verfügung (z.B. BAPI und RFC).

Integration über Präsentationsschicht

Der Vollständigkeit halber sei noch auf die Integration auf Ebene der Präsentationsschicht hingewiesen: In Unternehmen wird dieser Ansatz gewählt, wenn Alt-Anwendungen weder über direkte Schnittstellen zur Datenhaltung (z.B. aufgrund einer proprietären Datenbank) noch zu ihren Funktionen verfügen, die Funktionalität aber beispielsweise in ein Portal integriert werden soll. Hierfür existieren verschiedene Werkzeuge, die eine Terminalanwendung kapseln und in Form moderner Schnittstellentechnologien nutzbar machen. Ein Anwendungsbereich dieses Integrationsansatzes besteht auch in der Wettbewerbsbeobachtung, so konnten Fluggesellschaften auf diesem Wege in der Vergangenheit die Auslastungsgrade bestimmter Flüge ihrer Wettbewerber überwachen und so ihre eigenen Preise optimieren.

Prozessorientierte Integration

Die *prozessorientierte Integration* nutzt die zuvor genannten Möglichkeiten auf technischer Ebene, um Systeme miteinander zu koppeln, konzentriert sich dabei aber auf den betriebswirtschaftlichen Prozess. Integrationsplattformen, die diesen Ansatz unterstützen – und SAP XI ist eine solche –, ermöglichen einerseits die Modellierung von Geschäftsprozessen und bieten andererseits eine entsprechende Laufzeitumgebung an. Im Sinne einer »Trennung der Zuständigkeiten« strebt man mit diesen Werkzeugen an, die Ablauf- oder Prozesslogik getrennt von den einzelnen Anwendungen und Diensten zu halten. Die vom Design des Geschäftsprozesses unabhängige Konfiguration ermöglicht die Austauschbarkeit einzelner Anwendungen und somit die flexible Einbindung interner und externer Dienste (siehe Abschnitt 1.5).

Serviceorientierte Architekturen

Dieser Gedanke steht im Vordergrund der aktuellen Diskussion zu *serviceorientierten Architekturen* (SOA). Services bzw. Dienste werden dabei als betriebswirtschaftlich relevante, abgeschlossene Anwendungen verstanden, die in unterschiedliche Geschäftsprozesse eingebunden werden können. Diensten werden in der Literatur (vgl. Erl 2006) zahlreiche Eigenschaften zugeschrieben:

- **Selbstbeschreibend**
  Der Service kann formal vollständig beschrieben werden, d.h. es wird festgelegt, welche Operationen verfügbar sind und welche Datentypen ausgetauscht werden können. Die formale Selbstbeschreibung ist die Grundlage für die automatische Generierung von Proxies. Eine semantische Beschreibung ist nicht gemeint.
- **Auffindbar**
  Der Service kann von potentiellen Konsumenten gefunden und angesprochen werden. Hierfür existiert eine Registry, die Gelbe Seiten der Services darstellt und die eine Suche nach diesen ermöglicht.
- **Grob strukturiert**
  Services sind grob strukturiert, wenn sie nach einem Serviceaufruf umfangreiche Daten zurückgeben (z.B. eine Kundenbestellung), statt einzelne Attribute zu liefern (z.B. Bestellmenge).
- **Lose gekoppelt**
  Services werden als lose gekoppelt bezeichnet, wenn mögliche funktionale Änderungen innerhalb des Services keine Auswirkungen auf die angebotenen Operationen haben.
- **Eigenständig**
  Services sind eigenständig, wenn sie keine Abhängigkeiten zu anderen Services aufweisen, d.h., die Nutzung eines Services setzt nicht die Verfügbarkeit und fehlerlose Funktion eines anderen voraus.
- **Wiederverwendbar**
  Wiederverwendbarkeit ist eine der wichtigsten und ältesten Forderungen der Softwaretechnik und strebt die Mehrfachnutzung von entwickelten Komponenten ohne Modifikation des funktionalen Kerns und der Schnittstellen an.

Service-Consumer, -Provider, -Registrar

Im Rahmen serviceorientierter Architekturen existieren im Allgemeinen drei unterschiedliche Rollen:

- **Service-Consumer**
  Der Service-Consumer sucht zunächst nach einem passenden Dienst, setzt die Schnittstellen manuell oder automatisch auf Basis der formalen Selbstbeschreibung um und nutzt den Dienst anschließend.
- **Service-Provider**
  Der Service-Provider entwickelt einen Dienst und stellt diesen als Webservice zur Verfügung; der Service-Provider bearbeitet die laufenden Anfragen des Service-Consumers.
- **Service-Registrar**
  Der Service-Registrar bietet Service-Providern die Registrierung ihrer Dienste an und stellt für Service-Consumer entsprechende Verzeichnisfunktionalitäten bereit (Suche von Diensten nach bestimmten Kriterien).

Das Zusammenspiel zwischen diesen Rollen ist in Abbildung 1.6 dargestellt. In Abschnitt 6.3 werden wir die Sichtweise von SAP auf serviceorientierte Architekturen und die Bedeutung von SAP XI in diesem Zusammenhang genauer erläutern.

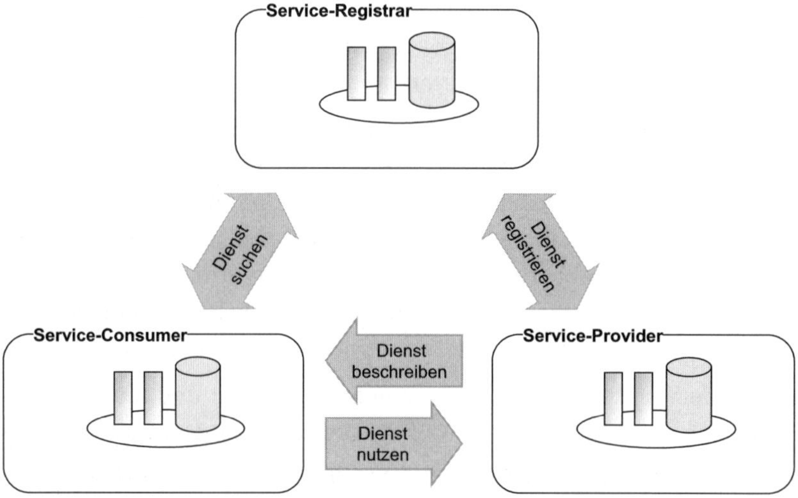

Abbildung 1.6 Rollen in einer serviceorientierten Architektur

1.3.3 Technologien

In den letzten Jahrzehnten wurden zahlreiche Integrationstechnologien entwickelt und in der Praxis eingesetzt. Eine umfassende Darstellung ist im Rahmen dieses Buches nicht sinnvoll. Stattdessen sollen die für SAP XI wichtigen Technologien beschrieben und entsprechende Literaturhinweise für eine weitergehende Einarbeitung gegeben werden.

Integrationstechnologien lassen sich generell in transport-, objekt-, nachrichtenorientierte und semantische Standards unterscheiden:

Transportorientierte Standards

- Bei transportorientierten Standards handelt es sich um netzwerknahe Protokolle. SAP XI ermöglicht die Entwicklung von Adaptoren, sodass Schnittstellen zu den verschiedenen Standards geschaffen werden können. In der ausgelieferten Version bietet SAP XI die Integration externer Dienste und Daten über HTTP, FTP und SMTP an. Im praktischen Teil wird in Abschnitt 4.1 die Verwendung des FTP-Adapters demonstriert.

Objektorientierte Standards

- Es existiert eine Vielzahl objektorientierter Integrationstechnologien, die wichtigsten sind CORBA (vgl. Aleksy et al., 2005), RMI (vgl. Grosso, 2001) und COM/DCOM. SAP XI bietet zunächst keine Adaptoren zu diesen Technologien, ermöglicht jedoch über die Nutzung der *Java Connector Architecture* (vgl. Sharma et al., 2002) die Einbindung kommerzieller Drittprodukte bzw. die Entwicklung eigener Adaptoren.

Nachrichtenorientierte Standards

- Nachrichtenorientierte Technologien sind seit jeher für die Integration von betriebswirtschaftlichen Anwendungen von großer Bedeutung. Grund dafür ist die Notwendigkeit zur Nachrichtenkommunikation in asynchronen Anwendungsfällen. Es gibt verschiedene Technologien und Produkte (z.B. WebSphere MQ von IBM) sowie allgemeine Standards (z.B. der Java Messaging Service von Sun), auf deren Darstellung im weiteren Verlauf des Buches verzichtet werden muss.

Neben diesen Technologien und Standards, die der Bereitstellung der erforderlichen Infrastruktur zum Austausch der Nachrichten dienen, sind die Beschreibung und das Format der Nachrichten von Bedeutung. Hierzu nutzt die SAP NetWeaver Exchange Infrastructure Webservices (vgl. Alonso et al., 2004), insbesondere die *Web Service Description Language* (WSDL) sowie SOAP.

SOAP SOAP ist unabhängig vom Transportprotokoll und Kommunikationsmodus (RPC vs. nachrichtenorientiert) und nutzt XML zur Datenrepräsentation. Listing 1.1 zeigt exemplarisch den Aufbau einer SOAP-Nachricht.

```
<?xml version='1.0' ?>
<env:Envelope
  xmlns:env="http://www.w3.org/2003/05/soap-envelope">
  <env:Header>
    <n:transaction xmlns:n="http://eine.url.de/ns"
      env:mustUnderstand="true">
      <n:id>4711xyz</n:id>
    </n:transaction>
  </env:Header>
  <env:Body>
    <p:payment xmlns:p="http://bank.de/ns">
      <p:ccholder>Sabine Meyer</p:ccholder>
      <p:ccnumber>4200000000000000</p:ccnumber>
      <p:valid>11.08</p:valid>
    </p:payment>
  </env:Body>
</env:Envelope>
```

Listing 1.1 Beispiel einer SOAP-Nachricht

Jede SOAP-Nachricht besteht aus einem Umschlag (Envelope) und – darin enthalten – einem optionalen Kopf (Header) und dem Inhaltsbereich (Body). Der Header enthält Metainformationen zur Nachricht, so kann dieser beispielsweise Session-IDs enthalten oder aber das Routing und die Verschlüsselung steuern. Der Body umfasst die anwendungsspezifischen Nutzdaten.

SOAP ist eine Spezifikation des W3C (*http://www.w3.org/TR/soap*) und liegt derzeit in der Version 1.2 (Juni 2003) vor.

WSDL Syntaktisch lassen sich SOAP-Nachrichten mit WSDL beschreiben. Ein WSDL-Dokument gibt Auskunft über die verwendeten Datentypen innerhalb einer Nachricht, sofern diese über die primitiven Datentypen hinausgehen, und die angebotenen Operationen (Funktionen) eines Webservices, deren formale Eigenschaften (z.B. Request-Response vs. One-way) und jeweiligen Datentypen ebenfalls beschrieben werden. Darüber hinaus wird die Bindung von (SOAP-) Nachrichten an das Transportprotokoll festgelegt und der Ort des Services (URL) bekannt gegeben. Mithilfe von WSDL-Dokumenten kann man automatisch Proxy-Klassen generieren lassen, die dann sowohl als Basis für den Server als auch für den Client dienen können.

SAP XI nutzt SOAP (genauer: *SOAP with Attachments*) für die interne Nachrichtenkommunikation. In Teil II dieses Buches wird in Abschnitt 4.3 demonstriert, wie externe Webservices in SAP XI genutzt werden können. Umgekehrt können in SAP XI definierte Schnittstellen extern als Webservice inklusive automatisch generiertem WSDL-Dokument zur Verfügung gestellt werden.

Zur Einbindung von Webservices in Geschäftsprozesse wurden verschiedene, meist XML-basierte Ansätze entwickelt. Die *Business Process Execution Language for Web Services* (BPEL oder BPEL4WS; vgl. Juric et al., 2006) ist ein Standard der OASIS Group (*http://www.oasis-open.org/*). BPEL wird von vielen großen Softwareanbietern unterstützt und ist Grundlage der Business Process Engine von SAP XI. Hierbei können die ausführbaren Prozesse in grafischer Form dargestellt und anschließend als BPEL-Dokument gespeichert werden. **BPEL**

Ein BPEL-Dokument legt fest, welche Webservices in einem Geschäftsprozess in welcher Reihenfolge aufgerufen werden sollen, ob diese Aufrufe synchron oder asynchron erfolgen und welche Vorbedingungen für ihren Aufruf erfüllt sein müssen.

Um den Status von Geschäftsprozessen zu speichern, bietet BPEL die Deklaration von Variablen an. Für die Spezifikation der Ablauflogik stehen mit Schleifen, Bedingungen, Sequenzen und Ausnahmen (Exceptions) die grundlegenden »strukturierten Aktivitäten« zur Verfügung, die Ihnen aus Programmiersprachen bekannt sind. Innerhalb von SAP XI können BPEL-Prozesse direkt aufgerufen, aber extern auch als Webservice zur Verfügung gestellt werden. Die Nutzung der Business Process Engine und BPEL wird in Abschnitt 4.4 erläutert.

1.4 EAI-Plattformen und ihre Bedeutung im Unternehmen

Bei der Integration von IT-Systemen werden in der Praxis statt Eigenentwicklungen häufig umfangreiche Integrationsplattformen eingesetzt. Diese bieten für die in Abschnitt 1.2 beschriebenen Probleme entsprechende Lösungen und basieren auf den in Abschnitt 1.3 dargestellten Konzepten und Technologien.

Es existieren sowohl Open-Source- als auch kommerzielle Integrationsplattformen. Open-Source-Lösungen wie beispielsweise jBPM (*http://www.jboss.com/products/jbpm*) oder ServiceMix (*http://servicemix.org*) konzentrieren sich dabei meist auf einzelne Teilbereiche der Integration, beispielsweise die Geschäftsprozessmodellierung und -ausführung. Zu den kommerziellen Anbietern zählen neben weltweit führenden Softwareanbietern wie SAP (SAP NetWeaver Exchange Infrastructure), Microsoft (Microsoft BizTalk) und IBM (IBM WebSphere Business Integration) auch auf Integration spezialisierte Anbieter wie TIBCO (TIBCO BusinessWorks) und Vitria Technology (BusinessWare).

Bestandteile von Integrationsplattformen

Typische Bestandteile von Integrationsplattformen, die im Rahmen der geschäftsprozessorientierten Integration eingesetzt werden und die Sie als Teil von SAP XI kennen lernen werden, sind:

- **Mapper**
  Mapper dienen der Transformation von Daten und adressieren damit mögliche Daten- und Schemakonflikte zwischen Absender und Empfänger einer Nachricht.
- **Router**
  Mithilfe des Routers kann über Routing-Regeln festgelegt werden, über welche Zwischenstellen eine Nachricht zum endgültigen Empfänger gelangt. Der Router orientiert sich dabei an den Metadaten und Inhalten einer Nachricht – er ist damit für die Ortstransparenz verantwortlich.
- **Repository**
  Ein Repository enthält wiederverwendbare Spezifikationen von Schnittstellen und Mappings von Nachrichten und kennt die einzelnen externen Systeme, die integriert werden sollen. In SAP XI gibt es das so genannte *Integration Repository* (Mappings und Schnittstellen) und das *System Landscape Directory* (Übersicht der IT-Systeme und Softwarekomponenten).
- **Adapter**
  Integrationsplattformen bieten verschiedene Adapter zu den unterschiedlichen Schnittstellentechnologien, die in Abschnitt 1.3.3 dargestellt wurden, und stellen allgemeine Schnittstellen zu ihrer Erweiterung zur Verfügung. Darüber hinaus werden Adapter zu gängigen betriebswirtschaftlichen Anwendungen (und ihren unterschiedlichen Versionen) angeboten.

- **Business Process Modelling**
  Business Process Modelling ermöglicht die (meist grafische) Modellierung von Geschäftsprozessen und übersetzt das Modell in vielen Fällen in BPEL.
- **Runtime Environment**
  Das Runtime Environment bezeichnet die Laufzeitumgebung für Mapper, Router und Adapter. Wie bei SAP XI ist häufig die Process Engine ein weiterer Bestandteil der Laufzeitumgebung, die die Ausführung der zuvor modellierten Geschäftsprozesse ermöglicht.
- **Configuration**
  Die Configuration dient der Administration und Konfiguration konkreter Integrationsszenarien und Geschäftsprozesse.
- **Monitoring**
  Das Monitoring bietet Werkzeuge zur Überwachung der Laufzeitumgebung und ermöglicht dabei die Analyse einzelner Nachrichten.

Zusammenfassend lässt sich sagen, dass der Einsatz von Integrationsplattformen[2] in komplexen Integrationsprojekten fast immer sinnvoll ist. Die Gründe dafür sind vielfältig: Der Einsatz einer Integrationsplattform erhöht die Flexibilität im Hinblick auf das Geschäftsprozessmanagement und ermöglicht die Wiederverwendung von Schnittstellen, Mappings und Teilprozessen in unterschiedlichen Integrationsszenarien. Wird betriebswirtschaftliche Standardsoftware eingesetzt, übernimmt die Integrationsplattform versionsbedingte Umstellungen in den Adaptern und entlastet so die Entwickler.

Darüber hinaus reduziert sich trotz der erforderlichen Einarbeitung in die Spezifika eines Produktes die Umsetzungsdauer der Integrationsprojekte, da die wesentlichen Komponenten bereits existieren und nur angepasst bzw. konfiguriert werden müssen. Dieses Buch wird Ihnen diesbezüglich bei der Einarbeitung in die SAP NetWeaver Exchange Infrastructure helfen.

---

2 Welche Integrationsplattform für ein Projekt geeignet ist, hängt von den jeweiligen Anforderungen ab (z.B. Adapter-Umfang, infrastrukturelle Voraussetzungen, erwarteter Nachrichtendurchsatz). Eine umfangreiche Checkliste, die diese Auswahl unterstützt, ist in *Enterprise Application Integration* (Keller 2002) enthalten.

1.5 Grundlagen des Business Process Managements

Geschäftsprozessmodellierung als Mittler

Beim Business Process Management (BPM) steht die ganzheitliche Betrachtung von Geschäftsprozessen mit dem Ziel ihrer kontinuierlichen Verbesserung im Zentrum. Gründe für BPM sind u. a.:

- modellbasierte Planung und Anpassung innovativer Geschäftsprozesse
- ganzheitliche Betrachtung von Geschäftsprozessen
- Standardisierung von Geschäftsprozessen

In diesem Zusammenhang fällt der Geschäftsprozessmodellierung eine zentrale Aufgabe zu. Bei der Geschäftsprozessmodellierung werden diejenigen Informationen erhoben und dargestellt, die zur Identifikation, Optimierung und kontrollierten Ausführung von Vorgängen notwendig sind. Dazu werden meist informale oder semiformale grafische Beschreibungssprachen mit textuellen Ergänzungen verwendet, die eine gemeinsame Diskussionsbasis für Berater, Mitarbeiter der Fachabteilungen und Unternehmensführung bilden und die Kommunikation zwischen diesen erleichtern.

Geschäftsprozessmodellierung konsolidiert Prozesse

Das Hauptaugenmerk liegt bei der Modellierung der Prozesse auf betrieblichen Arbeitsvorgängen. Diese reichen von manuell und ohne technische Unterstützung durchgeführten Vorgängen (etwa Tätigkeiten in der Wareneinlagerung) über teilautomatisierte Vorgänge (z. B. Auftragsannahme, unterstützt durch ein Softwaresystem) bis hin zu vollautomatisiert durchgeführten Vorgängen (automatischer Buchungsvorgang, Datenbanktransaktion). Die Geschäftsprozessmodellierung hat damit die Aufgabe, ein konsolidiertes Verständnis aus fachlicher Prozess-Sicht zu schaffen.

In Abbildung 1.7 werden Inhalte und Zusammenhang des Geschäftsprozessmodellierungswerkzeugs ARIS und der Werkzeuge zum BPM im SAP NetWeaver-Stack aufgezeigt: ARIS wird zur Prozessanalyse und zum Design von Prozessen eingesetzt. Basis sind dabei die SAP-Referenzprozesse, die mit dem ARIS-Toolset für SAP NetWeaver verfügbar sind. Der SAP Solution Manager als Komponente von SAP NetWeaver unterstützt die technische Implementierung und das Monitoring von Geschäftsprozessen im SAP-System. Dazu bedient er sich der XI-Komponente, die die Modellierung und Ausführung von

Prozessen innerhalb einer Anwendung, aber auch anwendungsübergreifend ermöglicht. Die Anbindung von Anwendungen wird auf der untersten Ebene in der Abbildung dargestellt.

Forcierte Integration von ARIS und SAP NetWeaver

Damit wird deutlich, wie die Integration von fachlichem Prozessmodell, technischer Prozesskonfiguration und der Prozessausführung geplant ist. Die Integration von SAP XI mit unterschiedlichen Anwendungen über proprietäre und standardisierte Schnittstellen ist schon sehr weit entwickelt und wird bereits produktiv eingesetzt. Die Integration von ARIS und SAP NetWeaver ist in einer ersten Version verfügbar, die Weiterentwicklung steht aktuell im Fokus der Kooperation zwischen der IDS Scheer AG und SAP.

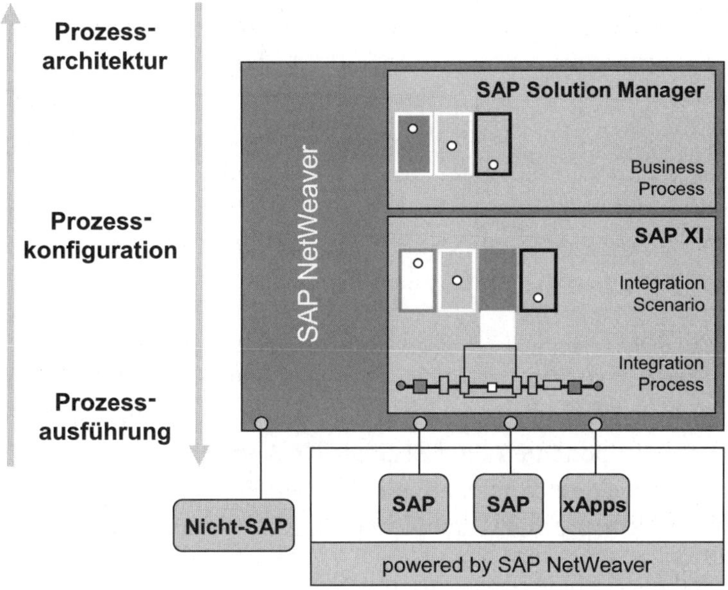

Abbildung 1.7 Verbindung von Geschäftsprozessmodellierung und Geschäftsprozessausführung

In Abbildung 1.8 wird dargestellt, wie die vier unterschiedlichen Werkzeuge zur Erfassung von Prozessabläufen (ARIS, SAP Guided Procedures, SAP XI (BPEL) und SAP Workflows) gemeinsam die Inhalte der BPM-Runtime spezifizieren. Der Zugriff kann dann unabhängig von der gewählten Technik über das Portal – für den Benutzer transparent – realisiert werden.

Vision: Konstruktion komplexer Lösungen auf Basis standardisierter Services

Die Vision, die durch die Verfügbarkeit von ersten Services bereits teilweise realisiert ist, ist es, mit der Enterprise Service Architecture die Lücke zwischen der fachlichen Modellierung und der technischen Umsetzung zu schließen. Der Integrationsplattform XI, die in diesem Buch behandelt wird, fällt dabei als Bindeglied zwischen Prozessen und Services eine entscheidende Rolle zu.

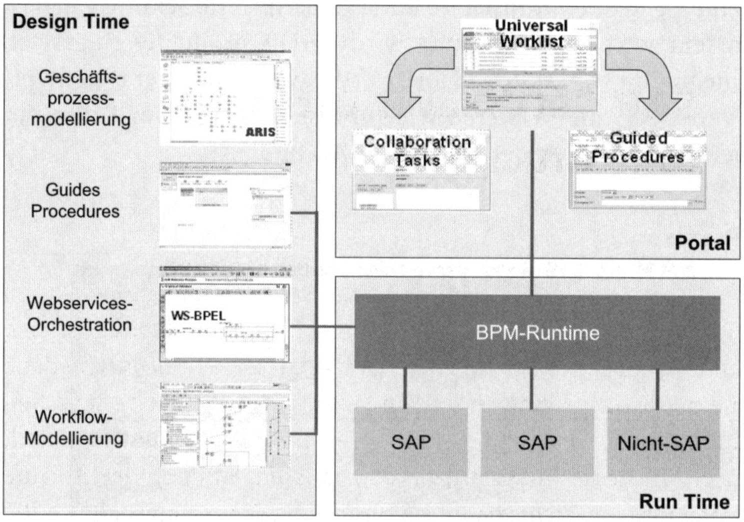

Abbildung 1.8 BPM-Laufzeitumgebung als Prozessintegrationsplattform

Vereinfacht kann man – wie in Abbildung 1.9 dargestellt – sich die fachlichen Komponenten oder Services als Bausteine mit standardisierten Schnittstellen vorstellen, die über eine Integrationsplattform (z.B. SAP XI) entsprechend den fachlichen Anforderungen durch den Geschäftsprozess integriert werden.

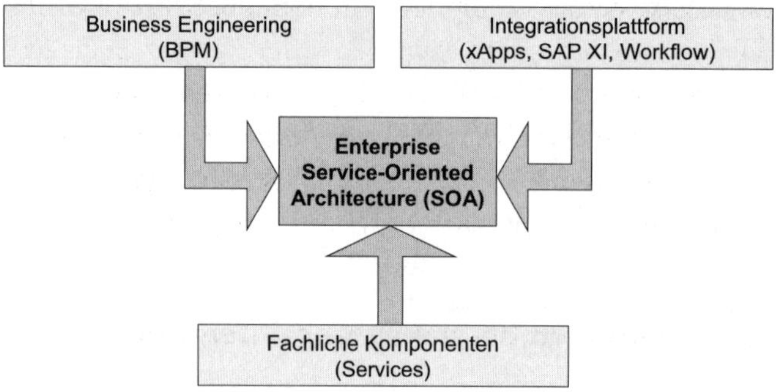

Abbildung 1.9 Enterprise SOA als Zusammenführung von Geschäftsprozessen und ihrer technischen Umsetzung

Dieses Kapitel zeigt Ihnen, wie Sie die SAP NetWeaver Exchange Infrastructure in ein Gesamtintegrationskonzept einbetten können, und erläutert Ihnen die Funktionsweise sowie das Zusammenspiel der Komponenten von SAP XI.

2 SAP NetWeaver Exchange Infrastructure

2.1 SAP XI als Teil von SAP NetWeaver

Integrationsanforderungen in Unternehmen

Schaut man sich heute Prozesse in Unternehmen an, handelt es sich immer um betriebswirtschaftliche Abläufe, die über verschiedene interne und externe Anwendungen laufen und an denen Menschen (Mitarbeiter, Kunden, Interessenten, Lieferanten etc.) beteiligt sind, die in die Prozesse integriert werden müssen. Entlang der Abläufe entstehen umfangreiche Daten – Stamm- und Bewegungsdaten –, die in Datenbanken abgelegt sind oder in Form von Dokumenten, z.B. als PDF- oder Word-Dateien, unstrukturiert vorliegen.

Beide Formen von Daten müssen in konsolidierter und aggregierter Form dem Anwender zur Verfügung gestellt werden. Schließlich will der einzelne Mitarbeiter nicht in verschiedene Listen schauen müssen, um die aggregierten Umsätze seiner Kunden in einer bestimmten Region oder die Veränderungen gegenüber dem Vorjahr zu ermitteln, sondern wünscht sich ein Werkzeug, in dem derartige Informationen direkt verfügbar sind und in ansprechender Form, z.B. als Balkendiagramm, dargestellt werden. Dadurch erst werden Daten zu Informationen. Und letztendlich müssen die Prozess-Schritte, die in unterschiedlichen Anwendungen durchgeführt werden, über eine Integrationsplattform zu durchgängigen Prozessen integriert werden.

2.1.1 Herausforderungen bei der Prozessintegration

Prozesse unterliegen Veränderungen

Allgemein lassen sich als Herausforderungen bei der Prozessintegration vier Bereiche betiteln:

- **Systemlandschaft**
  Die Unternehmen sind in separate Geschäftseinheiten mit unabhängigen IT-Systemen in heterogenen Systemlandschaften gegliedert.
- **Integration von Endanwendern**
  Für die Endanwender müssen rollenbasierte Zugänge zu Aktionen und Interaktion (Collaborative Prozesse) geschaffen werden.
- **Enterprise Application Integration**
  Innerhalb und außerhalb der Unternehmensgrenzen müssen Anwendungen miteinander interagieren, um End-to-End-Geschäftsprozesse abzubilden.
- **B2B-Integration**
  Interagierende Organisationen, Geschäftspartner (Lieferanten, Kunden, Interessenten) erfordern die Unterstützung von Industriestandards.

Diese vier Bereiche sind in Abbildung 2.1 dargestellt.

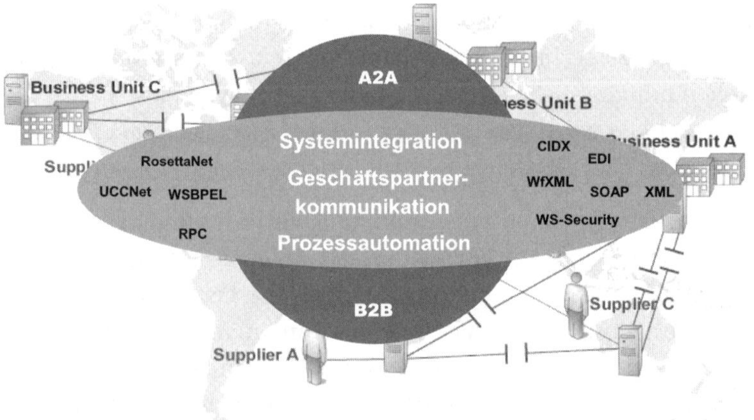

Abbildung 2.1 Herausforderung bei Prozessintegration

Integration von Personen

Integration durch das Frontend

Welche Integrationsherausforderungen in realen Geschäftsprozessen vorhanden sind, wurde bereits anhand des Rechnungsprüfungsprozesses in Abschnitt 1.2 aufgeführt. Zur Erinnerung: Bei der Rechnungsprüfung geht es darum zu prüfen, ob die bestellten und gelieferten Waren und Dienstleistungen übereinstimmen und ob diese nicht bereits bezahlt sind. Gleichzeitig muss der Rechnungsprüfungsprozess auditierbar sein. Daraus ergeben sich die folgenden Probleme:

- Unterschiedliche Schemata, Formate und Eingangsarten müssen verarbeitet werden. Es liegen unterschiedliche Schnittstellentechnologien und Kommunikationstypen zu den verschiedenen beteiligten Systemen vor.
- Der Prozess läuft nicht automatisiert ab. Manuelle Eingriffe durch den Rechnungsprüfer sind erforderlich, und der Prozess ist kein durchgängiger Prozess, da der Rechnungsprüfer mit mehreren Systemen arbeiten muss.
- Der Prozess ist fehleranfällig, da der Rechnungsprüfer z.B. von der Liste der zu prüfenden Rechnungen eine Rechnung vergessen kann.
- Es ist ein langwieriger und schwerfälliger Prozess, der die Anwenderproduktivität und Motivation sinken lässt.

Prozessintegrator Mensch

Der Grund für diesen langwierigen und fehleranfälligen Prozess ist darin zu sehen, dass der Mensch der Prozessintegrator ist und nicht die Softwarelösung. Um hier Prozesseffizienz herbeizuführen hat sich der Ablauf und vor allem die IT-Unterstützung des Rechnungsprüfungsprozesses im Laufe der Jahre deutlich geändert. Durch die Verwendung von Internettechnologien oder neuen Endgeräten lässt sich der Rechnungsprüfungsprozess dabei deutlich optimieren.

So kann man papierbasierte Rechnungen über eine OCR-Software scannen und dem Rechnungsprüfer zusammen mit den Daten aus der Bestellanwendung und dem Wareneingangssystem in einem Portal anzeigen, womit man die verschiedenen Anwendermasken (User Interfaces) in eine einheitliche Browserdarstellung bringt. Nutzer müssen sich nicht mehr mit unterschiedlichen Masken der verschiedenen Anwendungen auseinander setzen und können so effizienter arbeiten.

Ebenso kann man in die eingesetzte Portallösung Office-Anwendungen integrieren, um z.B. direkt ein Schreiben an den Lieferanten über die Ablehnung der Rechnung zu erstellen. Dies zeigt, dass zur Verbesserung des Rechnungsprüfungsprozesses eine Schicht zur Integration von Menschen erforderlich ist.

Integration von Informationen

Integration durch Data Warehouse

Die Einbindung einer Suchmaschine in das Portal ermöglicht ein schnelles Durchsuchen von strukturierten und unstrukturierten Dokumenten, um z.B. nach weiteren Rechnungen des gleichen Lieferanten zu suchen. Die für Informationsintegration erforderliche Komponente muss neben umfangreichen Suchmöglichkeiten in der Lage sein, unterschiedliche Lieferantenstammdaten wie die Lieferantennummer in unterschiedlichen Systemen über eine Cross-Referenztabelle zusammenzuführen oder relevante Informationen über den Lieferanten in Form von Analysen und Reports zur Verfügung zustellen.

Denn häufig werden Bestellungen nicht vollständig oder erst nach dem vereinbarten Termin geliefert. Um solche Abweichungen auf aggregierter Basis, z.B. Abweichungen eines Lieferanten in der Region Nord in den letzten x Monaten, analysieren zu können, braucht man eine entsprechende Applikation.

Das sind typische Funktionalitäten, die eine Business-Intelligence-Lösung bietet. Die Quellsysteme wie Warenlager, Bestellsystem, Finanzbuchhaltungssystem stellen die einzelnen Dokumente wie Bestellung, Wareneingangsdokument und Rechnung, die zur gleichen Bestellung gehören, bereit. Diese werden dann in ein Data Warehouse z.B. unter Nutzung einer EAI-Plattform geladen. Dort kann man die Daten konsolidieren und entsprechende Auswertungen durchführen. Ferner kann man in die Details der Bestellungen verzweigen, um die Ursache der Abweichung zu ermitteln. Letzteres wird durch InfoCubes und so genannte *Operational Data Stores* (ODS) ermöglicht.

Insofern lässt sich der Rechnungsprüfungsprozess um Analysefunktionalität erweitern, sofern eine Integrationsschicht vorhanden ist, die konsolidierte und aggregierte Informationen mit den betriebswirtschaftlichen Prozessen verknüpft oder noch besser diese zusammen mit den operativen Daten quasi als eingebettete Analysen und Auswertungen dem Anwender anzeigt.

Integration von Prozessen

Integration von EAI-Plattform und BPM

Die Notwendigkeit für eine dritte Integrationsschicht wird im Rechnungsprüfungsprozess ebenfalls offenkundig: Neben der Integration von Daten aus unterschiedlichen Systemen muss die zeitliche Koordination, wann und unter welcher Bedingung einzelne Systeme und Applikationen eingebunden werden, umgesetzt werden. Dies ist, wie in Kapitel 1 erläutert, zentrale Aufgabe der Prozessintegrationsschicht.

Business Process Management

Will man den Prozess kontinuierlich verbessern, kann man BPM-Funktionalitäten (Business Process Management) nutzen, um z.B. die einzelnen Prozess-Schritte des Rechnungsprüfungsprozesses miteinander zu verknüpfen und somit zu einer Automatisierung des Prozesses zu kommen oder um Prozessdurchlaufzeiten einzelner Prozesse zu ermitteln. BPM-Funktionalität ist ein weiteres Element in einer Prozess-Integrationsschicht und wichtiger Teil heutiger Integrationsplattformen.

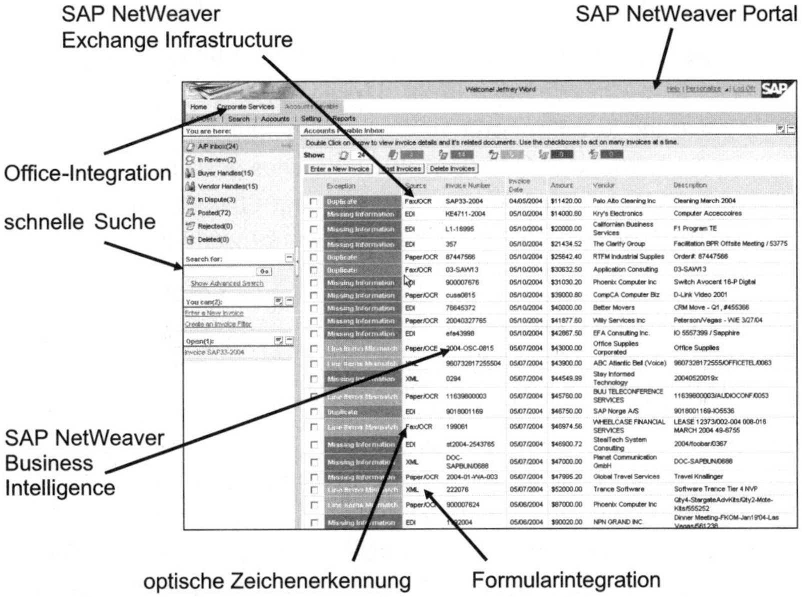

Abbildung 2.2 Einsatz neuer Technologien im Rechnungsprüfungsprozess

SAP XI bietet beide Funktionen einer Integrationsplattform, die eines Integration Brokers und des Business Process Management: Abbildung 2.2 zeigt, wie der Einsatz von neuen Technologien die oben genannten Integrationsanforderungen abdeckt. So werden die relevanten Informationen, gleichgültig aus welchem System sie kommen, in einer einheitlichen Portaloberfläche angezeigt, Rechnungen sind bereits im Vorfeld mittels OCR-Erkennung digitalisiert und über eine EAI-Schicht verteilt, zur weiteren Bearbeitung werden Formulare interaktiv über das PDF-Format integriert, es können an den relevanten Stellen entsprechende Informationen per E-Mail weitergegeben werden oder es können hinter einzelnen Daten gleich die entsprechenden Analysen und Reports aufgerufen werden.

Anwendungsplattform

Gemeinsamer Nenner: Applikationsserver

Last but not least müssen die verschiedenen Integrationsschichten auf einer Anwendungsplattform ablaufen. Hierbei kommt ein Applikationsserver zum Einsatz, der im Falle des SAP NetWeaver Application Servers zwei Personalitäten vereint: Neben einer Infrastruktur zur Entwicklung und zum Ablauf von Programmen in der SAP-eigenen Programmiersprache ABAP können auch Entwicklungen entsprechend der J2EE-Spezifikation durchgeführt werden.

Bei jeder der aufgeführten Komponenten spielt das Lifecycle-Management eine wichtige Rolle. Das Lifecycle-Management sorgt dafür, dass die Komponenten in einem aktuellen, gültigen, lebensfähigen und brauchbaren Zustand bleiben. Dies geschieht durch den Einsatz von Implementierungswerkzeugen, Change Management, Softwarelogistik, Upgrade-Möglichkeiten und Installationshilfen.

2.1.2 SAP NetWeaver

Gesamtintegrationsplattform

Anhand des Rechnungsprüfungsprozess haben Sie gesehen, dass reale Geschäftsprozesse über mehrere Anwendungen laufen und verschiedene Formen der Integration erforderlich machen. All diese Integrationsschichten sind in SAP NetWeaver vereint (siehe Abbildung 2.3).

SAP NetWeaver stellt damit die Integrations- und Anwendungsplattform der SAP dar. Die bisher vorgestellten Inhalte machen deutlich, dass Sie beim Einsatz von Integrationsprojekten neben SAP XI die anderen Komponenten von SAP NetWeaver nicht außer Acht lassen sollten.

Wie Sie Abbildung 2.3 außerdem entnehmen können, gehört zu SAP NetWeaver noch das *Composite Application Framework* (CAF), das die Design-Werkzeuge und Methodiken, Services und Prozesse bereitstellt, um so genannte *Composite-Anwendungen* zu implementieren und zu betreiben. Composite-Anwendungen werden Ihnen in Abschnitt 6.3 noch detaillierter vorgestellt.

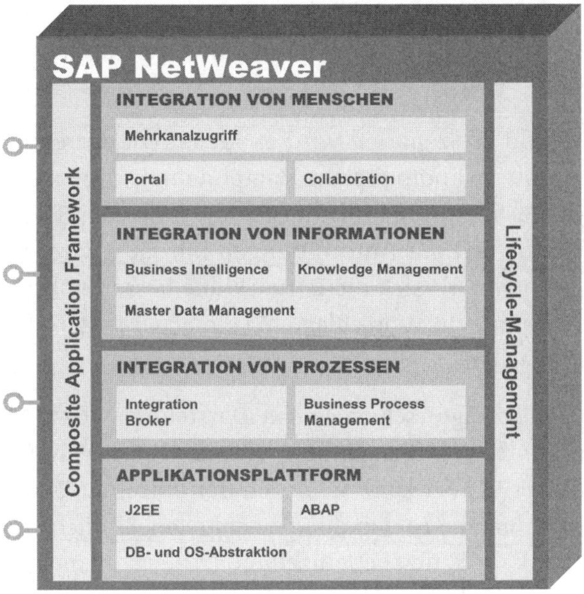

Abbildung 2.3 Integrationsebenen und Komponenten von SAP NetWeaver

Es nutzt dazu alle Komponenten von SAP NetWeaver und ermöglicht die Integration von heterogenen Umgebungen und Altanwendungen (so genannte *Legacy-Anwendungen*) in insbesondere stark anwenderzentrierten Anwendungen.

Zur losen Kopplung von Anwendungen wird hierbei die SAP NetWeaver Exchange Infrastructure verwendet. Im Zusammenhang mit serviceorientierten Architekturen (SOA) und der Enterprise SOA spielt das CAF eine besondere Rolle. In Abschnitt 6.3 werden Sie genauer sehen, welche Bedeutung SAP NetWeaver als Composite-Plattform einnimmt, wie sich SAP NetWeaver zur *Business Process Platform* (BPP) weiterentwickelt und welche zentrale Bedeutung dort SAP XI hat.

2.1.3 IT-Practices und IT-Szenarien

Neuer Blickwinkel

Während Sie in den bisherigen Abschnitten dieses Kapitels die Komponenten von SAP NetWeaver kennen gelernt haben, soll im Folgenden ein neues Konzept der SAP vorgestellt werden, das einen anderen Blickwinkel auf SAP NetWeaver eröffnet: IT-Practices und IT-Szenarien. Das Konzept wird hier vorgestellt, weil darin die bisherige Sicht, welche technischen Möglichkeiten die einzelnen Komponenten wie z.B. SAP XI im SAP NetWeaver bieten, (bewusst) in den Hintergrund rücken.

Mit den IT-Practices und IT-Szenarien wird es für Entwickler einfacher den Mehrwert von technologischen Komponenten gegenüber der Fachabteilung darzustellen. Damit kann sich die Rolle der IT von einer passiven Rolle, die erst auf Anforderungen hin tätig wird, zu einer aktiven Rolle wandeln, da sich die Entwicklung besser einbringen kann, wenn es darum geht, Vorschläge für einfachere oder effizientere Prozesse zu machen.

Bindeglied zwischen der Sicht von Fachabteilung und IT

Die in Abbildung 2.3 gezeigte schematische Darstellung von SAP NetWeaver wurde in der Vergangenheit oft als »Kühlschrank« bezeichnet: Bei SAP NetWeaver kann man sich der einzelnen Komponenten »bedienen«, um eine Anwendung zu erstellen, ähnlich wie bei einem Kühlschrank, aus dessen einzelnen Fächern man sich bedient, wenn man eine Mahlzeit zubereiten will.

Dieses Bild ist jedoch nicht geeignet, um eine Verbindung zwischen der Sicht der Fachabteilungen und der IT auf die Anwendungslandschaft und Geschäftsprozesse herzustellen: Die Fachabteilungen haben oft keinen Einblick in die unter den Anwendungen liegende technische Architektur. Auf der anderen Seite ist die IT-Abteilung nur eingeschränkt mit den Geschäftsprozessen vertraut. Sie kennen zwar den Inhalt des Kühlschranks, wissen aber nicht unbedingt, welche Menüs Sie damit zubereiten können.

Mithilfe von IT-Practices und IT-Szenarien werden Unternehmen in die Lage versetzt, die Anforderungen der Fachabteilungen und die IT Lösungen besser aufeinander abzubilden. IT-Practices bieten also spezielle Lösungswege zur Umsetzung von Geschäftsanforderungen durch die IT.

Dazu hat SAP den »Kühlschrank geschlossen« und in Scheiben geschnitten, die die zehn IT-Practices darstellen. Abbildung 2.4 stellt die zehn IT-Practices dar, wobei die End-to-End-Prozessintegration, in der die technische Komponente SAP XI besonders stark genutzt wird, hervorgehoben ist.

IT-Practices zeigen, wie Geschäftsanwendungen und Prozesse durch die IT erstellt werden. So kann ein Prozess im Portal, angereichert um Daten aus dem Business Warehouse, beginnen und eine Nach-

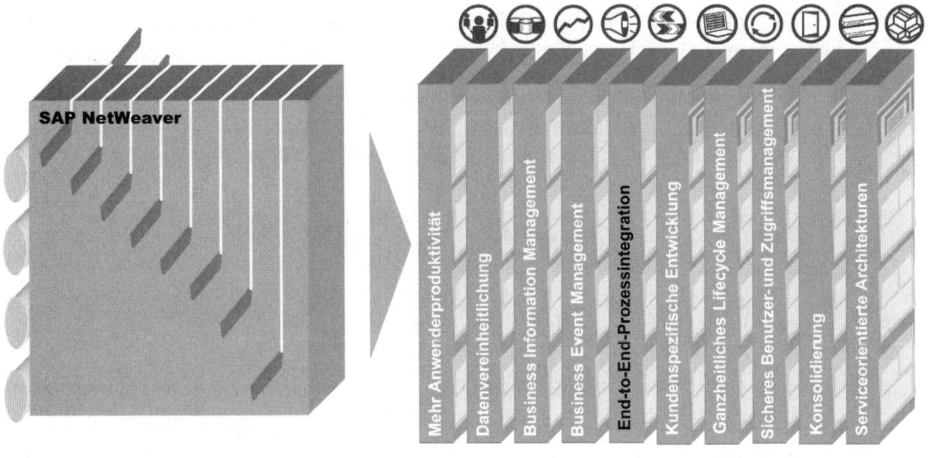

Abbildung 2.4 IT-Practices

richt an SAP XI senden, um letzten Endes Lieferanten in den Geschäftsprozess zu integrieren. Sie beinhalten integrierte und vordefinierte IT-Szenarien, die auf Komponenten von SAP NetWeaver basieren und sich an den geschäftlichen Kernaufgaben der Unternehmen orientieren. So schaffen IT-Practices beispielsweise eine höhere Informationstransparenz (Business Information Management) oder lösen Probleme bei der Implementierung über verschiedene Plattformen hinweg (ganzheitliches Lifecycle-Management).

Tabelle 2.1 zeigt die vielfältigen Möglichkeiten von SAP NetWeaver (Release SAP NetWeaver 2004s) im Rahmen von IT-Practices und -Szenarien. Unter *http://www.sap.com/solutions/businessmaps* (**Infrastructure and Services Maps · Technology · SAP NetWeaver**) finden Sie die jeweils aktuellen IT-Practices und IT-Szenarien.

User Productivity Enablement	Running an Enterprise Portal	Enabling User Collaboration	Business Task Management	Mobilizing Business Processes	Enterprise Knowledge Management	Enterprise Search
Data Unification	Master-Data Harmonization	Master-Data Consolidation	Central Master-Data Management	Enterprise Data Warehousing		
Business Information Management	Enterprise Reporting, Query, and Analysis	Business Planning and Analytical Services	Enterprise Data Warehousing	Enterprise Knowledge Management	Enterprise Search	

Tabelle 2.1 IT-Practices und IT-Szenarien in SAP NetWeaver 2004s

Business Event Management	Business Activity Monitoring			Business Task Management	
End-to-End Process Integration	Enabling Application-to-Application Processes	Enabling Business-to-Business Processes	Business Process Management	Enabling Platform Interoperability	Business Task Management
Custom Development	Developing, Configuring, and Adapting Applications			Enabling Platform Interoperability	
Unified Life-Cycle Management	Software Life-Cycle Management			SAP NetWeaver Operations	
Application Governance and Security Management	Authentication and Single Sign-On			Integrated User and Access Management	
Consolidation	Enabling Platform Interoperability	SAP NetWeaver Operations	Master-Data Consolidation	Enterprise Knowledge Management	Enterprise Data Warehousing
ESA Design and Deployment	Enabling Enterprise Services				

Tabelle 2.1 IT-Practices und IT-Szenarien in SAP NetWeaver 2004s (Forts.)

IT-Practices und SAP NetWeaver-Komponenten

Während die IT-Practice End-to-End Process Integration bzw. die dahinter stehenden IT-Szenarien eng mit den Möglichkeiten von SAP XI verbunden sind, zeigt z.B. das IT-Szenario Business Task Management, dass eine IT-Practice bzw. ein IT-Szenario nicht mit einer Komponente von SAP NetWeaver gleichzusetzen ist: Das Szenario taucht gleich in drei IT-Practices auf. Ein Business Task kann dabei ein Schritt in einem Workflow sein oder aber eine so genannte *Guided Procedure*, die einen Anwender Schritt für Schritt anleitet, wie eine Aufgabe (Business Task) auszuführen ist.

Guided Procedures

Ein gängiges Beispiel hierzu ist das Einkaufen auf einer Internetseite. Bei einer Guided Procedure hierzu wäre der Ablauf:

1. Produktauswahl
2. Warenkorb
3. Bezahlung

Beim Business Task Management handelt es sich demnach um Tätigkeiten, die ein Anwender ausführen soll, und daher kommt das IT-Szenario sowohl bei der End-to-End-Prozessintegration als auch beim Abarbeiten von Business Events als auch bei der Anwenderproduktivität vor.

Entsprechend wird die End-to-End-Prozessintegration nicht ausschließlich durch SAP XI abgebildet, sondern sie beinhaltet auch das Abarbeiten von Workflow-Schritten z.B. bei Ausnahmesituationen in der Lieferantenintegration und macht damit eine weitere technische Komponente, die Workflow-Engine, erforderlich. Hier spiegelt sich die Tatsache wider, dass reale Prozesse nicht mit einer einzigen Technologie umgesetzt werden, sondern in der Regel dabei immer eine Reihe von Technologien zum Einsatz kommt.

IT-Szenarien und die fachliche Sicht

Die IT-Szenarien führen im nächsten Schritt zur Sicht der Fachabteilungen. Tabelle 2.2 zeigt die IT-Szenarien der IT-Practice End-to-End Process Integration.

Ermöglichung von Application-to-Application-Prozessen	Ermöglichung von Business-to-Business-Prozessen	Business Process Management	Ermöglichung von Plattform-Interoperabilität	Business Task Managament
▶ Application-to-Application-Integration	▶ Integration von Geschäftspartnern mittels Industrie-Standards ▶ Integration von kleinen Geschäftspartnern und Niederlassungen	▶ Verwendung und Anpassung von vordefiniertem Inhalt ▶ Prozessautomation ▶ Kombination von lokalen und übergreifenden Prozessen	▶ Ermöglichung der Koexistenz von mehreren Portalen ▶ Wahrung von Application-to-Application- und Business-to-Business-Integration ▶ Bereitstellung von Webservices-Interoperabilität ▶ Bewältigung heterogener Systemlandschaften ▶ Entwicklung von Anwendungen, die kompatibel zu SAP NetWeaver sind	▶ Zentraler Zugang zu Aufgaben ▶ Unterstützung von Offline-Prozessen

Tabelle 2.2 IT-Szenarien und Szenariovarianten der End-to-End-Prozessintegration

In den IT-Szenarien werden die Anfragen der Fachabteilungen an die IT adressiert, etwa wie Industriestandards wie z.B. RosettaNet oder CIDX in einem B2B-Szenario abgebildet werden können oder wie kleine Partner oder Niederlassungen integriert werden können. Beides sind Varianten des IT-Szenarios Enabling Business-to-Business Processes. Eine IT-Szenario-Variante wiederum besteht aus einem Satz von IT-Prozessen, mit dem ein Geschäftsziel erreicht werden kann.

So muss bei einer B2B-Integration gemäß dem RosettaNet-Standard die Systemlandschaft konfiguriert werden, das RosettaNet Business Package, das die notwendigen RosettaNet-Prozesse (PIP) enthält, installiert werden, und letztlich muss die Verbindung zum RosettaNet-Partner konfiguriert und überwacht werden.

Usage Types

SAP-Kunden können IT-Practices über entsprechende Projekte schrittweise einführen. Dabei stellt sich die Frage, welche der Komponenten von SAP NetWeaver man braucht, wenn man ein bestimmtes IT-Szenario oder eine IT-Szenario-Variante implementieren will – denn man muss nicht immer den gesamten Stack von SAP NetWeaver installieren.

Die Antwort auf die Frage, was wann benötigt wird, liefern die so genannten *Usage Types* oder Verwendungsarten. Eine Verwendungsart stellt eine logische Sicht auf die SAP NetWeaver-Plattform dar. Es handelt sich also nicht um eine installierbare Einheit, sondern um die Installation und Konfiguration verschiedener Softwarekomponenten für eine Verwendungsart.

Verwendungsarten stellen die größte Verbindung mit den ursprünglichen Komponenten in SAP NetWeaver dar. Da aber Verwendungsarten eine konfigurierte Ansammlung von Komponenten sind, umfassen sie mehr als die Komponenten, aus denen sie bestehen. So sind, wie in Tabelle 2.3 dargestellt, die bisherigen Komponenten SAP XI und SAP Web Application Server zur Verwendungsart »Process Integration« (PI) verschmolzen oder die Komponenten SAP BW und SAP Web Application Server zur Verwendungsart »BI Java Components« (BI Java).

Bisheriger Komponentenname	SAP NetWeaver 2004s Usage Type	Usage-Type-Abkürzung	Erforderlicher Server
SAP BW	Business Intelligence	BI	ABAP
SAP BW + SAP Web AS	BI Java Componets	BI Java	Java
SAP Web AS + gewisse Javakomponenten	Development Infrastructure	DI	Java
SAP Web AS	Mobile Infrastructure	MI	ABAP + Java
SAP EP	Enterprise Portal	EP	ABAP + Java
SAP XI + SAP Web AS	Process Integration (XI)	PI	ABAP + Java
SAP Web AS	Application Server ABAP	AS ABAP	ABAP
SAP Web AS	Application Server Java	AS Java	Java

Tabelle 2.3 Wandel der Komponentennamen

Eine Verwendungsart kann in einem System mit anderen Verwendungsarten zusammen laufen oder sie können getrennt in unterschiedlichen Systemen installiert sein. Die Beziehung zwischen IT-Szenarien und Softwarekomponenten sowie zwischen IT-Szenarien und Verwendungsarten sind n:m-Beziehungen: Ein IT-Szenario kann mehrere Verwendungsarten voraussetzen, die auf mehreren Systemen installiert sein können.

Um in der vorgestellten Metaphorik zu bleiben: Die Fachabteilung nutzt die SAP-Technologie-Map mit den IT-Practices und IT-Szenarien wie eine Speisekarte, und »bestellt« entsprechende IT-Prozesse, um zu einer Gesamtarchitektur (Menü) zu kommen. Das bestellte Menü sagt der IT-Abteilung, begonnen über die IT-Practices, IT-Szenarien und Szenario-Varianten bis hin zu den Verwendungsarten, was von und wie sie SAP NetWeaver nutzen muss, um das Menü zuzubereiten.

Informationsorganisation entlang von IT-Practices und IT-Szenarien

Um herausfinden, welche Verwendungsarten erforderlich sind, um eine bestimmte Szenariovariante umzusetzen, stehen der IT-Abteilung Guides zu Verfügung: Beispielsweise sind in der SAP-Online-Hilfe unter *http://help.sap.com* verschiedene Guides wie der Power User Guide, der Developer Guide, der Administrator Guide, der

Security Guide, der Implementation Guide etc. entlang der IT-Practices und IT-Szenarien organisiert zu finden.

In Abbildung 2.5 ist der Zusammenhang zwischen IT-Szenarien, Verwendungsarten und System anhand zweier IT-Szenarien dargestellt.

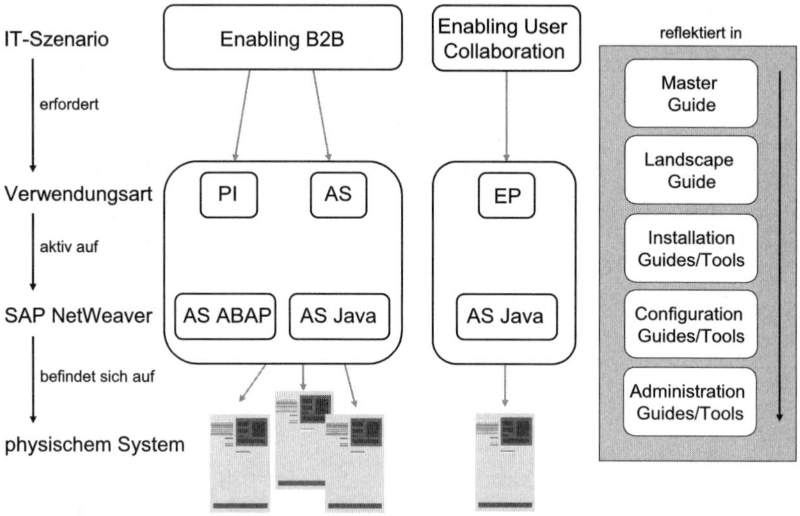

Abbildung 2.5 Beziehung zwischen IT-Szenarien, Verwendungsarten und Softwarekomponente, die sich auch in allen Guides widerspiegeln

Wenn Sie mit der bisherigen Komponentensicht vertraut waren, erfordert die neue Sichtweise eine gewisse Eingewöhnung. Falls Sie in der Online-Hilfe noch nach der alten Sichtweise suchen, können Sie diese auf der Einstiegsseite zur SAP NetWeaver-Dokumentation im SAP Help Portal (*http://help.sap.com*) unter **SAP NW nach Schlüsselbereich** finden.

2.2 Funktionsweise

Aufgaben von SAP XI

Die Hauptaufgabe von SAP XI besteht darin, eingehende Nachrichten an geeignete Empfänger weiterzuleiten. Aus der Distanz erscheint diese Aufgabe wenig anspruchsvoll: zu jeder eingehenden Nachricht ist der geeignete Empfänger zu ermitteln, an den die Nachricht anschließend zuzustellen ist.

Berücksichtigt man nun, dass Nachrichten in ganz unterschiedlichen Protokollen versendet werden und dass es sogar innerhalb eines Protokolls beliebig viele Möglichkeiten gibt, ein und dieselbe Nachricht abzubilden, gewinnt der Prozess der Nachrichtenverteilung an Komplexität. Um Nachrichten verteilen zu können, muss SAP XI also auch als Datenumwandler fungieren: Nachrichten müssen aus einem Protokoll in ein anderes und aus einer Darstellung in eine andere umgewandelt werden.

Nach dem Prinzip des *Shared Collaboration Knowledge* sollen hierbei alle Informationen zu den beteiligten Systemen zentral verwaltet werden. Eine eingehende Nachricht enthält also keine Informationen über das Zielsystem. Dieses wird vielmehr über ein komplexes Regelwerk aus Nachrichtenformat, Absender und Meldungsinhalt abgeleitet.

Abbildung 2.6 stellt die Kommunikation zweier Softwarekomponenten über einen Integrationsserver dar.

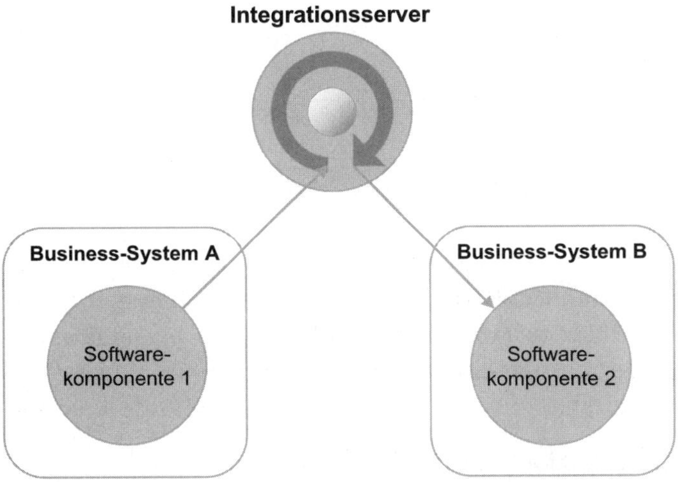

Abbildung 2.6 Sender und Empfänger kommunizieren über einen Integrationsserver

Im Folgenden verfolgen wir den Weg einer Nachricht und damit den Prozess der Nachrichtenverteilung durch SAP XI an einem konkreten Beispiel.

2.2.1 Adressbeispiel

Einführendes Beispiel

Für unser Beispiel nehmen wir an, dass ein sendendes System Adressdaten an verschiedene empfangende Systeme verteilt. Dabei ist für jeden Postleitzahlenbereich genau ein empfangendes System zuständig. Das sendende System verschickt die Adressen ausschließlich als SOAP-Dokumente. Die empfangenden Systeme verarbeiten jeweils unterschiedliche Formate. Das für den Postleitzahlenbereich 1xxxx zuständige System sei ein internes SAP-System, mit dem ausschließlich über IDocs kommuniziert wird.

Aus der Sicht des Senders besteht eine Adresse aus folgenden Elementen:

- **Name (enthält Vornamen und Nachnamen)**
- **Anrede (Herr/Frau)**
- **Strasse**
- **Ort**
- **Postleitzahl**

Aus der Sicht des Empfängers besteht eine Adresse aus folgenden Elementen:

- **Nachname**
- **Vorname**
- **Strasse**
- **Postleitzahl**
- **Ort**

Bevor wir uns im Detail ansehen, wie der Integrationsserver die genannten Adressen verteilt, müssen einige Begriffe eingeführt werden, die für den Umgang mit SAP XI unerlässlich sind.

2.2.2 Klassifikation von Nachrichten

Adaptertyp

Nachrichten können in unterschiedlichen Protokollen versendet bzw. empfangen werden: als E-Mail, als Datei, als SOAP-Dokument, als IDoc, als JMS-Dokument, CORBA-Dokument etc. Als Datenwandler muss ein Integrationsserver daher in der Lage sein, solche Formate ineinander zu konvertieren. Der SAP Integration Server übersetzt dazu alle eingehenden Nachrichten zunächst in ein XI-internes Format, das im Folgenden einfach als *XI-Format* bezeichnet werden soll. Erst beim Verlassen des Integrationsservers wird das Dokument dann aus dem XI-Format in das vom Empfänger erwartete Format übersetzt. Durch dieses Verfahren ist sichergestellt, dass innerhalb des Integrationsservers alle Nachrichten in einem einheitlichen Format vorliegen, eben dem XI-Format.

Für jedes unterstütze Format müssen also Adapter zur Verfügung gestellt werden, die für die Übersetzung (bzw. Rückübersetzung) in das XI-Format zuständig sind. Aus Sicht des Integrationsservers unterscheiden sich die Protokolle daher nur durch den Adapter, über den sie in das XI-Format übersetzt werden. Statt von unterschiedlichen Protokollen wird deshalb im Folgenden immer von den *Adaptertypen* einer Nachricht die Rede sein.

Datentyp

Im XI-Format hat jede Nachricht einen konkreten Datentyp, der beschreibt, aus welchen Elementen und Attributen die zugehörigen Nachrichten bestehen. Technisch gesehen werden die Datentypen als XSD-Dokumente beschrieben.

In unserem Adressbeispiel werden die in Abbildung 2.7 und Abbildung 2.8 dargestellten Datentypen verwendet, die in Abschnitt 2.4.2 näher erläutert werden.

Struktur	Kategorie	Typ	Häufigkeit	Details
▽ **Adresse1**	Element	Adresse1		
Name	Element	xsd:string	1	length="50"
Anrede	Element	xsd:integer	1	
Strasse	Element	xsd:string	1	length="50"
Ort	Element	xsd:string	1	length="50"
Posteitzahl	Element	xsd:integer	1	totalDigits="5"

Abbildung 2.7 Datentyp von Adresse1 in der Darstellung des Integration Repositorys

Struktur	Kategorie	Typ	Häufigkeit	Details
▽ **Adresse2**	Element	Adresse2		
Nachnam	Element	xsd:string	1	length="40"
Vorname	Element	xsd:string	1	length="40"
Strasse	Element	xsd:string	1	length="40"
PLZ	Element	xsd:string	1	length="5"
Ort	Element	xsd:string	1	length="40"

Abbildung 2.8 Datentyp von Adresse2 in der Darstellung des Integration Repositorys

Inbound/ Outbound

Um eine konkrete Nachricht in SAP XI zu beschreiben, muss über den Datentyp hinaus angegeben werden, ob es sich um eine eingehende oder ausgehende Nachricht handelt. Bei der Bezeichnung dieser *Kommunikationskategorie* wird immer die Perspektive des angeschlossenen Systems (also nicht die des Integrationsservers) eingenommen. So werden Nachrichten, die an den Integrationsserver geschickt werden, als *Outbound-Messages* und solche, die vom Integrationsserver verschickt werden, als *Inbound-Messages* bezeichnet. Aus Sicht von SAP XI werden eingehende Nachrichten als *Inbound-Schnittstellen* und ausgehende Nachrichten als *Outbound-Schnittstellen* bezeichnet.

Synchron/ Asynchron

Schließlich ist im *Kommunikationsmodus* anzugeben, ob der Sender der Nachricht auf eine direkte Antwort wartet (Kommunikationsmodus **Synchron**) oder, unabhängig von Reaktionen des Empfängers, weiter arbeitet (Kommunikationsmodus **Asynchron**).

In unserem Adressbeispiel haben wir es also mit einer asynchronen Kommunikation zu tun. Die Adressen, die als SOAP-Dokumente beim Integrationsserver ankommen, sind folglich asynchrone Outbound-Messages vom Adaptertyp **SOAP** und Datentyp **Adresse1**. Bei den vom Integrationsserver verschickten Nachrichten handelt es sich hingegen um asynchrone Inbound-Messages vom Adaptertyp **IDoc** und Datentyp **Adresse2**. Abbildung 2.9 zeigt diesen Zusammenhang schematisch.

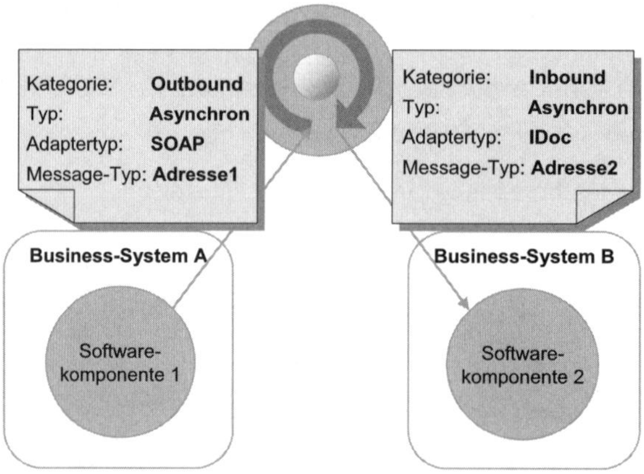

Abbildung 2.9 Adressbeispiel

Verteilung einer Nachricht

Zur Verteilung einer eingehenden Nachricht sind demnach die folgenden Teilaufgaben zu lösen:

1. **Übersetzung der eingehenden Nachricht in das interne XI-Format**
   Im Wesentlichen gibt es für jedes von SAP XI zu verarbeitende Format jeweils zwei Adapter, welche die Übersetzung zwischen

XI-Format und externem Format übernehmen. Die Adapter sind über ein Adapter-Framework in SAP XI integriert, das auch zur Einbindung projektspezifischer Adapter genutzt werden kann. Der Adapter sendet die Nachricht im XI-Format an den Integrationsserver.

2. **Empfängerermittlung/Interface-Ermittlung**
   Der Integrationsserver greift zur Ermittlung des Empfängers und der verwendeten Schnittstelle auf ein komplexes Regelwerk zu. Die Regeln basieren auf:
   - Absenderinformationen (soweit bekannt)
   - Nachrichten-Typ
   - Inhalt der Meldung
3. **Transformation der Nachricht in den abgeleiteten Datentypen**
   Wie in unserem Adressbeispiel stimmen die von Sender und Empfänger verwendeten Datentypen selten überein. Schon bei der Definition der verwendeten Datentypen können daher Transformationsregeln (Mappings) hinterlegt werden, mit denen der Integrationsserver die Nachricht in das Zielformat überführt.
4. **Übersetzung der ausgehenden Nachricht in das ausgehende Nachrichtenformat**
   Der geeignete Adapter wandelt die Nachricht aus dem XI-Format in das Empfänger-Format und sendet die Nachricht ab.

Abbildung 2.10 zeigt diesen Prozess grafisch.

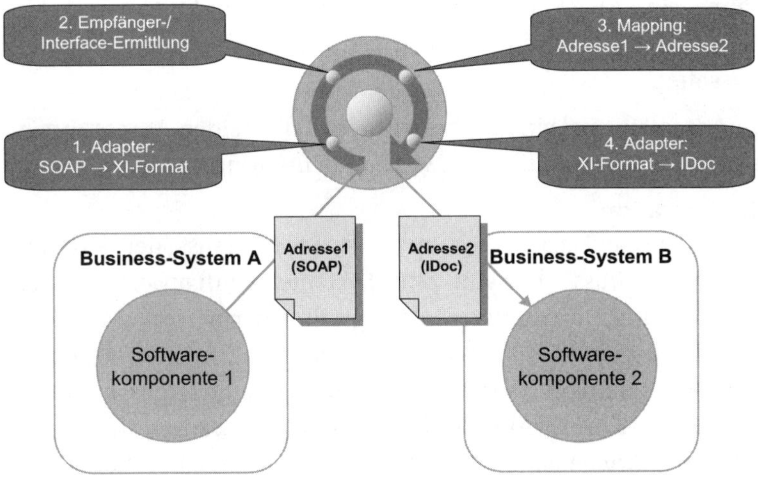

Abbildung 2.10 Nachrichtenverteilungsprozess

2.2.3 Schritte zur Implementierung eines Nachrichtenflusses

Einrichtung des Nachrichtenflusses

Will man nun in SAP XI eine neue Nachrichtenstrecke implementieren, ergibt es Sinn, folgende Aufgabenbereiche zu unterscheiden:

- **Technische Konfiguration**
  Hier wird das XI-System aufgebaut und in die bestehende SAP-Landschaft integriert. Insbesondere werden verschiedene technische RFC-Verbindungen im XI-System und in den angeschlossenen SAP-Systemen angelegt und einander zugeordnet, über die später die folgenden Prozesse abgebildet werden:
  - Generierung von Proxies aus dem XI-System in den angebundenen SAP-Systemen
  - Austausch von RFC-Nachrichten zwischen dem XI-System und angebundenen Systemen
  - zentrales Monitoring

  Alle hier genannten Einstellungen müssen nur einmal nach der Installation des XI-Servers vorgenommen werden.

Abstrakter Nachrichtenfluss

- **Design**
  In einem nächsten Schritt werden die benötigten Datentypen und Nachrichtentypen sowie die Mappings zwischen diesen Objekten beschrieben. Die Erfassung dieser Informationen ist noch unabhängig von einer konkreten Implementierung, also insbesondere unabhängig von den beteiligten Systemen. Die genannten Objekte können in SAP XI entwickelt oder aus externen Systemen importiert werden. Sie werden im so genannten *Integration Repository* verwaltet.

  Im Adressbeispiel sind in diesem Schritt die beiden Adressformate und die Transformationen zwischen den Formaten zu erfassen.

Konkreter Nachrichtenfluss

- **Konfiguration**
  Um konkrete Nachrichten zu verschicken, muss der abstrakte Nachrichtenfluss für konkrete Systeme konfiguriert werden. Hierzu müssen die konkreten Integrationspartner erfasst werden und die Regeln für die Empfängerermittlung müssen hinterlegt werden. Eventuell müssen Adapterdaten angereichert werden (z.B. Webservices). Alle Konfigurationsdaten werden im Integration Directory gehalten.

Im Adressbeispiel sind in diesem Schritt Detailinformationen über das Sendersystem und die Empfängersysteme abgelegt. Darüber hinaus sind Regeln zu erfassen, über die aus einem Adresseingang vom Sendersystem anhand der Postleitzahl der passende Empfänger, das passende Nachrichtenformat und der passende Kommunikationskanal abgeleitet werden können.

- **Laufzeit**
  Jetzt können Nachrichten an SAP XI geschickt werden, die dann an den oder die passenden Empfänger weitergeleitet werden. Für die Überwachung dieser Prozesse ist ein umfangreiches Monitoring erforderlich: fehlerhafte Nachrichtenflüsse müssen erkennbar sein. Ein- und ausgehende Meldungen bei allen beteiligten Komponenten (Adapter/Integrationsserver etc.) müssen überwacht werden können.

  Nachrichtenverteilung

  Im Adressbeispiel wäre es wichtig, die eingehenden SOAP-Dokumente, die eingehenden und ausgehenden internen XI-Dokumente sowie die vom IDoc-Adapter versendeten IDocs analysieren zu können.

2.3 Komponenten

Die SAP NetWeaver Exchange Infrastructure besteht aus mehreren Komponenten, die wir im Folgenden kurz vorstellen wollen.

System Landscape Directory

Im *System Landscape Directory* (SLD) wird die interne Systemlandschaft abgebildet. Dazu gehören einerseits die beteiligten Systeme und ihre Beziehung zueinander (z.B. wer als Integrationsserver fungiert), aber auch die in der Systemlandschaft installierten Softwareprodukte.

Technische Systeme und Business-Systeme

Bei der Erfassung von Systemen wird zwischen technischen Systemen und Business-Systemen unterschieden. Im Falle von SAP-Systemen wird die SAP-Installation als technisches System und die zugehörigen Mandanten (logische Systeme) als Business-Systeme abgebildet. Neben SAP-Systemen können aber auch beliebige andere Systeme im SLD erfasst werden.

Die in der Systemlandschaft aktiven Softwareprodukte werden zunächst unabhängig von dem System, auf dem sie installiert sind, erfasst. Hierbei ist es möglich, zu einem Softwareprodukt unterschiedliche Komponenten und zu jeder Softwarekomponente verschiedene Versionen zu erfassen. In einem zweiten Schritt werden dann jedem Business-System die Softwarekomponenten zugeordnet, die auf dem System installiert sind.

Alle Business-Systeme können später bei der Konfiguration von Nachrichtenstrecken als Sender bzw. Empfänger von Nachrichten referenziert werden. Denkt man an die Kommunikation mit externen Systemen, wird deutlich, dass auf der anderen Seite nicht jeder potentielle Empfänger von Nachrichten im System Landscape Directory erfasst sein muss.

In Tabelle 2.4 sind diese Eigenschaften des System Landscape Directorys noch einmal steckbriefartig zusammengefasst.

SLD-Steckbrief	
Aufgaben	Abbildung der im Unternehmen eingesetzten Anwendungssysteme und Softwareprodukte
Daten	▸ interne Systeme ▸ Softwareprodukte ▸ Softwarekomponenten
betroffene Prozesse	▸ Designphase: Import von SAP Objekten ▸ Konfiguration: Sender/Empfänger von Nachrichten ▸ Laufzeit
erforderliche Pflege	▸ bei der Installation des XI-Systems ▸ bei späteren Erweiterungen der Systemlandschaft ▸ bei der Einspielung neuer Softwareprodukte/Releasestände

Tabelle 2.4 System Landscape Directory

Integration Repository

Im *Integration Repository* werden die formalen Beschreibungen aller Nachrichten vorgehalten, die von SAP XI verarbeitet werden können. Hierzu gehören u.a. die Datentypen und die erforderlichen Transformationen zwischen den Datentypen. Das Integration Repository stellt somit alle Informationen zur Verfügung, die bereits beim Nachrichtendesign vorliegen, und bildet die zentrale Datenbasis für den Integrationsserver in der Rolle des Datenwandlers.

In Tabelle 2.5 finden Sie den entsprechenden Steckbrief zum Integration Repository.

IR-Steckbrief	
Aufgaben	Vorhalten von Nachrichtenformaten, Datentypen und zugehöriger Transformationen
Daten	▸ Nachrichtenformate (Message-Interfaces) ▸ Datentypen ▸ Transformationen (Message-Mapping, Interface-Mapping)
betroffene Prozesse	▸ Integrationsserver ▸ Adapter Framework
erforderliche Pflege	beim Nachrichtendesign

Tabelle 2.5 Integration Repository

Integration Directory

Im *Integration Directory* wird vorgehalten, welche Systeme als Sender bzw. Empfänger von Nachrichten auftreten können und über welche Kommunikationskanäle diese erreicht werden können. Darüber hinaus stellt das Integration Directory das Regelwerk zur Verfügung, mithilfe dessen zu einer eingehenden Nachricht der oder die passenden Empfänger und die passenden Nachrichtenformate abgeleitet werden können.

Den entsprechenden Steckbrief zu Integration Directory finden Sie in Tabelle 2.6.

ID-Steckbrief	
Aufgaben	▸ Vorhalten von Sender-/Empfängerbeschreibungen ▸ Vorhalten eines Regelwerkes zum Ableiten von Empfängern und Nachrichtenformaten aus eingehenden Nachrichten
Daten	▸ Ableitungsregeln ▸ Empfänger- und Senderbeschreibungen
betroffene Prozesse	▸ Integrationsserver ▸ Adapter Framework
erforderliche Pflege	bei der Konfiguration von Nachrichtenstrecken

Tabelle 2.6 Integration Directory

Runtime Workbench

In der Runtime Workbench werden zahlreiche Tools zur Verfügung gestellt, die insbesondere den Prozess der Fehleranalyse unterstützen:

- Über ein Komponenten-Monitoring können die Verbindungen zu allen angeschlossenen Systemen geprüft werden.
- Über ein Message-Monitoring haben Sie Zugriff auf alle von SAP XI verarbeiteten Nachrichten. Sie können hierüber den Status der Nachrichten verfolgen und aufgetretene Fehler analysieren.
- Über ein End-to-End-Monitoring kann der Weg einer konkreten Nachricht durch SAP XI überwacht werden.

2.4 Objekte

Nach dem kurzen Überblick über die Komponenten von SAP XI wollen wir jetzt die Objekte vorstellen, die zur Abbildung eines Nachrichtenverteilungsprozesses benötigt werden.

Unterteilung der Entwicklungsumgebung

Die Organisationseinheit, unter der alle Designobjekte gruppiert werden ist die *Softwarekomponente*. Softwarekomponenten werden im SLD erfasst und enthalten einen Komponentennamen, eine Komponentenversion und einen Verweis auf ein Softwareprodukt, hinter dem sich ein Händler, ein Produktname und eine Produktversion verbirgt.

Jede Softwarekomponente ist den technischen Systemen zuzuordnen, auf denen sie installiert ist. Typische Beispiele für Softwarekomponenten können z. B. die Komponenten eines R/3-Systems sein; zu Komponenten von SAP-Produkten werden die entsprechenden Definitionen schon mit ausgeliefert.

2.4.1 Softwareprodukte im Integration Repository

In unserem Adressbeispiel legen wir zunächst das Softwareprodukt **XI-Buch** und dazu die Softwarekomponente **Adressverteilung** an, jeweils mit der Versionsnummer 1. Aus technischer Sicht entspricht die Softwarekomponente der Entwicklungsklasse früherer R/3-Systeme oder den Paketen in der Java-Entwicklung. Die Softwarekomponenten können anschließend im SLD technischen Systemen zugeordnet werden und dort für die Business-Systeme aktiviert werden, auf denen die Software installiert ist.

Um nun Integrationsszenarien innerhalb einer Softwarekomponente zu definieren, muss zunächst die entsprechende Softwarekomponente in das Integration Repository importiert werden. Dort können ein oder mehrere Namensräume zugeordnet werden, unter denen die im Folgenden vorgestellten Entwicklungsobjekte geführt werden können. Zusätzlich kann angegeben werden, von welchem SAP-System gegebenenfalls Schnittstellen (RFC-Bausteine/IDocs) importiert werden können.

Im Adressbeispiel legen wir den Namensraum `http://www.sap-press.de/XI/Adressverteilung` an.

Die folgende Abbildung zeigt das resultierende Softwareprodukt. Da wir später im Praxisteil detailliert beschreiben, über welche Navigationspfade die einzelnen Objekte angelegt werden, beschränken wir uns im vorliegenden Abschnitt auf eine grobe Beschreibung.

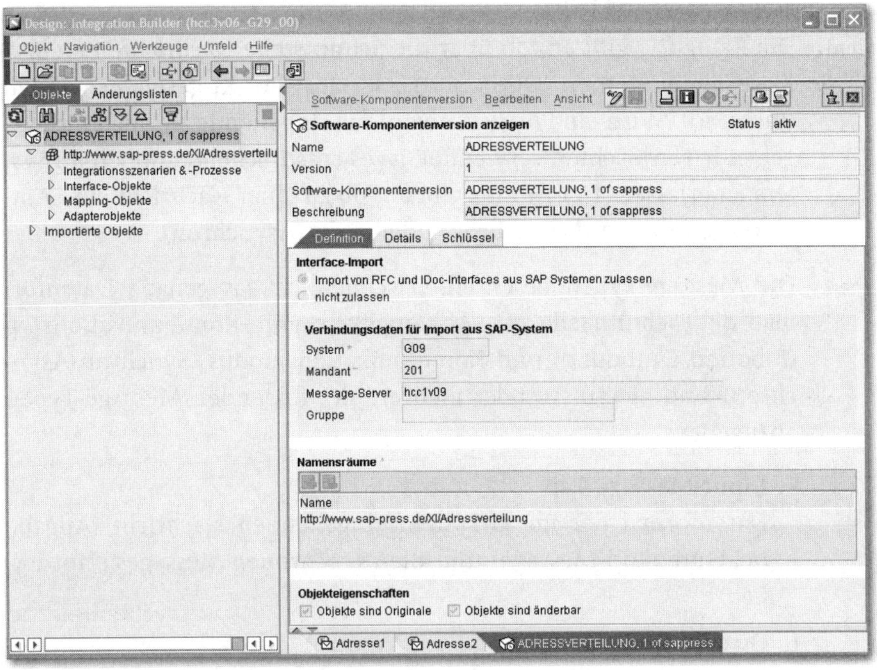

Abbildung 2.11 Softwarekomponente im Integration Repository

2.4.2 Message-Interfaces und Mapping-Objekte im Integration Repository

Message-Interface

Jetzt werden die benötigten Schnittstellen beschrieben. Im Adressbeispiel sendet ein System eine Adresse im Format **Adresse1**, die dann im Format **Adresse2** weiterverteilt werden soll. Aus Sicht der externen Systeme gibt es also eine Outbound-Schnittstelle im Format **Adresse1** und eine Inbound-Schnittstelle im Format **Adresse2**. Solche Schnittstellen werden in SAP XI als *Message-Interfaces* angelegt. Ein Message-Interface besteht aus:

- einem Namen
- einer Beschreibung
- einer Kategorie (Inbound/Outbound/Abstrakt)
- einem Modus (Synchron/Asynchron)
- einem Message-Typ für eingehende Daten
- einem Message-Typ für ausgehende Daten
- einem Message-Typ für technische Meldungen

Kategorie und Modus

Die Kategorie gibt an, ob über die Schnittstelle Nachrichten an SAP XI gesendet werden (Outbound) oder aus SAP XI gesendet werden (Inbound). Wird ein Format sowohl für eingehende als auch für ausgehende Nachrichten verwendet, ist es entsprechend doppelt im System zu erfassen. Der Modus gibt an, ob zu einer Nachricht eine Antwort erwartet wird (Synchron) oder nicht (Asynchron).

Message-Typen

Die Message-Typen beschreiben schließlich das genaue Datenformat der Schnittstelle. In Abhängigkeit von Kommunikationstyp (Inbound/Outbound) und Kommunikationsmodus (Synchron/Asynchron) sind hierzu ein oder mehrere der folgenden Message-Typen anzugeben:

- **Input-Message-Typ**
  Datenformat der im XI-System eingehenden Nachricht (Angabe bei Outbound-Messages und allen synchronen Messages erforderlich)
- **Output-Message-Typ**
  Datenformat der aus dem XI-System versendeten Nachricht (Angabe bei Inbound-Messages und allen synchronen Messages erforderlich)
- **Fault-Message-Typ**
  Datenformat, in dem Verarbeitungsinformationen (z. B. bei fehlerhafter Bearbeitung) aus dem XI-System gesendet werden (Angabe bei Inbound-Messages und allen synchronen Messages möglich)

Aus technischen Gründen werden dem Message-Interface nicht direkt die verwendeten Datentypen zugeordnet, sondern zunächst Message-Typen, die ihrerseits eine Beschreibung und den Datentyp enthalten. Mit Ausnahme von Datentypen, die zur Definition hierarchischer Datentypen verwendet werden, wird jeder Datentyp von mindestens einem Message-Typ referenziert.

Datentyp

Im Adressbeispiel treten zwei verschiedene Datentypen auf: Im ersten Adressformat gibt es ein Namensfeld, in dem Vorname und Nachname untergebracht sind, im zweiten Adressformat gibt es für Vorname und Nachname jeweils ein eigenes Feld. Die entsprechenden Datentypen werden intern als XSD-Dokumente gehalten. Sie können importiert oder über einen Datentyp-Editor erfasst werden. Zu jedem Feld sind dabei folgende Angaben zu machen:

- ein Bezeichner
- eine Kategorie (komplexer Typ oder Element)
- ein Typ (XSD-Typ oder ein schon definierter Datentyp)
- eine Kardinalität (1 oder n)
- gegebenenfalls typabhängige Details (z.B. die Länge bei Strings)

Zur Designzeit müssen auch die Konvertierungsregeln zwischen den Interfaces erfasst werden. Wie in Abbildung 2.12 dargestellt, gibt es zwei unterschiedliche Mapping-Objekte:

- **Message-Mapping**
  Das Message-Mapping gibt an, wie eine Nachricht von einem Datentyp in einen anderen transformiert werden kann. Message-Mappings sind technisch gesehen XSLT-Dokumente, die entweder von außen importiert oder über den Mapping-Editor von SAP XI erfasst werden können.
- **Interface-Mapping**
  Das Interface-Mapping gibt an, über welche Message-Mappings ein Message-Interface in ein anderes überführt werden kann. Da ein Message-Interface bis zu drei verschiedene Message-Typen enthält (Input/Output/Fault), sind für jeden relevanten Message-Typ die zugehörigen Mappings anzugeben. Ein Interface-Mapping ist also im Wesentlichen eine Sammlung von Message-Mappings.

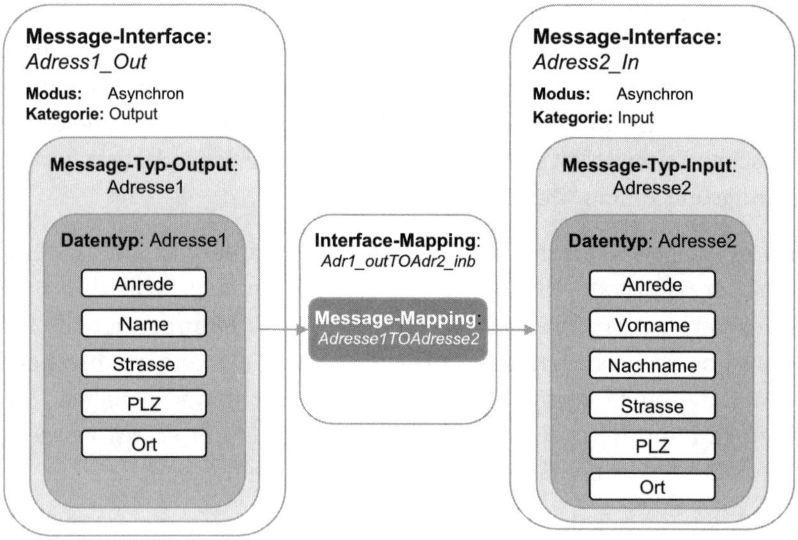

Abbildung 2.12 Designobjekte

Abbildung 2.12 zeigt außerdem, dass folgende Designobjekte im Adressbeispiel verwendet werden:

- Adresse1, ein Datentyp für Adressen mit einem Namensfeld
- Adresse2, ein Datentyp für Adressen mit getrennten Vor- und Nachnamen
- ein Message-Typ zum Datentyp Adresse1
- ein Message-Typ zum Datentyp Adresse2
- ein Outbound-Interface zum Versenden einer asynchronen Nachricht im Format **Adresse1**
- ein Inbound-Interface zum Empfangen einer asynchronen Nachricht im Format **Adresse2**
- ein Message-Mapping von Adresse1 auf Adresse2
- ein Interface-Mapping vom Outbound-Interface im Format **Adresse 1** auf das Inbound-Interface im Format **Adresse 2**

2.4.3 Konfigurationsobjekte im Integration Directory

Alle bisher beschriebenen Objekte können zur Designzeit erfasst werden, haben also keinerlei Bezug zu den tatsächlichen Sendern und Empfängern von Nachrichten. Im Folgenden wollen wir die konkrete Nachrichtenstrecke – der Sender sendet ein SOAP-Dokument an SAP XI, die ein IDoc an den passenden (internen) Empfänger weitersendet – konfigurieren. Hierzu steht im Integration Directory ein Wizard zur Verfügung, der in Abhängigkeit der konkreten Sender- und Empfängerbeschreibungen alle erforderlichen Konfigurationsobjekte erzeugt.

Eine detaillierte Beschreibung des Wizards und der Konfigurationsobjekte ist wesentlicher Bestandteil der Übungskapitel. In diesem Abschnitt soll eine erste Einordnung der Objekte vorgenommen werden.

Konfigurationsszenario

Während zur Designzeit alle erzeugten Objekte einer Softwarekomponente zugeordnet werden, übernimmt zur Konfigurationszeit das Konfigurationsszenario diese Aufgabe. Für das Adressbeispiel legen wir ein Konfigurationsszenario »Adressverteilung« an.

Business-Service

In unserem Beispiel erhalten wir ein SOAP-Dokument von einem externen System. Da externe Systeme nicht im SLD erfasst sind, müssen wir zunächst einen so genannten *Business-Service* anlegen, der den Sender von Adressen repräsentiert. Hierbei hinterlegen wir den Namen des Senders und einen Kommunikationskanal zum Adaptertyp SOAP. Der Kommunikationskanal enthält detaillierte Informationen darüber, wie SOAP-Dokumente des Senders an SAP XI übermittelt werden und von SAP XI zu verarbeiten sind. Da jeder Sender über unterschiedliche Protokolle mit SAP XI kommunizieren kann, können zu jedem Business-Service eine Vielzahl von Kommunikationskanälen hinterlegt werden.

Nun können wir die folgende Nachrichtenstrecke konfigurieren: Immer wenn in SAP XI ein SOAP-Dokument des Senders »Adressverteiler« eingeht, das eine Nachricht vom Typ »Adresse1 (Outbound)« enthält und dessen Adresse im Postleitzahlenbereich 1 liegt, ist diese Nachricht in den Typ »Adresse2 (Inbound)« zu transformieren und als IDoc an das SAP-System »PLZ1« zu verteilen.

Der Konfigurations-Assistent im Integration Directory unterstützt uns bei der Konfiguration der Nachrichtenstrecke. Im Wesentlichen benötigt er folgende Informationen:

- Wer sendet eine Nachricht in welchem Format über welchen Adapter?

- An wen ist die Nachricht in welchem Format über welchen Adapter zu verteilen?
- Über welche Mappings sind die beteiligten Formate zu transformieren?

Aus diesen Informationen erzeugt der Konfigurations-Assistent die folgenden Objekte:

- **Sendervereinbarung**
  Die Sendervereinbarung legt zu vorgegebenem Sender und Message-Interface fest, über welchen Kommunikationskanal entsprechende Nachrichten in in die SAP NetWeaver Exchange Infrastructure gelangen. In unserem Beispiel wird hinterlegt, dass Nachrichten vom Typ »Adresse1 (Outbound)« vom Sender »Adressverteiler« grundsätzlich als SOAP-Dokument an den SOAP-Adapter von SAP XI gesendet werden.
- **Empfängervereinbarung**
  Die Empfängervereinbarung legt entsprechend fest, über welchen Kommunikationskanal Nachrichten an einen Empfänger verteilt werden. In unserem Beispiel wird hinterlegt, dass der Empfänger »PLZ1« seine Nachrichten als IDoc erhält, die über den IDoc-Adapter zu ihm gelangen.
- **Empfängerermittlung**
  Die Empfängerermittlung legt fest, an wen eine eingehende Meldung verteilt wird. Die Wahl des Empfängers kann dabei in Abhängigkeit vom Inhalt der Nachricht ermittelt werden. Es können beliebig viele Empfänger angegeben werden. In unserem Beispiel wird für jeden Postleitzahlenbereich ein Empfänger hinterlegt, der über eine entsprechende Regel ausgewählt wird.
- **Interface-Ermittlung**
  Die Interface-Ermittlung legt fest, in welchem Format die eingehende Nachricht an den Empfänger weitergeleitet wird und welche Mappings zur Transformation zu verwenden sind. Hierbei können zu einer eingehenden Nachricht durchaus mehrere Nachrichten (mit unterschiedlichen Message-Typen) versendet werden. In unserem Beispiel wird das Message-Interface »Adresse2 (Inbound)« zugeordnet.

2.5 Weiterführende Konzepte

In diesem Abschnitt werden weitere Details und Funktionsweisen von SAP XI beschrieben. Es werden Entwicklungsmodelle und Adapterkonzepte aufgezeigt, zudem werden Mappings, das Monitoring und die Besonderheiten der verschiedenen Nachrichtensender und -empfänger beschrieben.

2.5.1 Outside-In vs. Inside-Out

Für die Anbindung von Anwendungen an ein XI-System gibt es die verschiedensten Verfahren. Generell wird bei den Verfahren zwischen zwei Entwicklungsmodellen unterschieden, dem *Inside-Out-* und dem *Outside-In-Modell.*

Anwendungen kommunizieren mit der SAP NetWeaver Exchange Infrastructure über so genannte *Schnittstellen.* Die Modelle Inside-Out und Outside-In unterscheiden sich in der Entwicklung (der Definition) und der Verwaltung (dem Speichern des Integrationswissens).

Outside-In

Charakteristisch für den Outside-In-Ansatz ist, dass die Schnittstelle, über die eine Anwendung kommuniziert, in einem plattformunabhängigen Format wie etwa XML definiert ist und zentral abgelegt wird. Die angebundene Anwendung importiert die Schnittstelle in einem ersten Schritt und implementiert diese in einem zweiten Schritt.

Ein Beispiel für das Outside-In-Modell in SAP XI ist die Anbindung durch ABAP-Proxies. In SAP XI wird hierbei die Schnittstelle in Form von Message-Interfaces im Integration Repository abgebildet, hinter den Message-Interfaces verbergen sich XML Schemas. Ein angebundenes R/3-System liest diese Schnittstelleninformationen aus und generiert hieraus ein ABAP-Objekt, das über eine Methode verfügt, deren Definition der Definition des Message-Interface entspricht. Nach der Generierung kann dieses Objekt innerhalb der ABAP Workbench verwendet werden. Die Proxy-Generierung ist ab dem Release 6.40 möglich. Systeme mit dem Release-Stand 6.20 können über das Add-on **APPINT 2.0** ebenfalls in die Lage versetzt werden Proxies zu generieren.

Inside-Out Beim Inside-Out-Modell wird die Schnittstelle, die zur Kommunikation verwendet wird, innerhalb der angebundenen Anwendung entwickelt und bei der Anbindung in SAP XI importiert. Entscheidend ist in diesem Zusammenhang, dass auch die Weiterentwicklung der Schnittstelle in der Anwendung stattfindet und nicht zentral in SAP XI. Jede Änderung der Schnittstelle bedingt einen neuen Import der Schnittstellendefinition in SAP XI.

Beispiele für das Inside-Out-Modell sind die Anbindung über RFC- oder IDoc-Adaptoren. Hierbei wird ein vorhandener RFC-fähiger Funktionsbaustein oder ein IDoc in das Integration Repository importiert und mit Mappings entsprechend verdrahtet.

2.5.2 ABAP-Proxy-Generierung

Verwendung des ABAP-Proxys Die Generierung von ABAP-Proxies stellt neben den Java-Proxies den Outside-In-Ansatz von SAP XI dar. Bei den ABAP-Proxies werden aus Schnittstellen, die im Integration Repository hinterlegt sind, mittels der ABAP-Proxy-Generierung (Transaktion SPROXY) ABAP-Proxy-Klassen generiert. Die Klassen können in der Folge in der ABAP Workbench in bestehende oder neue ABAP-Programme eingebunden werden.

In der ABAP-Proxy-Generierung sind die Softwarekomponenten und die zugehörigen Namensräume zu finden. Der Aufbau entspricht in etwa dem Aufbau im Integration Repository. Unter den Namensräumen befinden sich alle Objekttypen, die im Rahmen der Proxy-Generierung nach dem Outside-In-Ansatz in ABAP abgebildet werden. Hierzu gehören die Message-Interfaces (keine abstrakten), die Message-Typen und die Datentypen. Unter jedem dieser Typen werden bereits generierte ABAP-Objekte angezeigt.

Um einen ABAP-Proxy anzulegen müssen Sie vorab ein Paket in der ABAP Workbench angelegt haben.[1] Nach dem Anlegen des Paketes rufen Sie die ABAP-Proxy-Generierung auf um aus den gewünschten Objekten aus dem Integration Repository ABAP-Objekte zu generieren. Die Änderungen von bereits bestehenden ABAP-Proxy-Objekten, beispielsweise bedingt durch eine Änderung der Schnittstelle im

1 Bei der Verwendung des SAP Web AS 6.40 muss zusätzlich eine Verwendungserklärung SAI_TOOLS zum Paket angelegt werden, um in diesem Paket ABAP-Proxies zu generieren.

Integration Repository, erfolgt ebenfalls durch die ABAP-Proxy-Generierung.

Bei den generierten Outbound-Proxies wird je Proxy eine EXECUTE-Methode erzeugt, über die eine Nachricht mithilfe des Proxys versendet werden kann. Die Einbindung eines Outbound-Proxys erfolgt allein in der Anwendung, die den Proxy nutzt.

Bei den generierten Inbound-Proxies werden von außen eingehende Nachrichten bearbeitet. In der Proxy-Generierung werden hierzu ein Proxy-Interface und eine implementierende Klasse generiert. In der implementierenden Klasse muss nach der Proxy-Generierung die Logik implementiert werden, die die eingehende Nachricht verarbeitet. Die Implementierung eines Inbound-Proxys findet sowohl in der Anwendung als auch in den Proxy-Objekten statt.

2.5.3 RFC-Adapter

Weit verbreitete Technik

Der RFC-Adapter aus dem XI-Adapter-Framework stellt eine der Inside-Out-Umsetzungen von SAP XI dar. Die RFC-Technologie ist im Umfeld von SAP R/3 eine weit verbreitete Technik, um Anwendungen in das SAP-System zu integrieren. Der RFC-Adapter in SAP XI ist allerdings nur unter bestimmten Einschränkungen nutzbar, so wird etwa der Kontext (Session) in einem gerufenen System nicht über mehrere RFC-Aufrufe gehalten. Auch ein transaktionaler Kontext ist bei mehreren RFC-Aufrufen nicht möglich.

Die Adapter-Engine nutzt im Hintergrund den SAP Java Connector (JCo). Wer sich mit diesem auskennt, sollte auch keine größeren Probleme bei der Einrichtung und der Konfiguration des RFC-Adapters haben.

Wie die meisten anderen Adaptoren besteht der RFC-Adapter im Wesentlichen aus zwei Teilen, dem Sender-Adapter und dem Empfänger-Adapter. Pro angebundenes System werden nur je ein Sender- und ein Empfänger-Kommunikationskanal benötigt. Dennoch ist es generell möglich, auch mehrere Kommunikationskanäle pro System einzurichten. Beim Empfänger-Adapter kann dies beispielsweise aufgrund unterschiedlicher BAPI-Konfigurationen notwendig sein.

Bei der Konfiguration des Sender-Adapters ist zu beachten, dass jeder aktivierte Kommunikationskanal praktisch eine eigene RFC-

Destination über den JCo darstellt. Für jeden dieser eingerichteten Senderkanäle muss im angebundenen R/3-System als Gegenstück eine RFC-Destination in Transaktion SM59 gepflegt werden. Der Empfänger-Adapter benötigt als Minimum lediglich die Anmeldedaten für das anzubindende System.

Die Umsetzung des Inside-Out-Ansatzes beim RFC-Adapter lässt sich bei der Einbindung konkreter Funktionsbausteine verdeutlichen. Bevor ein Funktionsbaustein (z.B. ein BAPI) in SAP XI nutzbar wird, muss dieser in das Integration Repository importiert werden; mit importieren ist hierbei gemeint, das Schnittstellenwissen über einen bestimmten Funktionsbaustein im Integration Builder verfügbar zu machen. Wichtig ist in diesem Zusammenhang, dass im Gegensatz zum Outside-In-Ansatz die Pflege des Schnittstellenwissens nicht im Integration Repository stattfindet, sondern auf dem angebundenen RFC-System. Ein weiterer wichtiger Punkt beim Import von Schnittstellen ist, dass das Importieren einer Schnittstelle aus einem R/3-System nichts mit der Konfiguration des Nachrichtenflusses zu diesem System zu tun hat.

2.5.4 Weitere Adapter

Kommunikation mit verschiedensten Plattformen

In diesem Abschnitt werden noch einige weitere wichtige Adapter und deren Arbeitsweise aus dem Adapter-Framework erläutert. Die Anbindung über verschiedene Adapter stellt einen essenziellen Bestandteil von SAP XI dar, da hierdurch ermöglich wird, mit den verschiedensten Plattformen zu kommunizieren.

- **File-Adapter**
  Mittels des File-Adapters kann SAP XI Nachrichten per Dateitransfer austauschen. Als Transportprotokoll unterstützt der File-Adapter ein lokales Filesystem (NFS), FTP oder FTPS. Pro konfiguriertem Kommunikationskanal kann eins der genannten Protokoll verwendet werden.

  Beim File-Adapter wird die Payload einer XI-Nachricht über das Adapter-Framework gesendet oder empfangen. Beim Senden von Nachrichten gibt es an dieser Stelle eine Besonderheit, die in ähnlicher Form auch in anderen Adaptoren vorkommt: Über den Adapter wird ausschließlich die Payload einer Nachricht versendet. Diese reicht allerdings nicht aus, um das logische Routing aus dem Integration Directory zu verwenden. Die weiteren hierzu benötigten Informationen, der Sender und das Message-Interface, werden im Adapter-Framework über die dem Senderkanal zugeordnete Sendervereinbarung hinzugelesen. Hieraus lässt sich erkennen, dass pro Kommunikationskanal nur Nachrichten eines bestimmten Message-Interfaces versendet werden können.

Beim Empfangen von Nachrichten ist es dagegen möglich, über einen Empfänger-Adapter Nachrichten mit verschiedenen Message-Interfaces zu schicken. Es ist jedoch nicht möglich, eine Differenzierung wie etwa verschiedene Dateiablageorte pro Message-Interface zu konfigurieren. Hierzu müssten mehrere Kommunikationskanäle angelegt werden.

- **SOAP-Adapter**
  Mit dem SOAP-Adapter können XML-Nachrichten nach dem SOAP-Standard versendet oder empfangen werden. Als Transportprotokoll ist sowohl HTTP als auch HTTPS möglich.

  Wie beim FTP-Adapter gibt es auch beim SOAP-Adapter das Problem, dass in einer Standard-SOAP-Nachricht keine Informationen über den sendenden Service und das verwendete Message-Interface enthalten sind. Beim SOAP-Adapter ergibt sich der Service aus den Parametern der genutzten Sender-URL. Das Message-Interface wird im Kommunikationskanal direkt angegeben.

- **JDBC-Adapter**
  Der JDBC-Adapter (siehe auch Abschnitt 4.5.1) stellt in vielerlei Hinsicht einen Sonderfall in von SAP XI dar. Die zentrale Problemstellung hierbei ist, aus XI-XML-Nachrichten ein SQL-Statement für eine relationale Datenbank zu generieren und aus Ergebnismengen einer Datenbankoperation eine XML-Nachricht zu erzeugen. Der JDBC-Adapter nutzt hierzu spezielle Nachrichten-Formate. Die Formate müssen im Integration Repository als Datentypen definiert werden.

  Der Empfänger des JDBC-Adapters nutzt verschiedene Message-Protokolle, um eine XI-Nachricht an eine Datenbank zu senden. Die einfachste Möglichkeit ist die eines nativen SQL-Strings. Bei diesem Message-Protokoll wird als Inhalt der XI-Nachricht ein beliebiges SQL-Statement erwartet, das von der angebundenen Datenbank verarbeitet werden kann. Ein weiteres Message-Protokoll stellt das XML-SQL-Format dar. Bei diesen Nachrichten muss die Nachricht einem bestimmten spezifizierten Format genügen, um vom Adapter an die Datenbank versendet zu werden. Formate sind hierbei für `INSERT`, `UPDATE`, `DELETE` oder Stored Procedures vorhanden. Das jeweilige Nachrichten-Format muss im Integration Repository definiert werden.

Der Sender des JDBC-Adapters arbeitet für jeden Sendevorgang je ein `SELECT`- und ein `UPDATE`-Statement ab. Diese müssen in der Adapter-Konfiguration angegeben sein. Das Ergebnis eines Sendevorganges stellt das Resultset des `SELECT`-Statements dar. Dieses wird in eine XML-Struktur übertragen, die wie beim Empfänger-Adapter im Integration Repository definiert sein muss. Das `UPDATE`-Statement im Sender-Adapter kann beispielsweise verwendet werden, um die zuvor gelesene Ergebnismenge mit einem Flag als »übertragen« zu markieren.

2.5.5 Mappings

Ein Mapping wandelt Daten in verschiedene Formate um. Mappings können in SAP XI sowohl in Business-Prozessen als auch zwischen einem Sender und einem Empfänger verwendet werden. Sie werden im Integration Repository zur weiteren Verwendung hinterlegt.

Ein Mapping besteht zunächst immer aus einem Interface-Mapping. Dieses kennzeichnet, welche Message-Interfaces als Input bzw. als Output des Mapping verwendet werden sollen. Hier sind für den Input als auch für den Output jeweils ein oder mehrere Message-Interfaces anzugeben. Die eigentliche Logik, wie die Daten von einem in ein anderes Format übertragen werden, befindet sich nicht in dem Interface-Mapping selbst, sondern in Mapping-Programmen, die im Interface-Mapping hinterlegt sind.

Mapping-Programme

Mapping-Programme können auf verschiedene Arten abgebildet werden. Die einfachste Variante, ein Mapping-Programm zu erstellen, ist das so genannte *Message-Mapping*, das in einem grafischen Editor im Integration Builder erzeugt wird. In diesem Editor können die einzelnen Bestandteile der Quell- und Zielnachrichten einander zugeordnet werden. Sollte dies nicht 1:1 möglich sein, gibt es die Möglichkeit, vordefinierte Funktionen wie z.B. `SUBSTRING`, `CONCAT` oder `SUBTRACT` zu nutzen. Auch die Nutzung von Bedingungen durch die `IF`-Funktion ist möglich. Weiterhin besteht die Möglichkeit, eigene benutzerdefinierte Funktionen zu verwenden, die über kleine Java-Programme definiert werden.

Eine weitere sehr mächtige Möglichkeit der Mapping-Programme stellen XSLT-Mappings dar. Diese können außerhalb von SAP XI definiert und als Archiv über den Integration Builder importiert werden. Über diesen Weg besteht beispielsweise die Möglichkeit über den File-Adapter auch direkt lesbare PDF- oder Excel-Dateien zu erzeugen.

XSLT-Mapping

Außerdem besteht die Möglichkeit, Mapping-Programme in Form einer ABAP-Klasse oder einer Java-Klasse auf der J2EE-Engine zu nutzen. In diesen kann das jeweilige Mapping frei ausprogrammiert werden.

2.5.6 Monitoring von Nachrichten und Prozessen

Im Monitoring von SAP XI kann die Laufzeit des XI-Systems untersucht und überwacht werden. Es besteht die Möglichkeit, XI-Nachrichten und Protokolle über den Ablauf von Business-Prozessen einzusehen. Hierdurch können das Laufzeitverhalten und Fehlerquellen analysiert werden.

Nachrichten der Integration-Engine

Den wichtigsten Teil des Message-Monitoring stellt Transaktion SXI_MONITOR auf dem Integration-Server dar. Hier erscheinen alle Nachrichten, die durch die Integration-Engine gelaufen sind. In der Standardkonfiguration sind hier allerdings in der Regel keine korrekt verarbeiteten synchronen Nachrichten zu sehen. Über die Konfiguration der Integration Engine in Transaktion SXMB_ADM kann dieses Verhalten verändert werden. Alle Nachrichten sind mit einem Status versehen, sodass zum Beispiel direkt zu erkennen ist, bei welchen Nachrichten Fehlfunktionen aufgetreten sind. Weiterhin lässt sich der Nachrichteninhalt anzeigen. Eine Baumstruktur über den Nachrichteninhalt erleichtert hierbei die Analyse der Nachrichten. Alle Nachrichten auf dem Integrations-Server können auch in der Runtime-Workbench abgerufen werden, jedoch ist diese vom Handling deutlich umständlicher als Transaktion SXMB_ADM.

Nachrichten der Adapter-Engine

Die Nachrichten, die von der Adapter-Engine empfangen bzw. wieder an die angebundenen Systeme gesendet werden, lassen sich im Message-Monitoring der Runtime-Workbench auf der Adapter-Engine-Komponente einsehen. Hier können beispielsweise genaue Analysen vorgenommen werden, wenn ein per Adapter angebundenes System nicht korrekt funktioniert.

Als weiterer Teil des Monitoring stellt SAP XI das Monitoring der Business Process Engine über die Transaktion SXMB_MONI_BPE zur Verfügung. Entwickler, die sich bereits mit dem SAP-Workflow auskennen, dürften sich in dieser Transaktion schnell zurechtfinden, da das Monitoring der Business Process Engine stark an den SAP-Workflow erinnert. An Auswertungen steht im Wesentlichen das Workflow-Protokoll in verschiedenen Varianten zur Verfügung. Beispielsweise gibt es hier das Workflow-Protokoll mit technischen Details, in dem sich die einzelnen Nachrichten eines Prozesses nachvollziehen lassen.

2.5.7 Services und Partner

Services stellen in SAP XI Sender und Empfänger von Nachrichten dar. In SAP XI gibt es drei verschiedene Arten von Services: die Business-Systeme, die Business-Services und den Integrationsprozess:

- **Business-Systeme**
  Business-Systeme sind Services, die sich in der eigenen Systemlandschaft befinden. Üblicherweise handelt es sich hierbei um Systeme, über die Sie physisch die Kontrolle haben. Sie sind im System Landscape Directory eingetragen. Zusätzlich werden Systemen im SLD Produkte zu den Systemen zugeordnet, über die sich ermitteln lässt, welche Nachrichten ein Business-System senden bzw. empfangen kann.
- **Business-Services**
  Die Business-Services stellen in SAP XI Services von externen Anbietern dar. Beispielsweise kann es sich hierbei um einen Hotelbuchungsservice handeln, der über eine SOAP-Schnittstelle ansprechbar ist. Business-Services werden von Systemen zur Verfügung gestellt, die Sie nicht kontrollieren können. Da die Business-Services nicht im SLD eingetragen sind, kann über das SLD auch nicht ermittelt werden, welche Nachrichten ein bestimmter Business-Service senden bzw. empfangen kann. Aus diesem Grund werden im Integration Directory die Sender und Empfänger der Message-Interfaces aus dem Integration Repository direkt dem Business-Service zugeordnet.
- **Integrationsprozesse**
  Integrationsprozesse im Integration Directory stellen konfigurierbare Instanzen von Integrationsprozessen aus dem Integration

Repository dar. Diese werden im Integration Repository im BPEL-Prozessdesigner definiert. Eine solche Konfigurationsinstanz wird aus Sicht der Services wie alle anderen Services behandelt, sie kann Nachrichten senden und Nachrichten empfangen. Welche Nachrichten ein solcher Service senden bzw. empfangen kann, muss nicht explizit angegeben werden, sondern dies ergibt sich implizit aus dem Design des Prozesses im Integration Repository.

Der zentrale Unterschied bei den verschiedenen Partnern in der XI-Konfiguration ist dementsprechend, wo die Informationen über die »Fähigkeiten« des Partners gespeichert sind. Mit »Fähigkeit« ist an dieser Stelle das Senden bzw. das Empfangen von Nachrichten gemeint.

TEIL II
Anwendungen und Übungen

Bevor Sie mit den Übungen und der Fallstudie beginnen können, bedarf es einiger Schritte, um Ihre Systeme für die einzelnen Szenarien vorzubereiten. In diesem Kapitel werden Sie strukturiert die notwendigen Vorbereitungen für die Einzelübungen und die Fallstudie durchführen.

3 Grundlegende Systemkonfiguration

In diesem Kapitel werden Sie zum einen die technischen Voraussetzungen für den reibungslosen Ablauf der späteren Übungen prüfen und zum anderen verschiedene Einstellungen vornehmen, die für den Einsatz der Übungen z. B. in einer Schulung notwendig sind. Sie werden sich somit teilweise als Administrator betätigen.

Die nachfolgenden Vorbereitungen sind primär für die Durchführung der Einzelübungen notwendig, ebnen jedoch auch bereits den Weg zur Fallstudie. Über diese Vorbereitungen hinaus kommt es in einzelnen Fällen vor, dass in den einzelnen Übungskapiteln noch Erweiterungen der Konfiguration vorgenommen werden müssen.

3.1 Voraussetzungen

Getestet unter SAP XI 3.0 SP15

Für die Umsetzung der Übungen benötigen Sie ein XI-System im Release 3.0, das nach Möglichkeit den höchsten verfügbaren Support-Package-Stack (SP) enthalten sollte. Die hier dargestellten Übungen wurden auf SAP XI 3.0 SP15 durchgeführt, sind jedoch auch auf niedrigeren Releases realisierbar.

Sie benötigen außer dem XI-System zwei weitere Systeme oder zumindest zwei verschiedene Mandanten. Im Folgenden gehen wir davon aus, dass sowohl die Installation als auch das notwendige technische Customizing wie in den Installations- und Konfigurationsleitfäden der SAP beschrieben, erfolgreich durchgeführt wurde. Darüber hinaus wird angenommen, dass sich das System Landscape Directory, das Sie für die Übungen verwenden, auf dem XI-System befindet. Sie benötigen zudem für die vorbereitenden Schritte einen Benutzer innerhalb des XI-Systems, der sehr umfangreiche Rechte besitzt; Sie können dafür beispielsweise den Benutzer **xisuper**, dessen Erstellung im Installationsleitfaden zur SAP NetWeaver Exchange Infrastructure empfohlen und beschrieben wird, oder eine entsprechende Kopie davon verwenden.

SAP GUI, Java Web Start und SAP NetWeaver Developer Studio für das Frontend

Auf Seiten des Frontends werden Sie eine Vielzahl von Anwendungen verwenden. Zum einen benötigen Sie ein SAP GUI in der neuesten Version (derzeit 6.40) und den aktuellsten Patches. Dieses werden Sie für den Zugriff auf die XI-Funktionalitäten im ABAP-Teil des Systems brauchen. Auf die relevanten Java-Komponenten gelangen Sie mit Java-Anwendungen, die per *Java Web Start* automatisch bei der ersten Verwendung heruntergeladen werden. Zu diesem Zweck benötigen Sie eine Java-SDK-Installation, die Java Web Start beinhaltet und auf *http://java.sun.com* für verschiedene Plattformen verfügbar ist. Wir empfehlen Ihnen die Verwendung eines SDKs in der höchsten verfügbaren Version unter 1.5, da es bei älteren Support Packages auf SAP-Seite ansonsten zu Problemen kommen kann.

Für den Zugriff auf das XI-System über die Java Web Start-Anwendung wird der Port 5XX04 verwendet, wobei XX für die Instanznummer des SAP-Systems steht. In den meisten Fällen ist es bei Testsystemen die Instanznummer 00. Sie können die Portnummer innerhalb des XI-Systems über Transaktion SMICM ermitteln: Navigieren Sie hierzu im Menü den Pfad **Springen · http-Server · Daten anzeigen** entlang und betrachten Sie den Wert **J2EE HTTP port**. Für die Umsetzung des Java-Proxy-Beispiels werden Sie zudem das SAP NetWeaver Developer Studio verwenden, das ebenfalls auf dem Frontend installiert sein sollte.

Quellcode der Beispiele kann online oder im Anhang gefunden werden

Sie werden bei verschiedenen Übungen bestimmte Programme benötigen bzw. die Vorbereitungen von Übungen durch das Einspielen von ABAP-Transporten vereinfachen können. Diese Programme finden Sie zum einen auf der Webseite zum Buch zum Download (*http://www.sap-press.de/1264*), zum anderen im Anhang dieses Buches. Sie werden in den jeweiligen Übungen darauf hingewiesen, welche Transporte Sie einsetzen sollten.

3.2 Definition der angebundenen Systeme im System Landscape Directory

SAP-Systeme, die zuvor noch nicht in ein Integrationsszenario eingebunden waren, bedürfen diverser Einstellungen, um als Sender oder Empfänger von Nachrichten verwendet zu werden. Die folgenden Abschnitte beschreiben die Schritte, die notwendig sind, um ein Business-System an das XI-System anzubinden.

3.2.1 Anlegen der Systeme – Technische Systeme

SLD als zentrales Systemverzeichnis

Die Definition eines Systems im SLD stellt die Basis für die spätere Kommunikation dar. Dabei geben Sie zum einen an, wie das neue System technisch erreicht werden kann und welche Softwareprodukte in welcher Version darauf bereitstehen. Diese Angaben sind vor allem für Systeme innerhalb der unternehmenseigenen IT-Landschaft sinnvoll.

Transaktion SXMB_IFR ruft XI-Tools auf

Öffnen Sie das SAP GUI und melden Sie sich in Ihrem XI-System im Mandanten des Integration Server mit Ihrem Superuser an. Starten Sie die Transaktion SXMB_IFR, um zu den XI-Tools zu gelangen. Wählen Sie das SLD aus und melden Sie sich dort wiederum mit Ihrem Superuser an. Später können Sie auch direkt über die URL *http://<host>:<J2EE Port>/rep/start/index.jsp* auf die XI-Tools zugreifen. Es ist jedoch vorher notwendig, das Initialpasswort des Superusers bei einer ersten Anmeldung über das SAP GUI umzustellen.

Technical Landscape verwaltet die Rechnersysteme

Obwohl sich der SAP Web AS ABAP und der SAP Web AS Java bei entsprechenden Einstellungen während der Installation automatisch als technische Systeme im SLD anmelden, wollen wir diesen Schritt dennoch einmal manuell für das ECC-5.0-System[1] mit der System-ID G50 durchführen.

Klicken Sie zu diesem Zweck auf den Eintrag **Technical Landscape** unter der linken Überschrift **Landscape** (siehe Abbildung 3.1). Sie können sich über die Auswahl des entsprechenden Typs der technischen Systeme anschauen, welche Systeme bereits registriert sind.

1 ECC steht für die *Enterprise Central Component*, die u.a. den Funktionsumfang von R/3-Systemen beinhaltet und das Zentrum von mySAP ERP innerhalb einer Unternehmenslandschaft darstellt.

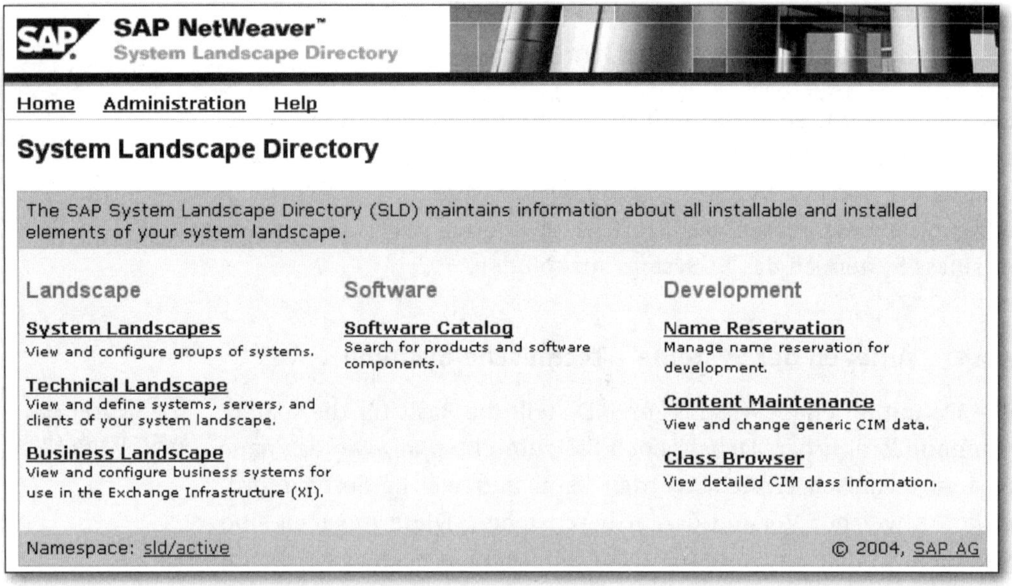

Abbildung 3.1 System Landscape Directory

Um ein ABAP-basiertes System anzulegen, wählen Sie **New Technical System** aus. Das neue System basiert auf einem **Web AS ABAP**. Wählen Sie die entsprechende Option aus und navigieren Sie zum nächsten Schritt. Sie werden nun aufgefordert, Daten über das anzubindende System anzugeben (siehe Abbildung 3.2). Zunächst geben Sie den **Web AS ABAP Name** bzw. die System-ID (**SID**) an: Sie finden die dreistellige alphanumerische Bezeichnung im entsprechenden SAP-System über die Menüleiste **System · Status.** Dort finden Sie neben der SID auch den benötigten Datenbankhostnamen im Bereich **Datenbankdaten** rechts unten. Die Installationsnummer finden Sie in dem Abschnitt darüber namens **SAP-Systemdaten**. Nachdem Sie alle Werte eingegeben haben, fahren Sie mit einem Klick auf den **Next**-Button mit dem nächsten Schritt fort.

Auf der nächsten Seite des Wizards werden Daten des zentralen Applikationsservers und des Messageservers abgefragt (siehe Abbildung 3.3). In den meisten Fällen sind diese beiden Server identisch, klären Sie dies im Zweifelsfall jedoch mit Ihrem Landschaftsadministrator ab.

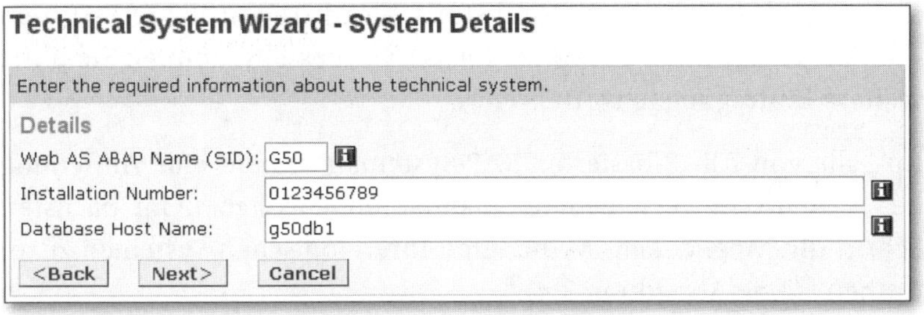

Abbildung 3.2 Technical System Wizard – Systemdetails

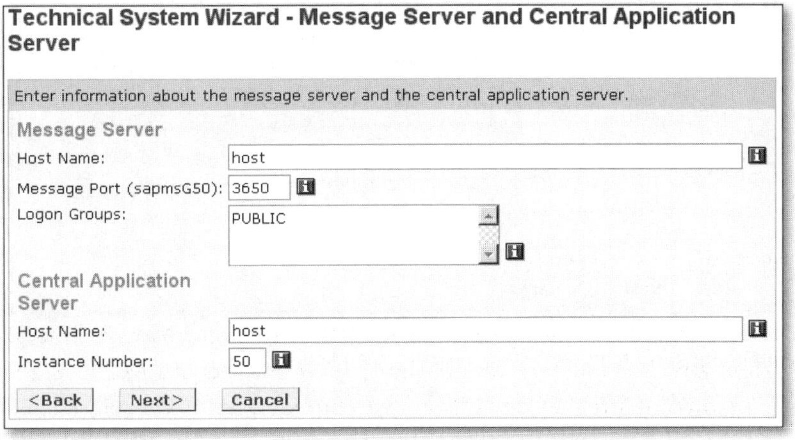

Abbildung 3.3 Technical System Wizard – Messageserver und zentraler Anwendungsserver

Wichtige Systemdaten finden Sie in den Transaktionen SM51 und SMLG

Sie finden die benötigten Daten z.B. in Transaktion SM51. Sie sehen dort in einer Auflistung alle Server, die zum System gehören. Suchen Sie in der Spalte **Typ** nach dem Eintrag **Enqueue**: Bei diesem Server handelt es sich in der Regel um den zentralen Applikationsserver. In der ersten Spalte dieser Zeile finden Sie einen Eintrag der Form **<host>_<SID>_<Instanznummer>**. Bei unserem Beispiel lautet die Instanznummer **50**. Übernehmen Sie die Werte in die entsprechenden Eingabefelder im Wizard. Die Nummer des Messageports folgt dem Schema **36<Instanznummer>**. Die verfügbaren Log-on-Gruppen können Sie in Ihrem SAP-System über Transaktion SMLG ermitteln. Gehen Sie nun zum nächsten Schritt.

Im nächsten Bildschirmbild haben Sie die Möglichkeit weitere Applikationsserver anzugeben, die zu dem betreffenden SAP-System gehören. Tragen Sie dazu den entsprechenden Hostnamen ein und fügen Sie ihn zur unteren Auflistung hinzu. Wenn Ihr SAP-System nur aus dem zentralen Applikationsserver besteht, können Sie ohne weitere Eintragungen fortfahren.

Jedem Mandanten ist ein logisches System zugeordnet

Im Falle von ABAP-basierten SAP-Systemen besteht eine Aufteilung des Systems in verschiedene Mandanten. Sie haben im nächsten Schritt die Möglichkeit, Mandanten Ihren logischen Systemen zuzuordnen (siehe Abbildung 3.4).

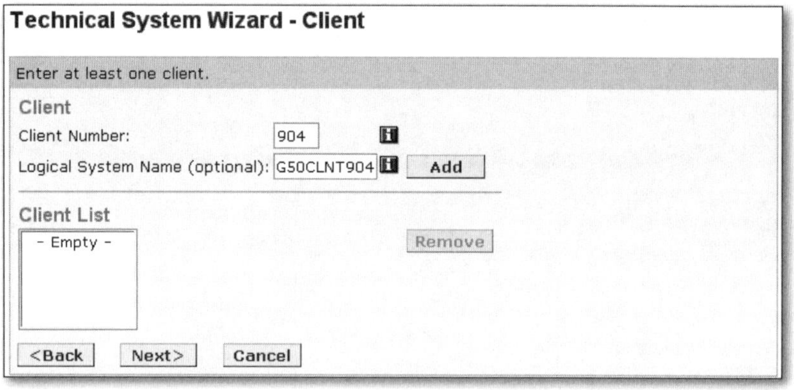

Abbildung 3.4 Technical System Wizard – Mandant

Sie können die Mandanten sowie deren logischen Systeme in Transaktion SCC4 einsehen. Sollten Sie feststellen, dass die Mandanten, die Sie verwenden möchten noch keine logischen Systeme haben, können Sie in Transaktion BD54 neue logische Systeme anlegen und diese in Transaktion SCC4 zuordnen. Sprechen Sie sich dazu zuvor mit Ihrem Landschaftsadministrator ab, da es sich dabei um einen kritischen Schritt handeln kann.

Bei der Benennung logischer Systeme wird der Name i.d.R. nach dem Schema **<SID>CLNT<Mandant>** angewandt, in unserem Fall **G50CLNT904**. Das logische System wird für Application-Link-Enabling)-Szenarien (ALE) verwendet, die Kommunikation mit IDocs fällt beispielsweise unter diese Art von Szenarien.

Installierte Softwarekomponenten können im SAP-System abgelesen werden

Mit einem Klick auf **Next** kommen Sie zur Auswahl der installierten Softwareprodukte. Um die installierten Softwareprodukte, -komponenten und deren Version anzugeben, können Sie auswählen, welches SAP-Produkt auf dem neuen technischen System installiert ist. In unserem Fall handelt es sich um SAP ECC 5.0, sodass mit der Eingabe von **ECC** im Filter die Anzahl möglicher Optionen übersichtlicher gestaltet werden kann (siehe Abbildung 3.5).

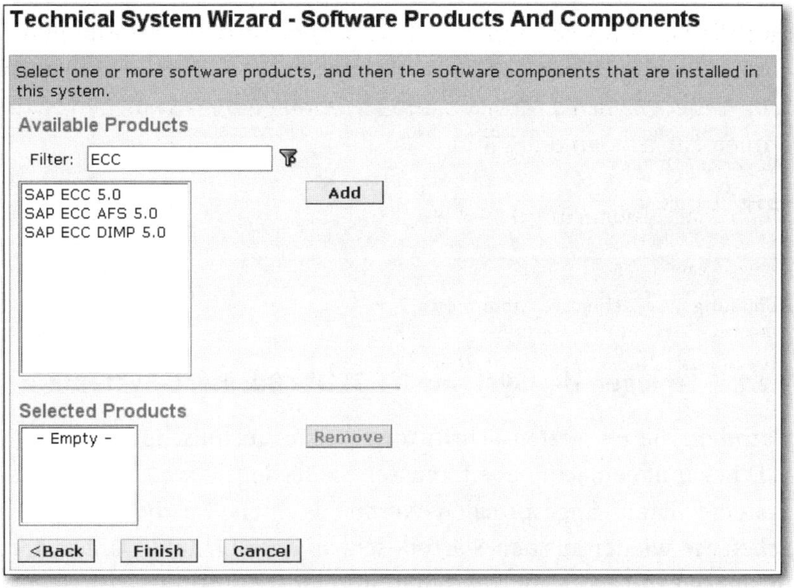

Abbildung 3.5 Technical System Wizard – Softwareprodukte und Komponenten

Wählen Sie in der Liste Ihr entsprechendes Softwareprodukt aus und fügen Sie es über den Link **Add** zur Liste hinzu. Dadurch werden über das Softwareprodukt hinaus auch die darin enthaltenen Softwarekomponenten aufgelistet. Nehmen Sie sich die Zeit, Softwarekomponenten, die bei Ihnen nicht installiert sind durch Entfernen des Hakens zu deselektieren. Sie können dabei auf die Komponentenauflistung zurückgreifen, die Sie in Ihrem SAP-System über die Menüleiste **System • Status** und den Klick auf das **Lupensymbol** unter **SAP-Systemdaten** finden.

Nachdem Sie nicht installierte Komponenten deselektiert haben, können Sie den Wizard über den **Finish**-Button beenden. Sie sehen in der Auflistung aller **Web AS ABAP**-Systeme nun Ihr neu angelegtes System (siehe Abbildung 3.6).

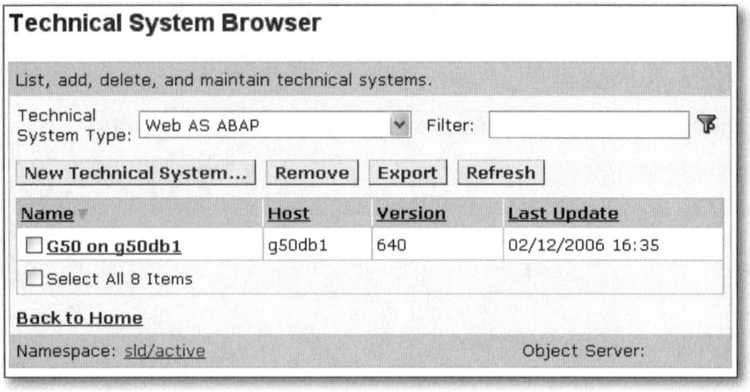

Abbildung 3.6 Technical System Browser

3.2.2 Anlegen der Systeme im SLD – Business-Systeme

Business Landscape zur Pflege der Business-Systeme

Nachdem Sie im letzten Schritt unser neues technisches System im SLD bekannt gemacht haben, müssen Sie festlegen, welche Business-Systeme darauf angesprochen werden können. Zu diesem Zweck gehen Sie wieder auf den Startbildschirm des SLD und wählen dort **Business Landscape** aus. Sie sehen nun eine Auflistung aller bereits bestehenden Business-Systeme und können über den Klick auf **New Business System** den entsprechenden Wizard aufrufen.

R/3- und ECC-Systeme verwenden den SAP Web AS ABAP

Zunächst geben Sie den Namen des neuen Business-Systems an. Unser erstes System soll als **SystemA**[2] angelegt werden. Im nächsten Dialogschritt soll der Typ des technischen Systems gewählt werden. Da Sie das neue Business-System auf dem eben angelegten technischen System aufsetzen möchten, wählen Sie **Web AS ABAP** aus. Fahren sie zur nächsten Bildschirmmaske fort.

Sie erhalten nun die Möglichkeit aus der Liste aller technischen Systeme des entsprechenden Typs Ihres auszuwählen. Wenn Sie dies getan haben, werden Ihnen alle bereits bekannten Mandanten dieses Systems angezeigt (siehe Abbildung 3.7). Klicken Sie den gewünschten Mandanten in dieser Liste an, sofern mehrere erscheinen, und fahren Sie mit einem Klick auf **Next** fort.

---

2 Der Name eines Business-Systems kann keine Sonderzeichen enthalten, weshalb an dieser Stelle auf das Leerzeichen verzichtet wird. Die Verwendung der Begriffe **SystemA**, **System A** und **Business-System A** wird im Folgenden ansonsten gleichwertig verwendet, was natürlich analog für das System B gilt.

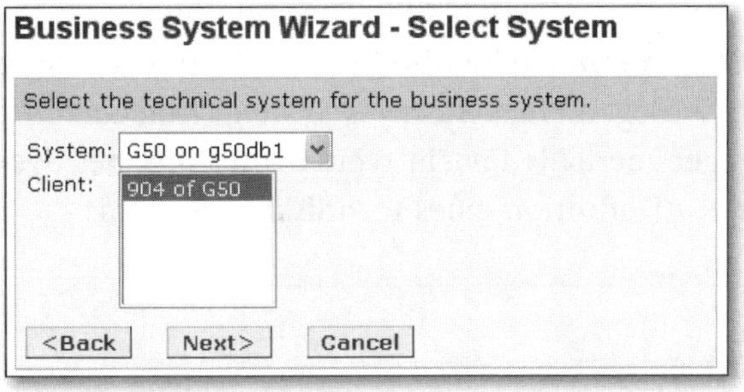

Abbildung 3.7 Business System Wizard – Systemauswahl

Mandanten der Business-Systeme werden als Application Systems gepflegt

Der nächste Schritt zeigt Ihnen die Liste der Softwareprodukte an, die auf dem gewählten technischen System installiert sind; i.d.R. können Sie diesen Schritt überspringen.[3]

Der darauf folgende, letzte Schritt des Wizards erfordert die Festlegung der Rolle des Business-Systems (siehe Abbildung 3.8). Dabei haben Sie die Auswahl zwischen **Integration Server** und **Application System**.

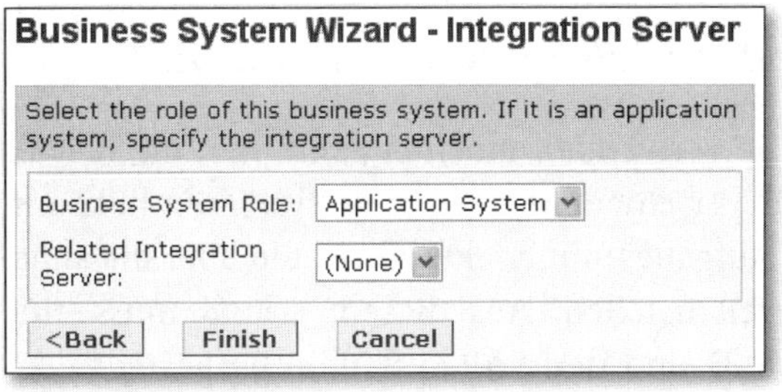

Abbildung 3.8 Business System Wizard – Integrationsserver

Da unser neues Business-System nicht die Funktion eines Information Brokers ausüben soll, wählen Sie **Application System**. Für diesen Fall ist zudem vorgesehen, den zuständigen Integration Server auszuwählen. Sie erhalten eine Auswahlliste mit allen als Integration Server angelegten Business-Systemen. Wählen Sie dort das System aus, dass Sie für diesen Kurs verwenden möchten, und beenden Sie den Wizard über den **Finish**-Button.

3 Für die praktischen Übungen in diesem Buch benötigen Sie keine weiteren Softwareprodukte, jedoch kommt es bei anderen Szenarien häufig vor, dass Sie mit mehr als einem Softwareprodukt arbeiten. In solch einem Fall sollten Sie die hier aufgeführten Produkte überprüfen.

Sowohl System A als auch System B müssen konfiguriert werden

Sie sehen in der Auflistung aller Business-Systeme nun Ihr neu angelegtes Business-System **SystemA** (siehe Abbildung 3.9). Wiederholen Sie die Schritte für das Anlegen eines Business-Systems nun auch für ein **SystemB** – und gegebenenfalls für ein weiteres technisches System auch die Schritte zur Definition eines technischen Systems.

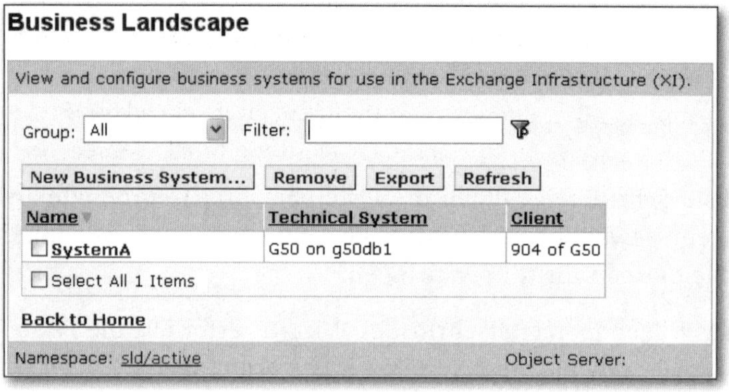

Abbildung 3.9 Business System Landscape

3.3 Anbindung der SAP-Systeme an das SLD

SLD-Daten müssen regelmäßig aktualisiert werden

Die SAP-Systeme, die Sie verwenden möchten, sind nun im SLD als technisches System mit verschiedenen Business-Systemen bekannt, jedoch hat das SLD die Aufgabe, immer aktuelle Daten über die angebundenen Systeme bereitzustellen. Aus diesem Grund muss eine Verbindung zwischen SLD und den SAP-Systemen hergestellt werden, um ein automatisches Update der verfügbaren Daten zu bewerkstelligen. Dabei können beispielsweise die Mandanten oder die Release-Stände verwendeter Softwarekomponenten abgefragt werden. Die Anbindung an das SLD dient zudem der späteren Verwendung von ABAP-Proxies.

Add-on APPINT 2.0 für SAP Web AS 6.20

Hinweis

Sollten Sie ein SAP-System auf der Basis des SAP Web AS 6.20 anschließen wollen, stellen Sie sicher, dass das Add-on **APPINT 2.0** installiert ist. Diese Zusatzkomponente beinhaltet die Grundfunktionen von SAP XI 2.0, die es einem SAP-System ermöglichen, als lokaler Integration Server aufzutreten.

3.3.1 Anlegen der RFC-Verbindungen

Zunächst werden Sie zwei RFC-Verbindungen vom Typ TCP/IP anlegen. Die Verbindung LCRSAPRFC hat die Aufgabe, das Exchange-Profil von SAP XI auszulesen. Das Exchange-Profil ist ein XML-Dokument mit Parametern, die bestimmte grundlegende Einstellungen wie z.B. Hostnamen und verwendete Ports der XI-Komponenten definieren. Die zweite Verbindung SAPSLDAPI wird von der ABAP-API für die Verbindung zum SLD verwendet. Darüber hinaus werden Sie in das System einpflegen, wie und mit welchen Benutzern das SLD erreicht werden kann. Abschließend werden Sie die Anbindung testen und einen regelmäßigen Datenabgleich einplanen.

LCRSAPRFC ist eine TCP/IP-Verbindung

Die RFC-Verbindungen müssen Sie nur einmal für jedes SAP-System anlegen, unabhängig davon, wie viele Mandanten innerhalb des gleichen Systems Sie als Business-Systeme deklariert haben. Melden Sie sich am System A bzw. B in einem beliebigen Mandanten an und rufen Sie Transaktion SM59 auf. Wählen Sie im Menü **Bearbeiten · Anlegen** oder klicken Sie im oberen Bereich auf den Button **Anlegen**, woraufhin ein neuer Bildschirm erscheint. Die erste Verbindung hat den Namen **LCRSAPRFC** und ist vom Typ **T Start eines externen Programms über TCP/IP**. Geben Sie eine beliebige Beschreibung der Verbindung an und bestätigen Sie Ihre bisherigen Eingaben mit **Enter**.

In IDES-Systemen besteht diese Destination bereits

Sollten Sie ein IDES-System auf einem SAP Web AS 6.40 verwenden, erhalten Sie eine Fehlermeldung, dass die Verbindung bereits existiert. In diesem Fall verlassen Sie die aktuelle Transaktion und suchen unter der Kategorie **TCP/IP-Verbindungen** nach der entsprechenden Destination und öffnen diese zur Bearbeitung.

ABAP- und Java-Seite finden sich über eine registrierte Programm-ID

Sollten Sie keine Fehlermeldung erhalten haben, verändert sich das Layout des unteren Bildschirmbereichs, sodass Sie nun weitere Parameter angeben können. Wählen Sie dazu die Aktivierungsart **Registriertes Serverprogramm**. Geben Sie als **Programm ID** zunächst einen Namen mit dem Schema **LCRSAPRFC_<XISID>** ein, wobei <XISID> für die System-ID Ihres XI-Systems steht. Sie können sie in Erfahrung bringen, indem Sie sich über das SAP GUI an Ihrem XI-System anmelden und **System · Status** auswählen. Durch die Registrierung, die Sie mit diesem Schritt vornehmen, kann auf dem Gateway-Server (in diesem Fall das XI-System) eine Verbindung zum gleichnamigen

Programm hergestellt werden, das bereits von der Java-Seite aus registriert sein sollte.

Diese Programm-ID stellt eine unsaubere Lösung dar, die Ihnen jedoch das schnelle Arbeiten erlaubt. Die verwendete Programm-ID wird standardmäßig bei der Installation von SAP XI installiert. Es wird jedoch empfohlen, je nachdem, was für eine Art von SAP-System angebunden wird, Programm-IDs vom Schema **LCRSAPRFC_UNICODE** für Unicode-Systeme oder **LCRSAPRFC_NONUNICODE** für Nicht-Unicode-Systeme zu wählen. Dies setzt jedoch eine vorherige Registrierung auf der Java-Seite von SAP XI voraus, die Administrationsrechte erfordert. Sollten Sie über diese verfügen, können Sie gemäß der SAP-Installationsanleitung sowohl für die Verbindung LCRSAPRFC als auch SAPSLDAPI gesonderte Einträge erstellen.

Verbindungsdaten stehen in Transaktion SMICM

Die letzten verbleibenden Werte dieser Maske sind die **Gateway-Optionen**. Der **Gateway-Host** ist der Hostname Ihres XI-Systems, den Sie bereits in der URL des SLD-Aufrufs im vorherigen Abschnitt gesehen haben. Der **Gateway-Service** wird nach dem Schema **sapgw##** erstellt, wobei ## die Instanznummer des XI-Systems ist. Sie können Sie aus dem J2EE-Port beim SLD-Aufruf herauslesen, da der Port nach dem Schema **5##00** aufgebaut ist.

Abbildung 3.10 zeigt die notwendigen Einstellungen in der TCP/IP-Verbindung LCRSAPRFC.

Speichern Sie Ihre Einstellungen und führen Sie sowohl den Verbindungs- als auch den Unicode-Test mit den gleichnamigen Buttons durch. Beide sollten erfolgreich ablaufen.

SAPSLDAPI wird analog zu LCRSAPRFC angelegt

Analog zur ersten RFC-Verbindung können Sie nun **SAPSLDAPI** anlegen. Die **Programm ID** für diese Destination lautet **SAPSLDAPI_<XISID>** oder – falls Sie bereits andere Programme auf Java-Seite registriert haben – entsprechend **SAPSLDAPI_NONUNICODE** bzw. **SAPSLDAPI_UNICODE**. Sowohl **Gateway-Host** als auch **Gateway-Service** bleiben gleich. Führen Sie auch hier nach dem Speichern den Verbindungs- und Unicode-Test durch.

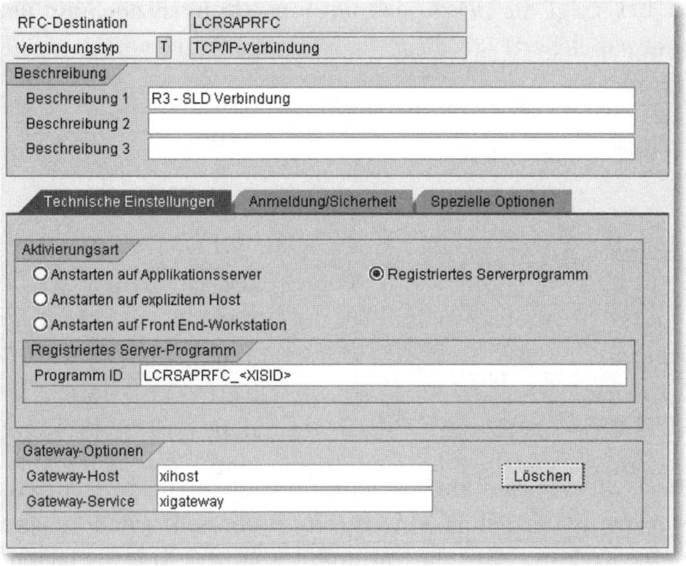

Abbildung 3.10 Anlegen der RFC-Destination LCRSAPRFC auf ABAP-Seite

3.3.2 Einstellung der SLD-Anbindung

Pflege der SLD-Zugangsdaten in Transaktion SLDAPICUST

In den folgenden Schritten werden Sie auf der Basis dieser beiden Verbindungen den Datenaustausch mit dem SLD konfigurieren. Rufen Sie zu diesem Zweck Transaktion SLDAPICUST auf und wechseln Sie durch Klick auf das Icon **Anzeigen <-> Ändern** in den Änderungsmodus. Sollte bereits ein Eintrag vorhanden sein, sprechen Sie sich bitte mit Ihrem Landschaftsadministrator ab, ob die bestehenden Einträge benötigt werden.

In diesem Fall können Sie eine weitere Zeile mit dem Icon **Zeile einfügen** anlegen. Markieren Sie diese Zeile über die entsprechende Checkbox als **Primär** und geben Sie den Hostnamen des XI-Systems an. Achten Sie dabei darauf, nicht den voll qualifizierten Hostnamen anzugeben, d.h., nehmen Sie nur den Hostnamen bis zum ersten Punkt. Zudem geben Sie in der entsprechenden Spalte den J2EE-Port Ihres XI-Systems an.

Der Benutzer, den Sie für die Anbindung verwenden, ist **XIAPPLUSER**, der das Standardpasswort **xipass** hat. Da zu erwarten ist, dass Ihr Landschaftsadministrator dieses Passwort bereits geändert hat, sollten Sie sich auch diesbezüglich mit ihm absprechen. Das Passwort können Sie nach dem Klick auf den Button in der Spalte angeben.

Abbildung 3.11 zeigt die beschriebenen Einstellungen noch einmal im Überblick. Speichern Sie diese Einstellungen und verlassen Sie die Transaktion.

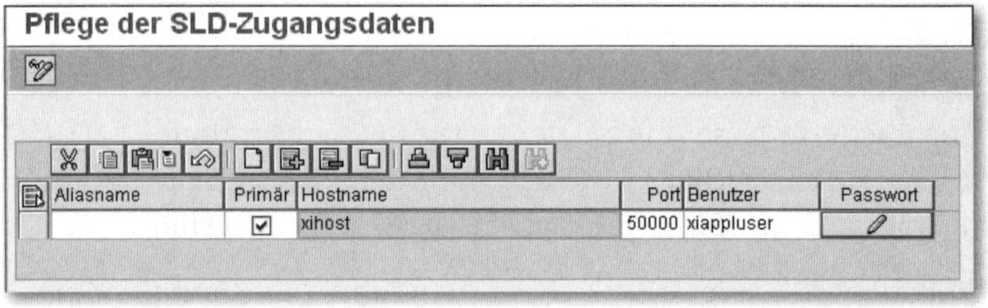

Abbildung 3.11 Pflege der SLD-Zugangsdaten

Überprüfung der SLD-Anbindung mit Transaktion SLDCHECK

Da sich durch die Vielzahl an Konfigurationsschritten, die gemacht werden müssen, leicht Fehler einschleichen können, existiert eine gesonderte Transaktion, um die Anbindung an das SLD zu testen. Die Transaktion SLDCHECK überprüft alle bisherigen Einstellungen und sollte im Erfolgsfall zum einen das SLD in einem gesonderten Browserfenster aufrufen und zum anderen keine rote Fehlermeldung anzeigen. Sollte dennoch ein Fehler angezeigt werden, so überprüfen Sie die bisher vorgenommenen Einstellungen oder ziehen Sie den Entscheidungsbaum von SAP zu Rate, den Sie in Hinweis 768452 im SAP Service Marketplace (*http://service.sap.com*) finden.

Konfiguration der regelmäßigen SLD-Aktualisierung

Der letzte Schritt in der Einrichtung der SLD-Anbindung besteht in der Einplanung der automatischen Datenübermittlung an das SLD. In Transaktion RZ70 haben Sie die Möglichkeit, diese zu konfigurieren.

Sie können fast alle Einstellungen auf den vorgegebenen Werten belassen: Sie sehen im linken Teil, dass bei diesen Einstellungen ein Hintergrund-Job eingerichtet wird, der alle 720 Minuten Daten über das System an das SLD übermittelt. Geben Sie rechts im Bereich **SLD Bridge: Gateway Information** den Host- und den Gateway-Service des XI-Systems an. Diese Werte entsprechen denen aus den RFC-Verbindungen zum SLD.

Zudem können Sie im unteren Bereich der Bildschirmmaske einrichten, welche Datensammelprogramme verwendet werden sollen. An dieser Stelle empfiehlt es sich, einen Vorschlag generieren zu lassen, was Sie mit dem Icon **Vorschlag** rechts unten bewirken können. Starten Sie nun über das Icon **Start Datenkollektor** im oberen Bereich den entsprechenden Prozess. Sie sehen daraufhin eine detaillierte Meldung, dass alle ausgewählten Sammelprogramme gelaufen sind und die Daten erfolgreich übermittelt wurden.

SLD_UC und SLD_NUC benötigen unter Umständen weitere Programm-IDs

Beim ersten Aufruf des Datenkollektors werden innerhalb des SAP-Systems zwei neue RFC-Verbindungen vom Typ TCP/IP automatisch angelegt. Sollte beim Starten des Datenkollektors eine Fehlermeldung über erfolglose Aufrufe der neuen RFC-Destinationen SLD_UC bzw. SLD_NUC erscheinen, stellen Sie sicher, dass auf Seiten des SLD die Programm IDs SLD_UC bzw. SLD_NUC registriert sind.[4]

Abbildung 3.12 zeigt die beschriebenen Einstellungen noch einmal im Überblick. Verlassen Sie nun die Ergebnisanzeige und aktivieren Sie Ihre Konfiguration mit dem **Streichholz-Symbol** im oberen Bereich.

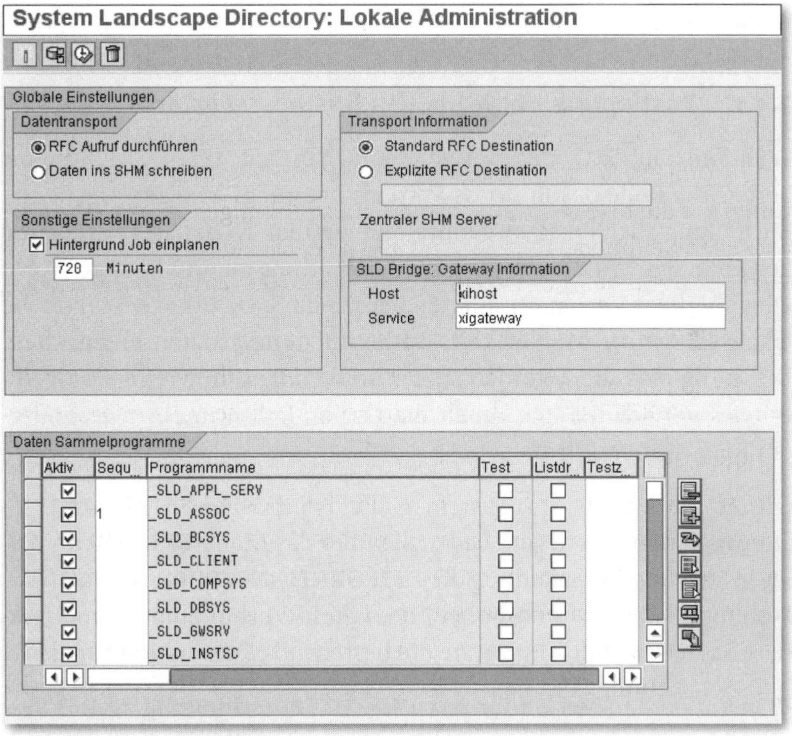

Abbildung 3.12 System Landscape Directory – Lokale Administration

4 Weitere Informationen zur Einrichtung der SLD-Anbindung finden Sie in den SAP-Hinweisen 700127 und 584654.

3.4 Konfiguration der lokalen Integration Engine

Direkter Datenaustausch mit SAP XI

Nachdem Sie nun einen regelmäßigen Datenaustausch zwischen dem SAP-System und dem SLD konfiguriert haben, steht die Konfiguration der lokalen Integration Engine des SAP-Systems an. Wenn Sie ein SAP-System mit einem SAP Web AS 6.20 oder höher verwenden, steht Ihnen die Möglichkeit der direkten Kommunikation zwischen der zentralen und der lokalen Integration Engine zur Verfügung. Diese Verbindung ist Voraussetzung für die Umsetzung von ABAP-Proxy-Szenarien. Sie werden im Folgenden die Rolle der lokalen Integration Engine festlegen und die technischen Voraussetzungen für die Verarbeitung von XML-Nachrichten auf den Business-Systemen schaffen. Darüber hinaus stellen Sie eine Verbindung zum Integration Builder her. Abschließend werden Sie noch einen Benutzer einrichten, der die Überwachung der lokalen Integration Engine aus der Runtime Workbench erlaubt.

3.4.1 Festlegung der Rolle des Business-Systems

Mandantenrolle in Transaktion SXMB_ADM festlegen

Während im SLD der verwendete Mandant Ihres SAP-Systems bereits die Rolle des Business-Systems hat, muss eine entsprechende Einstellung auch lokal vorgenommen werden. Neben der Festlegung der Rolle wird zusätzlich auch die Verbindung zu SAP XI angegeben. Obwohl diese Verbindungsdaten bereits im SLD vorliegen, bietet die lokale Pflege die Möglichkeit, Authentifizierungsdaten mitzugeben. Diese Log-on-Daten werden später notwendig sein, wenn Sie ABAP-Proxies verwenden. Sie geben die Log-on-Daten in einer gesonderten RFC-Destination an.

Öffnen Sie im Business-System A die Transaktion SM59, um RFC-Destinationen zu pflegen. Legen Sie über das Menü **Bearbeiten · Anlegen** die neue Verbindung **XI_INTEGRATIONSERVER** an. In IDES-Systemen kann es vorkommen, dass diese Verbindung bereits existiert. In diesem Fall können Sie die bestehende Destination anpassen.

Wählen Sie den Verbindungstyp **H – HTTP-Verbindung zu R/3-System** aus und tragen Sie eine beliebige Beschreibung ein. Bestätigen Sie Ihre Angaben mit **Enter**, woraufhin sich der untere Teil des Bildschirms anpasst. Navigieren Sie zum Karteireiter **Technische Einstellungen** und tragen Sie als Zielmaschine den Hostnamen Ihres XI-Systems ein. Wählen Sie die Servicenummer des ABAP-Ports von SAP XI aus, der in der Regel nach dem Schema **80XX** aufgebaut ist. Das Pfadpräfix lautet **/sap/xi/engine/?type=entry**. Die Daten der ersten Karteireiters sehen Sie in Abbildung 3.13 im Überblick.

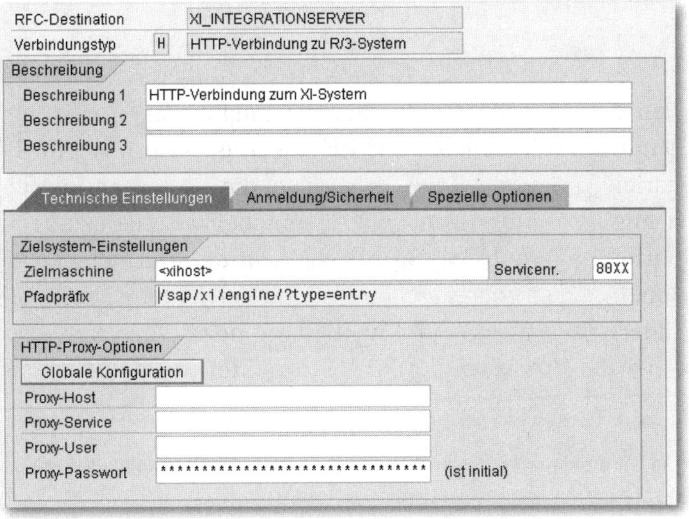

Abbildung 3.13 Technische Einstellungen der RFC-Verbindung XI_INTEGRATIONSERVER

Wechseln Sie in den Karteireiter **Anmeldung/Sicherheit** und wählen Sie das Anmeldeverfahren **SAP Standard**. Im Bereich **Anmeldung** pflegen Sie die Daten des Benutzers **XIAPPLUSER** auf dem Integrationsserver-Mandanten im XI-System ein. Diese Daten werden später beim Aufruf von SAP XI durch den ABAP-Proxy verwendet, um sich beim XI-Service zu authentifizieren. Die Einstellungen dieses Karteireiters sehen Sie in Abbildung 3.14.

Speichern Sie die Destination und führen Sie über den entsprechenden Button einen Verbindungstest durch. Bestätigen Sie gegebenenfalls, dass Sie alle weiteren Cookies annehmen. Die Ergebnisanzeige sollte den Statuscode **500** anzeigen, der besagt, dass der XI-Service ohne Daten aufgerufen wurde. Sollte ein anderer Statuscode angezeigt werden, überprüfen Sie die Anmeldedaten und gegebenenfalls, ob der entsprechende Service **sap/xi/engine** in der Transaktion SICF in SAP XI freigeschaltet wurde.[5]

5 Eine detaillierte Anleitung zum Vorgehen in Transaktion SICF finden Sie in Abschnitt 3.4.3.

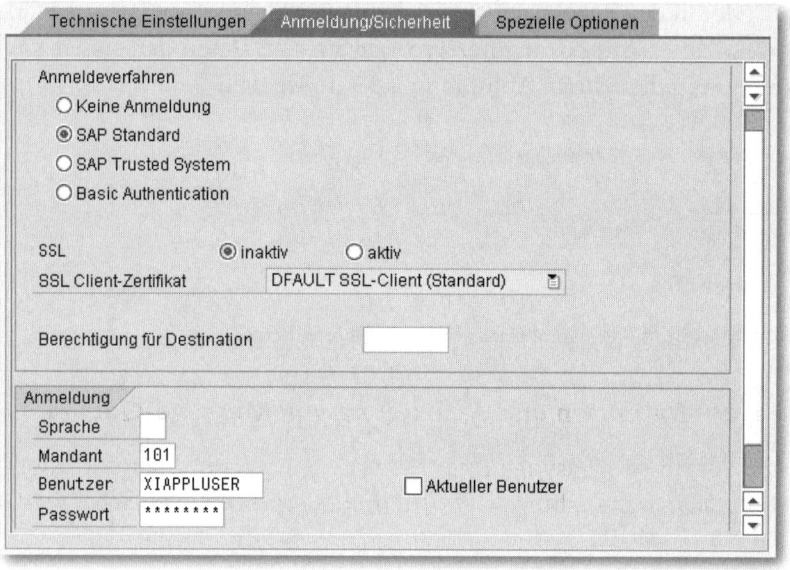

Abbildung 3.14 Anmeldedaten der RFC-Verbindung XI_INTEGRATIONSERVER

Um nun die Rolle des Business-Systems festzulegen und die angelegte Destination einzubinden, rufen Sie Transaktion SXMB_ADM in Ihrem Business-System auf. Wählen Sie in der Verzeichnisstruktur **Integration Engine • Konfiguration • Integration Engine konfigurieren** und führen Sie diese Aktion per Doppelklick oder über das entsprechende Icon **Funktion ausführen (F8)** aus. Sie gelangen dadurch zu den Konfigurationsdaten der Integration Engine.

Wählen Sie in dieser Maske in der Menüleiste **Bearbeiten • Globale Konfigurationsdaten ändern**, wodurch die Maske eingabebereit wird und einige neue Icons erscheinen. Wählen Sie nun die Rolle **Anwendungssystem** für dieses Business-System aus und geben Sie den **Integration Server** mit dem Eintrag **dest://XI_INTEGRATIONSERVER** an. Durch das Schlüsselwort **dest://** wird die eben erstellte RFC-Destination **XI_INTEGRATIONSERVER** verwendet (siehe Abbildung 3.15).

Speichern Sie die Einstellungen und gehen Sie einen Schritt zurück, bis Sie wieder zur Baumstruktur von Transaktion SXMB_ADM kommen.

Abbildung 3.15 Konfigurationsdaten der Integration Engine

3.4.2 Definition und Aktivierung von Message-Queues

Queues für die Verarbeitung asynchroner Nachrichten definieren und aktivieren

Die Verarbeitung asynchroner Nachrichten verläuft über die Einordnung aller Nachrichten in so genannte *Queues*, die je nach Typ der Zustellung die Versendung oder den Empfang der einzelnen Messages in korrekter Reihenfolge sicherstellen können. Da auch lokale Integration Engines in der Lage sind, solche Nachrichten entgegenzunehmen, bedarf es der Definition und der Aktivierung dieser Queues.

Wählen Sie innerhalb der Verzeichnisstruktur den Pfad **Integration Engine • Administration • Queues verwalten** und führen Sie diesen Schritt mit einem Doppelklick aus. In der folgenden Auflistung sehen Sie eine Vielzahl von Queues, die angelegt werden sollen. Dabei wird nach ein- und ausgehender Verarbeitung, nach den Zustellungsoptionen **Exactly One** (EO) bzw. **Exactly One In Order** (EOIO) und der Priorität der Nachricht unterschieden.

Darüber hinaus soll eine Queue für besonders große eingehende Messages angelegt werden. Achten Sie darauf, dass alle Queues markiert sind und die Aktion **Queues registrieren** gewählt ist. Wählen Sie in der Menüleiste **Queues • Aktion ausführen** oder das entsprechende Icon aus, um die Queues zu registrieren. Nach erfolgreichem Abschluss erhalten Sie eine Rückmeldung in der Statusleiste. Wählen Sie im Bereich **Aktion** die Option **Queues aktivieren** und führen Sie mit dem Button **Aktion ausführen** nun die Aktivierung durch (siehe Abbildung 3.16).

Nach einer entsprechenden Erfolgsmeldung können Sie die Transaktion verlassen.

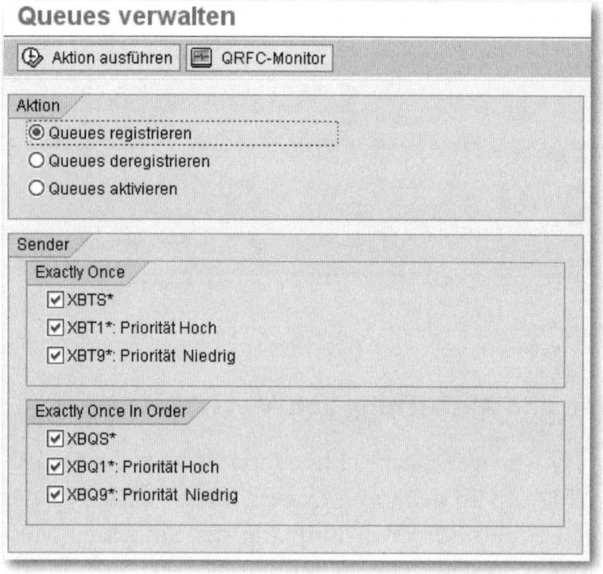

Abbildung 3.16 Queues verwalten

3.4.3 Aktivierung des XI-Service

Der XI-Service muss auf jeder Integration Engine aktiviert werden

Wie bereits weiter oben bei der Konfiguration der SLD-Anbindung beschrieben, kommunizieren die Integration Engines untereinander über einen Service, der im Rahmen des Internet Communication Frameworks (ICF) bereitgestellt wird. Dieser muss in jedem System mit einer eigenen Integration Engine freigeschaltet sein.

Rufen Sie in Ihrem Business-System die Transaktion SICF auf, um zur Verzeichnisstruktur der vorhandenen Services zu gelangen. Navigieren Sie innerhalb der Verzeichnisstruktur den Pfad **default_host** · **sap** · **xi** entlang und betrachten Sie die Services, die sich in diesem Verzeichnis befinden (siehe Abbildung 3.17). Überprüfen Sie, ob der Service **engine** bereits aktiviert ist, d.h. in schwarzer Schrift angezeigt wird. Sollte dies nicht der Fall sein, wählen Sie diesen Service aus und klicken in der Menüleiste auf **Service/Virt.Host** · **Aktivieren.** Bestätigen Sie die erscheinende Sicherheitsabfrage mit dem ersten **Ja**. Die zweite Ja-Option aktiviert im Falle eines Verzeichnisses alle darunter befindlichen Verzeichnisse und Services, was an dieser Stelle jedoch nicht notwendig ist. Verlassen Sie nach der Aktivierung die Transaktion.

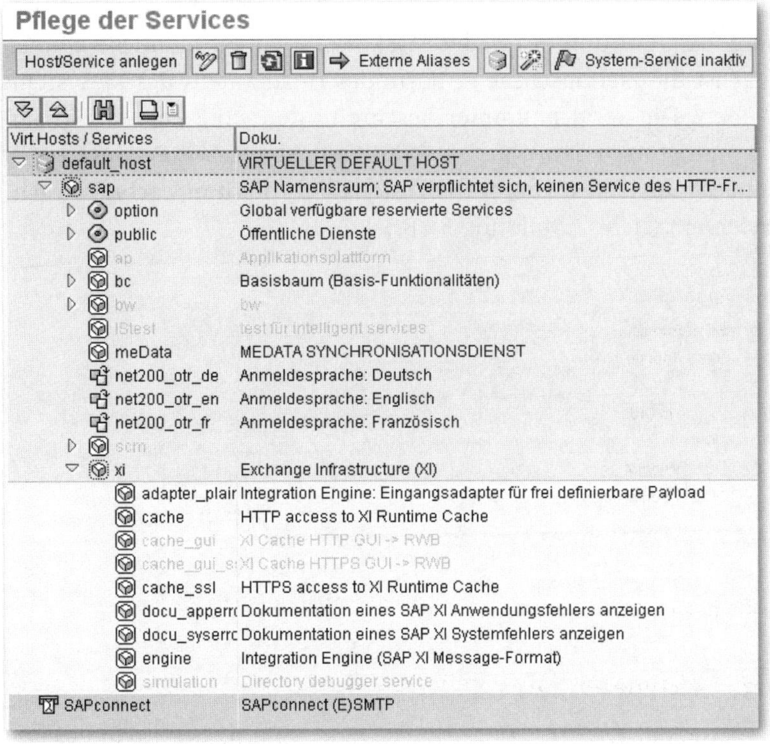

Abbildung 3.17 Pflege der Services

3.4.4 Herstellung der Verbindung zum Integration Builder und zur Runtime Workbench

Den letzten Schritt in der Konfiguration der Integration Engine stellt die Verbindung zu den Inhalten des Integration Builders dar. Lokale Integration Server benötigen ebenso wie die zentrale Integration Engine Informationen über die Objekte, die im Integration Builder erstellt wurden. Insbesondere für die Konfiguration von ABAP-Proxy-Szenarien ist dies eine wichtige Voraussetzung. Die Verbindung erfolgt dabei über eine RFC-Verbindung mit dem festgelegten Namen **INTEGRATION_DIRECTORY_HMI**, wobei HMI für *HTTP Method Invocation* steht.

Anlegen der RFC-Verbindung INTEGRATION_DIRECTORY_HMI

Rufen Sie Transaktion SM59 auf, um dort eine neue Verbindung anzulegen. Die Destination soll den Namen **INTEGRATION_DIRECTORY_HMI** bekommen und vom **Typ H – HTTP-Verbindung zu R/3-System** sein. Geben Sie außerdem eine beliebige Beschreibung ein und bestätigen Sie Ihre Eingaben mit **Enter**.

Falls ein Sicherheitshinweis erscheint, können Sie ihn in diesem Fall übergehen. Der untere Teil der Maske verändert sich und Sie können zunächst die **Zielmaschine** in Form des Hostnamens des XI-Systems angeben. Die Servicenummer beschreibt den J2EE-Port des XI-Servers und ist nach dem Schema 5XX00 aufgebaut. Das **Pfadpräfix** zur Zielmaschine ist fest vorgegeben und lautet **/dir/hmi_cache_refresh_service/ext** (siehe Abbildung 3.18).

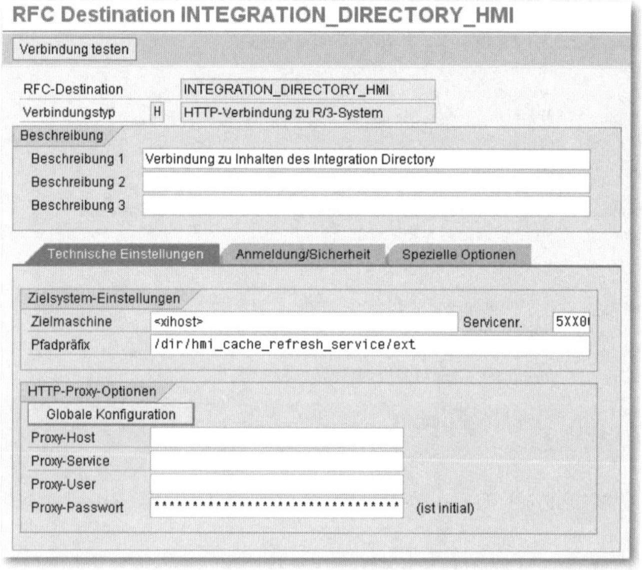

Abbildung 3.18 RFC-Destination INTEGRATION_DIRECTORY_HMI – Technische Einstellungen

Verbindung verwendet den Benutzer XIISUSER

Wechseln Sie nun zum Karteireiter **Anmeldung/Sicherheit** und stellen Sie sicher, dass als Anmeldeverfahren **Basic Authentification** gewählt ist. Kontrollieren Sie zudem, ob die SSL-Einstellung Ihrer Landschaft entsprechend vorgenommen ist. Die Anmeldung erfolgt über den Benutzer **XIISUSER** im Mandanten des zentralen Integration Servers innerhalb Ihres XI-Systems.

Stellen Sie zudem die entsprechende Sprache ein; je nach Ihren Spracheinstellungen im XI-System kann dabei in den meisten Fällen Englisch verwendet werden. Das Initialpasswort dieses Benutzers ist **xipass**, sprechen Sie sich jedoch mit Ihrem Landschaftsadministrator ab, ob es geändert wurde. Es kann vorkommen, dass Sie innerhalb der Eingabemaske nach unten scrollen müssen, um zum Passwortfeld zu gelangen.

Im Karteireiter **Spezielle Optionen** ist die Konfiguration verschiedener Einstellungen erforderlich (siehe Abbildung 3.19). Der **Timeout** in Millisekunden sollte auf 900 stehen. Achten Sie bei der **HTTP-Einstellung** darauf, dass die Komprimierung **inaktiv** ist und keine komprimierte Antwort erwartet wird. Bezüglich der **HTTP Cookies** sollen alle Cookies akzeptiert werden.

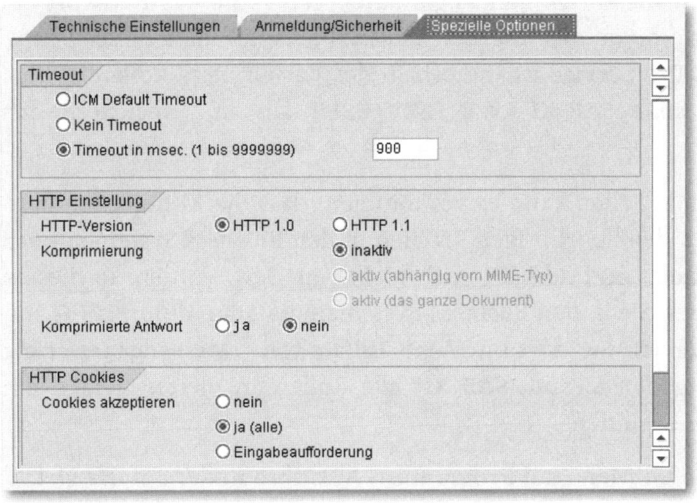

Abbildung 3.19 RFC-Destination INTEGRATION_DIRECTORY_HMI – Spezielle Optionen

Return Code 200 bei erfolgreichem Verbindungstest

Speichern Sie die Verbindung und wählen Sie in der Menüleiste **Test • Verbindung** oder klicken Sie auf das entsprechende Icon **Verbindung testen**. In der erscheinenden Sicherheitsabfrage wählen Sie die Option **Akzeptiere alle weiteren Cookies** und klicken auf **Ja**. Sollte anstelle der Sicherheitsabfrage ein Eingabefeld für Benutzer und Passwort erscheinen, so sind die Anmeldedaten nicht korrekt oder sie wurden nicht vollständig angegeben.

In der neuen Maske erscheint nun das Ergebnis des Verbindungstests. Bei einem erfolgreichen Test erscheint in der ersten Zeile unterhalb der ersten Überschrift der Eintrag **HTTP/1.1 200 OK**, der in den folgenden Zeilen erklärt wird. Verlassen Sie den Test sowie Transaktion SM59.

Benutzer XIRWBUSER zur Anmeldung im Business-System

Zur Überwachung der Konfiguration der lokalen Integration Engine versucht sich die Runtime Workbench später mit einem bestimmten Benutzer anzumelden, der nun angelegt werden soll. Dazu werden

Sie den Benutzer **XIRWBUSER** in jedem Mandanten des SAP-Systems anlegen, der als lokale Integration Engine eingerichtet wurde.

Rufen Sie dazu Transaktion SU01 auf und geben Sie den Namen des neuen Benutzers ein. Wählen Sie im Menü **Benutzer • Anlegen** oder klicken Sie auf das entsprechende Icon. Es erscheint der Karteireiter **Adresse**, in dem lediglich der Nachname des Benutzers gepflegt werden muss. Im Karteireiter **Logondaten** geben Sie das Passwort ein und wiederholen die Eingabe. Achten Sie darauf, dass dieser Benutzer vom Typ **Service** ist. Innerhalb des Karteireiters **Rollen** wählen Sie die Rolle **SAP_XI_RWB_SERV_USER** aus und speichern den Benutzer.

Massengenerierung der Rollen SAP_XI* und SAP_SLD*

In manchen Fällen kann es vorkommen, dass die XI-Berechtigungsrollen mit den zugehörigen Profilen in den Business-Systemen noch nicht genutzt und deshalb noch nicht generiert wurden. In diesem Fall müssen Sie in den Business-Systemen die Transaktion PFCG aufrufen. Wählen Sie dort im Menü **Hilfsmittel • Massengenerierung** aus und geben Sie mit **SAP_XI*** alle Rollen an, deren Namen mit »SAP_XI« beginnen.

Wenn Sie im Menü auf **Programm • Ausführen** oder auf das gleichnamige Icon klicken, erhalten Sie eine Auflistung der gefundenen Profile und ihrer Generierungsstatus. Navigieren Sie im Menü auf **Rollen • Profil generieren** und führen Sie die Generierung online durch. Wiederholen Sie anschließend die Schritte mit den Profilen **SAP_SLD***. Wenn bereits Benutzer diese Rollen verwenden, müssen Sie zudem nach dem gleichen Schema in Transaktion **PFCG** über den Menüpfad **Hilfsmittel • Massenabgleich** auch einen Massenabgleich durchführen.

3.5 Adapterspezifische Systemeinstellungen

Allgemeine Konfiguration verschiedener Adaptertypen

Obwohl Sie in den folgenden Übungen noch weitere Einstellungen vornehmen müssen, werden Sie sich vor allem mit inhaltlichen Aspekten beschäftigen. Die Einstellungen, die im Rahmen dieses Abschnitts vorgenommen werden, spielen sich jedoch auf der Ebene der Systemadministration ab und sind aus diesem Grund von den spezifischen Übungsbeschreibungen getrennt aufgeführt.

3.5.1 Überprüfung der ABAP-Proxy-Anbindung

Test der ABAP-Proxy-Anbindung über Transaktion SPROXY

Die Anbindung des SAP-Systems über ABAP-Proxies verwendet die lokale Integration Engine, welche die gleichen Informationen über bestehende Repository-Objekte benötigt wie die zentrale Integration Engine selbst. Rufen Sie in Ihrem SAP-System Transaktion SPROXY auf, um dies zu überprüfen.

Sie gelangen zunächst zum Bildschirm **ABAP-Proxy-Generierung**, in dem alle bestehenden Elemente des Integration Repositorys angezeigt werden. Die Generierung von Proxy-Klassen auf Basis von Repository-Informationen werden Sie erst in der entsprechenden Übung vornehmen.

3.5.2 Einstellungen für die Verwendung des RFC-Adapters

Sendende RFC-Adapter sind mit einer RFC-Destination verbunden

Die Verwendung des RFC-Adapters auf Senderseite erfordert eine RFC-Verbindung, die ähnlich wie bei den bereits erstellten Destinationen den Brückenschlag zwischen der ABAP-Welt des SAP-Systems und der Java-Welt des Adapter Frameworks von SAP XI vornimmt. Je nachdem, ob Sie das Übungsszenario allein oder mit einer Gruppe durcharbeiten, ist dieser Schritt einmal oder mehrmals mit entsprechender Variation durchzuführen.

Zuordnung von RFC-Verbindung und Kommunikationskanal über die Programm-ID

Rufen Sie die Transaktion SM59 innerhalb Ihres SAP-Systems auf, um eine neue RFC-Destination anzulegen. Erstellen Sie eine neue Verbindung vom Typ TCP/IP, deren Name nach dem Schema **SystemA_Sender-<Teilnehmernummer>** aufgebaut sein soll.

Diese Differenzierung der Teilnehmer ist notwendig, um in einer Gruppe später jedem Teilnehmer das Anlegen eines eigenen Kommunikationskanals zu ermöglichen. Wenn Sie in den RFC-Übungen für alle Teilnehmer den gleichen Kommunikationskanal verwenden möchten, erübrigt sich das Anhängen der Teilnehmernummer. Für den Dozenten lautet die Verbindung entsprechend **SystemA_Sender-00**.

Hinweis

Beachten Sie, dass vor der Teilnehmernummer die Trennung mit einem Bindestrich (-) erfolgt. Die Verwendung eines Unterstrichs kann ansonsten zu einer Fehlermeldung führen.

Geben Sie eine beliebige Beschreibung für die Destination ein. Innerhalb des Reiters **Technische Einstellungen** wählen Sie die Aktivierungsart **Registriertes Serverprogramm**. Geben Sie nun eine **Programm ID** ein, die dem Namen der RFC-Verbindung entspricht. Technisch gesehen erfolgt die Unterscheidung für das mehrfache Anlegen eines RFC-Kommunikationskanals an dieser Stelle, jedoch fördert eine sprechende Benennung der RFC-Verbindung die Übersicht.

Im Bereich **Gateway-Optionen** geben Sie wie schon zuvor bei anderen RFC-Destinationen den Hostnamen und den Gateway-Service des XI-Systems an. Speichern Sie die Einstellungen, jedoch ohne die Verbindung zu testen. Ein Test würde zu diesem Zeitpunkt erfolglos verlaufen, da die Gegenstelle in Form des entsprechenden Kommunikationskanals noch nicht registriert ist.

Abbildung 3.20 zeigt die beschriebenen Einstellungen noch einmal im Überblick.

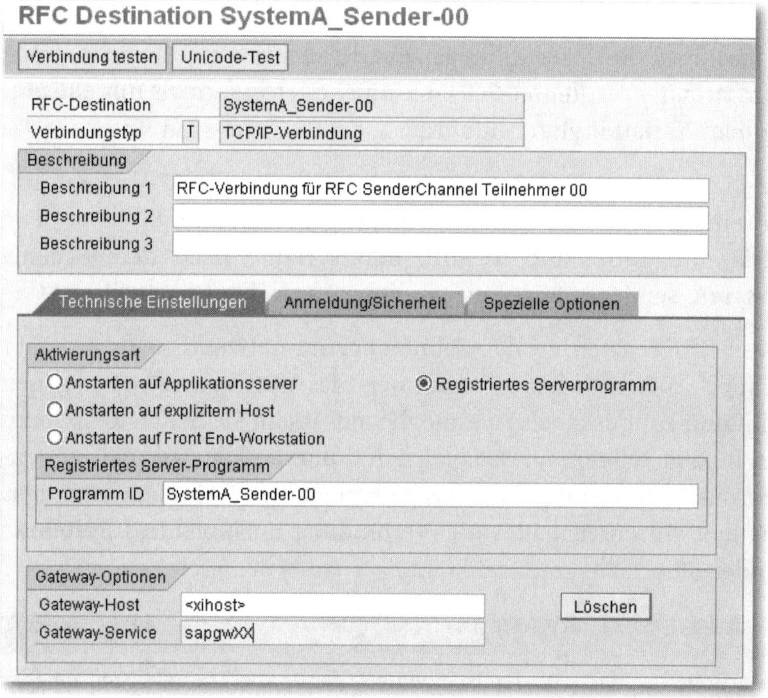

Abbildung 3.20 RFC-Adapter SenderChannel

3.5.3 Einstellungen für die Verwendung des IDoc-Adapters

Einstellungen in allen beteiligten Systemen benötigt

Die Zustellung von Nachrichten über den IDoc-Adapter erfordert die Konfiguration vieler Elemente, die einerseits auf Seiten der Business-Systeme und andererseits im XI-System liegen. Zum einen werden RFC-Verbindungen genutzt, um dem empfangenden System die Nachrichten zuzustellen. Dies gilt sowohl für die Zustellung des IDocs zur SAP NetWeaver Exchange Infrastructure als auch von SAP XI zum Business-System. Zum anderen werden vom XI-System die Metadaten der definierten IDocs benötigt, die auch über eine RFC-Destination abgefragt werden. Diese zweite RFC-Verbindung wird in Form eines Ports festgelegt. Da in der IDoc-Übung das System, das die Metadaten bereithält, das gleiche ist wie das empfangende System, können Sie sich die Pflege der zweiten RFC-Verbindung im XI-System sparen. Notwendige Einstellungen zur automatischen Verarbeitung eingehender IDocs werden Sie später bei der entsprechenden Übung und in der Fallstudie vornehmen.

RFC-KOMM erlaubt die Anmeldung über RFC

Erstellen Sie zunächst in Ihren Systemen A und B sowie dem XI-System mithilfe von Transaktion SU01 einen neuen Benutzer **RFC-KOMM**, der über den gleich lautenden Nachnamen verfügt. Vergeben Sie im Karteireiter **Logondaten** ein Passwort und wiederholen Sie es. Achten Sie zudem darauf, dass der Benutzertyp **Kommunikation** angewählt ist.

Wechseln Sie zum Reiter **Profile** und wählen Sie nach Möglichkeit sehr weit reichende Berechtigungen aus. Speichern Sie die Eingaben. Der neu angelegte Benutzer wird die Verbindung des XI-Systems und der Business-Systeme über die RFC-Destination für die IDoc-Kommunikation ermöglichen.

Jedes Business-System muss den logischen Namen des sendenden Business-Systems kennen

Rufen Sie in System A die Transaktion BD54 auf, um den logischen Namen des Mandanten von System B bekannt zu machen. Bestätigen Sie die Warnmeldung, dass es sich bei der Tabelle der logischen Systeme um ein mandantenunabhängiges Objekt handelt.

Wählen Sie in der Menüleiste **Bearbeiten · Neue Einträge** oder den entsprechenden Button **Neue Einträge** aus. Geben Sie anschließend das logische System des Mandanten von System B und eine beliebige Beschreibung ein. Sie können das logische System durch Aufruf von Transaktion SCC4 in System B finden. Der Name ist in den meisten

Fällen nach dem Schema **<SID>CLNT<Mandant>** aufgebaut. Speichern Sie Ihre Eingaben.

System A ist nun der Name des logischen Systems von System B bekannt. Wiederholen Sie diesen Schritt in System B, um System A für die spätere Bearbeitung der Fallstudie bekannt zu machen.

Versenden von IDocs über RFC-Verbindungen

Die Zustellung von IDocs erfolgt über RFC-Verbindungen zwischen SAP-Systemen. Dies gilt sowohl für die Zustellung von den Business-Systemen zu SAP XI als auch vom XI-System zu den Business-Systemen. Dies bedeutet, dass in jedem Business-System eine Destination zu SAP XI und in SAP XI jeweils eine Verbindung zu jedem Business-System angelegt werden muss.

Wechseln Sie in das XI-System und rufen Sie dort die Transaktion SM59 für die Pflege von RFC-Verbindungen auf. Erstellen Sie eine neue RFC-Verbindung vom Typ **3 – Verbindung zu R/3-System**, die den Namen **SystemA_IDoc** tragen soll. Wiederholen Sie die Schritte später auch für System B.

Hinweis

Die RFC-Verbindung trägt keine Teilnehmernummer im Namen, da später auf der eingehenden Seite nur anhand des logischen Systems des Absenders unterschieden wird und deshalb das mehrfache Anlegen keinen Sinn ergibt.

Geben Sie im Feld **Zielmaschine** den Hostnamen von System A an und ergänzen Sie die **Systemnummer** im Feld rechts daneben (siehe Abbildung 3.21). Pflegen Sie im Karteireiter **Anmeldung/Sicherheit** die Daten des zuvor in den SAP-Systemen angelegten Benutzers **RFC-KOMM** ein und führen Sie einen Verbindungstest durch, der erfolgreich sein sollte.

Der Test für den Remote-Log-in hingegen führt zu keinem Ergebnis, da der Benutzer **RFC-KOMM** nur als Kommunikationsuser angelegt wurde und somit nicht für den direkten Log-on genutzt werden kann. Speichern Sie die RFC-Verbindung und legen Sie analog dazu in den beiden Business-Systemen eine RFC-Destination namens **XI_System** an, die sich mit dem Benutzer **RFC-KOMM** mit dem Integrationsserver-Mandanten des XI-Systems verbindet.

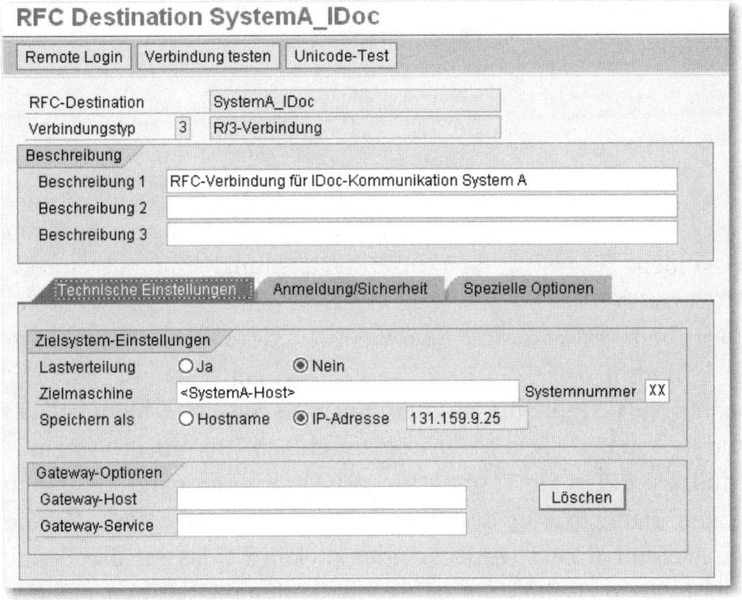

Abbildung 3.21 RFC-Verbindung für den IDoc-Adapter – Technische Einstellungen

Zugriff auf IDoc-Metadaten der Business-Systeme

Für den Port, der die Verbindung zu den IDoc-Metadaten herstellt, werden Sie die eben angelegte RFC-Verbindung »neu verpacken«. Rufen Sie in Ihrem XI-System dazu Transaktion IDX1 auf und legen Sie durch Klick auf das Icon mit dem leeren Blatt einen neuen Port an. Benennen Sie den neuen Port nach dem Schema **SAP<SID>** – in unserem Fall heißt der Port für System A somit **SAPG50**. Führen Sie diesen Schritt später analog auch für System B durch.

Ergänzen Sie eine sprechende Beschreibung und wählen Sie die soeben erstellte RFC-Destination **SystemA_IDoc** bzw. **SystemB_IDoc** aus. Speichern Sie die Einstellungen und betrachten Sie den gespeicherten Eintrag in der linken Verzeichnisstruktur. In Abbildung 3.22 sehen Sie, dass der Mandant an die Bezeichnung des Ports angehängt wurde. Der Port heißt in der späteren Verwendung jedoch nur **SAP<SID>** bzw. **SAPG50**.

Fallstudie verwendet transaktionale Ports

Die automatische Versendung von IDocs in der Fallstudie erfordert die Definition transaktionaler Ports, die für die Datenübermittlung über transaktionale RFCs genutzt werden. Ein transaktionaler RFC entspricht dem Quality-of-Service EOIO.

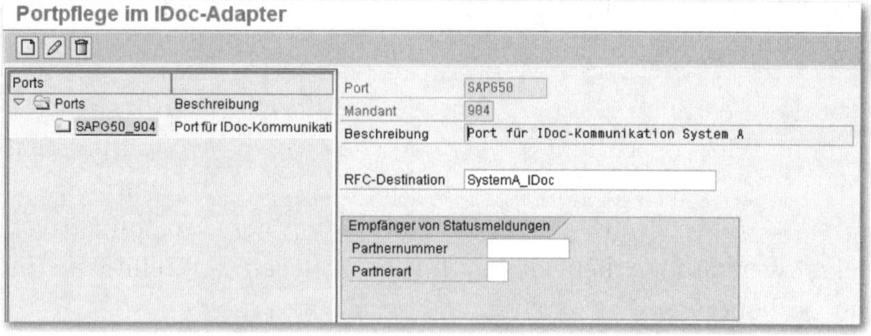

Abbildung 3.22 Portpflege im IDoc-Adapter

Da Sie in der Fallstudie nur aus dem Business-System A heraus IDocs versenden, müssen Sie die nachfolgenden Schritte nur in System A durchführen. Rufen Sie Transaktion WE21 auf und markieren Sie in der linken Baumstruktur den Eintrag **Transaktionaler RFC**. Wählen Sie den Menüpfad **Port • Anlegen** oder klicken Sie das entsprechende **Anlegen**-Icon an. Geben Sie in der folgenden Maske den eigenen Portnamen **XI_SYSTEM** an und bestätigen Sie Ihre Eingabe. Wählen Sie die RFC-Destination **XI_System** aus, die Sie soeben erstellt haben, und speichern Sie den Port.

Abbildung 3.23 zeigt die Einstellungen für den Port des transaktionalen RFC-Aufrufs.

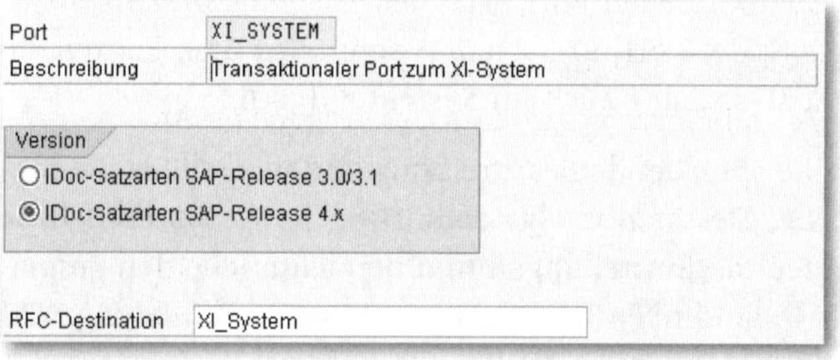

Abbildung 3.23 Anlegen eines transaktionalen Ports

3.6 Kursspezifische Vorbereitungen

Jede Durchführung der Übungen in einem Kurs erfordert diverse Vorbereitungen

Die grundlegenden Einstellungen der Systeme dienten hauptsächlich der Anbindung der SAP-Systeme an SAP XI. Wenn Sie die in diesem Buch dargestellten Übungen in einem Kurs durchführen wollen, muss die bisherige Konfiguration nur einmal durchgeführt werden.

Die folgenden Schritte sind hingegen unter Umständen für jeden Kurs notwendig, der die Übungen durcharbeiten soll.

Prinzipiell können Sie diese Einstellungen auch durch die Kursteilnehmer selbst durchführen lassen, jedoch kann es je nach Landschaft sinnvoll sein, XI-unerfahrene Teilnehmer nicht im SLD arbeiten zu lassen. Zu diesem Zweck werden Sie sich mit den Berechtigungsobjekten vertraut machen, die Sie für das Anlegen der Teilnehmerbenutzer benötigen.

Sie werden darüber hinaus ein Softwareprodukt mit einer Softwarekomponente für jeden Teilnehmer anlegen und diese in den Integration Builder importieren. Diese Schritte dienen dazu, jedem Teilnehmer ein eigenes Softwareprodukt bereitzustellen, in dem er ungestört arbeiten kann. Die folgenden Schritte dienen somit einerseits der Übersichtlichkeit, aber andererseits auch dem Zweck, dass sich die Teilnehmer bei der Bearbeitung verschiedener Objekte nicht gegenseitig sperren.

Benutzer in allen beteiligten Mandanten anlegen

Abhängig von der Erfahrung, welche die Kursteilnehmer bereits im Umgang mit Unternehmenssoftware aufweisen können, sollte festgelegt werden, welche Berechtigungen den Systembenutzern der Teilnehmer zugewiesen werden. Sie können in Transaktion SU01 im XI-System einen neuen Benutzer anlegen, indem Sie den Namen des neuen Benutzers eingeben und in der Menüleiste **Benutzer · Anlegen** wählen oder das entsprechende Icon anklicken. Im Reiter **Adresse** muss zumindest ein Nachname angegeben werden, die Benutzer können bei Bedarf später selbst die restlichen Angaben vervollständigen. Unter dem Karteireiter **Logondaten** stellt das Initialpasswort ein Mussfeld dar. Der Reiter **Profile** beinhaltet schließlich die Auflistung der zugewiesenen Benutzerprofile. Benennen Sie die Benutzer im Mandanten des Systems A nach dem Schema **SYS_A-##** und im System B analog **SYS_B-##**, um jederzeit nachvollziehen zu können, in welchem System Sie arbeiten. Verwenden Sie für die Benutzer im XI-System das Schema **XI-##**.

Je nach Übungsumsetzung benötigen die Benutzer verschiedene Rollen

In Tabelle 3.1 sehen Sie die wichtigsten Profile für die folgenden Übungen. Jeder Teilnehmer sollte zumindest die ersten drei Profile haben, um ein gesamtes Integrationsszenario umsetzen zu können. Das Berechtigungsprofil für das SLD birgt gewisse Risiken. Sie sollten es nur erfahreneren Benutzern zuordnen. Die Berechtigung ist vor allen Dingen für die folgenden Schritte zum Anlegen von Softwareprodukten und Softwarekomponenten notwendig. Das letzte Profil für die Administration des XI-Systems sollte nur dem Dozenten zugewiesen werden.

Benutzerprofil	Beschreibung
SAP_XI_DEVELOPER	Design und Entwicklung von Integrationsprozessen
SAP_XI_CONFIGURATOR	Konfiguration von Business Integration Content
SAP_XI_MONITOR	Monitoring von XI-Komponenten und Nachrichten
SAP_XI_CONTENT_ORGANIZER	Pflege von Inhalten im SLD
SAP_XI_ADMINISTRATOR	Technische Konfiguration und Administration

Tabelle 3.1 Wichtige Benutzerprofile im XI-System

Nach der Zuweisung der entsprechenden Profile speichern Sie den Benutzer – und können ihn als Kopiervorlage für weitere Benutzer verwenden. Je nachdem, was für eine Art von SAP-System Sie an das XI-System anbinden, setzen Sie sich mit Ihrem Landschaftsadministrator in Verbindung, welche Profile in Frage kommen. Sollten Sie ein IDES-System verwenden, können Sie zusätzlich die Profile **IDES_USER** und **IDES_DEVELOP** verwenden. Zudem sind je nach Übungsgestaltung noch Berechtigungen für die Verwendung von RFC-Verbindungen notwendig.

3.6.1 Anlegen und Zuordnen des Softwareprodukts

Softwareprodukte werden im SLD angelegt

Rufen Sie Transaktion SXMB_IFR auf, um zu den XI-Tools zu gelangen, und melden Sie sich im System Landscape Directory an. In der Übersicht des SLD finden Sie im Menü **Software** den Eintrag **Software Catalog**.

Innerhalb des Softwarekatalogs klicken Sie auf den Button **New Product** und legen ein neues Softwareprodukt mit Namen **SP_Training_XI_##** an. **SP** dient zur Markierung des Softwareprodukts und **##** steht dabei für die Teilnehmernummer. Als **Vendor** können Sie einen beliebigen Namen wählen, wobei Sie eine URL verwenden sollten, um die Einzigartigkeit sicherzustellen. Achten Sie darauf, dass der Vendorname nicht mehr als zwanzig Zeichen lang ist. Die

Versionsnummer kann zwar frei gewählt werden, Sie sollten jedoch zunächst Version **1** anlegen (siehe Abbildung 3.24).

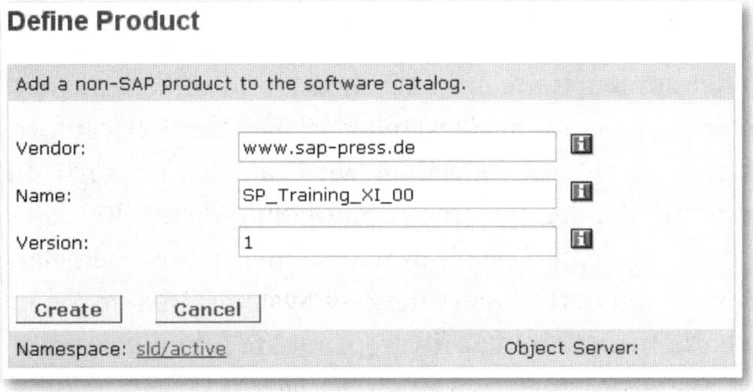

Abbildung 3.24 Softwareprodukt definieren

Softwareprodukte benötigen eine Softwarekomponente mit einer Versionsnummer

Nach dem Anlegen über **Create** erhalten Sie eine Erfolgsmeldung und gelangen automatisch zur Eingabemaske einer Softwarekomponente innerhalb des neuen Produkts. Da das Produkt in den Übungsszenarien mit einer einzigen Komponente auskommt, wird die Softwarekomponente den Namen **SK_Training_XI_##** tragen und ebenfalls in der Version 1 vorliegen (siehe Abbildung 3.25).

Abbildung 3.25 Softwarekomponente definieren

Wenn Sie für die Fallstudie eine eigene Softwarekomponente verwenden möchten, können Sie diese analog dazu anlegen.

Da ein Softwareprodukt in vielen Fällen aus mehr als einer Komponente besteht, erhalten Sie gleich nach dem Speichern der ersten Komponente die Möglichkeit, eine zweite Komponente anzulegen. Dies ist im aktuellen Fall jedoch nicht nötig.

Zuordnung des Softwareprodukts zu einem technischen System

Kehren Sie wieder zur Startseite des SLD zurück und wählen Sie dort **Technical Landscape** aus, um nun festzulegen, dass Ihr Softwareprodukt auf denselben Rechnern betrieben wird, auf denen auch die SAP-Systeme laufen. Wählen Sie in der Auflistung der technischen Systeme das zuvor angelegte System durch Anklicken aus. Sie gelangen dadurch zum Datenblatt des technischen Systems, in dem Sie im unteren Bereich die installierten Softwareprodukte sehen können.

Sie können in diesem Abschnitt über den Link **Add** weitere Softwareprodukte deklarieren. Sie gelangen dann zu einer Suchmaske, mit deren Hilfe Sie Ihr Softwareprodukt suchen können. Geben Sie in das Filterfeld **SP** ein und bestätigen Sie die Eingabe mit **Enter**. In der darunter liegenden Auflistung erscheint Ihr Softwareprodukt, das Sie nun auswählen können. Durch das Anklicken werden unterhalb der Softwareproduktliste die darin verwendeten Softwarekomponenten angezeigt, aus denen Sie Ihre Komponente(n) auswählen (siehe Abbildung 3.26).

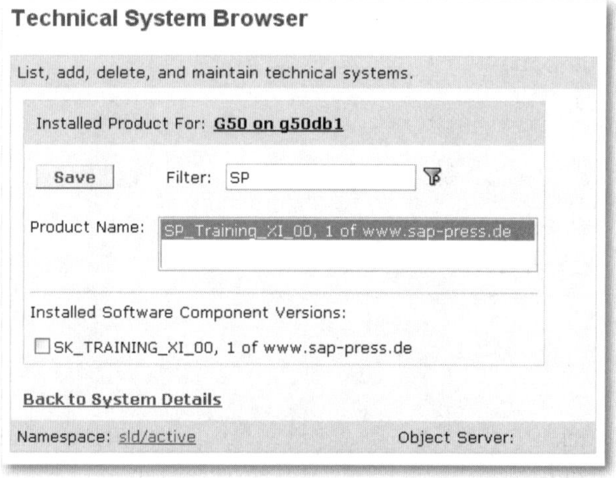

Abbildung 3.26 Softwareprodukt hinzufügen

Speichern Sie Ihre Auswahl. Sie gelangen dadurch zurück zum Datenblatt des technischen Systems auf dem Sie im Bereich der installierten Softwareprodukte Ihr Produkt sehen.

Zuordnung des Softwareprodukts zu einem Business-System

Wechseln Sie wieder zurück zur Startseite des SLD und wählen Sie den Link **Business Landscape** aus, um festzulegen, dass Ihr Business-System dieses Softwareprodukt nutzt. Klicken Sie dazu in der Auflistung der Business-Systeme Ihr **SystemA** an. Sie gelangen dadurch zum Datenblatt des Business-Systems, das auch einen Bereich für installierte Softwareprodukte beinhaltet. Sie werden sehen, dass nun Ihr Softwareprodukt dort erscheint, da es auf dem technischen System bereitsteht. Es ist jedoch noch nicht markiert, d.h., dass es nicht von diesem Business-System genutzt wird.

Sie können dies ändern, indem Sie Ihr Produkt mit einem Häkchen in der entsprechenden Checkbox versehen und die Änderung speichern (siehe Abbildung 3.27).

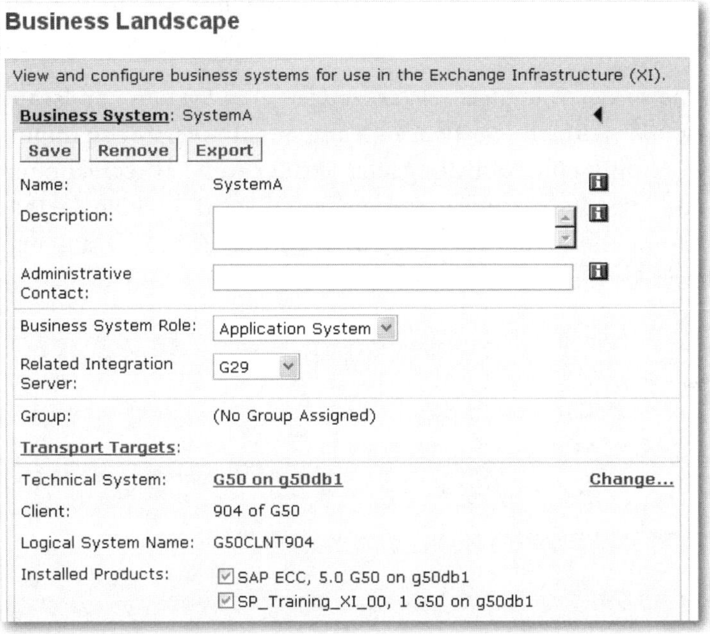

Abbildung 3.27 Softwareprodukt dem Business-System zuweisen

Je nach Support Package von SAP XI kann es an dieser Stelle dazu kommen, dass bei mehreren Teilnehmern Inkonsistenzen entstehen. Dies ist darauf zurückzuführen, dass kein Sperrmechanismus verwendet wurde und jeder Teilnehmer die Markierungen speichert, die er sieht. Dadurch können bereits markierte Produkte wieder ausgetragen werden. Achten Sie deshalb beim Markieren Ihres Produkts darauf, dass auch die Produkte der anderen Teilnehmer markiert sind.

3.6.2 Import und Einrichtung des Softwareprodukts im Integration Repository

Softwareprodukte dienen der Entwicklungsorganisation

Das neu angelegte Softwareprodukt dient neben der Übersicht der installierten Anwendungen und Teile eines Business-Systems auch zur Organisation der Entwicklung von Integrationsszenarien im Integration Builder. Die Information über das neue Produkt und die Softwarekomponenten muss dafür jedoch zunächst in das Integration Repository importiert werden.

Kehren Sie zunächst zur Webseite der XI-Tools zurück und wählen das **Integration Repository** im Bereich **Integration Builder: Design** aus. Die zugehörige Java Web Start-Anwendung wird gestartet und Sie können sich mit Ihrem Benutzer aus dem Integration-Server-Mandanten des XI-Systems anmelden. Es ist jedoch notwendig, dass Sie vorher bereits das Initialpasswort dieses Benutzers geändert haben.

Wählen Sie in der Menüleiste **Werkzeuge • Aus System Landscape Directory übernehmen • Software – Komponentenversionen importieren**, woraufhin eine Auflistung aller verfügbaren Softwarekomponenten und ihrer Versionen zusammengestellt wird. Wählen Sie Ihre Softwarekomponente **SP_Training_XI_##** in der Version **1** aus und importieren Sie diese (siehe Abbildung 3.28).

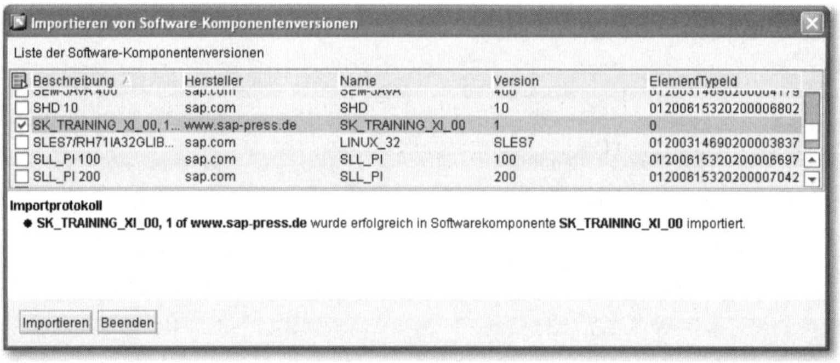

Abbildung 3.28 Import von Software-Komponentenversionen in den Integration Builder

Hinweis

In manchen Fällen kann es vorkommen, dass die neue Softwarekomponente noch nicht in der Auflistung angezeigt wird. Sie können dann über den Menüpfad **Umfeld • Zwischenspeicher für SLD-Daten löschen** den SLD-Zwischenspeicher invalidieren und den Import wiederholen.

Sowohl der Aufbau der Liste als auch der Import selbst können dabei abhängig von der Menge der Softwarekomponenten einige Minuten dauern.

Einrichtung der Softwarekomponente im Integration Repository

Durch den Import der Softwarekomponente sehen Sie in der Baumstruktur auf der linken Seite des Integration Builders einen neuen Eintrag mit dem Namen Ihrer Softwarekomponente. Erweitern Sie diesen Zweig, damit Sie auch die Versionen dieser Softwarekomponente sehen können. Öffnen Sie mit einem Doppelklick auf die Software-Komponentenversion das entsprechende Datenblatt und wählen Sie in der Menüleiste innerhalb des Datenblatts **Software-Komponentenversion • Anzeigen/Bearbeiten** wodurch einige Felder ihre Farbe von grau nach weiß wechseln.

Sie werden nun zwei Änderungen innerhalb des Datenblatts vornehmen: Zum einen werden Sie Verbindungsdaten zu einem SAP-System pflegen, um später RFC- und IDoc-Schnittstelleninformationen importieren zu können; zum anderen werden Sie für jeden Teilnehmer einen Namensraum anlegen, in dem Sie alle weiteren Objekte innerhalb des Integration Builders anlegen können.

Zulassung des Imports von SAP-Objekten

Wählen Sie zunächst im Bereich **Interface-Import** die Option **Import von RFC und IDoc-Interfaces aus SAP Systemen zulassen**. Dadurch werden die darunter liegenden Felder eingabebereit. Pflegen Sie die Daten eines SAP-Systems ein, z.B. System A. Wie Sie sehen, fehlen noch Angaben zu Benutzer und Passwort, um bereits mit diesen Daten einen Import anzustoßen. Die kritischen Anmeldedaten werden erst beim Import selbst abgefragt.

Anlegen von Namensräumen für die Schulungsteilnehmer

Im unteren Bereich des Datenblattes sehen Sie eine Auflistung von Namensräumen, die noch leer ist. Geben Sie einen neuen Namensraum nach dem Schema **http://www.sap-press.de/xi/training/##** ein, wobei ## wieder für Ihre Teilnehmernummer steht. Bei der Angabe eines Namensraumes spielt es keine Rolle, ob diese URL wirklich existiert. Durch die Verwendung der Internetdomäne Ihres Unternehmens soll lediglich sichergestellt werden, dass es weltweit keine Kollision der Namensräume gibt.

Abbildung 3.29 zeigt die Einstellungen der Software-Komponentenversion mit dem ersten Namensraum.

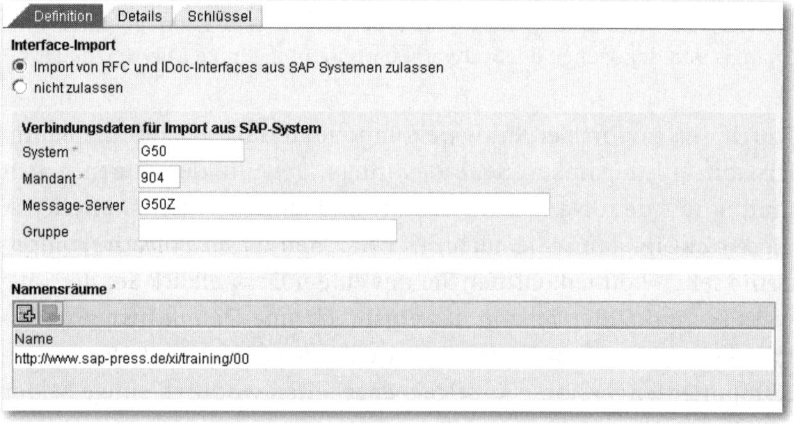

Abbildung 3.29 Software-Komponentenversion bearbeiten

Speichern Sie Ihre Einstellungen, wodurch die Farbe des Objekts im unteren Karteireiter von rot auf weiß wechselt. Zudem werden unterhalb der Software-Komponentenversion in der Baumstruktur weitere Zweige erstellt. Im Zweig **Datentypen** werden die beiden Datentypen **ExchangeFaultData** und **ExchangeLogData** automatisch angelegt.

Änderungslisten

Damit die gespeicherten Änderungen Wirkung zeigen und an die angeschlossenen Adapter und Integration Engines übertragen werden können, muss das veränderte Objekt aktiviert werden. Dazu wechseln Sie oberhalb der Baumstruktur auf der linken Seite zum Karteireiter **Änderungslisten** und sehen in der Baumstruktur die Änderungsliste Ihres Benutzers. Erweitern Sie die Baumstruktur bis auf die unterste Ebene. Neben der Softwarekomponente, die Sie verändert haben, sehen Sie zwei Datentypen, die automatisch bei der Erstellung des Namensraums angelegt wurden.

Klicken Sie mit der rechten Maustaste auf den Zweig **Standard-Änderungsliste**, um das Kontextmenü aufzurufen. Wählen Sie darin die Option **Aktivieren**. Sie erhalten die Möglichkeit, bestimmte Objekte für die Aktivierung auszuwählen. Markieren Sie alle Objekte mit einem Häkchen, wenn dies noch nicht der Fall sein sollte und aktivieren Sie diese.

Sie haben nun alle Vorbereitungen für die weiteren Übungen durchgeführt. Je nach dem, ob Sie die Übungen alleine oder in einer

Gruppe durchführen, können Sie die entsprechenden Schritte für weitere Teilnehmer durchführen.

Checkliste und SAP XI Troubleshooting Guide

Zur Kontrolle aller Schritte, die Sie vorbereitend durchgeführt haben, finden Sie in Tabelle 3.2 eine Checkliste, die Ihnen helfen soll, den Überblick zu behalten. Sollten Sie im Verlauf der Übungen auf Fehler und Probleme stoßen, die Sie nicht anhand dieses Buches lösen können, steht Ihnen die Möglichkeit offen, den *Troubleshooting Guide – SAP XI 3.0/2.0* zu konsultieren. Sie finden ihn im SAP Service Marketplace (*http://service.sap.com*) unter dem Quicklink **instguides** im Menüpfad **SAP NetWeaver · Release 04 · Operations · SAP XI**.

Bereich	Konfiguration	OK
Voraussetzungen	System A und B laufen auf SAP Web AS 6.20+	
	SAP GUI-Version 6.20+ ist auf Frontend installiert	
	Java Web Start < 1.5 ist auf Frontend installiert	
	Port 5XX00 der J2EE Engine ist auf XI-System freigeschaltet	
	Port 80XX ist auf allen Business-Systemen und XI-System freigeschaltet	
Definition der angebundenen SAP-Systeme im SLD	Anlegen der technischen Systeme von System A und B im SLD	
	Anlegen der Business-Systeme A und B im SLD	
Anbindung der SAP-Systeme an das SLD	Anlegen der RFC-Verbindung LCRSAPRFC im Business-System A und B	
	Anlegen der RFC-Verbindung SAPSLDAPI im Business-System A und B	
	Einstellungen in Transaktion SLDAPICUST in System A und B	
	Ausführung von Transaktion SLDCHECK in System A und B erfolgreich	
	Einstellung des Datenaustauschs in Transaktion RZ70 in System A und B	

Tabelle 3.2 Checkliste für grundlegende Systemeinstellungen

Bereich	Konfiguration	OK
Konfiguration der lokalen Integration Engine	Anlegen der RFC-Destination XI_INTEGRATION-SERVER und Festlegen der Rolle des Business-Systems in Transaktion SXMB_ADM in System A und B	
	Definition und Aktivierung der Message-Queues in System A und B	
	Aktivierung des XI-Services in System A und B	
	Anlegen der RFC-Verbindung INTEGRATION_DIRECTORY_HMI in System A und B	
	Anlegen des Benutzers XIRWBUSER in System A und B (evtl. Massengenerierung und Massenabgleich)	
Adapterspezifische Systemeinstellungen	Aufruf von Transaktion SPROXY in beiden Business-Systemen	
	Anlegen der RFC-Verbindungen SystemA_Sender-<Teilnehmernummer> in Business-System A	
	Erstellen der User RFC-KOMM in beiden Business-Systemen und dem XI-System	
	Gegenseitiges Bekanntmachen der logischen Systeme in System A und B	
	Anlegen der RFC-Verbindungen SystemA_IDoc und SystemB_IDoc im XI-System	
	Anlegen der RFC-Verbindungen XI_System in beiden Business-Systemen A und B	
	Anlegen der Ports für die Business-Systeme A und B im XI-System	
	Anlegen des transaktionalen Ports XI_System im Business-System A	
Kursspezifische Vorbereitungen	Anlegen der Systembenutzer in den Business-Systemen und in SAP XI	
	Anlegen und Zuordnen von Softwareprodukten im SLD	
	Import und Einrichtung des Softwareprodukts im Integration Repository	

Tabelle 3.2 Checkliste für grundlegende Systemeinstellungen (Forts.)

Die Einzelübungen in diesem Kapitel zeigen in inhaltlich zusammenhängenden, aber technisch unabhängigen Szenarien den praktischen Umgang mit den XI-Komponenten, um Sie so auf die folgende Fallstudie vorzubereiten.

4 Technische Einzelübungen

Der Umgang mit den verfügbaren Konzepten und Adaptern der SAP NetWeaver Exchange Infrastructure stellt die Grundlage für die Umsetzung komplexer Integrationsszenarien dar. Im Folgenden werden Sie lernen, Adapter zu konfigurieren, Mappings zu erstellen und den Ablauf von Szenarien zu überwachen. Die einzelnen Übungen bauen aufeinander auf und nehmen an Komplexität zu, sodass Sie die notwendigen Kenntnisse erlangen, um die spätere Fallstudie umzusetzen. Trotz der Abhängigkeit der einzelnen Übungen untereinander, können Sie mithilfe der Listen zu jeder Übung nachvollziehen, welche bestehenden Objekte wieder verwendet werden und somit auch direkt mit einer fortgeschritteneren Lektion beginnen. Bei keiner Übung werden vorgefertigte Objekte benutzt, sodass Sie jederzeit die gesamten Schritte zur Fertigstellung des Integrationsszenarios nachvollziehen können.

Eignung für mehrere Übungsteilnehmer

Die gesamten Übungen sind so konzipiert worden, dass sie mit einer Gruppe von Teilnehmern gleichzeitig durchgearbeitet werden können. Nichtsdestotrotz können einige Schritte nur einmal durchgeführt werden. An den entsprechenden Stellen werden Sie explizit darauf hingewiesen, dass diese Schritte vom Dozenten entweder im Vorfeld des Kurses oder während des Kurses durchgeführt werden sollen.

Die Eignung für Übungsgruppen hindert Sie jedoch nicht daran, die Übungen auch alleine durchzuarbeiten. Führen Sie dazu auch die Schritte durch, die vom Dozenten umgesetzt werden sollen. Wir empfehlen Ihnen bei der autodidaktischen Bearbeitung der Inhalte trotzdem die Verwendung einer Teilnehmernummer: Dies erleichtert Ihnen den Vergleich Ihrer Arbeit mit dem beschriebenen Vorgehen. Es bietet sich in diesem Fall an, die Teilnehmernummer 00 des Dozenten zu verwenden.

Möglichkeit für eigene Entwicklungen

Die meisten Übungen werden Sie als Development Consultant durchführen, wobei Sie insbesondere zu Beginn des Übungsblocks auch in die Rolle des Systemadministrators bzw. Entwicklungsleiters schlüpfen werden. An einigen Stellen haben Sie die Möglichkeit, selbst kleinere Anwendungen in ABAP oder Java zu entwickeln. Dabei benötigen Sie jedoch kaum Vorkenntnisse, zumal Sie die Beispiellistings im Anhang dieses Buches sowie in digitaler Form auf der Webseite zum Buch unter *http://www.sap-press.de/1264* finden.

Einzelübungen als Vorstufe zur Fallstudie

Sie werden sich in den Übungen mit ausgewählten Adaptern und Aspekten des XI-Umfelds beschäftigen. Bei der Auswahl der Integrationsszenarien haben verschiedene Elemente eine Rolle gespielt. Zum einen werden Adapter behandelt, die es vereinfachen, reproduzierbare Übungen zu präsentieren. Zum anderen werden Aspekte aufgezeigt, die für die spätere Umsetzung der Fallstudie notwendig sind. Sie werden in voneinander unabhängig bearbeitbaren Übungen die Elemente von SAP XI im praktischen Einsatz kennen lernen.

Auch wenn die einzelnen Übungen nicht zwingend in der vorgestellten Reigenfolge abgearbeitet werden müssen, verbirgt sich hinter ihrer Reihenfolge ein Sinn: Sie werden in diesem Kapitel Integrationsszenarien umsetzen, die als Vorstufe zur Fallstudie des nächsten Kapitels gesehen werden können. Sie werden dabei über XI-Nachrichten ein Material in einem anderen System anlegen und den Erfolg überprüfen. Das Anlegen der Materialstammdaten wird in einem letzten Schritt an den Materialgesamtverantwortlichen gemeldet. Dabei sorgt ein Business Process dafür, dass diese Meldungen nach Bearbeitern gebündelt zugestellt werden.

Ablauf der Einzelübungen

Zunächst werden Sie in einem eigens erstellten ABAP-Programm in System A die Daten eines neu zu erstellenden Materials aufnehmen und mithilfe des RFC-Adapters dem XI-System übermitteln (siehe Abschnitt 4.1). Dort wird der Materialstammsatz durch den File-Adapter in eine Datei im XI-Format umgewandelt. Diese Datei wird in der nächsten Übung wiederum über den File-Adapter eingelesen und in ein IDoc umgewandelt, das an System B übermittelt und dort direkt verarbeitet wird (siehe Abschnitt 4.2). Um sicherzustellen, dass das Material erfolgreich angelegt wurde, werden Sie dies im dritten Integrationsszenario überprüfen. Dabei werden Sie auf der

Basis eines ABAP-Proxys einen Aufruf an das XI-System senden. Diese Anfrage wird in den Aufruf eines Webservices umgewandelt, der von System B bereitgestellt wird. Die Antwort dieser Kontrolle wird synchron wieder an das aufrufende System A zurückgegeben (siehe Abschnitt 4.3). Daraufhin meldet der Bearbeiter über ein ABAP-Programm das erfolgreiche Anlegen der Materialstammsätze mithilfe eines Business-Prozesses (siehe Abschnitt 4.4).

Auch wenn die einzelnen Übungen inhaltlich aufeinander aufbauen, können Sie aus technischer Sichtweise unter Verwendung entsprechender Vorlagen mit jeder der Übungen beginnen.

4.1 Erste Übung: RFC-to-File

Ablauf der ersten Übung

In der ersten Übung werden Sie aus einem eigenen ABAP-Programm heraus einen remotefähigen Funktionsbaustein aufrufen, der die eingegebenen Materialstammdaten über den RFC-Adapter an das XI-System übermittelt. Dort werden die Daten in das XI-XML-Format konvertiert und als Datei abgelegt. Die Datei wird der Einfachheit halber direkt auf dem File-System des XI-Servers angelegt. Später werden Sie sehen, welche Änderungen notwendig sind, um die Datei per FTP auch auf einem anderen Rechner abzulegen.

Obwohl damit die Datei technisch gesehen auf dem XI-System bleibt, werden Sie den empfangenden File-Adapter aus logischer Sicht für das System B konfigurieren. Bei diesem Integrationsszenario liegt eine asynchrone Kommunikation vor, da nach der Versendung der Materialdaten keine betriebswirtschaftliche Antwort zurückgesandt wird. Die Rolle von System A und B sowie die verwendeten Adapter dieser Übung sind schematisch in Abbildung 4.1 dargestellt.

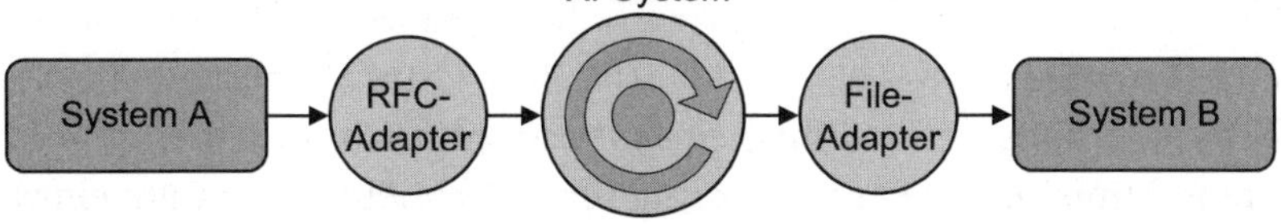

Abbildung 4.1 Schema der ersten Übung: RFC-to-File

4.1.1 Grundlagen

Neue ABAP-Komponenten

Da in diesem Buch der Fokus nicht auf der Entwicklung von ABAP-Programmen und remotefähigen Funktionsbausteinen liegt, werden wir das verwendete Programm und den Funktionsbaustein nur grundlegend erklären. Sie können einen entsprechenden Transport mit dem Funktionsbaustein sowie dem Programm für zwanzig Schulungsteilnehmer sowie einen Dozenten von der Webseite zu diesem Buch beziehen und in Ihr System A einspielen. Konsultieren Sie zum Einspielen des Transportes bei Bedarf Ihren Landschaftsadministrator.

Für den Fall, dass Sie die Erstellung des Programms und des Funktionsbausteins selbst durchführen möchten, finden Sie im Anhang des Buches die entsprechenden Quellcodes als Muster.

Aufbau des Funktionsbausteins

Melden Sie sich zunächst im Mandanten des Systems A mit dem Benutzer **SYS_A-##** an. Sie können dort den remotefähigen Funktionsbaustein mit dem Function Builder in Transaktion SE37 betrachten. Wählen Sie dazu den Funktionsbaustein **Z_RFB_MATERIALEINGABE_##** aus, wobei ## für Ihre Teilnehmernummer steht.

Sie sehen, dass aus Sicht des Funktionsbausteins die Parameter nur importiert, aber kein Wert zurückgegeben wird. Dies ist eine der beiden Voraussetzungen für eine asynchrone Kommunikation über einen sendenden RFC-Adapter.

Außer der Schnittstellendefinition befindet sich keinerlei ABAP-Code im Funktionsbaustein. Dies bedeutet, dass der Funktionsbaustein als eine Art Dummy verwendet wird, der einerseits die übermittelten Daten an SAP XI weiterleitet und andererseits als Definition einer Schnittstelle dient. Das Wissen darüber, wohin die dem Funktionsbaustein übermittelten Daten weitergeleitet werden sollen, liegt im aufrufenden Programm.

Funktion des ABAP-Programms

Das Programm `Z_PROG_MATERIALEINGABE_##`, das Sie zusammen mit dem Funktionsbaustein im gleichen Transportauftrag finden und in Transaktion SE38 betrachten können, hat zwei Aufgaben: Zum einen nimmt es die grundlegenden Materialstammdaten entgegen, mit denen ein neues Material in System B angelegt werden soll. Zum anderen ruft es den oben beschriebenen Funktionsbaustein mit den in Tabelle 4.1 dargestellten Parametern auf. Die Benennung dieser Parameter wird in der zweiten Übung in Abschnitt 4.2 erklärt.

Übergebene Daten	Beschreibung
MATNR	Materialnummer
MAKTX	Materialkurztext
ERSDA	Erstellungsdatum (automatisch ermittelt)
ERNAM	Name des Erstellers (automatisch ermittelt)
MTART	Materialart
MBRSH	Branche
MATKL	Warengruppe
MEINS	Basismengeneinheit
BRGEW	Bruttogewicht
GEWEI	Gewichtseinheit
MTPOS_MARA	Positionstypengruppe

Tabelle 4.1 An den Funktionsbaustein Z_RFB_MATERIALEINGABE_## übergebene Daten

Bei diesem Aufruf sind wiederum zwei Dinge besonders zu beachten: Zum einen wird der remotefähige Funktionsbaustein in einer bestimmten Destination aufgerufen, d.h. in dem System, das sich hinter dieser RFC-Verbindung verbirgt. Im Falle der Destination **SystemA_Sender-##**, verbirgt sich das XI-System dahinter, sodass die an den Funktionsbaustein übermittelten Werte dorthin weitergeleitet werden. Die zweite Besonderheit ist der Aufruf im Hintergrund, der dazu führt, dass eine asynchrone Kommunikation erfolgt.

4.1.2 Design

Erstellung der Designobjekte im Integration Repository

Zunächst müssen Sie die verschiedenen Daten- und Message-Typen sowie Message-Interfaces mit den notwendigen Mappings im Integration Repository anlegen. Diese Elemente werden Sie in der späteren Phase der Konfiguration in Verbindung mit den angeschlossenen Business-Systemen System A und System B setzen.

Erste Schritte im Integration Repository

Rufen Sie zu diesem Zweck die Transaktion SXMB_IFR aus einem der angeschlossenen Systeme oder dem XI-System selbst heraus auf. Daraufhin erscheint das Menü der XI-Tools in Ihrem Webbrowser, das Ihnen bekannt vorkommen wird, wenn Sie bereits die Vorbereitung der Übungen durchgeführt haben (siehe Kapitel 3). Wählen Sie links oben den Einstieg in das **Integration Repository**.

Nachdem die Java Web Start-Anwendung aktualisiert wurde und Sie sich mit Ihrem Benutzer im XI-System eingeloggt haben, erscheint die Benutzerschnittstelle zum Integration Repository. Achten Sie dabei darauf, dass Sie sich nicht mit dem Initialpasswort anmelden, sondern es gegebenenfalls zuvor bei der Anmeldung mit dem SAP GUI ändern.

Sie finden auf der linken Seite die Softwarekomponenten, die bereits deklariert wurden. Darunter ist auch die Softwarekomponente `SK_Training_XI_##` mit dem Namensraum `http://www.sap-press.de/xi/training/##` aufgelistet, in dem Sie Ihre Elemente innerhalb des Integration Repositorys ablegen werden.

Wenn Sie die einzelnen Rubriken innerhalb Ihres Namensraums durchschauen, sehen Sie, dass lediglich zwei Datentypen vorhanden sind, die mit dem Anlegen des Namensraums entstanden sind. Zur besseren Übersichtlichkeit bietet es sich an, die Sicht auf Ihre Softwarekomponente zu beschränken. Dies können Sie bewirken, indem Sie Ihre Softwarekomponente in der Baumstruktur anklicken und oberhalb des Baums das Icon **Nur markierten Teilbaum anzeigen** wählen.

Die Darstellung des Integration Repositorys sollte danach Abbildung 4.2 entsprechen.

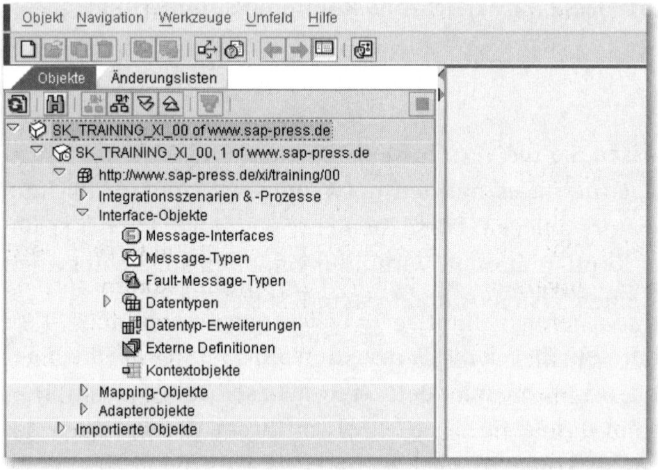

Abbildung 4.2 Einstieg in das Integration Repository

Einen Überblick über die Elemente, die für diese Übung benötigt werden, sehen Sie in Tabelle 4.2. Die Rolle der einzelnen Elemente und ihre Zusammenhänge wurden bereits in Kapitel 2 erklärt.

Art des Objekts	Senderseite	Empfängerseite
Message-Interface	**Z_RFB_MATERIALEINGABE_##**	**MI_Material_Asnyc_In**
Message-Typ		**MT_Material**
Datentyp		**DT_Material**
Interface-Mapping	**IM_Z_RFB_MATERIALEINGABE_##_zu_MI_Material_Async_Out**	
Message-Mapping	**MM_Z_RFB_MATERIALEINGABE_##_zu_MT_Material**	

Tabelle 4.2 Elemente im Integration Repository für die erste Übung

Abhilfe bei Verbindungsabbruch

> **Hinweis**
>
> Sollte die Verbindung zum Integration Repository während der Bearbeitung eines Objekts abbrechen, können Sie in den XI-Tools rechts oben auf den Eintrag **Administration** klicken und dort im Bereich **Lock Overview** das gesperrte Objekt für eine erneute Bearbeitung freigeben.

Anlegen der Elemente für das sendende System

Designobjekte auf Senderseite

In diesem Szenario ergibt sich durch die Verwendung eines RFC-Adapters eine Besonderheit: Zum einen werden alle Elemente auf Senderseite durch die Schnittstellendefinition des RFC-Bausteins ersetzt und zum anderen wird diese Schnittstelle nicht im Integration Repository erstellt, sondern aus System A importiert. Dies beschleunigt die Arbeit und reduziert die Fehleranfälligkeit.

Zum Import der RFC-Schnittstelle klappen Sie das unterste Verzeichnis **Importierte Objekte** auf und öffnen mit der rechten Maustaste das Kontextmenü, um die Funktion **Import von SAP-Objekten** zu erreichen. Wählen Sie im folgenden Fenster die Option **Gemäß Software-Komponentenversion** im Bereich **Verbindungsdaten** aus, da die Systemdaten bereits hinterlegt wurden (siehe Abbildung 4.3). Sollte diese Option nicht wählbar sein, so pflegen Sie den Hostnamen und die Systemnummer von System A ein. Tragen Sie Ihren Benutzer **SYS_A-##** und das entsprechende Passwort ein, bevor Sie mit dem nächsten Schritt fortfahren.

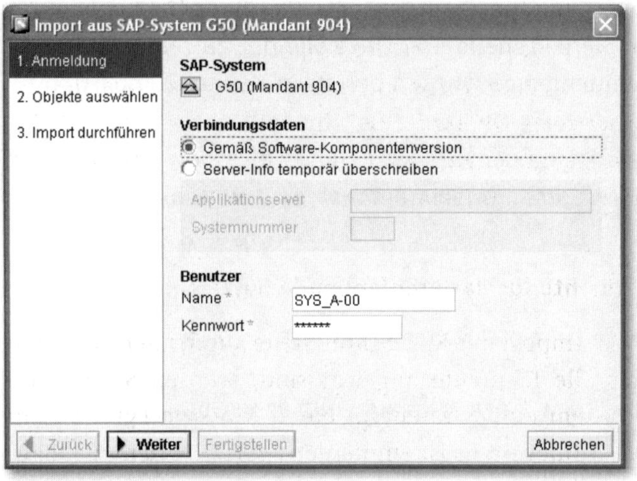

Abbildung 4.3 Import von RFC-Schnittstellen – Anmeldung

Import der RFC-Schnittstelle

Beim nächsten Schritt haben Sie die Auswahl zwischen RFC- und IDoc-Schnittstellen, von denen Sie die RFC-Option erweitern. Daraufhin werden alle remotefähigen Funktionsbausteine in System A ermittelt und angezeigt. Da diese Datensammlung einige Zeit dauern kann, besteht bei der Durchführung in einer Gruppe die Möglichkeit, alle Schnittstellen bereits vor der Übung zu importieren. Wählen Sie aus der Auflistung Ihren Funktionsbaustein **Z_RFB_MATERIALEINGABE_##** (siehe Abbildung 4.4) und fahren Sie mit dem Import fort.

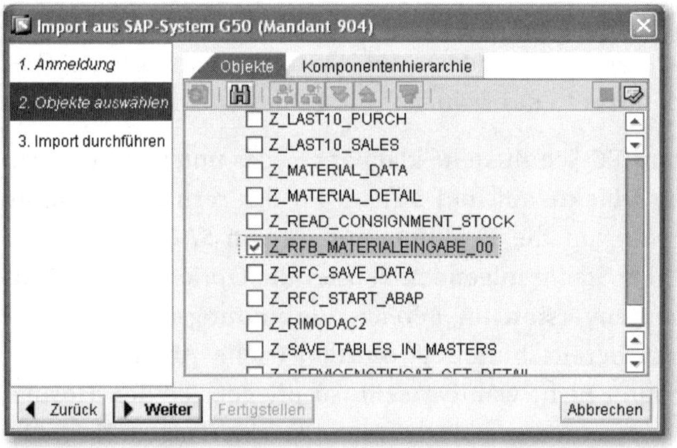

Abbildung 4.4 Import von RFC-Schnittstellen – Auswahl

Überprüfen Sie beim letzten Schritt des Imports schließlich die getroffene Auswahl und stellen Sie den Import fertig. Nach erfolgreichem Import können Sie in Ihrer Software-Komponentenversion im Verzeichnis **Importierte Objekte · RFC** Ihre neu importierte Schnittstelle sehen. Sie ist mit einem gesonderten Symbol versehen, das besagt, dass dieses Element noch nicht aktiviert wurde.

Anlegen der Elemente für das empfangende System

Designobjekte auf Empfängerseite

Während mit dem Import der RFC-Schnittstelle auf der Seite des sendenden Systems alle Elemente angelegt sind, werden Sie für das empfangende System einen Datentyp, einen Message-Typ und ein Message-Interface anlegen. Es ist empfehlenswert, mit den unabhängigen Elementen, also mit denjenigen auf der untersten Hierarchieebene, zu beginnen, was in diesem Fall der Datentyp ist.

Anlegen eines Datentyps

Erweitern Sie innerhalb Ihres Namensraums das Verzeichnis **Datentypen** und starten Sie über den Eintrag **Neu** im Kontextmenü den Erstellungsdialog. In diesem Fenster haben Sie die Möglichkeit, den Namen des neuen Objektes und eine sprechende Beschreibung einzugeben (siehe Abbildung 4.5).

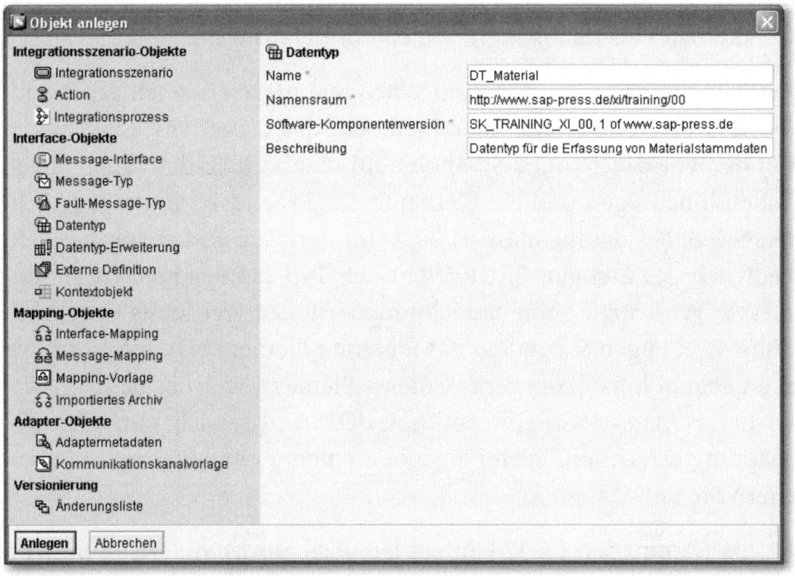

Abbildung 4.5 Dialog zum Anlegen eines Objektes im Integration Repository

Der Namensraum und die Software-Komponentenversion werden automatisch vervollständigt, da Sie den Dialog im entsprechenden Kontext aufgerufen haben. Besonders zu beachten ist zudem auch der linke Bereich dieses Bildschirms, der alle Elemente auflistet, die innerhalb des Integration Repository angelegt werden können. Sie haben somit jederzeit die Möglichkeit, zu ändern, welche Art von Element Sie anlegen möchten. Einen analogen Aufbau werden Sie später auch beim Arbeiten im Integration Directory beobachten können.

Benennen Sie den neuen Datentyp mit **DT_Material** und klicken Sie auf **Anlegen**, wodurch sich auf der rechten Seite das Detailfenster eines neuen Datentyps öffnet. Da der Aufbau dieses Fensters typisch für alle Detailansichten in Integration Builder ist, sollen daran einige Funktionen erklärt werden.

Sie haben neben der Menüzeile des Integration Repository ein gesondertes Detailmenü, dessen wichtigste Funktionen auch als Symbole rechts davon dargestellt sind. Neben den Symbolen zum Wechsel zwischen Anzeige- und Änderungsmodus, zum Speichern und zum Erstellen einer Kopie, finden Sie beispielsweise auch eine Ikone für den Verwendungsnachweis dieses Elements. Die Symbolgruppe am rechten Rand erlaubt Ihnen die Steuerung der Ansicht. So können Sie zum Beispiel die Kopfdaten ausblenden oder das Detailfenster als unabhängiges Element herauslösen.

Aufbau des Datentyps DT_Material

Im Falle Ihres Datentyps befindet sich im unteren Bereich des Detailfensters eine Auflistung aller Elemente des Datentyps. Sie können mit den entsprechenden Symbolen direkt oberhalb der Tabelle neue Zeilen hinzufügen und die Elemente aus Tabelle 4.1 eintragen. Achten Sie dabei darauf, dass es sich um den Typ **xsd:string** handelt. Lediglich das Element BRGEW hat den Typ **xsd:decimal**, da Sie mit diesem Wert später eine Berechnung anstellen werden (siehe Abbildung 4.6). Fügen Sie zudem das fehlende Element NTGEW vom Typ **xsd:decimal** hinzu. Sie werden dieses Element, welches das Nettogewicht des Materials angibt, auf Basis des Bruttogewichts im Message-Mapping errechnen. Wenn Sie alle Elemente eingefügt haben, speichern Sie den Datentyp.

Erstellung eines Message-Typs

Da die Datentypen im XI-Umfeld lediglich zur Modularisierung von Datenformaten verwendet werden und nicht selbst in einem Mapping oder Interface erscheinen können, werden sie in Message-Typen eingebettet. Während die Zuordnung von Datentypen zu Message-Typen nur im Verhältnis 1:1 stattfinden kann, können Datentypen untereinander in beliebigen Verhältnissen kombiniert werden.

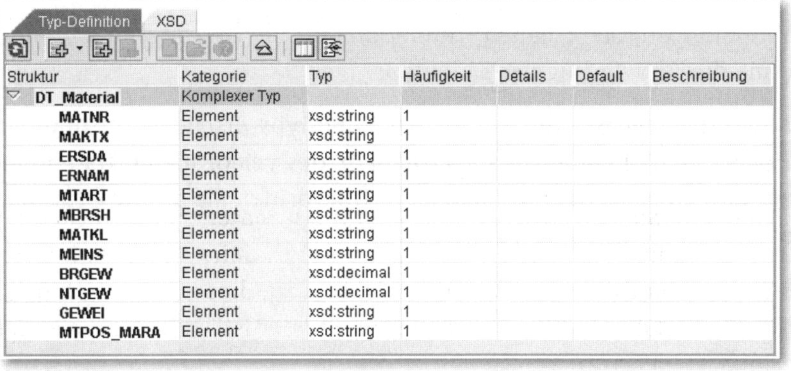

Struktur	Kategorie	Typ	Häufigkeit	Details	Default	Beschreibung
DT_Material	Komplexer Typ					
MATNR	Element	xsd:string	1			
MAKTX	Element	xsd:string	1			
ERSDA	Element	xsd:string	1			
ERNAM	Element	xsd:string	1			
MTART	Element	xsd:string	1			
MBRSH	Element	xsd:string	1			
MATKL	Element	xsd:string	1			
MEINS	Element	xsd:string	1			
BRGEW	Element	xsd:decimal	1			
NTGEW	Element	xsd:decimal	1			
GEWEI	Element	xsd:string	1			
MTPOS_MARA	Element	xsd:string	1			

Abbildung 4.6 Bearbeiten eines Datentyps

Um einen Message-Typ anzulegen, öffnen Sie das entsprechende Kontextmenü durch einen Rechtsklick auf das Verzeichnis **Message-Typen**. Wählen Sie darin die Option **Neu** aus, wodurch der inzwischen bekannte Erstellungsdialog – diesmal für einen Message-Typ – erscheint. Benennen Sie das neue Objekt als **MT_Material** und pflegen Sie eine Beschreibung ein. Fahren Sie durch einen Klick auf **Anlegen** fort zur Detailansicht. Richten Sie hier Ihr Augenmerk auf den Bereich **Verwendeter Datentyp** in der Mitte, wo Sie Ihren eben erstellten Datentyp einpflegen sollen. Sie haben drei verschiedene Möglichkeiten, dies zu bewerkstelligen:

Methoden zur Auswahl des Datentyps

- Die offensichtlichste Methode ist das Eintippen des Namens und des Namensraums, was jedoch die Gefahr des Vertippens birgt.
- Die zweite Möglichkeit besteht darin, analog zur Wertehilfe in einem ABAP-basierten SAP-System das Objekt auszuwählen. Dazu klicken Sie auf das Symbol mit der Hand und dem Fragezeichen rechts vom Namensraumfeld. Es öffnet sich ein Fenster mit allen bereits angelegten Datentypen in Ihrer Software-Komponentenversion, aus der Sie auswählen können. Die beiden Felder **Name** und **Namensraum** werden daraufhin ausgefüllt.
- Die dritte Möglichkeit der Auswahl per Drag & Drop ist besonders geeignet, wenn in Ihrer Software-Komponentenversion sehr viele Datentypen bestehen, ihre Menge in Ihrem Namensraum jedoch überschaubar ist. Sie können zu diesem Zweck aus der linken Ver-

zeichnisstruktur den Datentyp aufnehmen und ihn auf der Hand neben dem Namensraumfeld fallen lassen. Nur das Loslassen über der Hand stellt die korrekte Datenübernahme sicher.

Wie Sie festgestellt haben, funktionieren alle drei Methoden auch ohne die Aktivierung des Datentyps.

Nach der Auswahl des passenden Datentyps erscheint im unteren Bereich des Detailfensters die Struktur des verwendeten Datentyps zur Kontrolle (siehe Abbildung 4.7). Überprüfen Sie die Struktur und speichern Sie den Message-Typ.

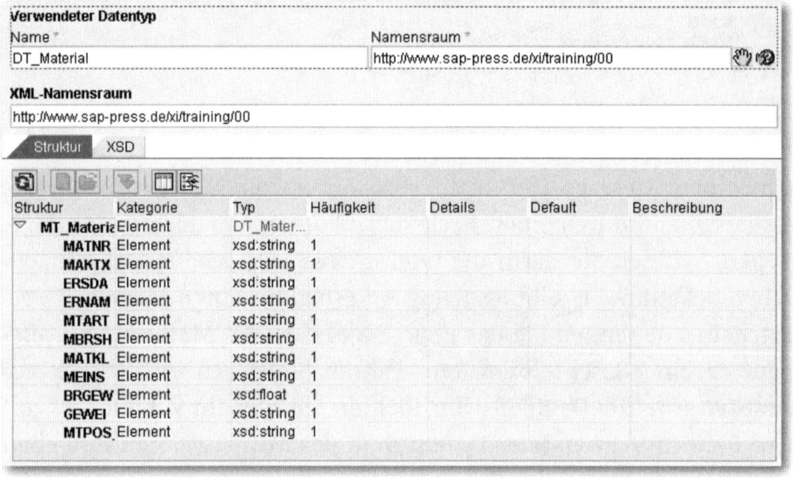

Abbildung 4.7 Bearbeiten eines Message-Typs

Anlegen eines Message-Interfaces

Das letzte Objekt auf Seiten des Empfängers stellt das Message-Interface dar, das hauptsächlich bestimmt, ob eine Nachricht empfangen oder gesendet werden kann und ob dies synchron oder asynchron erfolgt.

Um ein solches Message-Interface anzulegen, öffnen Sie das Kontextmenü des entsprechenden Verzeichnisses. Geben Sie den Namen **MI_Material_Async_In** und eine entsprechende Beschreibung ein und klicken Sie auf **Anlegen**, um zum Detailfenster zu gelangen. Sie haben die Möglichkeit, zwischen den Optionen **Inbound**, **Outbound** und **Abstrakt** für die Kategorie des Interfaces zu wählen; die einzelnen Kategorien wurden bereits in Kapitel 2 vorgestellt. Da es sich um die Schnittstelle auf der Seite des Empfängers handelt, wählen Sie **Inbound**. Der Kommunikationsmodus bestimmt, ob eine inhaltliche

Rückmeldung erwartet wird oder nicht. Da es sich um ein Szenario handelt, das nur in einer Richtung abläuft, wählen Sie den Modus **Asynchron**.

Sie werden vermutlich beobachtet haben, dass sich bei jeder Änderung der Attribute die Eingabemöglichkeiten für Message-Typen ändern. Sie sollten nun die Felder für die **Input-Message** und den **Fault-Message-Typen** sehen, von denen Sie jedoch nur ersteren verwenden (siehe Abbildung 4.8). Sie können über eine der drei vorgestellten Methoden Ihren Message-Typ **MT_Material** als Input-Message auswählen. Speichern Sie abschließend Ihr Message-Interface.

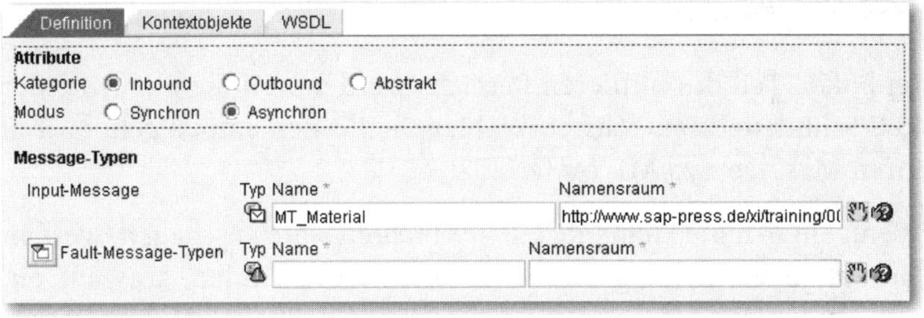

Abbildung 4.8 Bearbeiten eines Message-Interfaces

Anlegen der Mapping-Objekte

Die Verbindung zwischen den Elementen der sendenden und der empfangenden Seite wird durch das Mapping hergestellt. Die inhaltliche Konvertierung der Datenformate in Form des Message-Mappings wird dabei in das Interface-Mapping eingebettet, das ein Paar von Inbound- und Outbound-Interfaces miteinander verbindet.

Anlegen des Message-Mappings

Zunächst soll das unabhängige Message-Mapping angelegt werden. Dazu rufen Sie in Ihrem Namensraum das Kontextmenü des Verzeichnisses **Mapping-Objekte · Message-Mappings** auf. Geben Sie im Erstellungsdialog den Namen **MM_Z_RFB_MATERIALEINGABE_##_zu_MT_Material** ein, wobei ## für Ihre Teilnehmernummer steht. Wählen Sie eine beliebige Beschreibung und legen Sie das Objekt an.

Auswahl von Ausgangs- und Ziel-Message

Im Detailfenster ist der mittlere Bereich zweigeteilt, da auf der linken Seite der sendende und auf der rechten Seite der empfangende Message-Typ ausgewählt wird. Beginnen Sie zunächst mit dem Message-Typ auf der sendenden Seite: Sie haben die Möglichkeit, entweder die Wertehilfe zu verwenden oder den entsprechenden Message-Typ per Drag & Drop auf die Beschriftung **Wählen Sie eine Ausgangs-Message** zu ziehen. Bei dieser Übung existiert auf der Senderseite kein expliziter Message-Typ, sodass Sie die RFC-Schnittstelle verwenden werden.

Unabhängig davon welche Auswahlmethode Sie verwenden, werden Sie vor die Wahl gestellt, welche RFC-Message dieser Schnittstelle Sie verwenden wollen. Dies ist dadurch begründet, dass im Falle einer RFC-Schnittstelle automatisch eine synchrone Kommunikation angenommen wird. Dadurch haben Sie die Wahl zwischen den beiden Messages **Z_RFB_MATERIALEINGABE_##** und **Z_RFB_MATERIALEINGABE_##.Response**, von denen Sie erstere wählen, da keine Antwort erwartet wird.

Im linken Teil des mittleren Bereichs werden nun die Elemente der RFC-Schnittstelle aufgelistet. Wählen Sie für den empfangenden Teil Ihren Message-Typ **MT_Material** aus.

Methoden zum Mapping von Elementen

Wenn Sie sich die Elemente auf der rechten Seite anschauen, werden Sie vor jedem Eintrag eine rote Markierung finden, was auf ein unvollständiges Mapping für dieses Zielelement hindeutet. Da wir beim Anlegen des Datentyps keine Änderungen in der Spalte **Häufigkeit** vorgenommen haben, wird der Standardwert **1..1** genommen, der besagt, dass es sich bei diesem Element um ein Pflichtfeld handelt. Somit liegt ein Fehler vor, wenn eines der Zielfelder keinen Wert aus dem Mapping erhält. Die Verbindung zwischen den Elementen der beiden Message-Typen kann auch wieder über drei verschiedene Methoden erfolgen.

- Die naheliegendste Möglichkeit ist die Verbindung per Drag & Drop, wobei es keine Rolle spielt, von welcher Seite auf welche gezogen wird. Dadurch werden die beiden Elemente im unteren Bildschirmbereich angezeigt und automatisch miteinander verbunden.
- Beim zweiten Weg können Sie Quell- und Zielelement jeweils per Doppelklick als Rechteck in den unteren Bildschirmbereich befördern. Dort können Sie die beiden Rechtecke miteinander verbinden, indem Sie den weißen Bereich des sendenden Elements auf die entsprechende Gegenstelle beim empfangenden Element ziehen. Diese Methode ist insbesondere dann zu verwenden, wenn das Mapping um vorgefertigte Funktionen erweitert werden soll.

- Die dritte Methode eignet sich für die massenhafte Verbindung von gleichnamigen Elementen. Zu diesem Zweck müssen auf beiden Seiten übergeordnete Elemente angewählt werden. Bei diesem Mapping sind dies **Z_RFB_MATERIALEINGABE_##** auf der Sender- und **MT_Material** auf der Empfängerseite. Wählen Sie dann oberhalb des sendenden Message-Typs das Icon **Markierte Felder und Unterstrukturen mit gleichen Namen zuordnen** aus. Nachdem Sie die Sicherheitsabfrage bestätigt haben, werden alle gleichnamigen Elemente auf Sender- und Empfängerseite miteinander verbunden, wobei auf Groß- und Kleinschreibung geachtet wird.

Grafische Funktion zur Berechnung des Nettogewichts

Führen Sie ein Mapping nach der dritten Methode aus und lassen Sie sich das Ergebnis in der Übersicht anzeigen, indem Sie das Icon **Abhängigkeiten** anklicken. Daraufhin rücken die beiden Message-Typen auseinander und machen der Anzeige von Verbindungslinien Platz. Sie werden zudem feststellen, dass die Farbe der Markierungen vor den Empfängerelementen nun grün geworden ist. Lediglich das Element NTGEW ist noch rot, da es nicht automatisch mit einem Wert versorgt wurde.

Zur Demonstration der eingebauten Mapping-Funktionen gehen wir von dem Fall aus, dass das Nettogewicht des Materials 90 % des Bruttogewichts ist. Um dies abzubilden, wählen Sie zunächst auf der Empfängerseite das Element **NTGEW** und dann auf Senderseite das Element **BRGEW** per Doppelklick aus, sodass beide im unteren Bereich erscheinen. Zur Umsetzung dieser Berechnung benötigen Sie zunächst eine Multiplikationsfunktion, die aus dem Bruttogewicht und einer Konstante von 0.9 das Nettogewicht berechnet.

Dazu finden Sie am unteren Bildschirmende die Funktionenleiste: Wählen Sie darin die Funktionen für **Konstanten** und klicken Sie rechts davon die Funktion **Constant** an, die daraufhin im Arbeitsbereich des Mappings als Rechteck auftaucht. Das Zahnrad bei dieser Funktion bedeutet, dass Sie innerhalb der Funktion Parameter pflegen können. Klicken Sie doppelt auf das Rechteck der Konstante und ändern Sie den darin enthaltenen Wert auf **0.9** für die 90 % des Nettogewichts ab.

Wechseln Sie nun in der Funktionenleiste in den Bereich **Arithmetik**, um die Funktion **mul(tiply)** in den Arbeitsbereich einfügen zu können. Verbinden Sie die Elemente **BRGEW** und **Constant 0.9** mit der Funktion **mul** durch Ziehen der weißen Teilbereiche. An sich reichen diese Funktionen, um das korrekte Nettogewicht zu berechnen, jedoch werden dabei mehr als die drei Nachkommastellen errechnet, die für den Typ **xsd:decimal** möglich sind. Würde dieses Message-Mapping getestet werden, würde es unweigerlich zu einem Fehler kommen.

Bevor das Ergebnis der Berechung dem Element NTGEW zugeordnet werden kann, muss es somit formatiert werden, was mit der Funktion **FormatNum** aus dem Funktionsbereich **Arithmetik** erfolgt. Konfigurieren Sie den internen Parameter **Zahlenformat** der Funktion so, dass das Ergebnis dem Schema **000.000** entspricht. Schieben Sie die Funktion zwischen die Funktion **mul** und das Zielelement **NTGEW** (siehe Abbildung 4.9). Sowohl alle Rechtecke als auch die Markierung vor dem Zielelement NTGEW sollten nun grün sein. Speichern Sie das Message-Mapping.

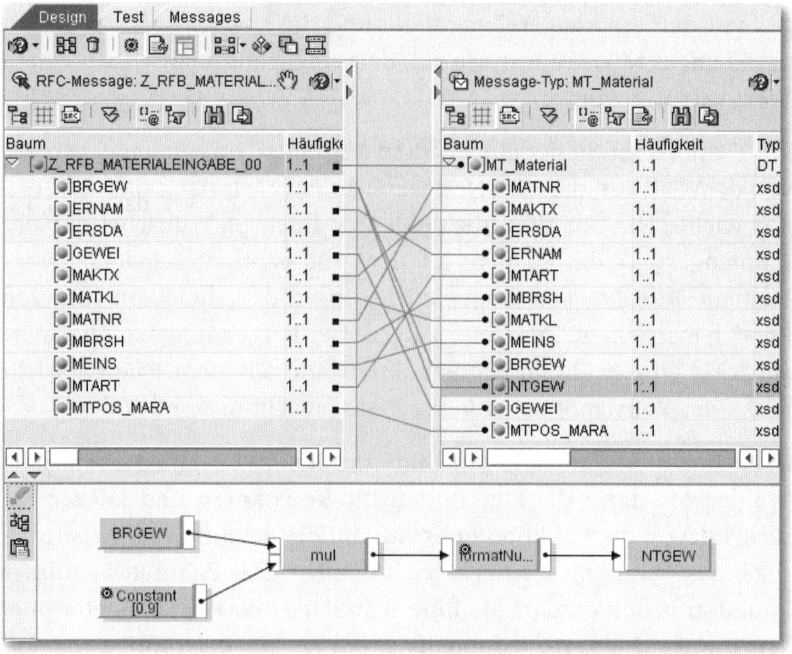

Abbildung 4.9 Message-Mapping der Übung RFC-to-File

Testen des Mappings

Um sicherzustellen, dass das neue Mapping funktioniert, ist im Integration Repository eine Testfunktion integriert, die Sie über den Karteireiter **Test** im oberen Bereich des Detailfensters anwählen können. Auf der linken Seite des Testbereichs befindet sich die Struktur des sendenden Message-Typs, dessen Elemente Sie mit Testwerten füllen. Achten Sie darauf, beim Element BRGEW anstelle eines Kommas als Dezimaltrennzeichen einen Punkt zu verwenden.

Den Test selbst starten Sie mit dem Icon **Transformation starten**, das durch eine Schraubzwinge links unten im Testbereich dargestellt wird. Wenn das Testprogramm keine Fehler findet, erscheint auf der rechten Seite die Struktur des empfangenden Message-Typs mit den entsprechenden Werten. Überprüfen Sie insbesondere, ob das Element NTGEW korrekt gefüllt wurde.

Anlegen des Interface-Mappings

Das letzte Objekt dieses Integrationsszenarios, das Sie im Integration Repository anlegen, ist das Interface-Mapping. Starten Sie den Erstellungsdialog durch das Öffnen des Kontextmenüs des Verzeichnisses **Mapping-Objekte • Interface-Mappings** in Ihrem Namensraum. Das Interface-Mapping soll den Namen **IM_Z_RFB_MATERIALEINGABE_##_zu_MI_Material_Async_In** tragen. Versehen Sie das Objekt mit einer Beschreibung und legen Sie es an.

Die Detailansicht dieses Objekts ist in den oberen Interface- und den unteren Mapping-Bereich unterteilt. Im Interface-Bereich wählen Sie zunächst Ihr Sender-Interface, d.h. Ihre RFC-Schnittstelle **Z_RFB_MATERIALEINGABE_##** aus. Achten Sie dabei darauf, dass die RFC-Schnittstelle nicht in Ihrem Namensraum abgelegt ist; Sie finden Sie stattdessen im Verzeichnis **Importierte Objekte • RFC.** Verfahren Sie für das Ziel-Interface **MI_Material_Async_In** analog.

Durch die Auswahl der beiden Interfaces haben Sie nun festgelegt, welche Interfaces miteinander kommunizieren, und damit implizit, welche Message-Typen verwendet werden. Es bleibt nun noch zu klären, wie die Konvertierung der beiden Datenformate ineinander erfolgen soll, zumal es vorkommen kann, dass für das gleiche Message-Paar verschiedene Message-Mappings vorliegen.

Klicken Sie im unteren Mapping-Bereich auf den Button **Interfaces lesen**, um die Message-Typen der verwendeten Interfaces anzuzeigen (siehe Abbildung 4.10). Nachdem sich die Felder **Ausgangs-** und **Ziel-Message** gefüllt haben, klicken Sie im Bereich dazwischen in das Feld **Name** und wählen dort die Wertehilfe aus. Es öffnet sich eine Liste mit allen Message-Mappings, die zwischen den Interfaces in dieser Konstellation von Sender und Empfänger bestehen, Sie dürften nur Mappings mit dem Schema **MM_Z_RFB_MATERIALEINGABE_##_zu_**

MT_Material sehen. Suchen Sie das Mapping mit Ihrer Teilnehmernummer aus.

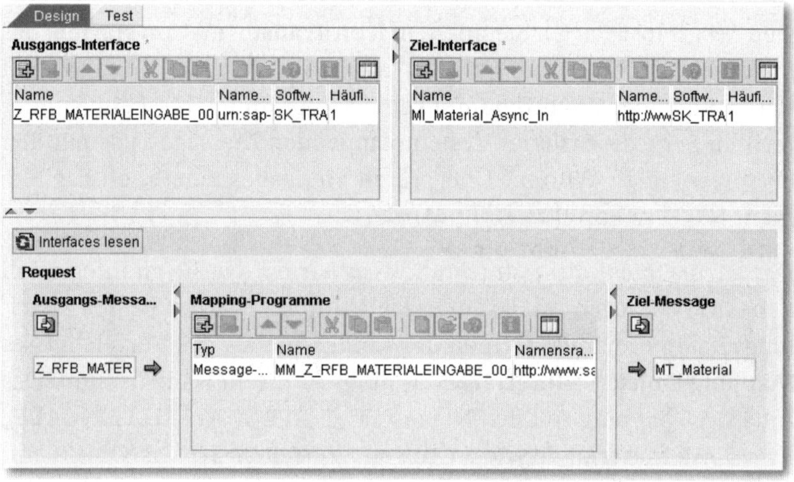

Abbildung 4.10 Interface-Mapping der Übung RFC-to-File

Wenn Sie den Bereich **Mapping-Programme** genauer betrachten, stellen Sie fest, dass der tabellarische Aufbau die Auswahl mehrerer Mappings erlaubt. Alle ausgewählten Message-Mappings werden nach ihrer Reihenfolge in der Tabelle sequentiell abgearbeitet. Ebenso wie beim Anlegen des Message-Mappings haben Sie auch hier über den Karteireiter **Test** eine Testmöglichkeit, bei der über das Message-Mapping hinaus die Verträglichkeit der Interfaces überprüft wird. Speichern Sie Ihr Interface-Mapping nach einem erfolgreichen Test.

Aktivierung der neuen Designobjekte

Wie Sie gesehen haben, waren alle unsere neu angelegten Objekte im gesamten Integration Repository verwendbar, obwohl sie nicht aktiviert waren. Im Integration Directory werden Sie auf alle diese Objekte in diesem Zustand jedoch nicht zugreifen können, weshalb Sie Ihre Änderung nun aktivieren werden.

Wählen Sie dazu oberhalb der linken Verzeichnisstruktur den Karteireiter **Änderungslisten** aus. Die Baumstruktur verschwindet und es erscheint zunächst Ihre Software-Komponentenversion, die Sie komplett expandieren sollten. Sie finden darunter eine **Standard-Änderungsliste** mit allen neu angelegten Objekten. Überprüfen Sie an dieser Stelle, ob alle in Tabelle 4.2 dargestellten Elemente in der Änderungsliste enthalten sind. Wählen Sie im Kontextmenü der Änderungsliste die Option **Aktivieren**, woraufhin ein Fenster mit allen Objekten der Liste erscheint. Sie haben darin die Möglichkeit, bestimmte Objekte von der Aktivierung auszunehmen. Aktivieren Sie die gesamte Liste und kehren Sie zum Karteireiter **Objekte** zurück. Die Symbole, die angezeigt haben, dass die neuen Objekte noch nicht aktiviert sind, sind nun verschwunden.

4.1.3 Konfiguration

Erste Schritte im Integration Directory

Auf Basis der im Integration Repository erstellten Objekte können Sie nun im Integration Directory die Kommunikation zwischen den beiden Systemen A und B einrichten. Sie gelangen zum Integration Directory entweder über die Transaktion SXMB_IFR, über den direkten Link im Webbrowser oder indem Sie im Menü des Integration Repositorys **Umfeld · Integration Builder (Konfiguration)** wählen.

Ebenso wie im Integration Repository herrscht auch hier eine Zweiteilung der Oberfläche vor, wobei sich die Anordnung der Objekte nicht mehr nach Software-Komponentenversionen, sondern nach Szenarien und Objekttypen richtet. Oberhalb der Verzeichnisstruktur befinden sich drei Karteireiter, von denen die **Änderungslisten** die gleiche Bedeutung wie im Repository haben. Der Karteireiter **Objekte** listet alle Objekte des Directory nach ihrem Typ auf. Da mit der Zeit die Anzahl dieser Objekte sehr groß wird, besteht die Möglichkeit, sie im Karteireiter **Szenarien** in Konfigurationsszenarien anzuordnen. Außer dem Szenario, das Sie für alle Ihre Objekte im Integration Directory anlegen werden, werden für die Übung alle Elemente aus Tabelle 4.3 verwendet.

Art des Objekts	Senderseite: System A	Empfängerseite: System B
Kommunikationskanal	**RFC_Senderkanal_##**	**File_Empfaengerkanal_##**
Sendervereinbarung	**| SystemA | Z_RFB_MATERIALEINGABE_## | |**	
Empfängervereinbarung		**| SystemA | | SystemB | MI_Material_Async_In**

Tabelle 4.3 Elemente im Integration Directory für die Übung RFC-to-File

Art des Objekts	Senderseite: System A	Empfängerseite: System B
Empfänger-ermittlung	**| SystemA | Z_RFB_MATERIALEINGABE_##**	
Interface-Ermittlung	**| SystemA | Z_RFB_MATERIALEINGABE_## | | SystemB**	

Tabelle 4.3 Elemente im Integration Directory für die Übung RFC-to-File (Forts.)

Einrichten der Business-Systeme und ihrer Kommunikationskanäle

Anlegen eines Konfigurationsszenarios

Legen Sie über das Kontextmenü eines bereits bestehenden Szenarios oder über das Icon **Objekt anlegen** links unterhalb der Menüleiste das Szenario **XI_Training_##** an. Speichern Sie das Objekt, damit das Szenario in der Auflistung auf der linken Seite erscheint, markieren Sie das neue Szenario und beschränken Sie die Sicht darauf, indem Sie das Icon **Nur markierten Teilbaum anzeigen** oberhalb der Liste anklicken.

Wechseln Sie zum Karteireiter **Objekte** und öffnen Sie dort das Verzeichnis **Service ohne Partner · Business-System**. Unterhalb dieses Zweiges sehen Sie zumindest die beiden Business-Systeme **SystemA** und **SystemB**, die im Rahmen der Vorbereitungen zu den Übungen im System Landscape Directory deklariert wurden. Klicken Sie die Option **Zum Szenario hinzufügen** aus dem Kontextmenü von **SystemA** an und wählen Sie Ihr eben erstelltes Szenario.

Durch diese Zuordnung erscheint dieses Business-System mit seinen Kommunikationskanälen auch in Ihrem Szenario. Wiederholen Sie diesen Schritt für das Business-System **SystemB** und wechseln Sie zum Karteireiter **Szenarien** zurück.

Die bei den entsprechenden Business-Systemen verfügbaren Adapter werden im Repository als Kommunikationskanäle abgebildet (siehe Abbildung 4.11). Für System A muss somit ein sendender RFC-Adapter und für System B ein empfangender File-Adapter konfiguriert werden.

Anlegen eines RFC-Senderkanals

Rufen Sie über das Kontextmenü des Pfades **Service ohne Partner · Business-System · SystemA · Kommunikationskanäle** den Erstellungsdialog auf und geben Sie den Namen **RFC_Senderkanal_##** sowie eine entsprechende Beschreibung ein. Im Detailfenster stellen Sie mit der Wertehilfe zunächst den Adaptertyp **RFC** ein. Wählen Sie die Richtung **Sender** für diesen Adapter aus. Die Felder **Transport-Protokoll**, **Message-Protokoll** und **Adapter-Engine** im oberen Bereich können Sie auf den vorgegebenen Werten belassen.

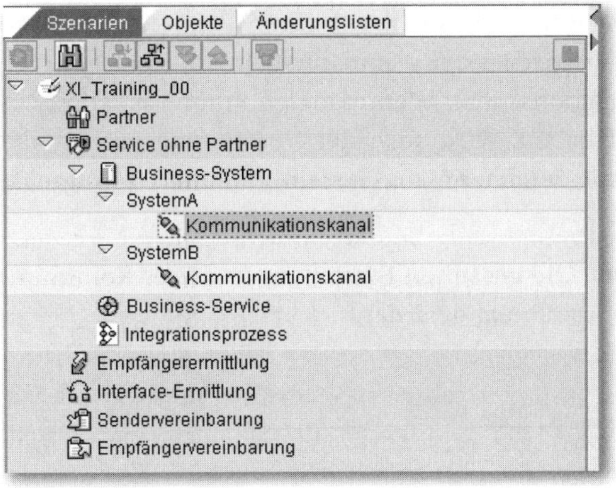

Abbildung 4.11 Integration Directory

Verbindung zur bestehenden RFC-Verbindung

Der Bereich **RFC-Server-Parameter** dient zur Verbindung mit einer RFC-Destination vom Typ TCP/IP auf Seiten von System A. Bei den Vorbereitungen zu den Übungen haben Sie in Abschnitt 3.5.2 eine RFC-Verbindung namens **SystemA_Sender-##** angelegt. Diese RFC-Verbindung ist auf dem Gateway-Server des XI-Systems registriert und wartet auf ein entsprechendes Gegenstück.

Pflegen Sie in das Feld **Applikationsserver** den Hostnamen des XI-Systems und in das Feld **Applikationsserver-Service** den Gateway-Service des XI-Systems nach dem Schema **sapgwXX** ein, wobei XX für die Instanznummer steht. Die **Programm-ID** entspricht dem Schema **SystemA_Sender-##** und stimmt ebenso wie die beiden oben genannten Werte genau mit dem überein, was in der entsprechenden RFC-Verbindung in System A eingepflegt wurde. Die Option **SNC** gibt an, ob die Kommunikation über diese RFC-Verbindung über Secure Network Connection abläuft. Die Checkbox **Unicode** muss angewählt sein, wenn es sich bei System A um ein Unicode-System handelt.

Zugriff auf RFC-Metadaten

Der Abschnitt **RFC-Metadaten-Repository-Parameter** dient der Identifikation und der Anmeldung an dem System, das die Metadaten über die verwendeten RFC-Schnittstellen bereitstellt. Diese Anbindung ist notwendig, da beim Aufruf des sendenden RFC-Adapters die Metadaten vom XI-System gegengeprüft werden. In unserem Fall handelt es sich um System A, von dem wir in der Design-Phase die RFC-Schnittstelle importiert haben. Geben Sie den Hostnamen und die Instanznummer von System A sowie Ihren Benutzer **SYS_A-##** mit Passwort und entsprechenden Mandanten ein und speichern Sie nun den Kommunikationskanal. Wenn Sie den Kommunikationskanal später aktiviert haben, wird auch der Verbindungstest für die Destination **SystemA_Sender-##** aus System A heraus erfolgreich ablaufen.

Einen Überblick über die gesamten Einstellungen dieses Kommunikationskanals stellt Abbildung 4.12 dar.

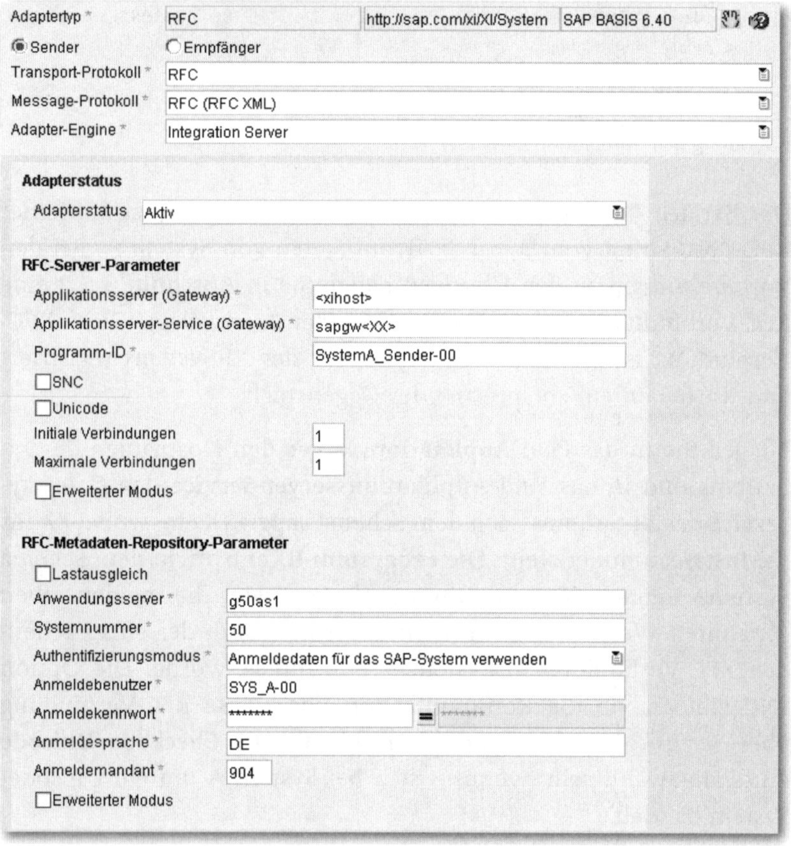

Abbildung 4.12 Einrichtung des RFC-Senderkanals für System A

Anlegen eines File-Empfängerkanals

Den Kommunikationskanal für das empfangende System B legen Sie über das Kontextmenü des Pfades **Service ohne Partner • Business-System • SystemB • Kommunikationskanäle** an. Der Name des neuen Kanals soll **File_Empfaengerkanal_##** lauten. Wählen Sie im Detailfenster den Adaptertyp **File** mit der Wertehilfe aus und geben Sie die Richtung **Empfänger** an. Stellen Sie den Parameter **Transport-Protokoll** auf **Dateisystem (NFS)** ein, was bedeutet, dass das XI-System über sein eigenes lokales Dateisystem auf das Verzeichnis zugreifen kann, in dem die Datei erstellt werden soll.

Die Alternative zum Network File System (NFS) stellt das File Transfer Protocol (FTP) dar, das den Zugriff auf das Dateisystem entfernter Rechner erlaubt. Wenn Sie diese Option wählen, erhalten Sie die Möglichkeit, Server- und Benutzerdaten anzugeben, um sich an einem entfernten FTP-Server anzumelden. Das Feld **Message-Protokoll** sollte auf dem Wert **Datei** stehen, was zur Folge hat, dass die zu schreibende Datei im XI-Format abgelegt wird. Die Ausprägung **Umwandlung des Datei-Inhalts** würde hingegen erlauben, die Datei beispielsweise als Liste mit mehreren Einträgen zu schreiben.

Festlegung der Ausgangsdatei

Die **Dateizugriffsparameter** bestimmen zum einen, in welches Verzeichnis die Datei geschrieben wird und nach welchem Schema ihr Name aufgebaut wird. Verwenden Sie nach Absprache mit Ihrem Landschaftsadministrator vorzugsweise */tmp* bei Unix-Installationen oder *C:\temp* für Windows.

Das **Dateinamenschema** können Sie prinzipiell frei, jedoch sollten Sie für diese Übung die Bezeichnung *xi_output_##.dat* wählen, wobei ## für ihre Teilnehmernummer steht. Wir werden uns beim Ablauf dieses Szenarios auf diese Datei beziehen, sodass Sie die Vergabe eines selbst gewählten Namens in Abschnitt 4.1.4 entsprechend berücksichtigen müssen.

Die **Verarbeitungsparameter** geben an, wie die Datei erstellt werden soll, d.h. ob das weiter oben angegebene Namensschema unverändert verwendet werden soll oder ob z.B. ein Zeitstempel, ein Zählerwert oder die Message-ID mit in den Dateinamen aufgenommen werden soll. Wählen Sie hier die Option **Zeitstempel hinzufügen** sowie den Schreibmodus **Direkt** und den Dateityp **Binär** aus (siehe Abbildung 4.13).

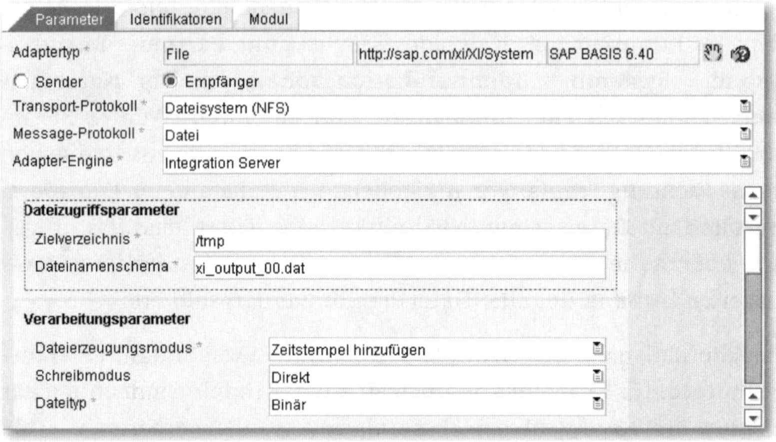

Abbildung 4.13 Einrichtung des File-Empfängerkanals für System B

Der Schreibmodus **Direkt** bewirkt dabei, dass ohne die Verwendung einer temporären Datei die Daten herausgeschrieben werden. Der gewählte Dateityp **Binär** bewirkt, dass nicht nur Text ausgegeben werden kann.

Über die getätigten Grundeinstellungen hinaus haben Sie zudem noch die Möglichkeit, durch Variablenersetzung den Pfad der Dateiablage dynamisch zu bestimmen oder einen Betriebssystembefehl vor oder nach der Nachrichtenverarbeitung anzustoßen. Speichern Sie den Empfängerkanal.

Anlegen der Verbindungselemente

Verbindungselemente zwischen Sender- und Empfängerseite

Auf der Basis der eben erstellten Eckpunkte sowie der Objekte im Integration Repository kann mithilfe einiger Verbindungselemente das Integrationsszenario vervollständigt werden. Die ersten beiden fehlenden Elemente, die Sie anlegen, sind die Sender- und die Empfängervereinbarung. Sie bestimmen, wie eine Nachricht von oder zu dem Interface eines bestimmten Business-Systems konvertiert werden muss, damit das XI-System bzw. das empfangende System die Nachricht weiterverarbeiten kann. Im Falle des eingehenden RFC-Kommunikationskanals muss die Nachricht beispielsweise aus dem Format des RFC-Adapters technisch in das XI-XML-Format konvertiert werden.

Anlegen einer Sendervereinbarung

Beginnen Sie mit der Sendervereinbarung, die Sie auf dem gewohnten Weg über das Kontextmenü des Verzeichnisses **Sendervereinbarung** anlegen können: Wählen Sie im Erstellungsdialog als Service Ihr Business-System A aus. Das sendende Interface ist die RFC-Schnittstelle **Z_RFB_MATERIALEINGABE_##**, die Sie in das Integration Repository importiert haben. Im Detailfenster des neuen Objekts können Sie den Kommunikationskanal des Senders bestimmen, indem Sie die Wertehilfe öffnen und den Senderkanal **RFC_Senderkanal_##** auswählen. Speichern Sie die Sendervereinbarung.

Anlegen einer Empfängervereinbarung

Erstellen Sie analog zur Sendervereinbarung eine Empfängervereinbarung für das Business-System B und das empfangende Interface **MI_Material_Async_In**. Achten Sie dabei darauf, dass Sie zusätzlich das sendende Business-System A angeben müssen. Wählen Sie im Detailfenster als Kommunikationskanal des Empfängers den Kanal **File_Empfaengerkanal_##** und speichern Sie die Vereinbarung.

Anlegen einer Empfängerermittlung

Für das logische Routing der Nachrichten im XI-System wird zunächst eine Empfängerermittlung benötigt, die zu einem Paar von Business-System und Interface bestimmt, welche Services als Empfänger in Frage kommen. Legen Sie zu diesem Zweck eine neue Empfängerermittlung über das entsprechende Kontextmenü für das sendende Business-System A und das Interface **Z_RFB_MATERIALEINGABE_##** an.

Im Detailfenster ist zunächst der Bereich **Konfigurierte Empfänger** von Bedeutung, in dem verschiedene mögliche Empfänger angegeben werden können. Wenn das Prüfungsergebnis der jeweiligen Bedingung wahr ist, wird die Nachricht an dieses System zugestellt.

Dies kann auch bedeuten, dass die Nachricht an mehrere Systeme zugestellt wird. Die Bedingung kann beispielsweise Elemente einer Nachricht auf einen bestimmten Inhalt hin überprüfen. Sollte keines der konfigurierten Systeme als Empfänger bestimmt werden, so kann unterhalb der Empfängertabelle ein Default-Empfänger angegeben werden. Wählen Sie in der Spalte **Service** der bereits vorhandenen Zeile das Business-System B als möglichen Empfänger aus. Da die Nachricht in dieser Übung in jedem Fall diesem Empfänger zugestellt werden soll, müssen Sie keine Bedingung pflegen.

Anlegen der Interface-Ermittlung

Speichern Sie die Empfängerermittlung und werfen Sie dann einen Blick in den unteren Bereich **Konfigurationsübersicht für Empfänger-Ermittlung**, in der nun der Eintrag **SystemB** aufgetaucht ist. Klappen Sie den Eintrag auf: Wie die Einträge darunter zeigen, konnte keine passende Interface-Ermittlung und somit auch kein passendes Interface-Mapping ermittelt werden. Klicken Sie oberhalb dieser Auflistung auf das Icon **Neu**, um eine neue Interface-Ermittlung anzulegen.

Durch den Aufruf des Erstellungsdialogs aus diesem Kontext heraus können bereits alle Pflichtfelder ausgefüllt werden, sodass Sie nur noch eine Beschreibung einpflegen müssen. Wählen Sie im Detailfenster im Bereich **Konfigurierte Inbound-Interfaces** mit der Wertehilfe Ihr Message-Interface **MI_Material_Async_In** aus Ihrem Namensraum aus. Bestimmen Sie rechts davon auch das einzige Interface-Mapping, das für die Kombination des sendenden und des empfangenden Interfaces besteht (siehe Abbildung 4.14). Speichern und schließen Sie die Interface-Ermittlung und kehren Sie zur Empfängerermittlung zurück.

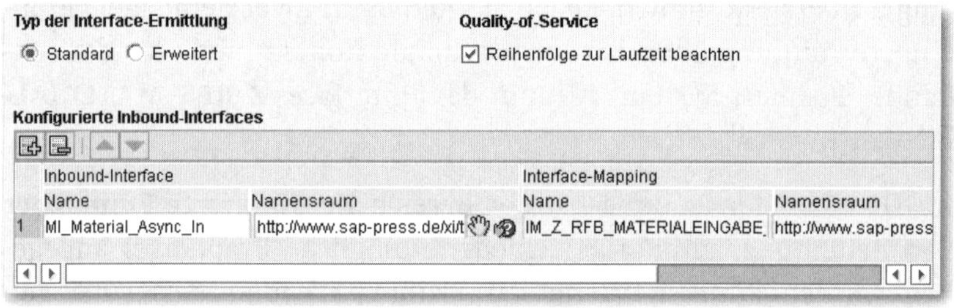

Abbildung 4.14 Bearbeiten der Interface-Ermittlung zur Übung RFC-to-File

Aktivierung der neuen Konfigurationsobjekte

Klicken Sie im unteren Bereich das Icon **Auffrischen** an, woraufhin neben dem Ziel-Interface und dem passenden Interface-Mapping auch noch die Empfängervereinbarung für das empfangende System B angezeigt werden sollte (siehe Abbildung 4.15).

Speichern Sie die Empfängerermittlung und aktivieren Sie alle neu erstellten Objekte über Ihre **Standard-Änderungsliste** im Karteireiter **Änderungslisten**. Sie haben nun alle Objekte für dieses Integrationsszenario erstellt und aktiviert.

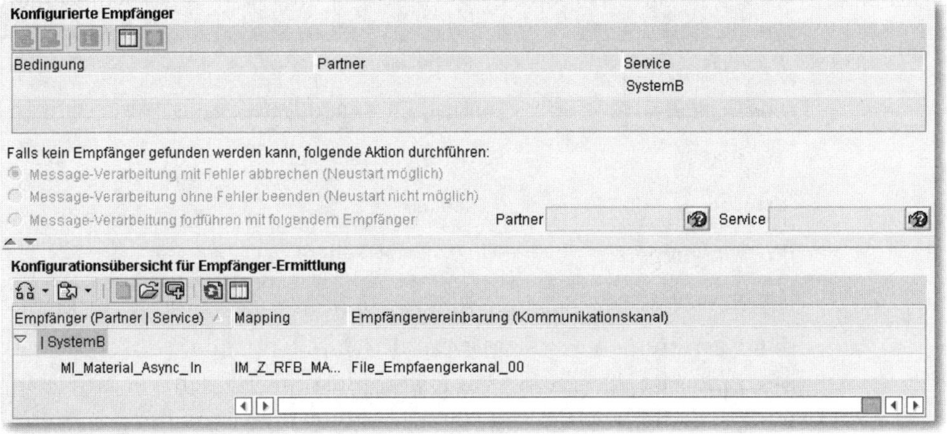

Abbildung 4.15 Bearbeiten der Empfängerermittlung zur Übung RFC-to-File

4.1.4 Ablauf und Monitoring

Nachdem Sie nun alle Design- und Konfigurationsobjekte angelegt haben, sind alle Vorbereitungen zum Ablauf dieses Integrationsszenarios abgeschlossen. Sie werden nun den Ablauf überwachen und mögliche Fehler untersuchen.

Ablauf des Szenarios

Aufruf des ABAP-Programms in System A

Das konfigurierte Integrationsszenario wird durch den Aufruf des Programms Z_PROG_MATERIALEINGABE_## gestartet. Melden Sie sich im Mandanten des Systems A mit Ihrem Benutzer **SYS_A-##** an und rufen Sie Transaktion SA38 auf. Tippen Sie den Namen Ihres Programms ein und führen Sie es aus.

Es erscheint eine Eingabemaske für grundlegende Materialstammdaten. Wir wollen nun die Daten zum Anlegen dieses XI-Entwicklerbuches als einen Materialstammsatz in System B eingeben. Bei diesem Material handelt es sich um ein Testmaterial, d. h., Sie werden es in den Einzelübungen nicht weiter inhaltlich verwenden, um beispielsweise einen Fertigungs- oder Kundenauftrag anzulegen.

Bei den verwendeten Daten handelt es sich um die Pflichtfelder der beiden Sichten Grunddaten 1 und 2 aus dem Materialwesen von SAP R/3 bzw. SAP ECC. Da diese Daten in der zweiten Übung verwendet werden, um mithilfe eines IDocs tatsächlich ein Material anzulegen, empfehlen wir die Verwendung der Daten aus Tabelle 4.4.

Feld	Empfohlener Wert
Material	XI_BUCH-##
Materialkurztext	beliebig, z. B. SAP XI Entwicklerbuch ##
Materialart	FERT (Fertigerzeugnis)
Branche	1 (Handel)
Warengruppe	030 (Dokumentation)
Basismengeneinheit	ST (Stück)
Bruttogewicht	beliebig, z. B. 1,2
Gewichtseinheit	KGM (Kilogramm)
allg.Pos.typenGruppe	NORM (Normalposition)

Tabelle 4.4 Empfohlene Werte für das Anlegen eines Testmaterials

Eingabe der empfohlenen Werte

Diese Daten funktionieren ohne weitere Anpassungen in einem IDES R/3- oder ECC-System. Sie können für die zweite Übung später entsprechende Vorlagedateien verwenden.

Tragen Sie die Daten in die einzelnen Felder ein und achten Sie dabei darauf, dass die Wertehilfe, die bei einigen Feldern erscheint, nur Werte des sendenden Systems wiedergibt, die im empfangenden System unter Umständen nicht vorhanden sind (siehe Abbildung 4.16).

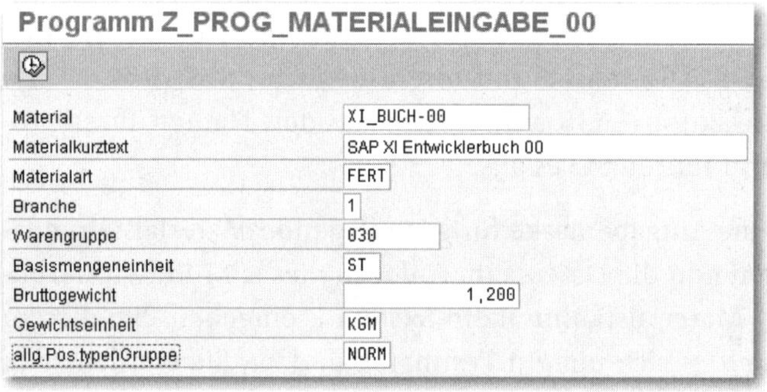

Abbildung 4.16 Aufruf des Programms Z_PROG_MATERIALEINGABE_##

Nachdem Sie die Menüoption **Programm • Ausführen** oder das entsprechende Icon **Ausführen** angeklickt haben, erhalten Sie eine Erfolgsnachricht. Diese Nachricht sagt lediglich aus, dass der zum Programm gehörige Funktionsbaustein erfolgreich aufgerufen wurde, nicht jedoch, ob die Nachricht auch erfolgreich zugestellt wurde.

Überwachung des Ablaufs

Die korrekte Zustellung und Verarbeitung der Nachricht können Sie u.a. im XI-System überprüfen. Melden Sie sich dazu im entsprechenden Mandanten an und rufen Sie dort die Transaktion SXMB_MONI auf. Klicken Sie doppelt auf den Pfadeintrag **Integration Engine • Monitoring • Monitor für verarbeitete XML-Messages**, wodurch sich eine Selektionsmaske öffnet, die Ihnen eine differenzierte Auswahl aller verarbeiteten Nachrichten erlaubt.

Wenn das verwendete XI-System nur für Trainings- oder Testzwecke verwendet wird, ist eine Einschränkung kaum notwendig. Ansonsten könnten Sie die Auswahl beispielsweise auf Nachrichten mit dem sendenden Server **SystemA** begrenzen.

Führen Sie die Nachrichtenabfrage über die Menüoption **Programm • Ausführen** oder das entsprechende Icon **Ausführen** aus. Wenn Ihre Nachricht erfolgreich zugestellt und verarbeitet wurde, sollten Sie einen Eintrag sehen, der in der Status-Spalte eine schwarz-weiße Flagge zeigt (siehe Abbildung 4.17).

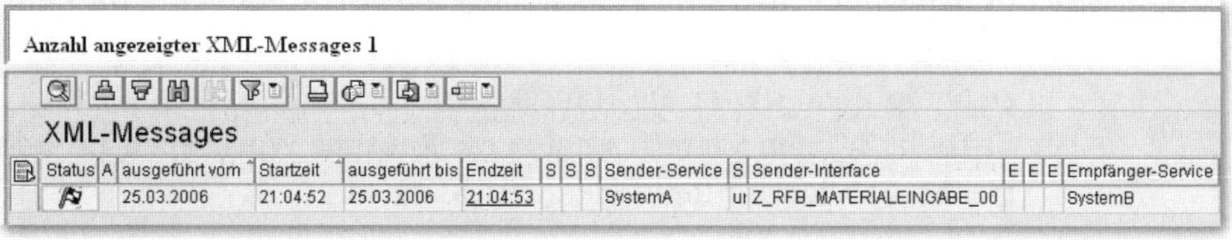

Abbildung 4.17 Anzeige der ersten Nachricht in der Transaktion SXMB_MONI

Eine grüne Flagge bedeutet, dass die Nachricht derzeit noch bearbeitet wird. Die meisten anderen Symbole stehen in unserem Fall für einen Fehler. Sie können sich die Legende aller möglichen Symbole über den Menüeintrag **Springen • Legende** oder das entsprechende Icon **Legende** anzeigen lassen.

Betrachtung der erstellten Datei

Um den letzten Beweis der erfolgreichen Nachrichtenverarbeitung zu erhalten, können Sie sich die erstellte Datei anschauen: Das ist z.B. über Transaktion AL11 im XI-System möglich, indem Sie dort die Zeile des Verzeichnis-Alias **DIR_TEMP** anklicken. Suchen Sie in der Dateiauflistung nach einer Datei vom Schema *xi_output_##.dat*, die zudem den Zeitstempel Ihrer Nachricht trägt. Mit einem Doppelklick können Sie die Datei zum Lesen öffnen. Da diese Anzeige jedoch nur auf eine bestimmte Breite beschränkt ist und kein automatischer Zeilenumbruch erfolgt, empfehlen wir Ihnen für die lokale Betrachtung der Datei, den Transportauftrag mit den File-Tools einzuspielen, den Sie auf der Webseite zu diesem Buch zum Download finden.

Fehlersuche im Monitoring

Analyse der Verarbeitung

Um einem Fehler auf den Grund zu gehen, klicken Sie in der Nachrichtenanzeige von Transaktion SXMB_MONI doppelt in ein beliebiges Feld der entsprechenden Zeile, wodurch Sie zur Ansicht **XML-Message-Versionen anzeigen** gelangen. Dort sehen Sie im Falle einer asynchron versendeten Nachricht die verschiedenen Zustände der Nachricht auf ihrem Weg durch die zentrale Integration Engine. In der linken Verzeichnisstruktur können Sie zu der mit einem entsprechenden Fehlersymbol markierten Stelle navigieren. Suchen Sie in den Fenstern der rechten Seite nach einer Fehlermeldung, die Aufschluss über die Ursache gibt. In den meisten Fällen wurde der Fehler durch ein Mapping oder ein unachtsam aus der Wertehilfe ausgesuchtes Objekt verursacht.

Überprüfung der Adapter

In manchen Fällen sind jedoch auch fehlerhaft konfigurierte Kommunikationskanäle bzw. Adapter der Grund. Um diese Möglichkeit zu überprüfen, starten Sie Transaktion SXMB_IFR für den Aufruf der XI-Tools. Wählen Sie rechts unten die **Runtime Workbench** aus und melden Sie sich mit Ihrem Benutzer **XI-##** an.

Sie sehen nun die einzelnen Optionen der Runtime Workbench, von denen Sie die meisten im Rahmen der weiteren Übungen und der Fallstudie erkunden werden. Auch wenn Sie mit der Transaktion SXMB_MONI bereits eine andere Möglichkeit der Nachrichtenübersicht kennen gelernt haben, können Sie sich auch hier mit dem Menüeintrag **Message-Monitoring** den Status von Nachrichten im XI-System anschauen. Wählen Sie zunächst jedoch das **Komponenten-Monitoring** und lassen Sie sich Komponenten mit jedem möglichen Status anzeigen. Wählen Sie in der Verzeichnisstruktur der Komponenten den Pfad **domain.XX.<XIhostname> · Integration Server · Adapter Engine** an. Unterhalb der Verzeichnisstruktur öffnet sich eine Statusansicht, die Aufschluss über den allgemeinen Zustand der Adapter Engine gibt. Klicken Sie dort im rechten oberen Rand auf den Button **Adapter-Monitoring** (siehe Abbildung 4.18).

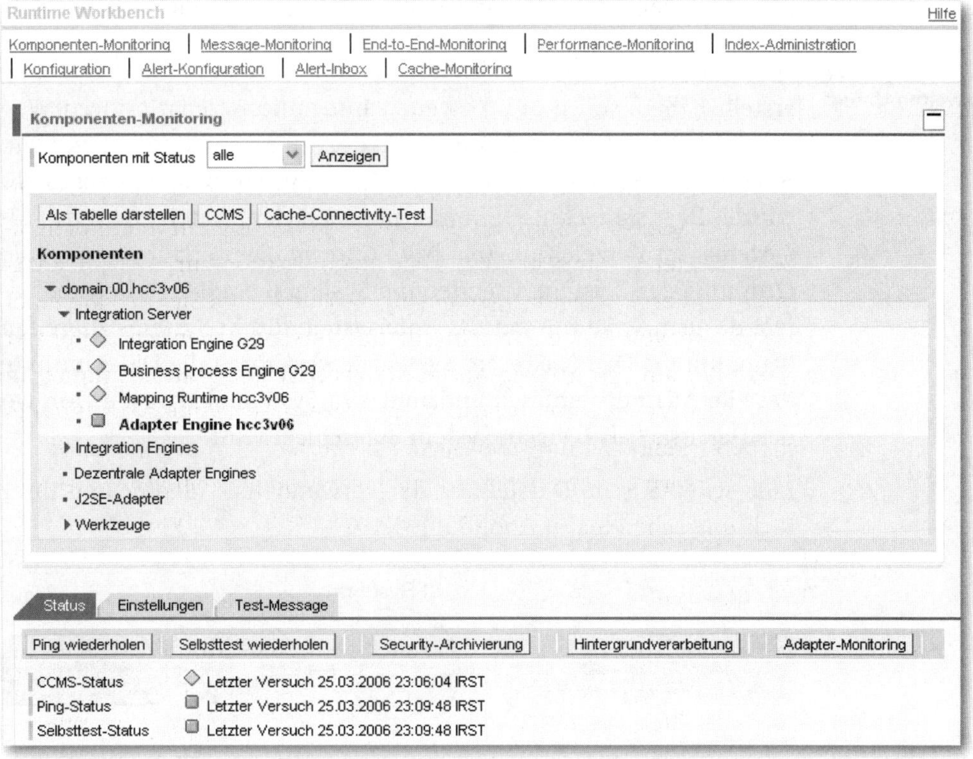

Abbildung 4.18 Einstieg in das Komponenten-Monitoring der Runtime Workbench

Auswahl des Adaptertyps

Es öffnet sich ein neues Browserfenster, das Ihnen nach dem Aufklappen des Namensraums `http://sap.com/xi/XI/System` die Auswahl aller verfügbaren Adapter anzeigt. Eine graue Raute vor einem Adaptertyp bedeutet, dass noch kein Kommunikationskanal von diesem Typ angelegt wurde. Ein grünes Quadrat steht dafür, dass alle Kommunikationskanäle dieses Typs korrekt konfiguriert wurden und kein Fehler bei der Verarbeitung aufgetreten ist. Ein roter Kreis hingegen bedeutet, dass zumindest ein Kommunikationskanal dieses Typs einen Fehler hat.

Überprüfen Sie, ob bei den Adaptertypen **RFC** oder **File** ein Fehler aufgetreten ist. Zur genaueren Untersuchung können Sie den entsprechenden Typ anklicken, wodurch alle Kommunikationskanäle dieses Typs aufgelistet werden. Wenn Sie nach Ihrem Kommunikationskanal suchen und er einen Fehler anzeigt, finden Sie rechts davon eine ausführliche Fehlerbeschreibung, mit der Sie den Fehler in den meisten Fällen beheben können.

4.2 Zweite Übung: File-to-IDoc

Ablauf der zweiten Übung

Die Datei mit den Materialstammdaten, die Sie in der ersten Übung erstellt haben, soll nun im zweiten Integrationsszenario ihren Weg in das Business-System B finden und dort zu einem Material werden. Auch wenn die Datei aus logischer Sicht System B bereits zugestellt wurde, liegt sie technisch immer noch auf dem Dateisystem des XI-Systems, im Verzeichnis */tmp* bzw. *C:\temp*. Dies erlaubt es uns, die Ordnung, dass System A sendet und System B empfängt, beizubehalten, da auch System A auf das Dateisystem des XI-Systems zugreifen kann, um die Datei zu lesen. System A wird somit die Datei mithilfe des File-Adapters einlesen und an das XI-System übertragen, von wo der Datensatz als IDoc an System B geschickt wird.

Eine schematische Darstellung der verwendeten Adapter und ihrer Richtung sehen Sie in Abbildung 4.19.

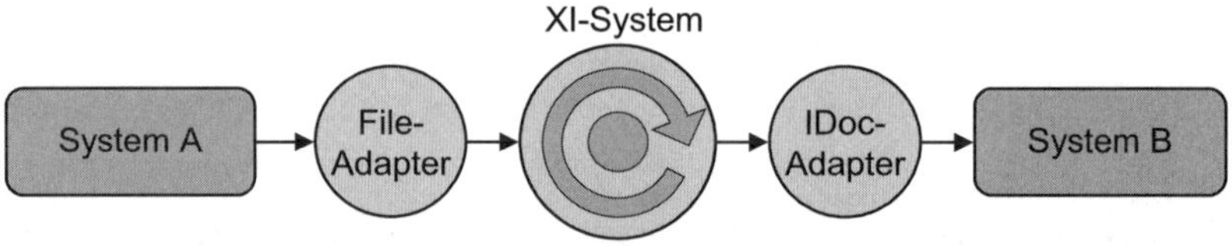

Abbildung 4.19 Schema der zweiten Übung: File-to-IDoc

Quereinstieg in die zweite Übung

Wenn Sie die erste Übung nicht durchgeführt haben, können Sie unter *http://www.sap-press.de/1264* die Vorlagen für die Datei beziehen. Sie werden in dieser Übung einige Designelemente der empfangenden Seite aus der ersten Übung wieder verwenden.

4.2.1 Grundlagen

Überblick über die neuen Objekte

Sie werden nun, nachdem Sie bereits die Empfängerseite des File-Adapters kennen gelernt haben, sich auch mit dessen Senderseite vertraut machen. Das Mapping der Daten auf ein IDoc stellt bei dieser Übung eine gewisse Herausforderung dar, da IDocs sehr ausgeklügelte und umfangreiche Datenstrukturen beinhalten. Trotz des Alters dieses Formats spielen sie im SAP-Umfeld nach wie vor eine bedeutende Rolle, was auch damit zu tun hat, dass sie die Möglichkeit der automatischen Verarbeitung bieten.

Diese Tatsache werden Sie sich in diesem Szenario auch zunutze machen, indem Sie in System B eine Partnervereinbarung anlegen.

Diese Vereinbarung sorgt dafür, dass die eingehenden Materialstammdaten in Form des IDocs automatisch verarbeitet werden, d. h., dass das entsprechende Material automatisch angelegt wird.

Funktion der Partnervereinbarung

Die Partnervereinbarung, die Sie nun anlegen werden, ist kein neues Element, das durch die Verwendung von SAP XI ins Spiel gekommen ist, sondern ein Element der herkömmlichen ALE-Kommunikation. Die Partnervereinbarung kann nur einmal für ein sendendes System (also System A) angelegt werden, da nach dem logischen System der sendenden Anwendung unterschieden wird. Dem Mandanten des sendenden Systems A kann jedoch nur ein einziges logisches System zugeordnet werden.[1]

Anlegen der Partnervereinbarung

Melden Sie sich im System B an und rufen Sie Transaktion BD54 auf, um zu überprüfen, ob der Name des logischen Systems von System A bekannt ist. Jedes System muss die Namen der logischen Systeme der IDoc-Partner kennen. Der Name des logischen Systems ist in der Regel nach dem Schema **<SID>CLNT<Mandant>** aufgebaut; in unserer Schulungslandschaft heißt das logische System von System A **G50CLNT904**.

Verlassen Sie Transaktion BD54 und rufen Sie Transaktion WE20 auf. Der linke Bereich des Bildschirms zeigt, geordnet nach der Art der Partner, die bereits vorhandenen Partnervereinbarungen. Auf der rechten Seite sehen Sie Detailinformationen zur jeweils ausgewählten Vereinbarung.

Wählen Sie aus der Menüleiste **Partner • Anlegen** oder das entsprechende Icon **Anlegen**, um eine neue Partnervereinbarung anzulegen. Geben Sie den Namen des logischen Systems von System A, den Sie eben überprüft haben, als Partnernummer an. Achten Sie darauf, dass im Detailfenster als Partnerart **LS** (logisches System) ausgewählt ist. Stellen Sie sicher, dass im darunter liegenden Karteireiter **Klassifikation** der Wert Partnerstatus auf **A** für aktiv steht.

Konfiguration der Eingangsparameter

Sie wollen nun angeben, dass IDocs vom Typ **MATMAS** (Master Material) bei Eingang automatisch nach einem bestimmten Muster verarbeitet werden. Speichern Sie dazu die Partnervereinbarung und klicken Sie dann im unteren Bereich **Eingangsparameter** auf das Icon

1 Es bietet sich bei einer Übung mit mehreren Teilnehmern deshalb an, dass der Dozent die nachfolgenden Schritte vorführt.

Eingangsparameter anlegen. Wählen Sie in der neuen Bildschirmmaske den Nachrichtentyp **MATMAS** aus (siehe Abbildung 4.20).

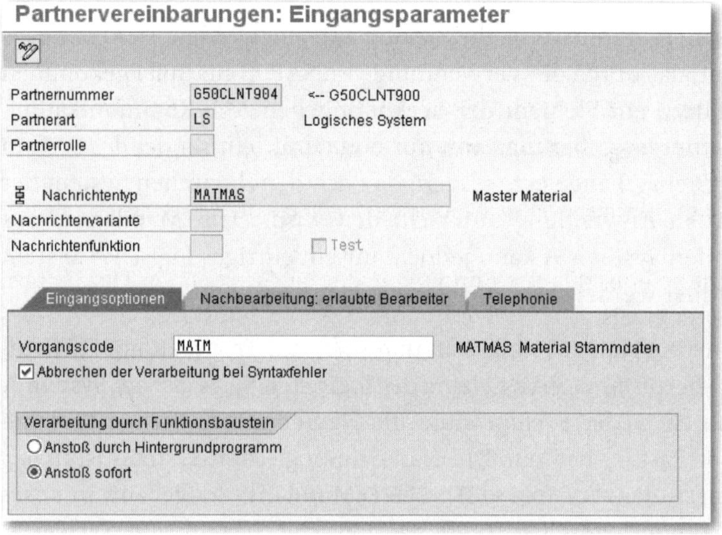

Abbildung 4.20 Eingangsparameter der Partnervereinbarung in System B

Unterhalb des Karteireiters **Eingangsoptionen** können Sie den vorgefertigten Vorgangscode **MATM** auswählen. Im Falle eines Syntaxfehlers soll der Vorgang nicht abgebrochen werden, da Sie dadurch mögliche Fehler später einfacher identifizieren können. Wenn Sie Ihr Integrationsszenario aber erfolgreich getestet haben, können Sie diese Option über die entsprechende Checkbox aktivieren. Die **Verarbeitung durch den Funktionsbaustein** soll sofort erfolgen. Speichern Sie diese Einstellungen und beenden Sie diese Transaktion.

4.2.2 Design

Überblick über die neuen Designobjekte

Die Erstellung der Objekte im Integration Repository gestaltet sich nach dem Durcharbeiten der ersten Übung wesentlich einfacher. Einerseits haben Sie nun alle Vorgänge bereits einmal durchgespielt und andererseits können Sie einige Designobjekte aus der ersten Übung wieder verwenden. Die wieder verwendeten Objekte sind in Tabelle 4.5 mit einem Stern (*) gekennzeichnet.

Art des Objekts	Senderseite	Empfängerseite
Message-Interface	**MI_Material_Asnyc_Out**	**MATMAS.MATMAS02**
Message-Typ	**MT_Material** *	
Datentyp	**DT_Material** *	
Interface-Mapping	**IM_MI_Material_Async_Out_zu_MATMAS_MATMAS02**	
Message-Mapping	**MM_MT_Material_zu_MATMAS_MATMAS02**	

Tabelle 4.5 Elemente im Integration Repository für die Übung File-to-IDoc

Anlegen des Outbound-Message-Interface

Die Senderseite, die der Empfängerseite aus der ersten Übung entspricht, liegt bis auf das Outbound-Message-Interface bereits komplett vor. Öffnen Sie den Erstellungsdialog im Pfad **Interface-Objekte** und erstellen Sie das Message-Interface **MI_Material_Async_Out**. Es ist von der Kategorie **Outbound** und wird im Modus **Asynchron** verwendet. Die Output-Message entspricht dem bereits in der letzten Übung angelegten Message-Typ **MT_Material** (siehe Abbildung 4.21). Speichern Sie das fertige Interface.

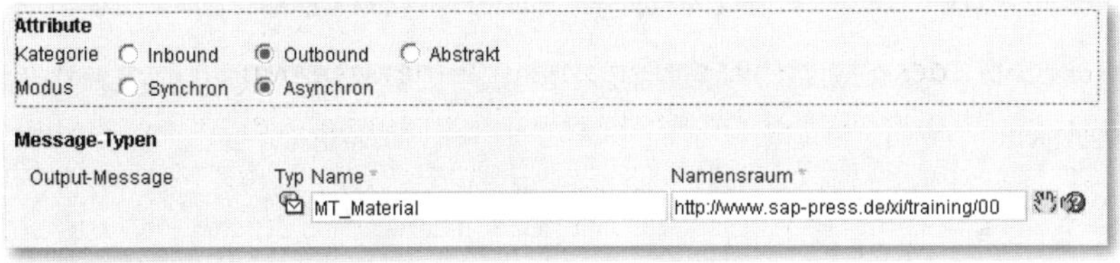

Abbildung 4.21 Bearbeitung des Outbound-Message-Interface zur Übung File-to-IDoc

Import der IDoc-Metadaten

Auf der Empfängerseite müssen zunächst die Metadaten des IDocs MATMAS.MATMAS02 importiert werden. Dies läuft analog zum Import der RFC-Schnittstelle aus der ersten Übung ab. Navigieren Sie im Integration Repository zu Ihrer Software-Komponentenversion und öffnen Sie über das Kontextmenü des Verzeichnisses **Importierte Objekte** den Importdialog. Wenn die SAP-Systeme der Business-Systeme A und B verschieden sind, sodass im System A nicht der benötigte IDoc-Typ zu erwarten ist, können Sie sich im Business-System B anmelden. Anderenfalls können Sie den Import aus System A vornehmen.

Erweitern Sie beim nächsten Schritt den Teilbereich **IDocs**, markieren Sie den Typ **MATMAS.MATMAS02** und importieren Sie ihn. Die

Schnittstellendefinition von IDocs kann ebenso wie die von RFC-Schnittstellen sowohl als Message-Typ als auch als Message-Interface verwendet werden, wodurch sich weitere Objekte auf Seiten des Empfängers erübrigen.

Anlegen des Message-Mappings

Erstellen Sie ein neues Message-Mapping mit Namen **MM_MT_Material_zu_MATMAS_MATMAS02** und weisen Sie den Message-Typ **MT_Material** auf der Sender- und den IDoc-Typ **MATMAS.MATMAS02** auf der Empfängerseite zu. Bei der Verwendung von IDocs stellt das Message-Mapping eine Herausforderung dar, da die Datenstruktur sehr umfangreich ist und mehrere hundert Elemente enthalten kann. Um die Übersicht zu behalten, sind in Tabelle 4.6 die relevanten Felder dieses Beispiels dargestellt.

Datenelement von MT_Material/Konstanten	Datenelement von MATMAS.MATMAS02	Segment von MATMAS.MATMAS02
Konstante: 1	BEGIN	Keins (IDOC)
MT_Material	E1MARAM	Keins (IDOC)
MT_Material	SEGMENT	E1MARAM
Konstante: 005	MSGFN	E1MARAM
MATNR		E1MARAM
Konstante: KBG	PSTAT	E1MARAM
Konstante: KBG	VPSTA	E1MARAM
Konstante: 000	BLANZ	E1MARAM
ERSDA		E1MARAM
ERNAM		E1MARAM
MTART		E1MARAM
MBRSH		E1MARAM
MATKL		E1MARAM
MEINS		E1MARAM
BRGEW		E1MARAM
NTGEW		E1MARAM
GEWEI		E1MARAM

Tabelle 4.6 Zuordnung der Datenelemente im Message-Mapping der Übung File-to-IDoc

Datenelement von MT_Material/Konstanten	Datenelement von MATMAS. MATMAS02	Segment von MATMAS. MATMAS02
MTPOS_MARA		E1MARAM
MT_Material	E1MAKTM	E1MARAM
MT_Material	SEGMENT	E1MARAM/E1MAKTM
Konstante: 005	MSGFN	E1MARAM/E1MAKTM
MAKTX		E1MARAM/E1MAKTM
Konstante: D	SPRAS	E1MARAM/E1MAKTM
Konstante: DE	SPRAS_ISO	E1MARAM/E1MAKTM

Tabelle 4.6 Zuordnung der Datenelemente im Message-Mapping der Übung File-to-IDoc (Forts.)

Aufbau des IDoc-Typs

Sie sehen, dass die Benennung der Elemente im Datentyp **DT_Material** nicht von ungefähr kam: Einige weitere Felder der IDoc-Strukur werden mit Konstanten gefüllt, die nicht in der Materialeingabemaske abgefragt wurden.

Besonders zu erwähnen sind die Felder **BEGIN** und **SEGMENT** sowie die Segmente selbst, welche die Erstellung des IDocs bzw. von dessen Segmenten steuern. Während **BEGIN** ein bestimmter Wert zugeordnet werden muss, reicht es bei den **SEGMENT**-Feldern und den Segmenten selbst ein beliebiges Feld zuzuweisen, da darüber lediglich die Anzahl der Segmente im IDoc bestimmt wird. Mit diesem Sachverhalt werden Sie sich später noch detaillierter auseinander setzen.

Erwähnenswert sind zudem die Felder **MSGFN** in jedem Segment, die bestimmen, welche Funktion mit den Daten im empfangenden System bewirkt werden soll. Die Konstante **005** steht für Ändern bzw. Anlegen.

Wenn Sie den Aufbau des IDocs genau betrachten, stellen Sie fest, dass die Häufigkeiten der meisten Segmente eine mehrfache Einbindung erlauben. Die meisten IDocs sind für Massenverarbeitungen geeignet. So kann auch dieses IDoc dazu verwendet werden, gleich mehrere Materialstammdaten anzulegen. In dieser Übung werden wir es jedoch für das Anlegen eines einzelnen Materialstammsatzes »missbrauchen«. Sie finden die Dokumentation zu diesem und allen anderen IDoc-Typen in Transaktion WE60.

Deaktivierung von Feldern

Wenn Sie die Tabelle mit der Elementzuordnung genau betrachten, stellen Sie fest, dass nur zwei der Segmente mit Daten versorgt werden. Damit diese ungenutzten Segmente keine Fehler erzeugen, können sie deaktiviert werden. Öffnen Sie bei solch einem Segment das Kontextmenü und wählen Sie die Funktion **Feld deaktivieren**. Das Symbol vor dem entsprechenden Segment ist nun durchgestrichen und das Segment wird nicht mehr überprüft, ob es mit Daten versorgt wurde. Deaktivieren Sie alle Segmente bis auf **E1MARAM** und dessen untergeordnetes Segment **E1MAKTM**.

Erstellen Sie nun anhand von Tabelle 4.6 das Message-Mapping und testen Sie es. Wenn es fehlerfrei durchgelaufen ist, können Sie es speichern. In Abbildung 4.22 sehen Sie, wie das Message-Mapping aussieht, wobei in der Arbeitsfläche die Belegung des **BEGIN**-Elements mit der Konstanten dargestellt ist.

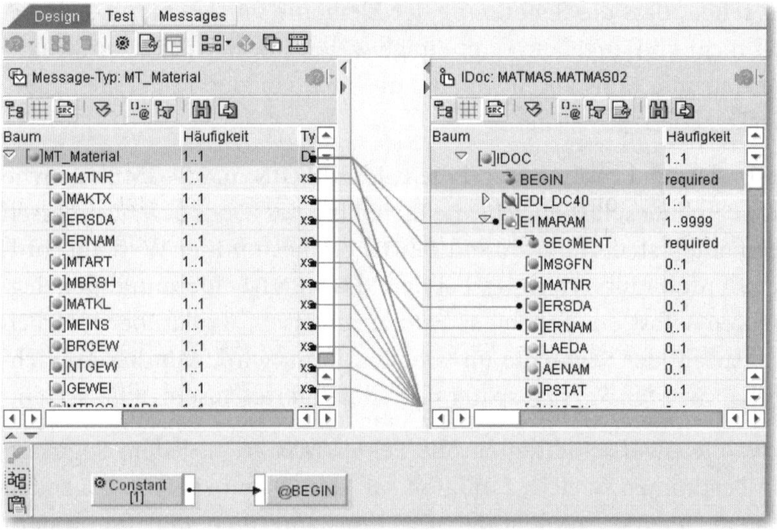

Abbildung 4.22 Message-Mapping der Übung File-to-Idoc

Anlegen des Interface-Mappings

Erstellen Sie nun auf der Basis dieses Message-Interfaces das Interface-Mapping **IM_MI_Material_Async_Out_zu_MATMAS_MATMAS02** über das Kontextmenü im entsprechenden Pfad. Verwenden Sie die beiden Message-Interfaces **MI_Material_Async_Out** und **MATMAS.MATMAS02**, lesen Sie die Interfaces im unteren Bereich des Detailfensters ein und weisen Sie das eben erstellte Message-Mapping zu (siehe Abbildung 4.23). Testen Sie im Karteireiter **Test** schließlich das Interface-Mapping und speichern Sie das Objekt.

Da dies das letzte neue Designobjekt für diese Übung war, sollten Sie nun alle Änderungen im Karteireiter **Änderungslisten** aktivieren, bevor Sie in das Integration Directory wechseln.

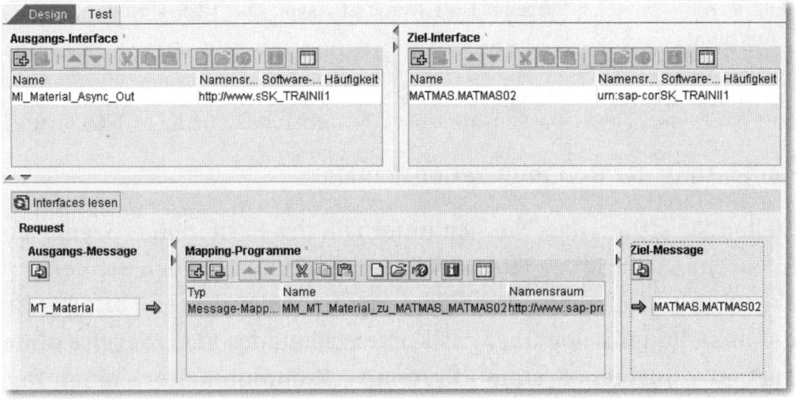

Abbildung 4.23 Interface-Mapping zur Übung File-to-IDoc

4.2.3 Konfiguration

Überblick über die Konfigurationsobjekte

Wechseln Sie nun über das XI-Tools-Menü oder über die direkte URL in das Integration Directory. Sie haben bereits in der letzten Übung die grundlegenden Elemente der Konfigurationsphase angelegt. Da auf der Konfigurationsebene kaum Überschneidungen zur ersten Übung bestehen, werden Sie alle notwendigen Objekte, auch Kommunikationskanäle, neu anlegen und werden beim Anlegen der Verbindungselemente den Konfigurations-Assistenten kennen lernen, der Ihnen einige Arbeitsschritte abnimmt und so zu einer fehlerfreien Umsetzung beiträgt. Eine Übersicht aller Konfigurationsobjekte in dieser Übung finden Sie in Tabelle 4.7.

Art des Objekts	Senderseite: System A	Empfängerseite: System B
Kommunikationskanal	**File_Senderkanal_##**	**IDoc_Empfaengerkanal**
Sendervereinbarung	**| SystemA | MI_Material_Async_Out | |**	
Empfängervereinbarung		**| SystemA | | SystemB | MATMAS.MATMAS02**

Tabelle 4.7 Elemente im Integration Directory für die Übung File-to-IDoc

Art des Objekts	Senderseite: System A	Empfängerseite: System B
Empfänger-ermittlung	**| SystemA | MI_Material_Async_Out**	
Interface-Ermittlung	**| SystemA | MI_Material_Async_Out | | SystemB**	

Tabelle 4.7 Elemente im Integration Directory für die Übung File-to-IDoc (Forts.)

Einrichtung der Kommunikationskanäle

Anlegen des File-Senderkanals

Stellen Sie sicher, dass Sie sich unterhalb des Karteireiters **Szenarien** in Ihrem Szenario **XI_TRAINING_##** befinden. Um den sendenden Kommunikationskanal des File-Adapters einzurichten, öffnen Sie den Erstellungsdialog über das Kontextmenü des Pfads **Service ohne Partner · Business-System · SystemA · Kommunikationskanal**. Der neue Kommunikationskanal soll den Namen **File_Senderkanal_##** tragen. Pflegen Sie zudem eine Beschreibung ein und legen Sie das neue Objekt an.

Wählen Sie im Detailfenster (siehe Abbildung 4.24) den Adaptertyp **File** aus und stellen Sie sicher, dass die Richtung **Sender** ausgewählt ist. Das **Transport-Protokoll** wird aufgrund des Zugriffs auf ein lokales Verzeichnis vom Typ **Dateisystem (NFS)** sein. Als **Message-Protokoll** sorgt die Einstellung **Datei** dafür, dass die Datei ohne Umwandlung eingelesen wird. Die **Adapter-Engine** ist der Integration Server.

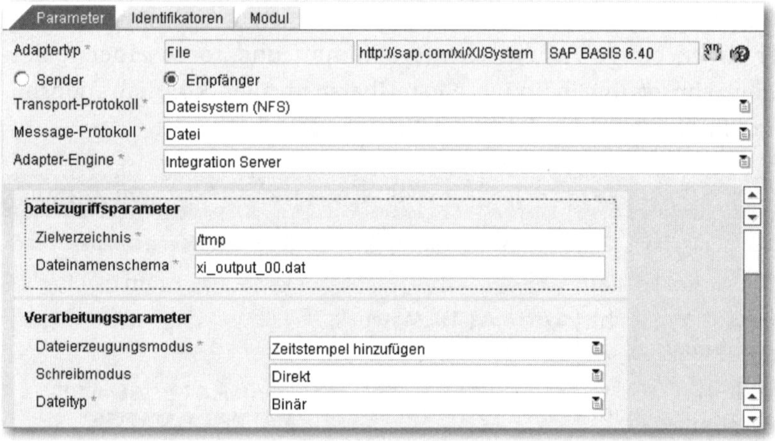

Abbildung 4.24 Einrichtung des File-Senderkanals für System A

Wählen Sie im Feld **Quellverzeichnis** die Einstellung, die Sie auch für den Empfängerkanal in der Übung RFC-to-File (siehe Abschnitt 4.1.3) verwendet haben. Wenn Sie den Empfehlungen gefolgt sind, ist dies */tmp* für UNIX oder *C:\temp* für Windows. Der Dateiname soll *xi_input_##.dat* lauten, wobei ## für die Teilnehmernummer steht. Beachten Sie, dass sich dieses Dateischema von dem des empfangenden Kommunikationskanals aus der ersten Übung RFC-to-File in zwei Dingen unterscheidet: Zum einen wurde die Datei als *xi_output_##.dat* in das Verzeichnis geschrieben und zum anderen wurde ein Zeitstempel hinzugefügt. Dadurch ist die Umbenennung der Datei aus der ersten Übung notwendig.

Im Bereich **Verarbeitungsparameter** können Sie die **Quality-of-Service** bei **Exactly Once** belassen. Stellen Sie das **Poll-Intervall (Sek)** am besten auf einen Wert zwischen drei und zehn Minuten ein, da dies sonst zu einer unnötig hohen Belastung des Integration Servers führen kann. Das **Wiederholungsintervall** gibt an, wie viele Sekunden nach einem fehlerhaften Leseversuch der Adapter einen neuen Versuch starten soll. Dieser Wert ist jedoch für diese Übung nicht relevant. Der **Verarbeitungsmodus** des Kommunikationskanals kann abhängig von Ihren Rechten auf Betriebssystemebene verschiedene Ausprägungen annehmen.

Eine Option ist die **Archivierung**, die zum Verschieben der Datei in einen anderen Ordner führt. Alternativ kann die Datei gelöscht werden oder im Testbetrieb unverändert belassen werden, was zu einer fortlaufend wiederholten Versendung des Datensatzes führt. Verwenden Sie die Archivierung mit der Vergabe eines Zeitstempels, wenn Sie einen entsprechenden Ordner zur Verfügung haben. Die Archivierung der Datei im Ursprungsverzeichnis ist nicht möglich. Ohne einen entsprechenden Ordner bietet sich das Löschen der Datei an. Die Verarbeitungsreihenfolge kann frei gewählt werden, während Sie den **Dateityp** auf **Binär** stellen sollten.

Alle weiteren Felder des Kommunikationskanals können frei gelassen werden. Achten Sie lediglich darauf, dass der **Adapter** den Status **Aktiv** erhält. Speichern Sie den Kommunikationskanal.

Anlegen des IDoc-Empfängerkanals

Der empfangende Kommunikationskanal für IDocs wird – wie in den Grundlagen zu dieser Übung beschrieben – nur einmal angelegt, da es keine Unterscheidungsmöglichkeit für verschiedene Teilnehmer gibt.[2]

Navigieren Sie in den Verzeichnispfad **Service ohne Partner • Business-System • SystemA • Kommunikationskanal** innerhalb Ihres Szenarios. Erstellen Sie über das Kontextmenü den Kommunikationskanal **IDoc_Empfaengerkanal** und pflegen Sie die Beschreibung ein. Wählen Sie den Adaptertyp **IDoc** aus und stellen Sie die Richtung **Empfänger** ein. Die drei folgenden Felder bieten im Normalfall keine Wahlmöglichkeit, sodass Sie diese übergehen können (siehe Abbildung 4.25).

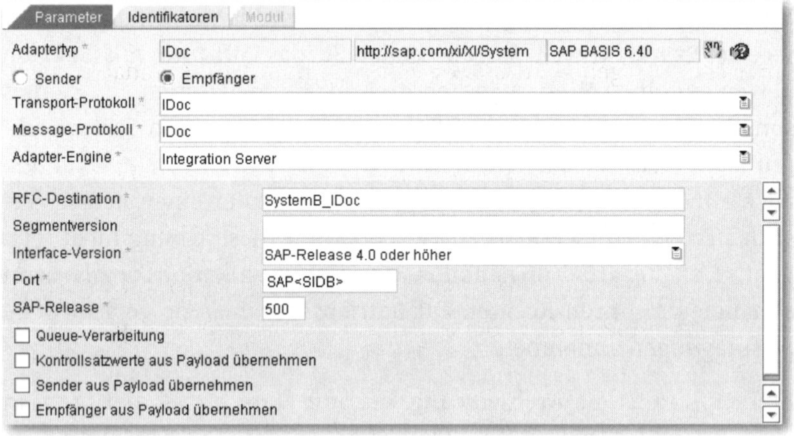

Abbildung 4.25 Einrichtung des IDoc-Empfängerkanals für System B

Als **RFC-Destination** wählen Sie die in den Vorbereitungen zu den Übungen erstellte Verbindung **SystemB_IDoc**. Die Segmentversion dient der Anbindung älterer SAP-Systeme und kann genutzt werden, um nur Segmente zu versenden, die es bereits zu einem bestimmten R/3-Release gab. Das Feld **Interface-Ver**sion verfolgt den gleichen Zweck, wobei es sich auf die gesamte Interface-Definition bezieht. Wählen Sie für dieses Pflichtfeld die Option **SAP-Release 4.0 oder höher**. Geben Sie den Port für System B an, der nach dem Schema SAP<SIDB> in den Vorbereitungen angelegt wurde ein; dabei steht SIDB für die System-ID von System B. Im Feld **SAP-Release** tragen Sie das Release des empfangenden SAP-Systems ein. Im Falle eines SAP

2 Das Anlegen des IDoc-Kommunikationskanals kann somit nur einmal durch den Dozenten durchgeführt werden.

ECC 5.00 lautet der Eintrag somit **500**. Speichern Sie das Objekt und aktivieren Sie die beiden neuen Kommunikationskanäle.

Da nicht automatisch alle Kommunikationskanäle eines Business-Systems in allen Szenarien angezeigt werden, die diese Business-Systeme verwenden, müssen die beiden neuen Objekte zu den Szenarien jedes Teilnehmers hinzugefügt werden. Wechseln Sie dazu im Karteireiter **Objekte** in den Pfad der beiden Business-Systeme **SystemA** und **SystemB**. Über das Kontextmenü der neuen Kommunikationskanäle können Sie die Option **Zum Szenario hinzufügen** dazu nutzen. Fügen Sie die beiden Objekte darüber zu Ihrem jeweiligen Szenario hinzu und überprüfen Sie die Anzeige im Karteireiter **Szenarien**.

Kontrolle des File-Adapters

Um sicher zu gehen, dass der File-Kommunikationskanal korrekt konfiguriert wurde, können Sie den Adapter im Komponenten-Monitoring betrachten. Öffnen Sie dazu die Runtime Workbench und lassen Sie sich im **Komponenten-Monitoring** alle Komponenten anzeigen. Klicken Sie in der erscheinenden Auflistung die **Adapter Engine** an. Unterhalb der Auflistung taucht ein neuer Bereich auf, in dem Sie auf der rechten Seite den Button **Adapter-Monitoring** finden. Wählen Sie danach den Adapter-Typ **File** aus und prüfen Sie den Status.

Sie sollten eine grüne Anzeige erhalten, wenn bisher keine Fehler aufgetreten sind. Im Fehlerfall finden Sie eine detaillierte Beschreibung zum Fehlerstatus. Manche Fehler treten erst bei der Verarbeitung von Dateien auf, sodass Sie bei Problemen im späteren Ablauf das Adapter-Monitoring nochmals aufsuchen sollten.

Anlegen der Verbindungselemente

Aufruf des Konfigurations-Assistenten

Die Verbindung zwischen den beiden Kommunikationskanälen bzw. zwischen dem Sender- und dem Empfänger-Interface werden Sie in dieser Übung mithilfe des Konfigurations-Assistenten anlegen. Sie starten den Wizard über den Menüpfad **Werkzeuge · Konfigurations-Assistent** oder über das entsprechende Icon in der Symbolleiste des Integration Directory. Der Assistent wird mit Ihnen Schritt für Schritt alle Daten für die Konfiguration sammeln und anschließend die entsprechenden Objekte anlegen. Sie können in der Fortschrittsanzeige auf der linken Seite des Assistenten anhand der orangefarbenen Markierung sehen, an welcher Stelle im Konfigurationsprozess Sie sich befinden.

Bestimmung der Kommunikationsart

Beim ersten Schritt haben Sie die Auswahl, interne oder Partner-Kommunikation zu konfigurieren. Interne Kommunikation zeichnet sich dadurch aus, dass sie vollständig innerhalb der eigenen Unternehmenslandschaft abläuft, während die Partner-Kommunikation teilweise oder ganz mit externen Geschäftpartnern abläuft. Für unser Szenario wählen Sie die **interne Kommunikation**.

Einstellung der Senderparameter

Im nächsten Bildschirm (siehe Abbildung 4.26) haben Sie die Möglichkeit, die Werte der sendenden Seite anzugeben. Bevor Sie andere Werte angeben, sollten Sie den sendenden **Adaptertyp** auswählen; bei dieser Übung ist es der File-Adapter. Wählen Sie danach das **Business-System A** als Service aus. Im Feld **Interface** geben Sie das Interface **MI_Material_Async_Out** an. Beachten Sie bei der Auswahl über Wertehilfe, dass es in manchen Fällen notwendig ist, die Suchkriterien zu löschen und neu zu suchen, um ein bestimmtes Interface zu finden. Wenn Sie für die Interface-Eingabe die Wertehilfe verwendet haben, wird der Namensraum automatisch ausgefüllt, anderenfalls geben Sie Ihren Namensraum `http://www.sap-press.de/xi/training/##` an.

Abbildung 4.26 Konfigurations-Assistent – Angaben zum Sender der Übung File-to-IDoc

Einstellung der Empfängerparameter

Wenn Sie zum nächsten Schritt weitergehen, sehen Sie nun eine gleiche Eingabemaske für die Empfängerseite (siehe Abbildung 4.27). Wählen Sie auch hier zunächst den **Adaptertyp (IDoc)** aus. Geben Sie das **Business-System B** und das Interface **MATMAS-MATMAS02** an. Durch die Wahl des Adaptertyps IDoc ist der Namensraum bereits vorgegeben.

Abbildung 4.27 Konfigurations-Assistent – Angaben zum Empfänger der Übung File-to-IDoc

Bestimmung des Senderkanals

In der nächsten Eingabemaske wird der Kommunikationskanal auf der sendenden Seite abgefragt, um die Sendervereinbarung **| SystemA | MI_Material_Async_Out | |** automatisch anlegen zu können. Geben Sie Ihren sendenden File-Kommunikationskanal **File_Senderkanal_##** des Systems A an.

Anlegen der Empfängerermittlung

Der folgende Schritt dient der Erstellung der Empfängerermittlung **| SystemA | MI_Material_Async_Out**. Dabei wird zunächst geprüft, ob zu dem sendenden Interface des entsprechenden Systems bereits eine Empfängerermittlung besteht. Wenn ein solches Objekt besteht, wird es erweitert, anderenfalls wird ein neues Objekt erstellt, was keinerlei Eingaben erfordert. Da in diesem Übungsszenario noch keine passende Empfängerermittlung bestehen sollte, hat dieser Schritt nur informativen Charakter.

Anlegen der Interface-Ermittlung

Auch der nächste Schritt zur Erstellung der Interface-Ermittlung **| SystemA | MI_Material_Async_Out | | SystemB** dient mehr der Information bzw. der Kontrolle (siehe Abbildung 4.28). Stellen Sie sicher, dass das Interface **MATMAS.MATMAS02** ausgewählt wurde und auch das Interface-Mapping **IM_MI_Material_Async_Out_zu_MATMAS_MATMAS02** angezeigt wird. Sollte das Mapping nicht angezeigt werden, so ist dies meistens ein Zeichen dafür, dass es nicht erstellt oder zumindest noch nicht aktiviert wurde.

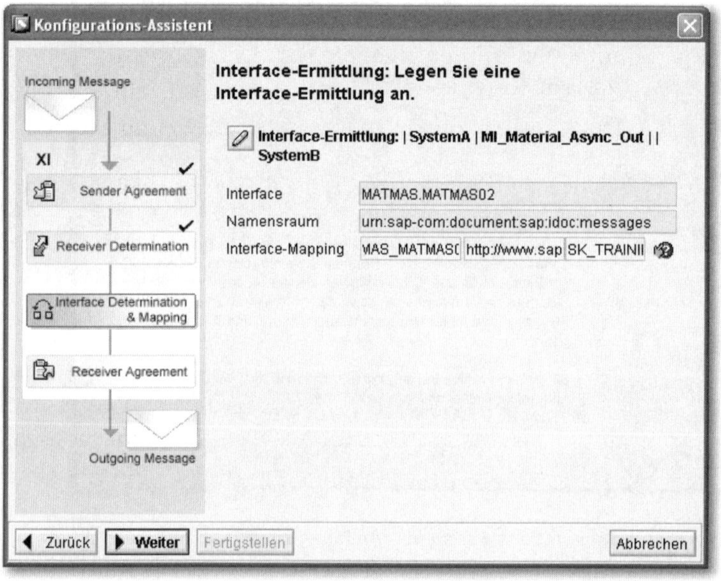

Abbildung 4.28 Konfigurations-Assistent – Angaben zur Interface-Ermittlung der Übung File-to-IDoc

Anlegen der Empfängervereinbarung

Das letzte Objekt, das für dieses Szenario geprüft wird, ist die Empfängervereinbarung **| SystemA | | SystemB | MATMAS.MATMAS02**. Um diese zu erstellen, wird lediglich der empfangende Kommunikationskanal **IDoc_Empfaengerkanal** benötigt, der bereits eingetragen sein sollte. Fahren Sie mit dem letzten Schritt fort.

Nachdem Sie nun alle notwendigen Angaben gemacht haben, können Sie die neuen Objekte direkt einem bestimmten Szenario zuweisen. Wählen Sie Ihr Szenario **XI_Training_##** aus und klicken Sie den Button **Fertigstellen**. Die notwendigen Objekte werden nun angelegt bzw. wieder verwendete Objekte werden verändert. Nach der erfolgreichen Generierung erhalten Sie ein detailliertes Protokoll über die aktualisierten und erstellten Objekte. Abschließend müssen Sie die Änderungen noch im Karteireiter **Änderungslisten** aktivieren.

4.2.4 Ablauf und Monitoring

Kontrolle des Ablaufs

Der Ablauf des Integrationsszenarios dieser Übung wird durch die Erstellung der Datei *xi_input_##.dat* im Verzeichnis des sendenden File-Adapters angestoßen. Für die Erstellung und Platzierung der Datei können Sie einerseits die Vorlage und andererseits das File-Up- und Download-Programm verwenden, das Sie auf der Webseite zu diesem Buch finden. Sie können auch die Datei aus der ersten Übung umbenennen. Zudem kann es notwendig sein, den Schreibschutz dieser Datei aufzuheben, wenn Sie in einem UNIX-System arbeiten.

Je nachdem, welches Poll-Intervall im Kommunikationskanal eingestellt wurde, wird die Datei nach einigen Minuten archiviert oder gelöscht. Im Erfolgsfall können Sie kurze Zeit nach dem Verschwinden der Datei in der Transaktion MM03 des Business-Systems A Ihr neues Material **XI_BUCH-##** betrachten. Wählen Sie im ersten Bildschirm Ihr Material aus und bestätigen Sie Ihre Eingabe mit **Enter**. Wählen Sie danach die beiden Sichten Grunddaten 1 und 2 aus und schauen Sie sich die Details an. Um die verwendete IDoc-Struktur klein zu halten, wurden nur diese beiden grundlegenden Sichten angelegt (siehe Abbildung 4.29).

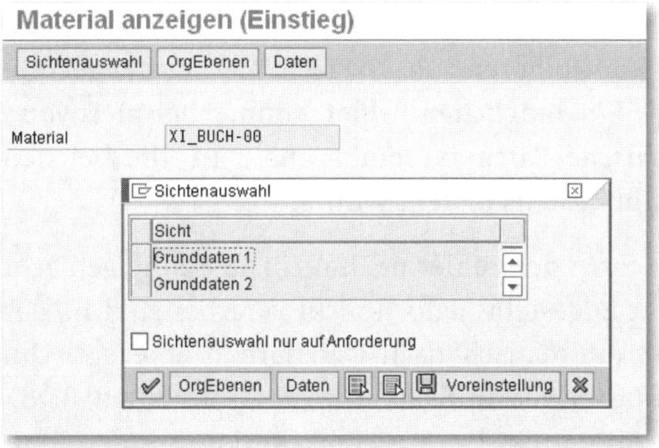

Abbildung 4.29 Einstieg zur Anzeige des Materials XI_BUCH-##

Erweiterungsmöglichkeiten der gesendeten Daten

Sie haben jedoch mit zwei Hilfsmitteln die Möglichkeit, auch die weiteren Sichten zu erschließen: In der Transaktion WE60 ist die Dokumentation des gesamten IDoc-Typs mit allen Feldbezeichnungen hinterlegt. Wenn Sie sich bereits mit dem Materialwesen im SAP-System auskennen und nun wissen möchten, welches Feld der Eingabemaske einem Feld im IDoc entspricht, können Sie dies in diesem Fall über die **F1**-Hilfe bewerkstelligen. Öffnen Sie beispielsweise ein beliebiges Material mit Transaktion MM03 und markieren Sie ein Feld. Drücken Sie die **F1**-Taste und wählen Sie in der Hilfe das Icon **Technische Hilfe**. Im Bereich **Felddaten** können Sie in den meisten Fällen die genaue Feldbezeichnung ablesen, die der des IDocs entspricht.

Überprüfung der Dateiverarbeitung

Für den Fall, dass das Material selbst nach einiger Zeit noch nicht in System B angelegt wurde, werden Sie sich nun auf die Fehlersuche begeben. Die erste mögliche Fehlerursache ist der File-Adapter, der beispielsweise die Datei nicht einliest und archiviert. Überprüfen Sie im **Komponenten-Monitoring** der Runtime Workbench nochmals den Status des entsprechenden Adapters. Manche Fehler werden bei der ersten Verarbeitung einer Nachricht erst sichtbar.

Der nächste Ansatzpunkt ist das Message-Monitoring des XI-Systems. Sie können es über Transaktion SXMB_MONI oder das Message-Monitoring in der Runtime Workbench erreichen. Dort können Sie sehen, ob die Nachricht das XI-System erreicht hat, und analysieren, ob ein inhaltlicher Fehler bei einem Objekt des Integration Builders aufgetreten ist. Wenn Sie jedoch eine grüne Flagge bei Ihrer Nachricht sehen, wurde sie erfolgreich an System B weitergeleitet.

Dort können Sie in Transaktion SM58, dem Monitoring für transaktionale RFC-Aufrufe, kontrollieren, ob es Probleme bei der technischen Zustellung gab. Ein möglicher Fehler könnte beispielsweise eine fehlende oder falsche Partnervereinbarung sein, die bei den Vorbereitungen des Übungsteils erstellt wurde.

Überprüfung des IDoc-Eingangs

Wenn bis zu diesem Schritt der Fehler noch nicht ausfindig gemacht wurde, wurde das IDoc zugestellt, jedoch nicht verarbeitet, d.h., das Material wurde nicht automatisch nach Datenerhalt angelegt. Um dies zu überprüfen, starten Sie in System B die Transaktion BD87 und führen sie ohne Änderung der Auswahlkriterien mit dem entsprechenden Icon **Ausführen** durch. Sie erhalten dadurch eine Auflistung aller IDocs, die an dem aktuellen Tag verarbeitet wurden, wobei nach verschiedenen Status unterschieden wird (siehe Abbildung 4.30).

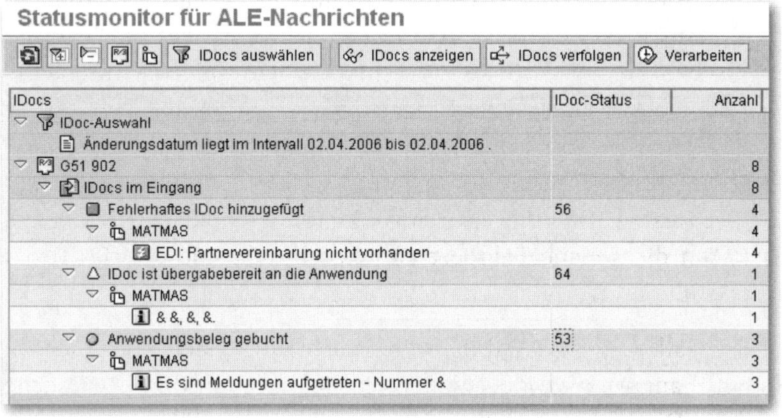

Abbildung 4.30 Statusmonitor für ALE-Nachrichten

Navigation im Statusmonitor für ALE-Nachrichten

Um die genaue Fehlerursache einer Nachrichtenverarbeitung zu ermitteln, klicken Sie auf die entsprechende Kategorie, z.B. **Anwendungsbeleg gebucht**, die Selektion wird auf die Nachrichten dieser Kategorie beschränkt. Da im System B bei der Verarbeitung von IDocs lediglich nach der Bezeichnung des logischen Systems unterschieden wird, können die zugestellten Nachrichten an dieser Stelle nicht nach Teilnehmern unterschieden werden.

Klicken Sie eine der Nachrichten in der Auflistung doppelt an, öffnen sich die Detaildaten dazu. Erweitern Sie auf der linken Seite das Verzeichnis **Statussätze** und die darunter liegenden Nummern. Jede dieser Nummern steht für eine bestimmte Meldung. Sie werden bei dieser Übung selbst bei erfolgreich verarbeiteten Nachrichten Meldungen finden.

Wenn Sie auf eine dieser Nummern doppelt klicken, öffnet sich die Statussatzanzeige. Um nun endgültig zu sprechenden Fehlermeldungen zu gelangen, wählen Sie in der Menüleiste die Option **Springen • Application Log** oder klicken den entsprechenden Button an. Sie sehen nun Warnungen und Fehlermeldungen, die bei der Verarbeitung der entsprechenden Nachricht aufgetreten sind, und können analysieren, ob Sie eventuell ein Feld vergessen oder falsch mit Daten befüllt haben (siehe Abbildung 4.31). Die Felder eines IDocs werden genauso geprüft wie die Eingaben in den entsprechenden Transaktionen.

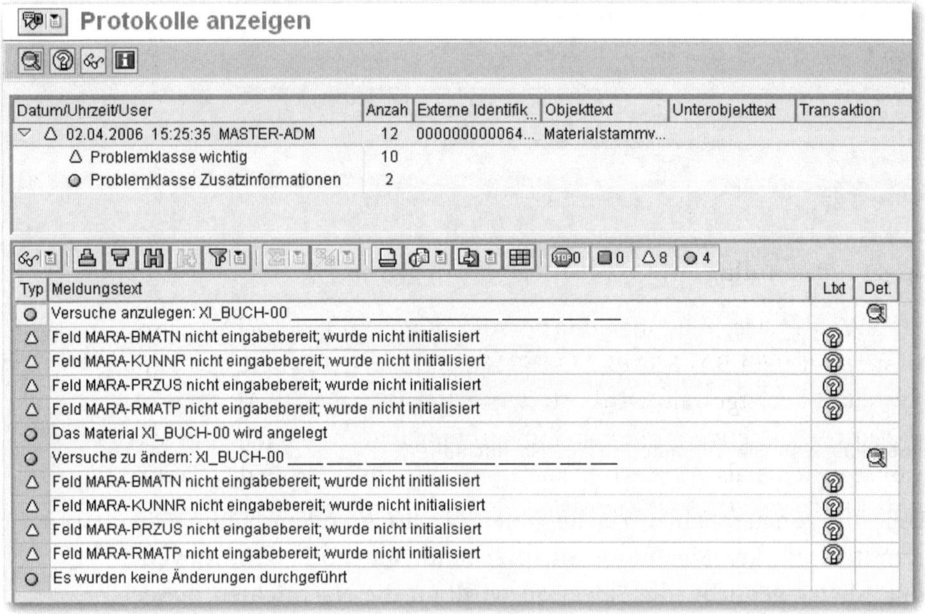

Abbildung 4.31 Application Log einer IDoc-Nachricht

4.3 Dritte Übung: ABAP-Proxy-to-SOAP

Ablauf der Übung

In der zweiten Übung haben Sie die Daten, die Sie in der ersten Übung als Datei abgelegt haben, mithilfe eines IDocs in das Business-System B eingespielt. Darüber hinaus konnten Sie sich auch davon überzeugen, dass der Materialstammsatz ordnungsgemäß angelegt wurde. Jedoch ist es im praktischen Einsatz nicht selbstverständlich, dass Sie sowohl zum sendenden als auch zum empfangenden System Zugang haben.

Aus diesem Grund werden Sie in dieser dritten Übung ein Integrationsszenario umsetzen, das Ihnen die Kontrolle der erfolgreichen Materialerstellung aus System A heraus ermöglicht. Sie werden dabei in System A einen ABAP-Proxy erstellen und ihn synchron aufrufen. Die Anfrage wird daraufhin an einen Webservice auf System B weitergeleitet und die Antwort kurze Zeit später zurückgegeben. Das XI-System wird dabei als Vermittler zwischen den verschiedenen Adapter- und Datenformaten fungieren.

Das Schema dieser Übung für die synchrone Kommunikation sehen Sie in Abbildung 4.32.

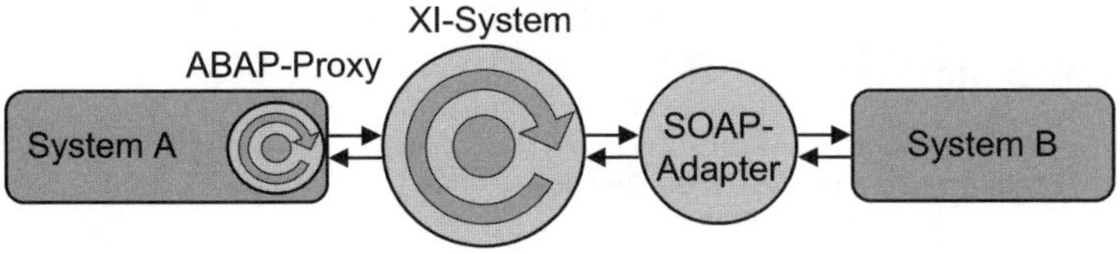

Abbildung 4.32 Schema der dritten Übung: ABAP-Proxy-to-SOAP

4.3.1 Grundlagen

Herkunft des Webservices

Der Webservice, der über den SOAP-Adapter angesprochen wird, basiert auf dem BAPI **BAPI_MATERIAL_EXISTENCECHECK**, das vom System B bereitgestellt wird. Ab der technischen Basis SAP Web AS 6.20 ist es ohne weitere Einstellungen möglich, remotefähige Funktionsbausteine als Webservice anzusprechen. Ebenso wie der Import von RFC- und IDoc-Schnittstellen besteht auch für solche Webservices die Möglichkeit, WSDL-Beschreibung aus dem SAP-System zu exportieren und im XI-System zu nutzen.

Web Service Repository

Um die WSDL-Beschreibung für das entsprechende BAPI zu beziehen, nutzen Sie eine Business Server Page, die Sie über das URL-Schema *http://<Host SystemB>:<Port 80XX>/sap/bc/bsp/sap/webservicebrowser/search.html?sap-client=<Mandant>* erreichen können. Dabei steht XX in der Portnummer für die Instanznummer des entsprechenden Servers. Die Angaben zu Host und Port erhalten Sie in Transaktion SMICM über den Menüpfad **Springen • Services**.

Öffnen Sie die entsprechende URL im Webbrowser und melden Sie sich mit Ihrem Benutzer **SYS_B-00** an. Geben Sie im Suchfeld den Namen des BAPI **BAPI_MATERIAL_EXISTENCECHECK** an und bestätigen Sie Ihre Eingabe mit **Enter**. In der Trefferanzeige erscheint das entsprechende BAPI mit zwei Links auf der rechten Seite (siehe Abbildung 4.33).

Das Fragezeichen (**?**) öffnet die Dokumentation zum Funktionsbaustein, sofern sie vorhanden ist. Die Bezeichnung **wsdl** öffnet die WSDL-Beschreibung zu diesem Funktionsbaustein in einem gesonderten Fenster. Da beispielsweise der Microsoft Internet Explorer WSDL-Beschreibungen automatisch mit Funktionen zum Komprimieren und Expandieren einzelner Abschnitte versieht, ist es notwendig, den Quelltext der Anzeige zu speichern. Sie können dies über den Menüpfad **Ansicht • Quelltext** erreichen. Speichern Sie das Dokument als *BAPI_MATERIAL_EXISTENCECHECK_SystemB.wsdl* auf

Ihrem lokalen Rechner ab. Sie werden es in der Designphase in das XI-System importieren.

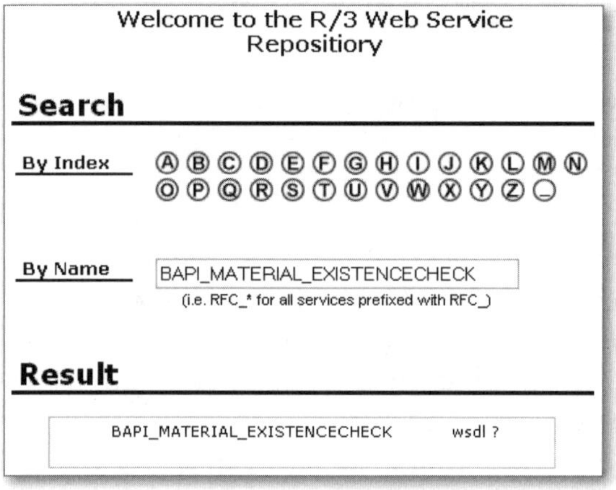

Abbildung 4.33 Web Service Repository

Die aufrufende ABAP-Proxy-Klasse wird auf der Basis eines im Integration Repository bestehenden Message-Interfaces erstellt. Da die ein- und ausgehenden Datenformate mit dem des Webservices übereinstimmen, werden Sie die importierte WSDL-Definition auch als Daten- und Message-Typ des Outbound-Message-Interfaces nutzen.

4.3.2 Design

Überblick über die Designobjekte

Im Gegensatz zu den bisherigen Übungen sehen Sie sich nun Ihrem ersten synchronen Szenario gegenüber. Dies bedeutet, dass Sie nicht nur die Designobjekte für den Hin-, sondern auch für den Rückweg einer Nachricht gestalten müssen. In dieser Hinsicht gestaltet sich dieses Beispiel einfach, da Sie durch die Verwendung der bestehenden WSDL-Schnittstelle keinerlei Daten- oder Message-Typen anlegen müssen. In anderen Fällen kann ein synchrones Szenario mit dem Anlegen von bis zu vier verschiedenen Daten- und zugehöriger Message-Typen verbunden sein. Während das Message-Mapping für Hin- und Rückweg jeweils gesondert angelegt wird, wird für beide Wege das gleiche Interface-Mapping verwendet. Die Objekte, die für diese Übung neu erstellt werden müssen, finden Sie in Tabelle 4.8.

Art des Objekts	Senderseite	Empfängerseite
Message-Interface	**MI_ABAP_PROXY_MAT_EXIST_##__Sync_Out**	**MI_ws_bapi_material_existencecheck_Sync_In**
Message-Typ	**ws_bapi_material_existencecheck**	
Datentyp		
Interface-Mapping	**IM_ABAP_PROXY_MAT_EXIST_##_zu_ws_bapi_material_existencecheck**	
Message-Mapping (Hinweg)	**MM_ABAP_PROXY_MAT_EXIST_##_zu_ws_bapi_material_existencecheck**	
Message-Mapping (Rückweg)	**MM_ws_bapi_material_existencecheck_zu_ABAP_PROXY_MAT_EXIST_##**	

Tabelle 4.8 Elemente im Integration Repository für die Übung ABAP-Proxy-to-SOAP

Anlegen der Interface-Objekte

Import der WSDL-Beschreibung

Wechseln Sie zunächst in das Kontextmenü des Pfades **Interface-Objekte • Externe Definitionen** in Ihrem Namensraum. Legen Sie die externe Definition **ws_bapi_material_existencecheck** an, die die WSDL-Beschreibung des Webservices auf System B beinhalten wird. Achten Sie darauf, dass im Detailfenster die Kategorie **wsdl** ausgewählt ist und klicken Sie darunter neben dem Feld Datei auf das Icon **Hier klicken um externe Definition zu importieren**. Wählen Sie die Datei **BAPI_MATERIAL_EXISTENCECHECK_SystemB.wsdl** auf Ihrem lokalen Rechner aus, die Sie eben aus dem Web Service Repository übernommen haben (siehe Abbildung 4.34).

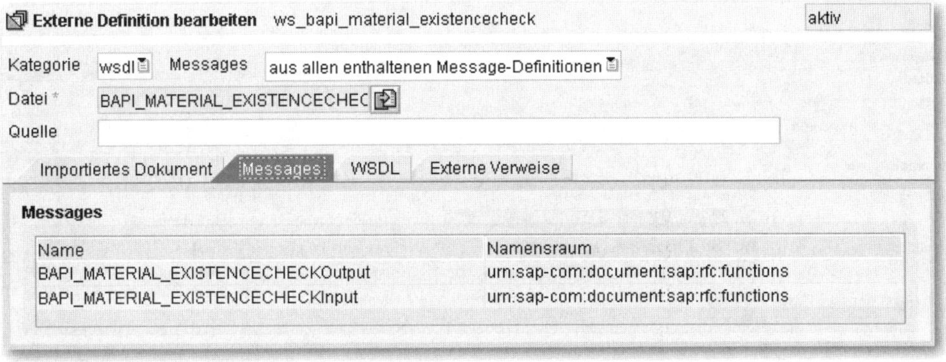

Abbildung 4.34 Import der externen Definition für die Übung ABAP-Proxy-to-SOAP

Nach dem Import können Sie unter dem Karteireiter **Importiertes Dokument** den Inhalt der Datei sehen. Wählen Sie den Karteireiter **Messages**, um die beiden Message-Typen zu sehen, die durch den Import entstanden sind. Basierend auf dem entsprechenden Funktionsbaustein, beinhaltet der Webservice somit die Definition für die Eingangs- und Ausgangsnachricht. Sie können zudem anhand der Bezeichnung der Messages den Bezug zum entsprechenden BAPI erkennen.

Erstellung des synchronen Inbound-Interfaces

Der Import der externen Definition wird nur als Message-Typ mit integrierten Datentypen behandelt. Dies führt dazu, dass das Message-Interface für die empfangende Seite manuell angelegt werden muss. Öffnen Sie dazu den Erstellungsdialog im Pfad **Interface Objekte · Message-Interfaces** und erstellen Sie das Message-Interface **MI_ws_bapi_material_existencecheck_Sync_In**.

Auch wenn der Webservice durch seinen synchronen Charakter sowohl eingehende als auch ausgehende Nachrichten verarbeitet, ist er in diesem Szenario in erster Linie als Inbound-Interface im Einsatz. Stellen Sie dementsprechend die Kategorie **Inbound** und den Modus **Synchron** ein. Durch diese Kombination erhalten Sie die Möglichkeit, sowohl eine Input- als auch eine Output-Message anzugeben. Sie können bei der Auswahl eines Message-Typs aus einem Webservice nicht die Drag-&-Drop-Methode verwenden, weshalb es sich hier anbietet, die Wertehilfe zu verwenden. Wählen Sie unterhalb der neu erstellten externen Definition den Message-Typ **BAPI_MATERIAL_EXISTENCECHECKInput** für die Input-Message und das entsprechende Gegenstück für die Output-Message aus (siehe Abbildung 4.35). Speichern Sie das Message-Interface.

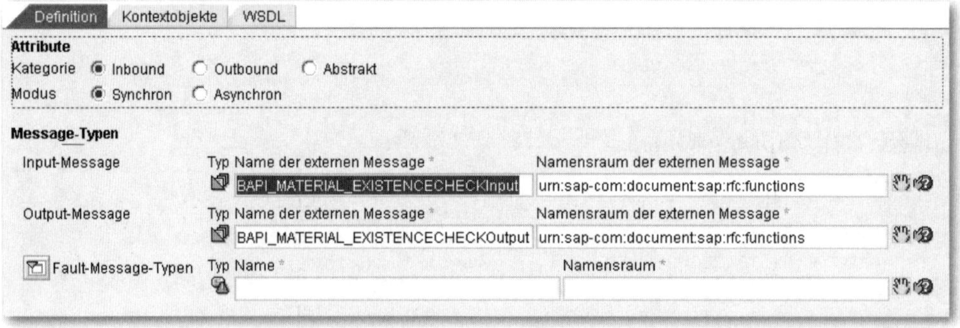

Abbildung 4.35 Erstellung des Message-Interfaces für den Webservice der Übung ABAP-Proxy-to-SOAP

Erstellung des Message-Interfaces für den ABAP-Proxy

Nachdem nun die Interface-Objekte der Empfängerseite erstellt sind, bedarf die Senderseite auch eines Message-Interfaces. Der Daten- sowie der Message-Typ basieren auf der importierten WSDL-Beschreibung. Öffnen Sie den Erstellungsdialog für Message-Interfaces und legen Sie das Interface **MI_ABAP_PROXY_MAT_EXIST_##_Sync_Out** an. Die beinhaltete Teilnehmernummer ist im Integration Builder zwar nicht notwendig, jedoch müssen die später erstellten ABAP-Klassen voneinander unterschieden werden.

Das neue Interface gehört der Kategorie **Outbound** und dem Modus **Synchron** an. Als Output-Message wählen Sie aus der externen Definition **ws_bapi_material_existencecheck** den Message-Typ **BAPI_MATERIAL_EXISTENCECHECKInput** aus, die Input-Message ist vom Typ **BAPI_MATERIAL_EXISTENCECHECKOutput** aus der gleichen externen Definition (siehe Abbildung 4.36). Es mag etwas verwirrend wirken, als Output-Message einen Typ mit der Bezeichnung »Input« zu wählen, aber die Benennung der Messages erfolgte ja aus Sicht des Webservices. Speichern Sie das Interface und aktivieren Sie alle Interface-Objekte.

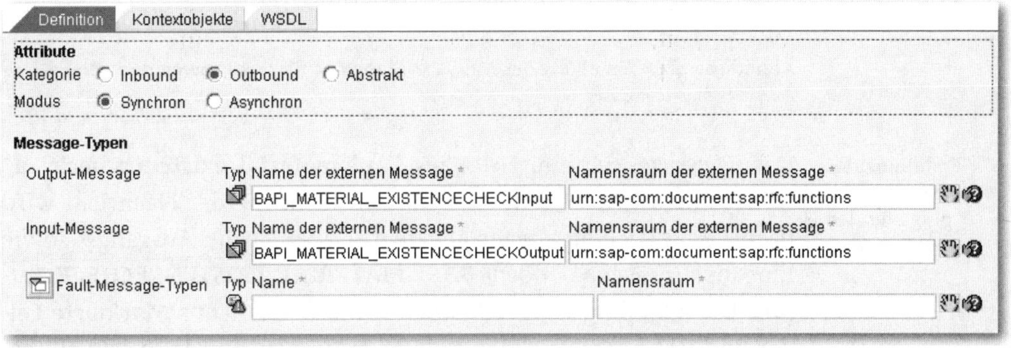

Abbildung 4.36 Erstellung des Message-Interfaces für den ABAP-Proxy der Übung ABAP-Proxy-to-SOAP

Anlegen der Mapping-Objekte

Erstellung des Message-Mappings für den Hinweg

Entgegen der bisherigen Benennung von Mapping-Objekten werden wir an dieser Stelle die Message-Mappings nicht strikt nach ihren Message-Typen benennen. Dies liegt daran, dass sowohl auf der sendenden als auch auf der empfangenden Seite die gleichen Message-Typen verwendet werden und eine herkömmliche Bezeichnung nicht sprechend wäre.

Erstellen Sie aus diesem Grund das Message-Mapping **MM_ABAP_PROXY_MAT_EXIST_##_zu_ws_bapi_material_existencecheck** im Verzeichnis **Mapping Objekte · Message-Mappings**. Es dient als Mapping für den Hinweg vom ABAP-Proxy zum Webservice. Wählen Sie als Ausgangs-Message den Typ **BAPI_MATERIAL_EXISTENCECHECKInput** aus der externen Definition **ws_bapi_material_existencecheck** aus, die Sie im Verzeichnis **Externe Definitionen** finden können. Die Ziel-Message ist vom gleichen Typ. Das Mapping des Hinwegs fällt sehr einfach aus, zumal nur die beiden Felder **MATERIAL** miteinander verbunden werden müssen (siehe Abbildung 4.37). Testen und speichern Sie das Message-Mapping.

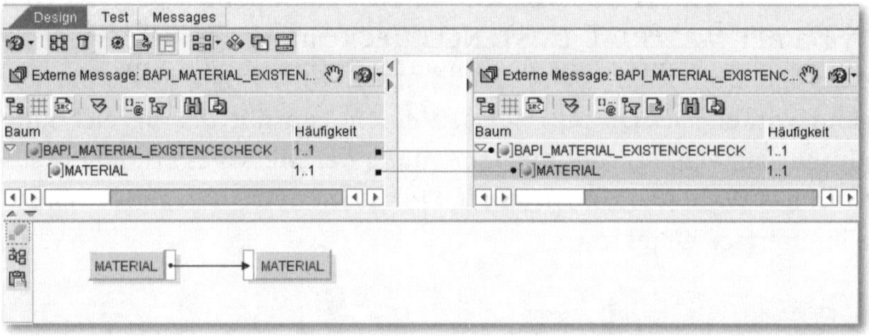

Abbildung 4.37 Erstellung des Message-Mappings für den Hinweg der Übung ABAP-Proxy-to-SOAP

Erstellung des Message-Mappings für den Rückweg

Das Message-Mapping **MM_ws_bapi_material_existencecheck_zu_ABAP_PROXY_MAT_EXIST_##** für den Rückweg der Nachricht wird nach dem gleichen Muster angelegt. Dabei ist die Ausgangs- sowie Eingangs-Message jedoch **BAPI_MATERIAL_EXISTENCECHECKOutput**. Das Mapping lässt sich somit mithilfe des Icons **Markierte Felder und Unterstrukturen mit gleichen Namen zuordnen** schnell realisieren.

Erweiterung des Message-Mappings um eine benutzerdefinierte Funktion

Wir wollen dieses einfache Mapping dazu nutzen, erste Schritte in den Bereich benutzerdefinierter Mapping-Programme zu machen. Sie werden zu diesem Zweck eine benutzerdefinierte Funktion innerhalb des grafischen Mappings anlegen. Das Ziel der Funktion ist es, abhängig von dem Inhalt eines Elements ein anderes mit einem bestimmten Inhalt zu füllen. Die Funktion entspricht somit einer `IF`-Konstruktion, die prinzipiell auch mit einer der vorgegebenen Funktionen realisiert werden könnte. Wird durch den Webservice festgestellt, dass das geprüfte Material vorhanden ist, wird ein

Return-Code zurückgeliefert, jedoch keine sprechende Nachricht. Im Fehlerfall wird hingegen eine genaue Fehlerbeschreibung zurückgeliefert. Die Angleichung zwischen Erfolgs- und Fehlerfall soll durch die neue Funktion erreicht werden.

Eines der betroffenen Elemente ist **MESSAGE**, das mit einer Beschreibung versehen werden soll. Das steuernde Element ist **NUMBER**, das im Erfolgsfall den Wert **000** enthält.

Anlegen einer benutzerdefinierten Funktion

Zum Anlegen dieser benutzerdefinierten Funktion klicken Sie zunächst doppelt auf das Zielelement **MESSAGE** und fügen zur erscheinenden Arbeitsfläche das Ausgangsfeld **NUMBER** hinzu. Klicken Sie im linken unteren Bereich der Arbeitsfläche auf das Icon **Neue Funktion anlegen**, um eine benutzerdefinierte Java-Funktion zu erstellen. Nennen Sie die Funktion **Erfolgsnachricht** und pflegen Sie eine Beschreibung ein (siehe Abbildung 4.38).

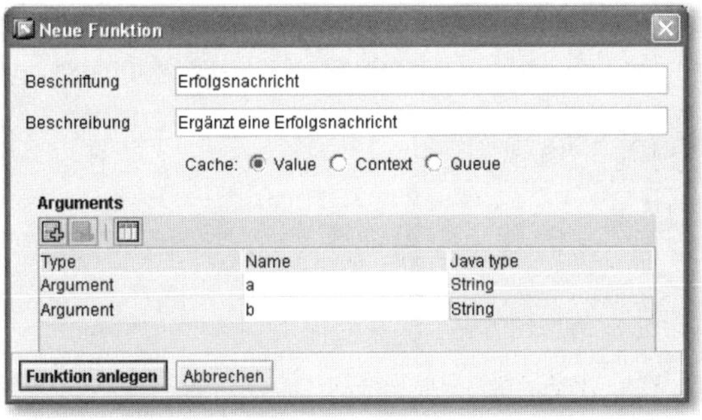

Abbildung 4.38 Erstellung der benutzerdefinierten Funktion für die Übung ABAP-Proxy-to-SOAP

Da es sich um eine simple Funktion handelt, reicht es aus, nur die Werte (**Value**) in den Cache zu laden. Erstellen Sie in der Auflistung der Argumente über das entsprechende Icon ein weiteres Argument **b**, das ebenso wie das Argument **a** vom Typ **String** ist. Die Argumente stellen die Übergabeparameter an die Funktion dar.

Falls Sie mit SAP XI 3.0 in Support Packages kleiner als SP15 arbeiten, müssen Sie für diese Übung eine fortgeschrittene benutzerdefinierte Funktion mit zwei Argumenten anlegen. Das Argument **a** wird beim Aufruf der Funktion mit dem Element **NUMBER** und das Argument **b** mit dem Element **MESSAGE** gefüllt. Wenn **NUMBER** ungleich **000** ist, muss eine Erfolgsnachricht weitergeleitet werden. Klicken Sie auf **Funktion anlegen** um fortzufahren.

Aufbau des Quellcodes

Sie haben nun die Möglichkeit, eine Java-Funktion zu erstellen, die jedoch nur innerhalb dieses Mappings gültig ist. Dieses Vorgehen ist nicht zu verwechseln mit dem Deployment von Java-Klassen, was als *Java-Mapping* verstanden wird.

Sie arbeiten nach wie vor im grafischen Mapping von SAP XI. Im unteren Bereich der Arbeitsfläche ist die Auswahl der Funktionen auf den Bereich **Benutzerdefiniert** gesprungen und Sie können Ihre neue Funktion als Auswahlmöglichkeit sehen. Das neu erschienene Fenster stellt einen kleinen Java-Editor dar, der bereits einige Vorgaben enthält. Fügen Sie den Quellcode aus Listing 4.1 in den Implementierungsteil der Funktion ein (siehe Abbildung 4.39). Sie müssen keine weiteren Klassen importieren, da die wichtigsten Klassen bereits automatisch importiert werden.

```
if (a.equals ("000"))
  return "Das Material ist vorhanden";
else return b;
```

Listing 4.1 Quellcode der benutzerdefinierten Funktion des Message-Mappings

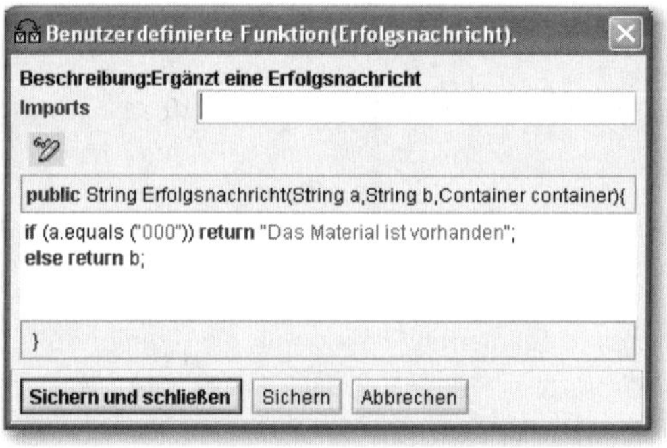

Abbildung 4.39 Benutzerdefinierte Funktion für die Übung ABAP-Proxy-to-SOAP

Einbinden der benutzerdefinierten Funktion

Speichern Sie Ihre neue Funktion und fügen Sie diese mit einem Klick auf den Funktionsnamen zwischen die bereits bestehenden Rechtecke **NUMBER** und **MESSAGE** (Quelle) sowie **MESSAGE** (Ziel) ein. Ziehen Sie die Verbindungen zwischen den drei Objekten so, dass **NUMBER** mit dem oberen weißen Feld der Funktion auf der linken Seite verbunden ist. Das obere Eingabefeld der Funktion wird automatisch dem Argument **a** zugewiesen. Verbinden Sie **MESSAGE** (Quelle) mit dem zweiten weißen Feld auf der linken Seite und weisen Sie das Ergebnis der Funktion dem Zielfeld zu (siehe Abbildung 4.40).

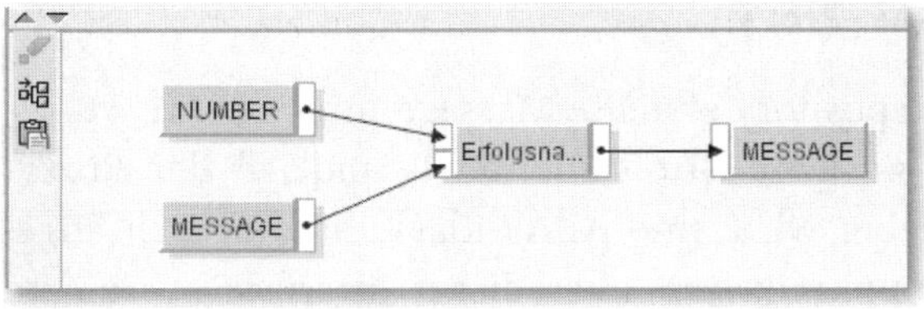

Abbildung 4.40 Einbindung der benutzerdefinierten Funktion zur Übung ABAP-Proxy-to-SOAP

Speichern Sie das gesamte Mapping und testen Sie es. Verwenden Sie dabei einmal den Wert **000** für **NUMBER** und einen anderen Wert samt einer beliebigen Message-Eingabe zum Testen. Für den Fall, dass **NUMBER** gleich **000** ist, sollte die in der Funktion hinterlegte Nachricht im Feld **MESSAGE** erscheinen.

Erstellung des synchronen Interface-Mappings

Die beiden Message-Mappings für den Hin- und den Rückweg des Austausches müssen nun in das Interface-Mapping **IM_ABAP_PROXY_MAT_EXIST_##_zu_ws_bapi_material_existencecheck** eingebettet werden. Öffnen Sie den Erstellungsdialog für das neue Interface-Mapping und pflegen Sie den Namen und eine passende Beschreibung ein.

Das Detailfenster lässt bisher noch keine Änderung im Vergleich zu einer asynchronen Kommunikation erkennen. Wählen Sie für das Ausgangs-Interface die Schnittstelle **MI_ABAP_PROXY_MAT_EXIST_##__Sync_Out** über die Wertehilfe aus. Das Ziel-Interface ist das Message-Interface **MI_ws_bapi_material_existencecheck_Sync_In**. Klicken Sie nun im unteren Bereich des Detailfensters auf den Button **Interfaces lesen** und achten Sie dabei auf die Bezeichnung **Request** darunter. Aus der einfachen Bezeichnung werden nun zwei Karteireiter, die für die Konfiguration des Hin- und des Rückweges verwendet werden können.

Klicken Sie zunächst innerhalb des Karteireiters **Request** in das Feld **Name** in der Auflistung der Mapping-Programme und wählen Sie über die Wertehilfe Ihr Mapping aus. Klicken Sie nun auf den Karteireiter **Response** und wiederholen Sie den Schritt. In beiden Fällen sollte die Wertehilfe jeweils nur einen Eintrag anzeigen. Speichern Sie das Interface-Mapping und aktivieren Sie alle Mapping-Objekte dieser Übung.

Generierung des ABAP-Proxy

Bereitstellung eines ABAP-Pakets

Das im Integration Repository erstellte Message-Interface **MI_ABAP_PROXY_MAT_EXIST_##_Sync_Out** stellt die Grundlage der Proxy-Generierung dar. Dabei wird eine ABAP-Klasse automatisch angelegt, welche die Kommunikation über dieses Interface aus einem ABAP-Programm ermöglicht. Im Gegensatz zu remotefähigen Funktionsbausteinen wird jedoch kein Adapter verwendet. Der Datenaustausch erfolgt zwischen lokaler und zentraler Integration Engine im XI-Format.

Für die weiteren Schritte benötigen Sie im System A Entwicklerrechte sowie ein Paket Z_XI_TRAINING und einen entsprechenden Transportauftrag. Das Paket können Sie mit Transaktion SE80 anlegen. Falls Sie bereits in der ersten Übung (siehe Abschnitt 4.1) die Entwicklung der RFC-Bausteine selbst vorgenommen haben oder den passenden Transport von der Webseite zu diesem Buch heruntergeladen haben, können Sie die entsprechenden Objekte verwenden.

Generierung einer Proxy-Klasse

Melden Sie sich im System A mit dem Benutzer **SYS_A-##** an und rufen Sie die Transaktion SPROXY auf. Der Aufbau dieses Bildschirms erinnert an das Integration Repository: Auf der linken Seite sehen Sie die Software-Komponentenversionen, die angelegt wurden, und darunter die Namensräume. Innerhalb der Namensräume werden jedoch nur die Objekte des Zweiges **Interface-Objekte** angezeigt.

Expandieren Sie in Ihrem Namensraum den Zweig **Message Interface (outbound)** und klicken Sie doppelt auf das Message-Interface **MI_ABAP_PROXY_MAT_EXIST_##_Sync_Out**. Die Frage, ob Sie einen Proxy für dieses Interface anlegen wollen, beantworten Sie mit **Ja**. Danach werden Sie nach bestimmten Vorgaben für die Proxy-Klasse gefragt. Geben Sie an dieser Stelle das Paket **Z_XI_TRAINING** und das Präfix **Z** an.

Nach der Bestätigung dieser Eingaben erscheint eine Warnmeldung, die Sie darauf hinweist, dass es zu Namenskollisionen bzw. Namensverkürzungen im Rahmen der Generierung gekommen ist. Dies hat seine Ursache darin, dass die Namen der generierten ABAP-Objekte maximal 30 Zeichen haben dürfen, während der Integration Builder auch längere Namen zulässt.

Eigenschaften der Proxy-Klasse

Im Detailfenster zur neu generierten Proxy-Klasse erscheinen vier Karteireiter. Der Karteireiter **Eigenschaften** gibt Ihnen Auskunft über die Einordnung des Objektes sowie den Namen **ZCO_MI_ABAP_PROXY_MAT_EXIST_##**. Der Karteireiter **Namensprobleme** listet alle Elemente auf, die Probleme bei der Generierung bereitet haben. Der Name der Klasse wurde verkürzt, ist jedoch immer noch sprechend und unterscheidet die einzelnen Schulungsteilnehmer.

In der rechten Spalte dieser Auflistung können Sie überprüfen, welchem Objekt im Integration Repository die Zeilen und deren Inhalt entsprechen. Die zweite Zeile zeigt die Struktur zum Message-Typ **BAPI_MATERIAL_EXISTENCECHECKOutput** an. Ändern Sie die letzten beiden Buchstaben in OU, sodass die Struktur nun den Namen **ZMI_ABAP_PROXY_MAT_EXIST_##_OU** hat (siehe Abbildung 4.41). Auch das Gegenstück zum Message-Typ **BAPI_MATERIAL_EXISTENCECHECKInput** sollte der Übersicht halber in **ZMI_ABAP_PROXY_MAT_EXIST_##_IN** umbenannt werden. Die letzte Struktur, die **BAPIRETURN1** entspricht, sollte in **ZMI_ABAP_PROXY_MAT_EXIST_00_RE** umbenannt werden.

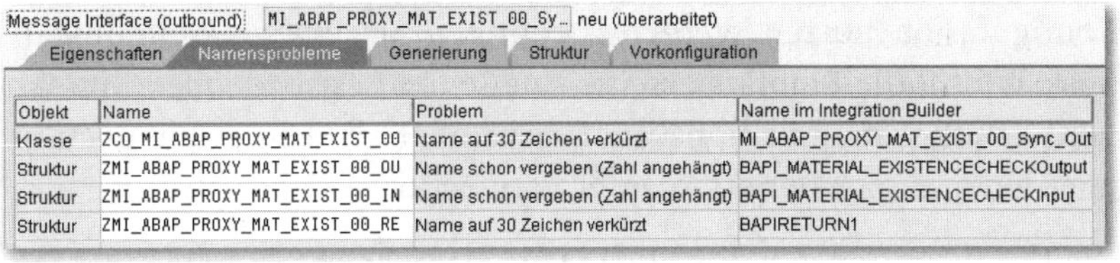

Abbildung 4.41 Namensprobleme bei der Generierung des ABAP-Proxys zur Übung ABAP-Proxy-to-SOAP

Aktivierung der Proxy-Klasse

Der Karteireiter **Generierung** zeigt die Liste aller erstellten Objekte an, unabhängig davon, ob es Namensprobleme gab oder nicht. Der Karteireiter **Struktur** zeigt eine hierarchische Anordnung aller Objekte an. Sie können darin zum Beispiel sehen, dass die neue Klasse **ZCO_MI_ABAP_PROXY_MAT_EXIST_##** eine Methode namens **EXECUTE_SYNCHRONOUS** hat. Unterhalb dieser Methode können Sie aus Sicht eines ABAP-Programms die Parameter betrachten.

Speichern Sie nun die Proxy-Klasse und geben Sie dabei den dafür vorgesehenen Transportauftrag an. Prüfen Sie die Objekte mit dem Menüeintrag **Proxy · Prüfen** oder dem entsprechenden Icon **Prüfen**. Die Auflistung der Prüfungsmeldungen sollte vier gelbe Warnmeldungen enthalten, jedoch keine rote Fehlermeldung. Bestätigen Sie die Auflistung und aktivieren Sie die Objekte mit dem Menüeintrag **Proxy · Aktivieren** oder dem entsprechenden Icon **Aktivieren.** Das Aktivierungsprotokoll, das Ihnen nach der Aktivierung angeboten wird, enthält Warnmeldungen, die jedoch in diesem Fall ignoriert werden können.

Zur Kontrolle können Sie den Class Builder mit der Transaktion SE24 aufrufen und sich Ihre Klasse **ZCO_MI_ABAP_PROXY_MAT_EXIST_##** anzeigen lassen. Innerhalb des Karteireiters **Methoden** können Sie sehen, dass neben dem Konstruktor die Methode **EXECUTE_SYNCHRONOUS** angelegt wurde. Darüber hinaus werden auch die beiden Methoden **GET_PROTOCOL** und **GET_TRANSPORT_BINDING** angezeigt, die zwar angelegt, aber noch nicht implementiert wurden. Diese beiden optionalen Methoden werden Sie für diese Übung nicht benötigen.

4.3.3 Konfiguration

Überblick der Konfigurationsobjekte

Wechseln Sie ins Integration Directory und melden Sie sich gegebenenfalls an. Bevor Sie erneut den Konfigurations-Assistent für die Konfiguration nutzen werden, benötigen Sie einen Kommunikationskanal für die Empfängerseite. Auf Seiten des sendenden Systems wird kein Kommunikationskanal verwendet, da die Kommunikation über einen Proxy keinen Adapter verwendet.

Die Konfigurationsobjekte, die Sie für diese Übung erstellen werden, sind in Tabelle 4.9 dargestellt.

Art des Objekts	Senderseite: System A	Empfängerseite: System B
Kommunikations-kanal		**SOAP_Empfaengerkanal_##**
Empfänger-vereinbarung		**| SystemA | | SystemB | MI_ws_bapi_material_existencecheck_Sync_In**
Empfänger-ermittlung	**SystemA | MI_ABAP_PROXY_MAT_EXIST_##_Sync_Out**	
Interface-Ermittlung	**| SystemA | MI_ABAP_PROXY_MAT_EXIST_##_Sync_Out | | SystemB**	

Tabelle 4.9 Elemente im Integration Directory für die Übung ABAP-Proxy-to-SOAP

Anlagen des SOAP-Kommunikationskanals

Öffnen Sie in Ihrem Szenario **XI_Training_##** im Pfad **Service ohne Partner • Business-System • SystemB • Kommunikationskanal** das Kontextmenü und erstellen Sie einen neuen Kommunikationskanal. Benennen Sie ihn mit **SOAP_Empfaengerkanal_##** und pflegen Sie eine Beschreibung ein. Fahren Sie mit **Anlegen** fort und wählen Sie im Detailfenster den Adaptertyp **SOAP** aus. Der Kommunikationskanal wird als **Empfänger** angelegt. Achten Sie beim **Transport-Protokoll** darauf, dass **HTTP** eingestellt ist. Die übrigen Parameter im Kopfbereich können Sie unverändert lassen.

Im Bereich **Verbindungsparameter** pflegen Sie die URL des Zielsystems nach folgendem Schema ein: *http://<host SystemB>:<ABAP-Port>/sap/bc/soap/rfc/sap/BAPI_MATERIAL_EXISTENCECHECK?sap-client=<Mandant>*. Dabei ist der Mandant des Systems B notwendig, um zu bestimmen, gegen welchen Mandanten die Benutzerauthentifizierung abläuft. Überprüfen Sie sicherheitshalber in der Transaktion SICF im System B, dass der entsprechende Service aktiviert ist. Dieser Service ermöglicht es, remotefähige Funktionsbausteine als Webservices aufzurufen.

Setzen Sie im Detailfenster des Kommunikationskanals einen Haken bei der Option **Benutzerauthentifizierung konfigurieren**. Darunter erscheinen Felder für Benutzer und Passwort, die Sie mit den Daten Ihres Benutzers **SYS_B-##** füllen (siehe Abbildung 4.42). Speichern Sie den Kommunikationskanal.

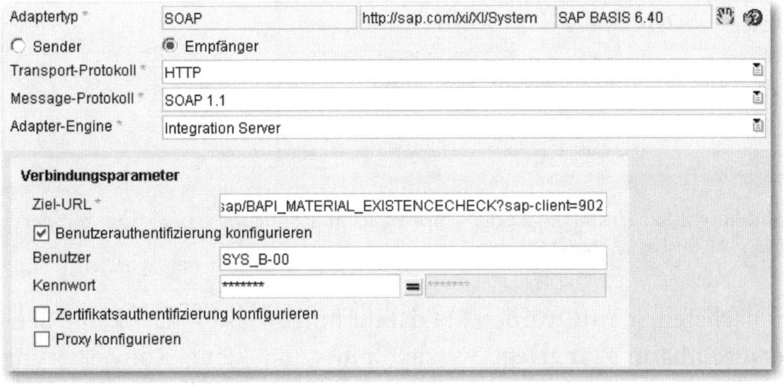

Abbildung 4.42 Einrichtung des SOAP-Empfängerkanals für System B

Verwendung des Konfigurations-Assistenten

Nachdem Sie das letzte fehlende Teil für die Konfiguration angelegt haben, können Sie den Konfigurations-Assistenten über den

Menüpfad **Werkzeuge • Konfigurations-Assistent** oder das entsprechende Icon **Konfigurations-Assistent** starten. Das Integrationsszenario, das Sie umsetzen, fällt unter die **Interne Kommunikation**. Der Sender ist das **Business-System A**, das über das Message-Interface **MI_ABAP_PROXY_MAT_EXIST_##_Sync_Out** Daten versendet. Der Adapter ist vom Typ **XI** und sollte bereits eingestellt sein (siehe Abbildung 4.43).

Abbildung 4.43 Einstellungen des Senders im Konfigurations-Assistenten der Übung ABAP-Proxy-to-SOAP

Der Empfänger ist das **Business-System B**, das über den Adaptertyp **SOAP** Informationen erhält. Das verwendete Message-Interface ist **MI_ws_bapi_material_existencecheck_Sync_In** (siehe Abbildung 4.44).

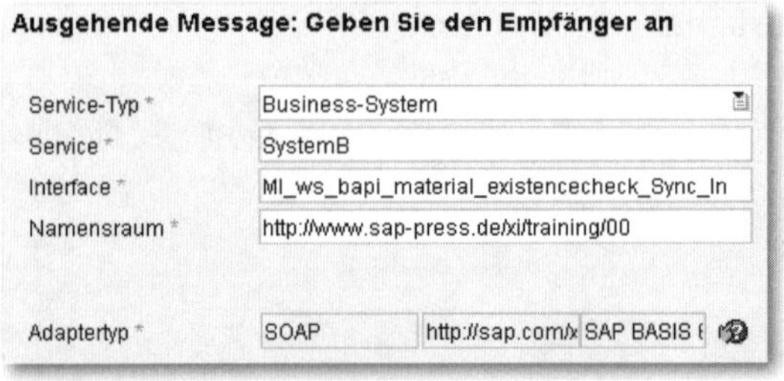

Abbildung 4.44 Einstellungen des Empfängers im Konfigurations-Assistenten der Übung ABAP-Proxy-to-SOAP

Im nächsten Schritt werden Sie darauf hingewiesen, dass keine Sendervereinbarung angelegt werden muss, da keine Konvertierung stattfindet. Der nächste Bildschirm informiert Sie darüber, dass die Empfängerermittlung **SystemA | MI_ABAP_PROXY_MAT_EXIST_##_Sync_Out** für dieses Szenario angelegt wird. Die Interface-Ermittlung, die im nächsten Schritt angezeigt wird, sollte für das Ziel-Interface **MI_ws_bapi_material_existencecheck_Sync_In** bereits das passende Interface-Mapping anzeigen. Fahren Sie mit dem nächsten Schritt fort.

Die Empfängervereinbarung **| SystemA | | SystemB | MI_ws_bapi_material_existencecheck_Sync_In** soll sich auf den soeben von Ihnen angelegten Kommunikationskanal **SOAP_Empfaengerkanal_##** beziehen. Überprüfen Sie im nächsten Schritt, dass die neuen Objekte zu Ihrem Szenario **XI_Training_##** hinzugefügt werden und beenden Sie den Assistenten. Aktivieren Sie alle neuen und veränderten Konfigurationsobjekte in Ihrer Änderungsliste.

4.3.4 Ablauf und Monitoring

Erstellung eines aufrufenden ABAP-Programms

Für den Ablauf des Szenarios muss die Proxy-Klasse mit der Methode **EXECUTE_SYNCHRONOUS** in ein ABAP-Programm eingebunden werden. Melden Sie sich im Mandanten von System A mit dem Benutzer **SYS_A-##** an und rufen Sie die Transaktion SE38 oder SE80 auf. Sie können das Programm zum Aufruf der Proxy-Methode selbst anlegen oder den entsprechenden Transport von der Webseite zu diesem Buch einspielen. Im Fall der Eigenentwicklung finden Sie den Muster-Quellcode des Programms `Z_MATERIAL_EXISTENCECHECK_##` auch im Anhang des Buches. Sie können dabei teilweise die Datentypen des BAPIs **BAPI_MATERIAL_EXISTENCECHECK** verwenden, die Sie über den Function Builder in Transaktion SE37 betrachten können.

Die meisten Variablen entsprechen den Strukturen, die zusammen mit der ABAP-Klasse generiert wurden. Die ABAP-Klasse muss über ein Objekt referenziert werden, damit die Methode **EXECUTE_SYNCHRONOUS** aufgerufen werden kann. Beachten Sie zudem bei der Antwortstruktur **wa_input**, dass sie die Struktur **wa_return** beinhaltet und deshalb in einem gesonderten Schritt herausgetrennt wird.

Testen Sie das Programm, nachdem Sie es geprüft und aktiviert haben. Geben Sie das in der zweiten Übung erstellte Material **XI_BUCH-##** an und führen Sie es aus. Sie sollten den Returncode **000** und die Meldung »Das Material ist vorhanden« erhalten, wie sie in Abbildung 4.45 zu sehen ist.

Im Gegensatz zu asynchronen Szenarien hinterlässt ein synchrones Szenario im Regelfall keine Spuren. Es werden nur asynchrone Nachrichten in der Persistenzschicht von SAP XI aufbewahrt, um eine spätere Analyse zu ermöglichen.

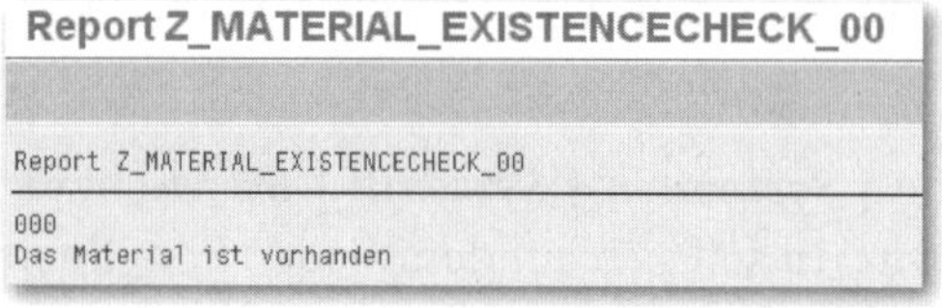

Abbildung 4.45 Erfolgreiche Existenzprüfung eines Materials

4.4 Vierte Übung: Business Process Management

Ablauf der Übung

Die letzte Einzelübung behandelt inhaltlich das einfache Szenario, dass ein Abteilungsleiter oder Gesamtmaterialverantwortlicher über das erfolgreiche Anlegen der Materialien informiert werden muss. Die Benachrichtigung erfolgt auf sendender Seite wiederum über den RFC-Adapter während das Ergebnis als Datei auf Seiten von System B abgespeichert wird.

Die Besonderheit dieses Ablaufs ist, dass nach erstellenden Benutzern geordnet die Benachrichtigungen gesammelt werden und erst bei drei Meldungen von einem Benutzer diese drei Nachrichten zu einer einzigen zusammengefasst und an den Gesamtmaterialverantwortlichen übermittelt werden. Diese Steuerung erfolgt mithilfe eines Integrationsprozesses.

Der Fokus dieser Übung liegt somit nicht auf der Verwendung neuer Adapter, sondern auf der Einführung in das *Business Process Management* (BPM) von SAP XI. Sie werden sich dazu mit den entsprechenden Werkzeugen im Integration Repository sowie der Repräsentation im Integration Directory beschäftigen.

Einen groben Überblick zum hier vorgestellten Szenario liefert Ihnen Abbildung 4.46.

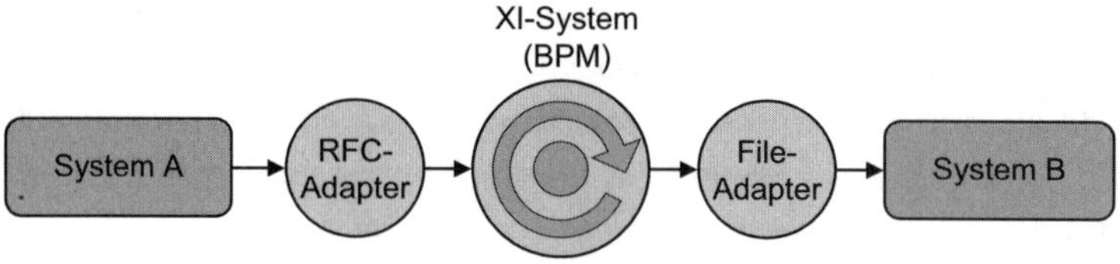

Abbildung 4.46 Schema der vierten Übung: Business Process Management

4.4.1 Grundlagen

Grundlagen des BPM

Beim Business Process Management stehen Integrationsprozesse im Vordergrund, die sowohl unternehmensintern als auch unternehmensübergreifend implementiert werden können. Dazu wird eine *Business Process Engine* (BPE) verwendet, die einzelne Transformationen, die unter Verwendung der Adapter Engine und der Integration Engine implementiert wurden, zu einem Geschäftsprozess zusammenfasst.

Zur Beschreibung der Geschäftsprozesse wird die *Business Process Execution Language* (BPEL) verwendet. Die Erstellung der Prozessmodelle erfolgt über einen grafischen Editor, der im Folgenden vorgestellt wird.

Die Business Process Engine kommuniziert mit Anwendungen auf Backend-Systemen – im Gegensatz zum SAP Business Workflow – ausschließlich über Messages.[3] Sie hat keinen Zugriff auf Prozesse innerhalb von Anwendungen oder auf das Benutzer- oder Organisationsmanagement auf Backend-Systemen. Daher gilt:

- Die Business Process Engine steuert keine Prozesse innerhalb von Anwendungen. Sie können jedoch über Messages Anwendungen in systemübergreifende Prozesse einbinden.
- Die Business Process Engine steuert keine Benutzerinteraktionen. Benutzerinteraktionen können nur in den Backend-Systemen gesteuert werden.

Das Business Process Management selbst bietet kein systemübergreifendes Monitoring für die im Rahmen eines Integrationsprozesses verarbeiteten Business-Dokumente. Im Rahmen des technischen Monitorings können Sie jedoch das Protokoll eines Integrationsprozesses und die dazugehörigen Messages anzeigen.

Interner Ablauf des Integrationsprozesses

Bevor Sie sich um die konkrete Umsetzung der Übung kümmern, werden wir zunächst gedanklich durchgehen, welche Schritte innerhalb des Business-Prozesses ablaufen. Zunächst wird der Business-Prozess alle Nachrichten einer bestimmten Schnittstelle aufnehmen und sie nach den Erstellern sortieren. Es wird somit pro Name eines Erstellers eine Schleife geöffnet, die so lange Nachrichten dieses Typs

3 Mehr zu diesem Thema finden Sie im SAP Help Portal unter *http://help.sap.com/saphelp_nw2004s/helpdata/de/3c/831620a4f1044dba38b370f77835cc/content.htm*.

sammelt, bis die Anzahl von drei erreicht ist. Sobald drei gleiche Nachrichten vom selben Ersteller gesammelt wurden, wird die Schleife verlassen. Diese drei einzelnen Nachrichten werden zu einer einzigen Nachricht in einem neuen Format zusammengefasst und dann schließlich versendet. Wie die konkrete Umsetzung dieser Überlegungen im BPM von SAP XI aussieht, werden Sie im Laufe der Designphase erfahren.

Der RFC-Aufruf, der den Integrationsprozess startet, erfolgt analog zur ersten Übung über das Programm Z_PROG_MATERIALINFO_##, das den remotefähigen Funktionsbaustein **Z_RFC_MATERIALINFO_##** aufruft. Der Baustein arbeitet nur mit den drei Parametern der Materialnummer, des Namens des Erstellers und des Erstellungsdatums. Sie finden den Quellcode wie gewohnt im Anhang und einen entsprechenden Transport auf der Webseite zu diesem Buch.

4.4.2 Design

Wir möchten uns klassisch zunächst mit den Designobjekten dieser Übung auseinander setzen, bevor Sie die einzelnen Objekte zu einem Integrationsprozess zusammensetzen werden.

Erstellung der Designobjekte

Besonderheiten der Designphase

Im Zusammenhang mit der Verwendung von Business-Prozessen werden Sie eine neue Kategorie von Message-Interfaces kennen lernen: abstrakte Interfaces. Die Besonderheit dieser Interfaces ist das Fehlen einer Richtung, d.h., sie werden weder auf die Kategorie **Inbound** noch **Outbound** festgelegt, sondern können in beiden Richtungen verwendet werden. Diese Aussage gilt jedoch nur unter der Einschränkung, dass diese Interfaces ausschließlich in Integrationsprozessen vorkommen können.

Diese Eigenschaft macht es auch bei importierten Objekten notwendig, sie gesondert als Interface der Kategorie **Abstrakt** zu deklarieren. Werden diese abstrakten Interfaces jedoch zum Empfangen oder Senden von Nachrichten innerhalb des Prozesses verwendet, so benötigen Sie ein Gegenstück, dessen Richtung klar definiert ist.

Für die Kommunikation zwischen einem abstrakten und einem richtungsbezogenen Interface ist kein Mapping notwendig, sofern der gleiche Message-Typ verwendet wird. Die Mapping-Objekte in dieser Übung werden einzig und allein dafür verwendet, aus den drei gesammelten Nachrichten eine einzige Nachricht zu generieren. Dabei werden Sie sich mit der Besonderheit von Mappings beschäftigen, bei denen auf einer Seite mehrere Nachrichten stehen können. Da das Zielformat des Integrationsprozesses neu angelegt werden muss, ergibt sich der in Tabelle 4.10 dargestellte Bedarf an Designobjekten.

Art des Objekt	Senderseite	Integrationsprozess/ Empfänger
Message-Interface	**MI_RFB_MATINFO_##_Async_ Abstrakt**	▶ **MI_MatInfo_Liste_ Async_Abstrakt** ▶ **MI_MatInfo_Liste_ Async_In**
Message-Typ	**Z_RFB_MATERIALINFO_##**	▶ **MT_MatInfo_Liste**
Datentyp		▶ **DT_MatInfo_Liste** ▶ **DT_MatInfo**
Interface-Mapping	**MM_RFB_MATINFO_##_Async_Abstrakt_zu_MT_MatInfo_ Liste_Async_Abstrakt**	
Message-Mapping	**MM_RFB_MATINFO_##_zu_MT_MatInfo_Liste**	
Integrationsprozess	**IP_MatInfo_##**	

Tabelle 4.10 Elemente im Integration Repository für die Übung zum BPM

Erstellung der Objekte der Senderseite

Importieren Sie zunächst die Definition des RFC-Funktionsbausteins **Z_RFB_MATERIALINFO_##** aus dem Business-System A. Öffnen Sie dazu im Verzeichnis **Importierte Objekte** das Kontextmenü und melden Sie sich mit Ihren Benutzer **SYS_A-##** an. Erstellen Sie nun auf Basis der Message **Z_RFB_MATERIALINFO_##** dieser importierten Schnittstelle das Message-Interface **MI_RFB_MATINFO_##_Async_ Abstrakt**. Beachten Sie dabei besonders, die Kategorie **Abstrakt** einzustellen.

Durch die Auswahl dieser Option ändert sich auch die Bezeichnung der darin verwendeten Message von Input- oder Output-Message zu Message (siehe Abbildung 4.47). Die Verwendung dieser Schnittstelle erfolgt **Asynchron**. Speichern Sie das Interface – Sie haben damit bereits alle Objekte der Senderseite angelegt.

Abbildung 4.47 Definition der abstrakten Schnittstelle MI_RFB_MATINFO_##_Async_Abstrakt

Anlegen der Datentypen

Der Nachrichtentyp, der am Ende des Prozesses die gesammelten Benachrichtigungen enthält, basiert auf einem mehrstufigen Datentyp. Dies bedeutet, dass es einen atomaren Datentyp **DT_MatInfo** gibt, der jeweils den Inhalt einer Benachrichtigung enthalten kann. Damit nun mehrere Nachrichten zu einer Nachricht zusammengefasst werden können, muss dieser atomare Datentyp in einen übergeordneten Typ mehrmals eingebunden sein. Dieser übergeordnete Datentyp ist in unserem Fall **DT_MatInfo_Liste**.

Beginnen Sie zunächst damit, den Datentyp **DT_MatInfo** anzulegen: Fügen Sie drei Elemente hinzu, welche die **Materialnummer**, den **Ersteller** und das **Erstellungsdatum** beinhalten. Die ersten beiden Werte sind vom Typ **xsd:string**, während das Erstellungsdatum den Typ **xsd:date** hat. Speichern Sie diesen Datentypen.

Erstellen Sie anschließend den Datentyp **DT_MatInfo_Liste**, der nur ein einziges Element enthält. Dieses Element **MatInfo** ist vom Typ **DT_MatInfo**, den Sie über die Suchhilfe auswählen können. Damit haben Sie eine Verschachtelung erstellt, mit deren Hilfe Sie nun eine Benachrichtigung aufnehmen können.

Um daraus jedoch eine Liste zu machen, müssen Sie die Häufigkeit dieses Elements ändern. Klicken Sie doppelt in die Spalte **Häufigkeit** des Elements, woraufhin sich ein neues Fenster öffnet. Wählen Sie aus der Wertehilfe des Feldes **MaxOccurs** den Eintrag **unbounded** aus, womit unbegrenzt viele Benachrichtigungen aufgenommen werden können. Bestätigen Sie Ihre Auswahl und speichern Sie den Datentyp ab. Der Datentyp sollte nun wie in Abbildung 4.48 aufgebaut sein.

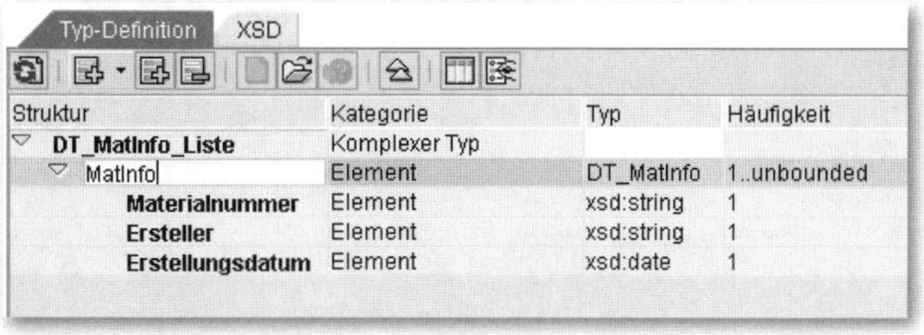

Abbildung 4.48 Aufbau des Datentyps DT_MatInfo_Liste

Anlegen der restlichen Objekte auf Empfängerseite

Erstellen Sie auf Grundlage dieses Datentyps **DT_MatInfo_Liste** den Message-Typ **MT_MatInfo_Liste**. Binden Sie diesen neuen Message-Typ in das Message-Interface **MI_MatInfo_Liste_Async_Abstrakt** ein, das Sie später innerhalb des Integrationsprozesses benutzen werden. Das Message-Interface gehört der Kategorie **Abstrakt** und dem Modus **Asynchron** an. Speichern Sie das abstrakte Interface.

Die Versendung einer Nachricht über dieses Interface erfordert eine Gegenstelle in Form eines Interfaces, das der Kategorie **Inbound** angehört. Legen Sie aus diesem Grund das Message-Interface **MI_MatInfo_Liste_Async_In** an, das ebenfalls den Message-Typ **MT_MatInfo_Liste** verwendet. Diese Schnittstelle wird jedoch als **Inbound**-Interface für die asynchrone Kommunikation benutzt. Speichern Sie auch dieses Interface-Objekt, womit Sie nun alle Objekte der Empfängerseite angelegt haben.

Erstellung der Mapping-Objekte

Für die Verbindung zwischen abstrakten und richtungsbezogenen Interfaces des gleichen Message-Typs benötigen Sie kein Mapping. Jedoch wird für die Umwandlung der drei Benachrichtigungen in eine einzige Nachricht ein Mapping auf Message- und Interface-Ebene notwendig.

Beginnen Sie damit, das Message-Mapping **MM_RFB_MATINFO_##_zu_MT_MatInfo_Liste** zu erstellen. Die Ausgangs-Message ist **Z_RFB_MATERIALINFO_##** der gleichnamigen RFC-Schnittstelle. Die Ziel-Message ist der eben von Ihnen erstellte Typ **MT_MatInfo_Liste**.

Wie Sie sehen, stellt das Mapping inhaltlich keine große Herausforderung dar. Es weist jedoch die Besonderheit auf, dass mehrere Ausgangs-Messages in eine Ziel-Message transformiert werden. Um dies einzustellen, navigieren Sie in den Karteireiter **Messages**, wo Sie die beiden verwendeten Messages mit ihren Häufigkeiten finden. Stellen Sie nun für die Ausgangs-Message die Häufigkeit **0..unbounded** ein. Kehren Sie danach wieder zum Karteireiter **Design** zurück (siehe Abbildung 4.49).

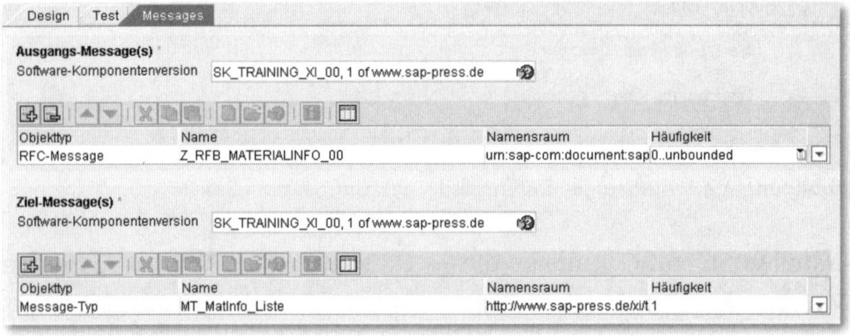

Abbildung 4.49 Einstellung der Häufigkeiten im Message-Mapping

Mappen Sie nun die drei Felder aufeinander und verbinden Sie den Knoten **Z_RFC_MATERIALINFO_##** auf der Ausgangsseite mit dem Ziel-Knoten **MatInfo**, wie es in Abbildung 4.50 dargestellt ist. Speichern Sie das Mapping und testen Sie es, indem Sie den Teilbaum **Z_RFB_MATERIALINFO_##** auf der Ausgangsseite über das Kontextmenü duplizieren und mit Daten befüllen.

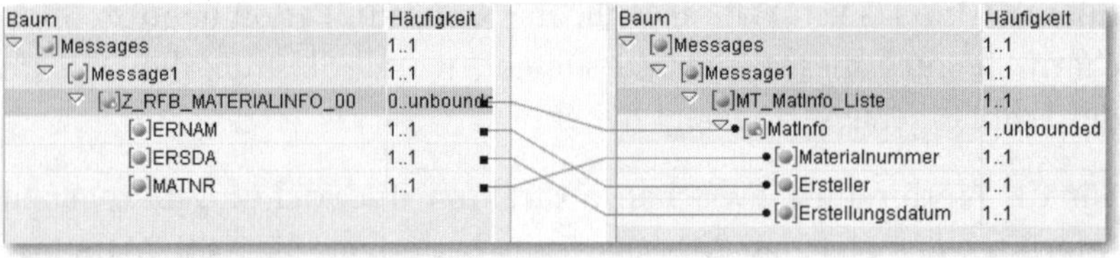

Abbildung 4.50 Message-Mapping der Übung zum BPM

Erstellung des Interface-Mappings

Dieses Message-Mapping muss nun noch in ein passendes Interface-Mapping eingebunden werden. Die Besonderheit dieses Mappings ist, dass sowohl sendendes als auch empfangendes Interface dem Typ **Abstrakt** angehören. Dennoch können Sie diese Schnittstellen wie üblich behandeln und mappen.

Erstellen Sie das Interface-Mapping **MM_RFB_MATINFO_##_Async_Abstrakt_zu_MT_MatInfo_Liste_Async_Abstrakt** und verwenden Sie als Ausgangs-Interface **MI_RFB_MATINFO_##_Async_Abstrakt**. Das Ziel-Interface ist vom Typ **MI_MatInfo_Liste_Async_Abstrakt**. Die Einstellung der Häufigkeit, die Sie eben beim Message-Mapping vorgenommen haben, ist auch beim Interface-Mapping erforderlich. Sie können direkt im Karteireiter **Design** die **Häufigkeit** des Ausgangs-Interfaces auf den Wert **0..unbounded** einstellen. Lesen Sie nun im unteren Bereich die Interfaces ein und wählen Sie das Message-Mapping aus, das Sie eben erstellt haben (siehe Abbildung 4.51).

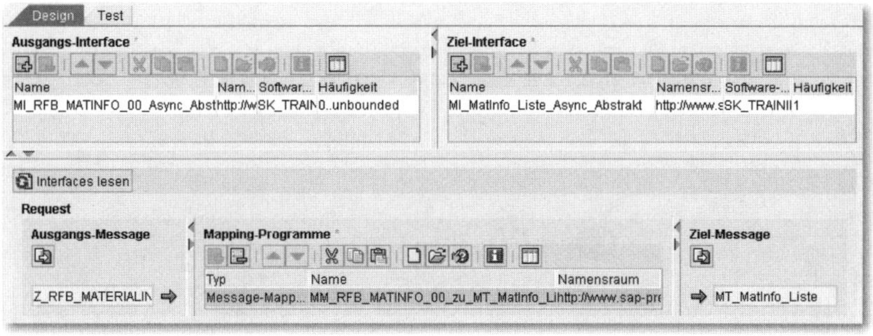

Abbildung 4.51 Einstellung der Häufigkeiten im Interface-Mapping

Anlegen des Integrationsprozesses

Erstellung des Integrationsprozesses

Sie haben nun alle Objekte angelegt, die Sie im Integrationsprozess verwenden werden. Navigieren Sie innerhalb Ihres Namensraums zum Verzeichnis **Integrationsszenarien & -Prozesse · Integrationsprozesse**. Legen Sie dort über das Kontextmenü den neuen Integrationsprozess **IP_MatInfo_##** an. Die Vergabe der Teilnehmernummer bei diesem Objekt ist notwendig, da Ihr Prozess später in der gesamten SAP NetWeaver Exchange Infrastructure sichtbar ist.

Sie gelangen durch das Anlegen des Objekts in das Detailfenster, das ein grafischer BPM-Editor ist. Lösen Sie das Fenster los und blenden Sie den Kopfbereich aus, um möglichst viel Platz zu haben (siehe Abbildung 4.52).

Aufbau des BPM-Editors

Der Aufbau des Editors selbst ist in mehrere Bereiche unterteilt. Das augenscheinlichste Element ist die grafische Arbeitsfläche, in der Sie Objekte, die auf der linken Seite aufgelistet sind, per Drag & Drop einbinden können. Im oberen Bereich der Arbeitsfläche sind Funktionen zur Steuerung der Ansicht angeordnet.

Der Bereich rechts von der Arbeitsfläche ist zweigeteilt: Im oberen Bereich haben Sie eine Übersichtsdarstellung für besonders große Integrationsprozesse. Über den Schieberegler können Sie den Zoom-Grad einstellen. Unterhalb der Übersicht werden die Eigenschaften markierter Elemente der Arbeitsflache angezeigt. Im unteren Bereich des Editors haben Sie auf der linken Seite das Verarbeitungsprotokoll, das Ihnen Fehlermeldungen und Hinweise anzeigt. Rechts davon ist die Auflistung der Containerelemente angeordnet. Diese Container sind die prozessinterne Repräsentation von Schnittstellen oder Variablen, die Sie für den internen Gebrauch anlegen können.

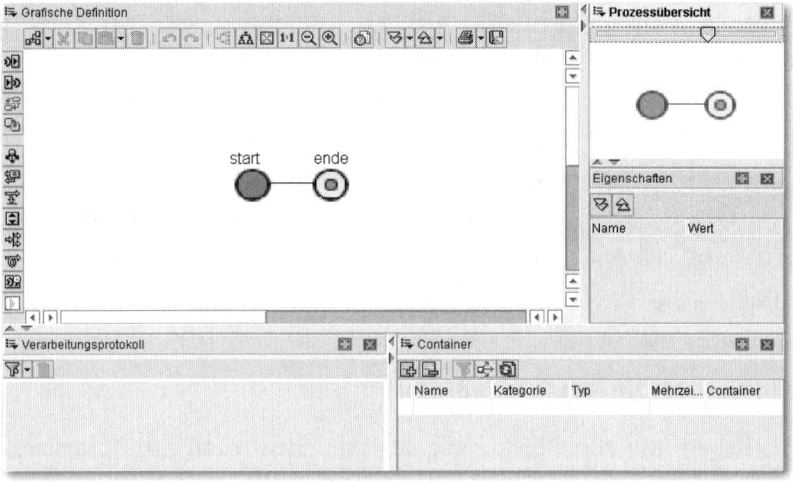

Abbildung 4.52 Aufbau des grafischen BPM-Editors

Alternativ-Funktionen der Teilfenster

Alle beschriebenen Teilfenster haben zu den beschriebenen Hauptfunktionen noch weitere Alternativ-Funktionen, die Sie über das Listensymbol links neben dem Namen des Teilfensters auswählen können. Sie werden in dieser Übung nur das Arbeitsflächen- und Container-Teilfenster in einer weiteren Funktion kennen lernen, wenn Sie eine Korrelation anlegen.

Anlegen der Containerelemente

Doch starten wir mit dem Anlegen der Containerelemente: Die Containerelemente enthalten wie schon erwähnt Objekte, die nur innerhalb des Prozesses verwendet werden. Diese internen Objekte entsprechen jedoch im Falle von Nachrichten einem abstrakten Interface. Eine Besonderheit dieser Nachrichten-Containerelemente ist, dass sie auch in mehrzeiliger Form existieren können. Dies bedeutet, dass eine Auflistung von Nachrichten über ein einziges Element angesprochen werden kann. Diese mehrzeiligen Container können jedoch nur innerhalb des Prozesses bestehen und in ihrer ursprünglichen Form nicht versendet werden.

Wir benötigen für diesen Integrationsprozess insgesamt drei Nachrichten-Containerelemente. Der erste Container namens **MatInfo** gehört der Kategorie **Abstraktes Interface** an und verwendet das Interface **MI_RFB_MATINFO_##_Async_Abstrakt**. Sie können diesen Eintrag in der Wertehilfe finden, in der nur abstrakte Interfaces Ihrer Software-Komponentenversion aufgelistet werden. Dieser Container wird die jeweils aktuell an den Prozess gesendete Nachricht enthalten, die vom RFC-Sender verschickt wurde.

Beachten Sie zum einen die Spalte **Mehrzeilig**, in der Sie diesen Container zu einem mehrzeiligen Container machen könnten. In der letzten Spalte **Container** sehen Sie den Gültigkeitsbereich des Elements. In der Regel ist der Gültigkeitsbereich der gesamte Prozess. Erst wenn Sie Blöcke in die Arbeitsfläche einfügen, können Sie die Gültigkeit auf diese Blöcke beschränken.

Legen Sie nun nach dem gleichen Muster das Element **MatInfoContainer** an, das der gleichen Kategorie und dem gleichen Typ angehört, jedoch mehrzeilig ist. Dieses Element wird die Nachrichten des Typs **MatInfo** aufnehmen, bis sie in einer einzigen Nachricht versendet werden. Vor dem Versenden muss dieses Element jedoch aufgrund seines mehrzeiligen Charakters umgewandelt werden: Das Zielelement dieser Umwandlung ist **MatInfo_Liste**, das auch der Kategorie **Abstraktes Interface** angehört, jedoch den Typ **MI_MatInfo_Liste_Async_Abstrakt** referenziert.

Zu guter Letzt werden Sie noch eine Variable benötigen, welche die Schleifendurchläufe mitzählt. Diese Variable soll den Namen **Counter** tragen und vom einfachen Typ **xsd:integer** sein.

Die Auflistung Ihrer Containerelemente sollte nun wie in Abbildung 4.53 aufgebaut sein.

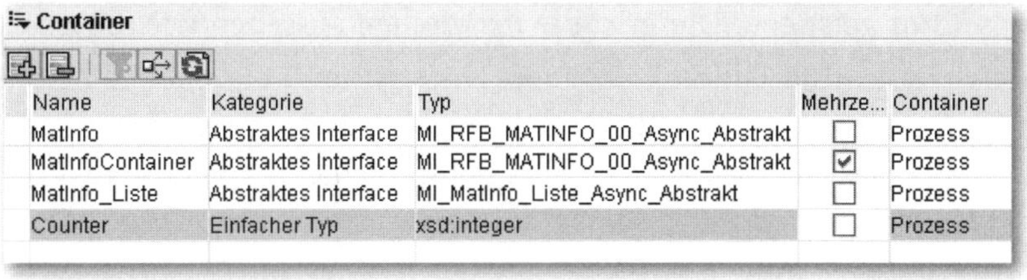

Container

Name	Kategorie	Typ	Mehrze...	Container
MatInfo	Abstraktes Interface	MI_RFB_MATINFO_00_Async_Abstrakt	☐	Prozess
MatInfoContainer	Abstraktes Interface	MI_RFB_MATINFO_00_Async_Abstrakt	☑	Prozess
MatInfo_Liste	Abstraktes Interface	MI_MatInfo_Liste_Async_Abstrakt	☐	Prozess
Counter	Einfacher Typ	xsd:integer	☐	Prozess

Abbildung 4.53 Containerelemente des Integrationsprozesses

Anlegen der Korrelation

Bevor Sie endlich zur grafischen Modellierung kommen, werden Sie noch eine Korrelation anlegen. Mithilfe dieser Korrelation ist es dem Prozess möglich, Nachrichten zu identifizieren, die inhaltlich zusammengehören. In Falle dieser Übung muss der Prozess Nachrichten des gleichen Erstellers einander zuordnen und sammeln können. Somit besteht die Korrelation aus dem Inhalt des Feldes **Ersteller** der eingehenden Nachrichten.

Um eine Korrelation anzulegen, wählen Sie über das Listensymbol **Ansicht wechseln** die Alternativfunktion **Korrelationsliste** des **Container**-Teilfensters. Geben Sie den Namen **MatInfo** für die Korrelation an. Markieren Sie den neuen Eintrag und klicken Sie das Icon **Details** oberhalb der Auflistung an. Dadurch wechselt die grafische Arbeitsfläche in die **Korrelationseditor**-Ansicht.

Im oberen Bereich dieser Ansicht ist die neu erstellte Korrelation bereits ausgewählt. Der Bereich darunter ist dreigeteilt: Im linken Bereich können Sie die Korrelationscontainer der Korrelationsfelder bestimmen. Im mittleren Teil können beteiligte Messages ausgewählt werden. Im rechten Teil können schließlich die konkreten Felder angegeben werden.

Geben Sie im linken Bereich zunächst den Namen **Ersteller** an und belassen Sie den Typ auf **xsd:string.** Die Message, für die die Korrelation gelten soll, ist vom Typ **MI_RFC_MATINFO_##_Async_Abstrakt**, was im mittleren Teil angegeben werden kann. Durch die Auswahl des Interfaces erscheint es auch im rechten Bereich, der bisher nicht eingabebereit war. Öffnen Sie die Wertehilfe neben dem Feld **Ersteller** und wählen Sie aus der angezeigten Nachricht das Element **ERNAM** aus. Dazu müssen Sie zunächst die Option **Interface-Variable** aktivieren (siehe Abbildung 4.54).

Übernehmen Sie die Auswahl, wodurch Sie wieder zum Korrelationseditor gelangen. Dieser sollte inzwischen aussehen wie in Abbildung 4.55 dargestellt.

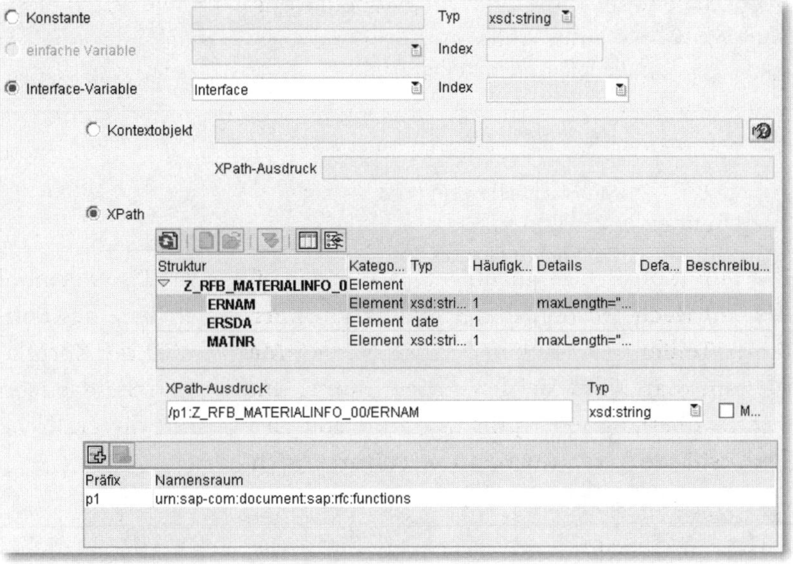

Abbildung 4.54 Ausdruckseditor im Korrelationseditor

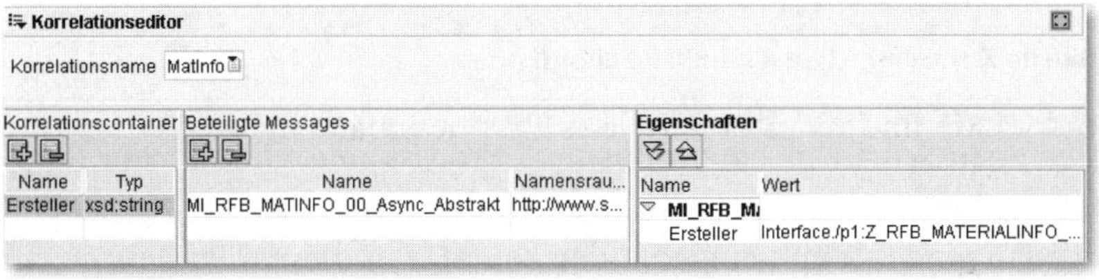

Abbildung 4.55 Korrelationseditor

Wechseln Sie nun über das Icon **Editor wechseln** links oben innerhalb des Korrelationseditors zurück zur Ansicht **Grafische Definition**. Sie können nun mit der grafischen Modellierung des Business Process beginnen. Einen Überblick über alle verfügbaren Objekte bzw. Schritt-Typen im BPM-Editor gibt Ihnen Tabelle 4.11. Sie werden in dieser Übung jedoch nur einige davon verwenden.

Symbol	Schritt-Typ
	Empfangsschritt
	Sendeschritt

Tabelle 4.11 Schritt-Typen im BPM-Editor

Symbol	Schritt-Typ
	Empfängerermittlungsschritt
	Transformationsschritt
	Mehrfachbedingung
	Containeroperation
	Steuerungsschritt
	Block
	Paralleler Abschnitt
	Schleife
	Warteschritt
	Unbestimmter Schritt

Tabelle 4.11 Schritt-Typen im BPM-Editor (Forts.)

Erstellung der Empfangsschleife

Der erste Schritt in einem Business Process muss immer ein **Empfangsschritt** sein. Dieser kann entweder direkt am Anfang stehen oder in eine Schleife eingebunden sein. Da in diesem Prozess genau drei Nachrichten empfangen werden sollen, bietet es sich an, eine Schleife zu verwenden.

Ziehen Sie dazu aus der linken Symbolleiste eine Schleife per Drag & Drop auf die Arbeitsfläche zwischen die beiden Objekte **Start** und **Ende**. Die Stelle, an der Sie die Schleife ablegen können, wird durch gelbe Klammern angezeigt, wenn sie erreicht ist. Das neue Schleifenelement wird automatisch markiert und rechts von der Arbeitsfläche werden die Eigenschaften angezeigt. Geben Sie diesem Objekt den Schrittnamen **Benachrichtigungsempfang**. Das Feld **Bedingung** gibt an, wie lange diese Schleife laufen soll, womit es sich also um eine `WHILE`-Schleife handelt.

Klicken Sie das weiße Feld an, in dem derzeit noch ein rotes Fragezeichen erscheint, und öffnen Sie die Wertehilfe. Dadurch erscheint ein Bedingungseditor. Stellen Sie hier ein, dass die Schleife so lange läuft, wie die Variable **Counter** ungleich **3** ist. Klicken Sie dazu auf die Wertehilfe des Feldes in der Spalte **linker Operand** und wählen Sie dort die einfache Variable **Counter** aus, indem Sie die entsprechende Option aktivieren. Übernehmen Sie die Auswahl. Der Operator zwischen den beiden Operanden ist **ungleich** (≠) und sollte entsprechend eingestellt werden. Der **rechte Operand** ist die Konstante **3**, die vom Typ **xsd:integer** ist (siehe Abbildung 4.56). Übernehmen Sie die Bedingung, die nun im entsprechenden Feld innerhalb der Eigenschaften angezeigt werden sollte.

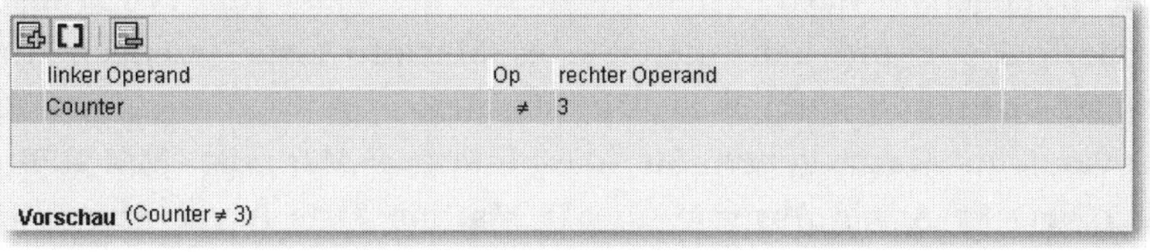

Abbildung 4.56 Bedingung der Empfangsschleife

Einfügen der Schleifenschritte

Fügen Sie nun in die Schleife einen Schritt vom Typ **Empfangen** ein und nennen Sie ihn **Benachrichtigung empfangen**. Dadurch, dass es sich dabei um den ersten Empfangsschritt im Prozess handelt, wird automatisch die Eigenschaft **Prozessstart** für dieses Objekt gesetzt. Stellen Sie in den Eigenschaften als **Message** das Containerelement **MatInfo** ein. Der Empfangsschritt erwartet damit eine Nachricht von diesem Typ. Als verwendete und aktivierte Korrelation benennen Sie die Korrelation **MatInfo**. Die eingehenden Nachrichten werden damit anhand dieser Korrelation geordnet.

Eine eingegangene Benachrichtigung soll nun an das Containerelement **MatInfoContainer** angehängt werden. Dies erreichen Sie mit einem Schritt des Typs **Containeroperation**. Mit diesem Schritt-Typ können Sie Veränderungen an Containern vornehmen wie z.B. Variablen setzen oder Nachrichten an Listen anhängen. Fügen Sie das neue Objekt nach dem Empfang an und geben Sie ihm den Namen **Nachricht anhängen**. Das Ziel dieser Operation ist das Containerelement **MatInfoContainer**, dem das Containerelement **MatInfo** angehängt werden soll. Beachten Sie dabei, dass die Operation somit nicht **Zuweisen**, sondern **Anhängen** lauten muss.

Das letzte Objekt in der Schleife ist eine weitere **Containeroperation**, welche die Variable Counter um eins erhöht. Fügen Sie deshalb eine Containeroperation ein, die den Namen **Counter erhöhen** tragen soll, das Ziel dieser Operation ist das Containerelement **Counter**.

Diesmal kann die Operation auf **Zuweisen** belassen werden, wählen Sie als ersten Ausdruck nochmals das Containerelement **Counter** aus. Der Operator für die Addition ist ein **Pluszeichen** (+). Der zweite Ausdruck ist eine Konstante vom Typ **xsd:integer** mit dem Inhalt **1**. Die Werte in den Eigenschaften dieses Objektes ergeben somit den mathematischen Ausdruck **Counter = Counter +1**.

Umwandlung und Versendung der Ausgangsnachricht

Die noch fehlenden beiden Schritte werden das mehrzeilige Containerelement in eine einzige Nachricht zusammenfassen und dann versenden. Fügen Sie dazu nach der Schleife ein Objekt vom Typ **Transformation** ein und benennen Sie es **MatInfo_Liste erzeugen**. In Transformationen können Sie Nachrichten in ein anderes Format umwandeln. Dazu geben Sie das Interface-Mapping **MM_RFB_MATINFO_##_Async_Abstrakt_zu_MT_MatInfo_Liste_Async_Abstrakt** an. Die Quell-Messages befinden sich zum Zeitpunkt der Prozessausführung im Containerelement **MatInfoContainer**. Die Ziel-Message wird bei dieser Transformation an das Element **MatInfo_Liste** übergeben.

Der letzte Schritt **Ausgangsnachricht senden** ist, wie der Name bereits vermuten lässt, ein **Sendeschritt**. Darin wird das Containerelement **MatInfo_Liste** asynchron versendet.

Den gesamten Aufbau des Integrationsprozesses können Sie in Abbildung 4.57 sehen. Speichern Sie den Prozess und prüfen Sie ihn über den Menüeintrag **Integrationsprozess · Prüfen**. Im Erfolgsfall sollte nur ein Hinweis erscheinen, dass **MatInfo** initialisiert, aber nicht verwendet wird. Wenn keine Fehler mehr vorliegen, können Sie alle neuen Designobjekte aktivieren.

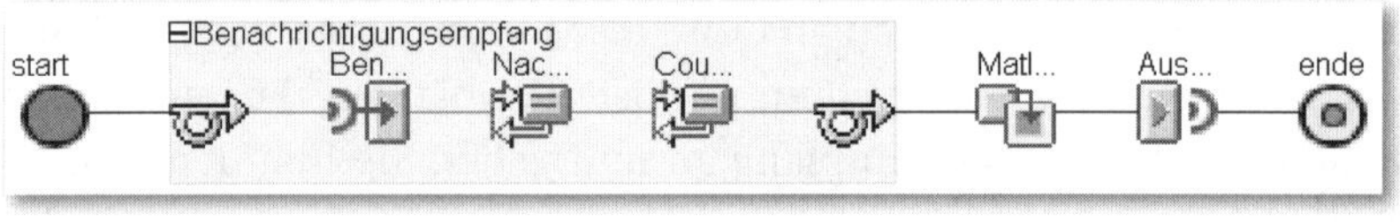

Abbildung 4.57 Aufbau des Integrationsprozesses

4.4.3 Konfiguration

Überblick über die Konfigurationsszenarien

Die Konfiguration der Nachrichtenverarbeitung erfolgt in zwei Schritten, da ein Integrationsprozess in der Konfiguration einem Business-System gleichgestellt ist: Zum einen muss der RFC-Aufruf an den Prozess geleitet werden. Dabei kann der in der ersten Übung erstellte RFC-Senderkanal verwendet werden. Integrationsprozesse benötigen keinerlei Adapter, da sie mit SAP XI selbst laufen. Zum anderen muss die Versendung der Ausgangsnachricht des Prozesses an System B konfiguriert werden. Sie werden somit zwei Konfigurationsszenarien erstellen.

Anlegen des Integrationsprozesses im Integration Directory

Bevor Sie jedoch den Integrationsprozess in der Konfigurationsphase verwenden können, müssen Sie ihn im Integration Directory deklarieren. Navigieren Sie dazu im Integration Directory in Ihrem Szenario **XI_Training_##** zum Verzeichnis **Service ohne Partner · Integrationsprozess.** Erstellen Sie darin einen neuen Prozess, der Ihr Objekt **IP_MatInfo_##** aus dem Integration Repository repräsentiert. Sie haben im dritten Schritt des Definitions-Wizards die Möglichkeit, einen anderen Namen für Ihren Prozess anzugeben. Der Einfachheit halber verwenden Sie den gleichen Namen wie im Integration Repository, **IP_MatInfo_##.** Nach dem Beenden des Wizards sollte in Ihrem Szenario nun Ihr Prozess erscheinen.

Zustellung der Eingangsnachrichten zum Integrationsprozess

Einen Überblick über alle Konfigurationsobjekte zur Zustellung der Erstellungsbenachrichtigung an den Integrationsprozess gibt Ihnen Tabelle 4.12. Der mit dem Stern (*) versehene Kommunikationskanal wurde bereits in Abschnitt 4.1.3 erstellt und wird an dieser Stelle wieder verwendet.

Art des Objekts	Senderseite: System A	Empfängerseite: Integrationsprozess IP_MatInfo_##
Kommunikationskanal	**RFC_Senderkanal_## ***	
Sendervereinbarung	**| SystemA | Z_RFB_MATERIALINFO_##|*|***	
Empfängerermittlung	**| SystemA | Z_RFB_MATERIALINFO_##**	
Interface-Ermittlung	**|SystemA|Z_RFB_MATERIALINFO_##||IP_MatInfo_##**	

Tabelle 4.12 Elemente im Integration Directory für das erste Szenario in der Übung zum BPM

Aufruf des Konfigurations-Assistenten für das erste Szenario

Rufen Sie den Konfigurations-Assistenten auf und wählen Sie die Option **interne Kommunikation**. Der Sender ist das **Business-System A**, das mit dem RFC-Adapter über die RFC-Schnittstelle **Z_RFB_MATERIALINFO_##** Daten versendet. Der Empfänger ist der Integrationsprozess **IP_MatInfo_##**, der über den **XI**-Adapter angesprochen wird. Beim Öffnen der Wertehilfe des Interfaces erscheint nur das Interface **MI_RFB_MATINFO_##_Async_Abstrakt**, das beim Empfangsschritt des Prozess-Starts verwendet wird (siehe Abbildung 4.58).

Abbildung 4.58 Empfängereinstellungen im Konfigurations-Assistenten des ersten Szenarios

Die nachfolgende Sendervereinbarung **|SystemA|Z_RFB_MATERIAL-INFO_##|*|*** verwendet den bereits bestehenden Kommunikationskanal **RFC_Senderkanal_##** aus der ersten Übung. Der Bildschirm zur Erstellung der Empfängerermittlung **| SystemA | Z_RFB_MATERIAL-INFO_##** hat nur informativen Charakter.

Die Interface-Ermittlung **|SystemA|Z_RFB_MATERIALINFO_##||IP_MatInfo_##** im nächsten Schritt zeigt das Interface **MI_RFB_MATINFO_##_Async_Abstrakt** als Ziel an, findet jedoch anscheinend kein Interface-Mapping. Dies ist auch nicht notwendig, da sowohl sendendes als auch empfangendes Interface den gleichen Message-Typ verwenden. Eine Empfängervereinbarung ist nicht notwendig, da der Empfänger über den XI-Adapter angebunden ist.

Weisen Sie alle Objekte Ihrem Szenario **XI_Training_##** zu und beenden Sie den Wizard. Prinzipiell könnten Sie jetzt bereits den Integrationsprozess nach einer entsprechenden Aktivierung testen, jedoch würde die Ausgangsnachricht noch nicht zugestellt werden. Wir empfehlen Ihnen mit dem Testen zu warten, bis auch der Versand der Ausgangsnachricht konfiguriert ist.

Zustellung der Ausgangsnachricht vom Integrationsprozess

Die Zustellung der Ausgangsnachricht kann analog gestaltet werden. Dabei wird für den Empfänger der bereits bestehende Kommunikationskanal **File_Empfaengerkanal_##** verwendet, der ebenfalls in der ersten Übung erstellt wurde.

Einen Überblick über alle in diesem Szenario verwendeten Konfigurationsobjekte finden Sie in Tabelle 4.13.

Art des Objekts	Senderseite: Integrationsprozess IP_MatInfo_##	Empfängerseite: System B
Kommunikationskanal		**File_Empfaengerkanal_##***
Empfängervereinbarung	**|IP_MatInfo_##||SystemB|MI_MatInfo_Liste_Async_In**	
Empfängerermittlung	**|IP_MatInfo_##|MI_MatInfo_Liste_Async_Abstrakt**	
Interface-Ermittlung	**|IP_MatInfo_##|MI_MatInfo_Liste_Async_Abstrakt||SystemB**	

Tabelle 4.13 Elemente im Integration Directory für das erste Szenario in der Übung zum BPM

Aufruf des Konfigurations-Assistenten für das erste Szenario

Rufen Sie wiederum den Konfigurations-Assistenten auf, wählen Sie die **interne Kommunikation**. Der Sender dieses Szenarios ist der Integrationsprozess **IP_MatInfo_##**, der den Adaptertyp **XI** verwendet. Die Wertehilfe der Interfaces ist auch an dieser Stelle stark eingeschränkt, da nur die Interfaces angezeigt werden, die bei der Versendung von Nachrichten aus dem Prozess benutzt werden. Im Falle dieses Integrationsprozesses wird nur eine Nachricht versendet, sodass nur ein Interface erscheint (siehe Abbildung 4.59).

Abbildung 4.59 Sendereinstellungen im Konfigurations-Assistenten des zweiten Szenarios

Der Empfänger der Ausgangsnachricht ist ein **File**-Adapter des **Business-Systems B**, der auf die Schnittstelle **MI_MatInfo_Liste_Async_In** reagieren soll. Dieses Interface ist das richtungsbezogene Gegenstück zum abstrakten Interface der Ausgangsnachricht. Eine Sendervereinbarung wird nicht benutzt, da der sendende Prozess in SAP XI abläuft.

Der Schritt der Empfängerermittlung informiert Sie darüber, dass das System B in das Objekt **|IP_MatInfo_##|MI_MatInfo_Liste_Async_Abstrakt** aufgenommen wird. Auch in der Interface-Ermittlung **|IP_MatInfo_##|MI_MatInfo_Liste_Async_Abstrakt||SystemB** wird wie beim ersten Szenario aufgrund des gleichen Message-Typs kein Interface-Mapping benötigt. Die Empfängervereinbarung **|IP_MatInfo_##||SystemB|MI_MatInfo_Liste_Async_In** verwendet den bereits bestehenden Kommunikationskanal **File_Empfaengerkanal_##**.

Fügen Sie alle neuen Objekte zu Ihrem Szenario hinzu und beenden Sie den Assistenten. Sie können nun alle neuen Konfigurationsobjekte aktivieren. Sie haben die Erstellung des vierten Übungsszenarios damit abgeschlossen und können den Ablauf testen.

4.4.4 Ablauf und Monitoring

Der Ablauf dieses Integrationsszenarios beginnt in System A. Melden Sie sich deshalb mit Ihrem Benutzer **SYS_A-##** an und rufen Sie die Transaktion SA38 auf.

Führen Sie das Programm `Z_PROG_MATERIALINFO_##` aus. Sie haben innerhalb des Programms lediglich die Möglichkeit, eine Materialnummer anzugeben. Die Angaben zum Ersteller und zum Erstellungsdatum werden automatisch mitgesandt. Welche Materialien Sie angeben, spielt an dieser Stelle technisch keine Rolle. Sie können somit prinzipiell einen beliebigen Namen eingeben und das Programm ausführen. Die Erfolgsmeldung, dass der Funktionsbaustein erfolgreich aufgerufen wurde, bedeutet nicht, dass die Nachricht wirklich angekommen ist, sondern sie gibt lediglich Auskunft darüber, dass der Aufruf der Proxy-Methode ohne Fehler abgelaufen ist.

Wechseln Sie nun in das XI-System und rufen Sie dort die Transaktion SXMB_MONI auf. Sie sehen dort, dass eine Nachricht von Ihnen angekommen ist und erfolgreich verarbeitet wurde. Wenn Sie in der Anzeige ein Stück nach rechts scrollen, können Sie sehen, dass in der

Spalte **Ausg.St.** (Ausgangsstatus) ein Uhrensymbol angezeigt wird (siehe Abbildung 4.60). Dies bedeutet, dass die Message gerade versendet wird. Diese Anzeige bleibt so lange bestehen, bis drei Nachrichten vom selben Ersteller eingegangen sind und die Ausgangsnachricht erzeugt werden kann.

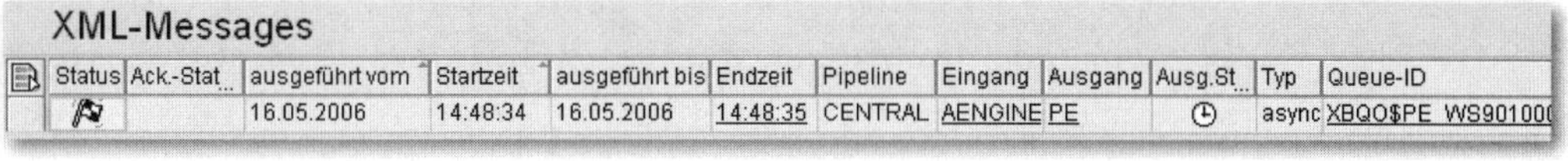

XML-Messages

Status	Ack.-Stat..	ausgeführt vom	Startzeit	ausgeführt bis	Endzeit	Pipeline	Eingang	Ausgang	Ausg.St..	Typ	Queue-ID
		16.05.2006	14:48:34	16.05.2006	14:48:35	CENTRAL	AENGINE	PE		async	XBQO$PE WS90100

Abbildung 4.60 Message-Monitoring nach der ersten Nachricht

Rufen Sie das Programm zur Benachrichtigung des Gesamtmaterialverantwortlichen noch zweimal auf und kehren Sie ins Monitoring zurück. Es sollten nun die drei eingehenden Benachrichtigungen sowie eine vierte Nachricht zu sehen sein. Der Ausgangsstatus der ersten drei Nachrichten zeigt nun eine schwarz-weiße Flagge an (siehe Abbildung 4.61), was die korrekte Verarbeitung anzeigt. Sie können auf dem XI-System die Transaktion AL11 oder das mitgelieferte File-Tool aufrufen, um zu prüfen, ob eine Datei mit der entsprechenden Nachricht angelegt wurde.

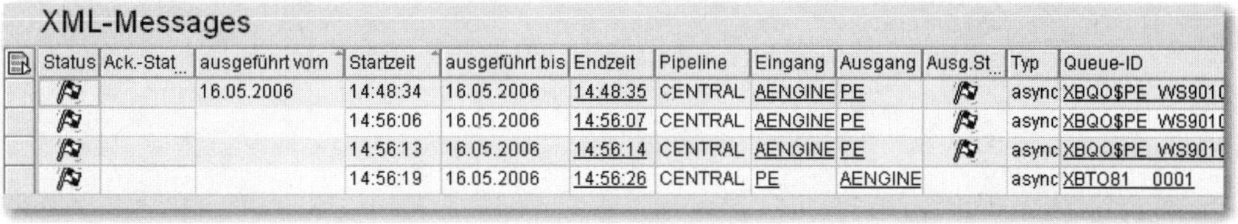

XML-Messages

Status	Ack.-Stat..	ausgeführt vom	Startzeit	ausgeführt bis	Endzeit	Pipeline	Eingang	Ausgang	Ausg.St..	Typ	Queue-ID
		16.05.2006	14:48:34	16.05.2006	14:48:35	CENTRAL	AENGINE	PE		async	XBQO$PE WS9010
			14:56:06	16.05.2006	14:56:07	CENTRAL	AENGINE	PE		async	XBQO$PE WS9010
			14:56:13	16.05.2006	14:56:14	CENTRAL	AENGINE	PE		async	XBQO$PE WS9010
			14:56:19	16.05.2006	14:56:26	CENTRAL	PE	AENGINE		async	XBTO81 0001

Abbildung 4.61 Message-Monitoring nach drei Nachrichten

Falls die vierte Nachricht nicht im Monitoring erscheinen sollte, können Sie einen Blick in das Monitoring der Business-Prozesse werfen. Rufen Sie dazu im XI-System die Transaktion SXMB_MONI_BPE auf und klicken Sie doppelt auf den Eintrag **Prozess-Auswahl**. Pflegen Sie in der Auswahlmaske im Feld **Service** Ihren Integrationsprozess **IP_MatInfo_##** ein und führen Sie die Abfrage aus. Es erscheinen nun die Workitems, die zu Ihrem Prozess gehören. Klicken Sie doppelt in die entsprechende Zeile. Daraufhin sehen Sie eine Übersicht der einzelnen Schritte innerhalb des Prozesses (siehe Abbildung 4.62).

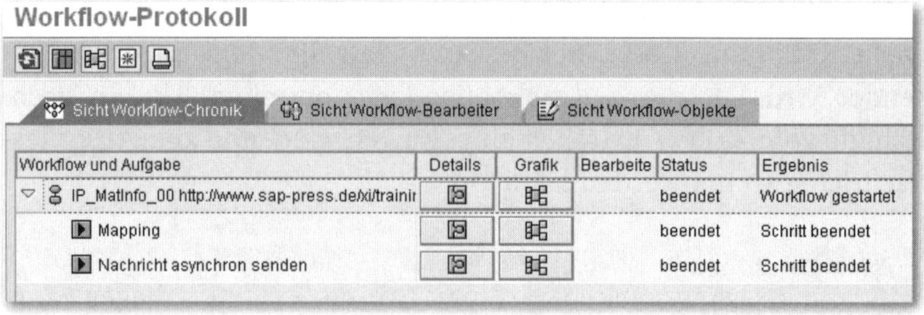

Abbildung 4.62 Anzeige des Workflow-Protokolls

Klicken Sie in der Spalte **Grafik** auf einen der Buttons, wodurch Sie zur grafischen Anzeige des Business-Prozesses gelangen (siehe Abbildung 4.63). Sie können darin anhand der grünen Pfeile nachvollziehen, bis zu welchem Punkt der Prozess gelaufen ist. Wenn ein Problem besteht, können Sie das entsprechende Objekt doppelklicken und über den Menüeintrag **Workitem · Objekt · Anzeigen** zu den Log- und Trace-Dateien gelangen.

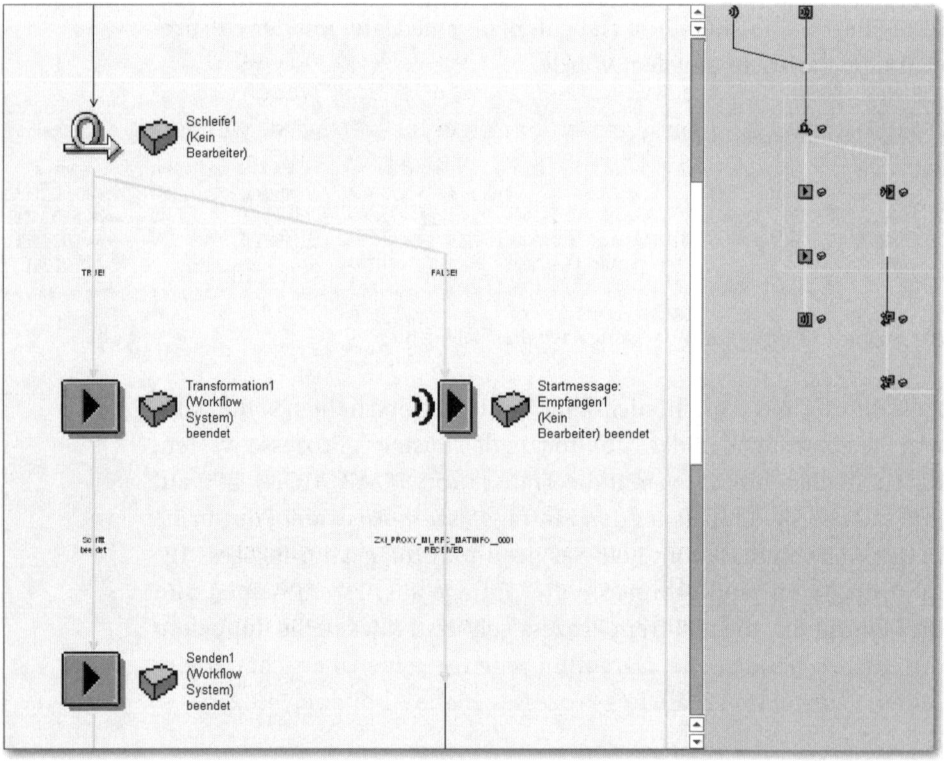

Abbildung 4.63 Grafische Anzeige des Workflow-Protokolls

4.5 Weitere Adapter

Da trotz der Vielzahl verschiedenartiger Integrationsszenarien nicht alle Adapter in den hier dargestellten Einzelübungen und der folgenden Fallstudie praktisch betrachtet werden können, sollen die ausgelassenen, aber dennoch häufig verwendeten Adaptertypen in diesem Abschnitt übersichtsartig berücksichtigt werden. Dabei soll der Fokus auf Besonderheiten des praktischen Einsatzes liegen. Der Mail-Adapter wird an dieser Stelle nicht behandelt, da er in der Fallstudie (siehe Kapitel 5) eingebunden ist und dort betrachtet wird.

4.5.1 JDBC-Adapter

Der JDBC-Adapter (*Java Database Connectivity*) erlaubt den direkten Zugriff auf Datenbanktabellen und kann sowohl lesend als auch schreibend verwendet werden. Dabei kann der Datenaustausch synchron oder asynchron ablaufen.

Installation von Treibern

Vor der Verwendung der Java Database Connectivity ist die Installation herstellerabhängiger Treiber notwendig. Die einzelnen JAR-Dateien können in der Regel bei den Datenbankherstellern heruntergeladen werden. Diese JAR-Dateien müssen in einer weiteren JAR-Datei namens *aii_af_jmsproviderlib.sda* zusammengefasst werden, damit sie über den *Software Deployment Manager* (SDM) eingespielt werden können; die Dateierweiterung SDA steht dabei für *Software Deployment Archive*. Eine genaue Anleitung für die Zusammenfassung der Treiberdateien und das Deployment finden Sie einerseits im Konfigurationsleitfaden von SAP XI und andererseits in der gesonderten Anleitung *How To install and configure external drivers* auf den SAP-Seiten.[4]

Konfiguration des JDBC-Adapters

Wird der JDBC-Adapter als Sender konfiguriert, so wird eine im Kommunikationskanal angegebene SQL-Query abgesetzt, um die entsprechenden Daten zu ermitteln. Die gefunden Zeilen werden in einen Message-Typ konvertiert, der als Designobjekt vorliegen muss. Nach der Auswahl und Konvertierung kann ein SQL-Update durchgeführt werden. Dies wird häufig dazu verwendet, um die eingelese-

4 Sie finden die Anleitung im SAP Service Marketplace unter der URL *https://service.sap.com/netweaver* im Verzeichnis **SAP NetWeaver • SAP NetWeaver 2004 – Release Specific Information • How-to Guides • Exchange Infrastructure**. Dort sind auch weitere nützliche Dokumente aufgelistet.

nen Zeilen mit einem entsprechenden Flag in einer bestimmten Spalte zu markieren. Dies verhindert, dass diese Zeilen bei der nächsten Query nochmals eingelesen werden.

Ein empfangender JDBC-Adapter kann verschiedene Aktionen auf den Zeilen einer Tabelle ausführen. Es sind die Aktionen `UPDATE`, `INSERT`, `DELETE`, `SELECT` und `UPDATE_INSERT`, was einem `MODIFY` gleichzusetzen ist. Darüber hinaus können Stored Procedures ausgeführt werden, um komplexere SQL-Anweisungen direkt zu übergeben. Die Bestimmung der Tabelle und der Aktion, die darauf ausgeführt werden soll, erfolgt über den Message-Typ der empfangenden Seite.

4.5.2 JMS-Adapter

Einsatzbereiche des JMS-Adapters

Der JMS-Adapter (*Java Message Service*) wird vor allen Dingen für den Datenaustausch mit anderen EAI- und Messaging-Systemen verwendet. Dabei spielen Produkte wie z.B. IBM WebSphere MQ oder SonicMQ eine Rolle. Im Gegensatz zu anderen Adaptern ist bislang jedoch nur eine asynchrone Kommunikation über diesen Adaptertyp möglich.

Ebenso wie bei der Verwendung des JDBC-Adapters sind auch für JMS herstellerabhängige Treiber zu deployen. Die Treiber können von den Herstellern der angebundenen EAI-Systeme bezogen und ebenso wie die JDBC-Treiber eingerichtet werden. Da bei diesem Adapter aus bzw. in Queues anderer Produkte gelesen bzw. geschrieben wird, bedarf es neben Einstellungen im Kommunikationskanal von SAP XI auch einer gewissen Konfiguration auf Seiten des angebundenen EAI-Produktes.

Konfiguration des JMS-Adapters

SAP stellt für die Konfiguration des JMS-Adapters sowohl als Sender als auch als Empfänger bereits verschiedene mögliche Transportprotokolle zur Auswahl, die teilweise produktspezifisch sind. Die Einstellungen des sendenden JMS-Adapters erlauben es, Korrelationen aufgrund verschiedener Kriterien herzustellen. Darüber hinaus kann gewählt werden, ob der JMS-Payload als gesamte Message oder als Message-Payload übernommen wird. Im Rahmen der asynchronen Kommunikation stehen die beiden Qualities-of-Service Exactly Once und Exactly-Once-in-Order zur Verfügung.

Der JMS-Adapter in der Rolle des Empfängers erlaubt es, all die Parameter wieder zurückzuliefern und zudem die Gültigkeitsdauer und die Priorität der JMS-Message für das empfangende System festzulegen. Es kann auch angegeben werden, ob die Daten in einer transaktionalen JMS-Session übergeben werden sollen oder nicht. Je nach Wahl des angebundenen EAI-Systems und damit des Transportprotokolls variieren die Konfigurationsmöglichkeiten stark und können weitere Parameter enthalten.

4.5.3 SAP Business Connector-Adapter

Einsatzgebiet des SAP BC-Adapters

Der SAP Business Connector-Adapter (SAP BC) erlaubt die Kommunikation mit dem SAP Business Connector. Er eignet sich somit besonders für Integrationsszenarien, die teilweise durch SAP XI abgelöst werden sollen.

Eine Voraussetzung für die Anbindung eines SAP Business Connectors ist dabei, dass er mindestens in der Version 4.7 vorliegt. Der SAP BC-Adapter kann RFC- und IDoc-XML-Dokumente verarbeiten. Die Aufrufe des Adapters sind dabei jedoch stateless, sodass keine transaktionale Session möglich ist und die Quality-of-Sevice EOIO nicht zur Verfügung steht. Darüber hinaus können keine Attachments verarbeitet werden.

Konfiguration des SAP BC-Adapters

In der Rolle des Senders sind die Einstellungen des Adapters sehr übersichtlich, zumal der Großteil der Einstellungen im SAP BC selbst vorgenommen wird. Ein SAP BC-Adapter als Sender bietet die Parameter Aufbewahrungszeit, Wiederholungsintervall und Wiederholungsanzahl sowie Zeitüberschreitung an. Die Einstellung des Message-Protokolls bestimmt, ob RFC- oder IDoc-Dokumente empfangen werden. Im SAP Business Connector selbst hingegen wird bestimmt, dass der Transport als XML im XML-Dialekt SAP-XML erfolgt. Zudem wird die URL des BC-Adapters angegeben, die nach dem Schema *http://<xi-hostname>:<j2ee-port>/MessagingSystem/receive/BcAdapter/BC* aufgebaut ist. Die Verwendung des BC-Adapters in der Empfängerrolle erfordert neben den oben genannten Parametern die URL des empfangenden SAP Business Connectors sowie entsprechende Zugangsdaten.

4.5.4 Plain-HTTP-Adapter

Verwendung des Plain-HTTP-Adapters

Der Plain-HTTP-Adapter von SAP XI erlaubt den Empfang und die Versendung von Daten in reinem HTTP-Format. Diese Eigenschaft spielt eine Rolle bei der Anbindung von Business-Systemen, die keine SOAP-Dokumente erstellen oder verarbeiten können. Der empfangende HTTP-Adapter wird über die URL *http://<xi-hostname>:<abap-port>/sap/xi/adapter_plain?<query-string>* angesprochen. Der Query-String enthält Steuerungsdaten wie z. B. Sender-Service, Namensraum und Interface und erlaubt dadurch eine Identifikation und damit die Zuordnung zu einer entsprechenden Empfängervereinbarung. Die Payload selbst wird in einem HTTP-Post als XML-Dokument mit der Codepage UTF-8 gesendet. Sicherheitseinstellungen wie die Verwendung von HTTPS können im Kommunikationskanal eingestellt werden.

Der Plain-HTTP-Adapter unterstützt alle Qualities-of-Service und kann im synchronen Fall über den HTTP-Returncode eine Rückmeldung über Fehler oder Erfolg geben.

Die Fallstudie des fiktiven Handelsunternehmens SARIDIS, die an verschiedenen Hochschulen für die Lehre im SAP-Bereich eingesetzt wird, dient in diesem Kapitel als Vorlage für die Implementierung klassischer Vertriebsprozesse mit der SAP NetWeaver Exchange Infrastructure. In einem technisch und inhaltlich zusammenhängenden Szenario werden Sie die Schritte eines klassischen Vertriebsprozesses mithilfe von SAP XI umsetzen.

5 SARIDIS-Fallstudie im Vertrieb

Anlehnung an SARIDIS-Fallstudie

Nachdem Sie sich mit den verschiedenen Adaptertypen und dem Umgang mit den Komponenten von SAP XI auseinander gesetzt haben, werden Sie in diesem Kapitel einen sowohl technisch als auch inhaltlich zusammenhängenden Geschäftprozess umsetzen, der sich über mehrere Integrationsszenarien hinweg erstreckt. Die einzelnen Prozesse sind zum besseren Verständnis dahingehend vereinfacht worden, dass eine Vielzahl von Besonderheiten und Details aus der Praxis nicht betrachtet werden.

Sie werden neben bereits bekannten Elementen einige neue Techniken und Aspekte anzuwenden lernen. Sie werden sich mit einem Auszug der SARIDIS-Fallstudie beschäftigen, die im Hochschulumfeld der SAP-Lehre vielfach verwendet wird und dementsprechend gereift ist. Die Erfahrungen mit diesen Materialien haben gezeigt, dass der Inhalt einerseits nah genug an der Praxis ist, um relevant zu sein, und andererseits, dass die Vereinfachung einiger Sachverhalte zum besseren Verständnis beiträgt. Eine frei verfügbare Version der SARIDIS-Fallstudie finden Sie unter *http://www.winfobase.de* im Bereich **Publikationen • Arbeitspapiere • 2006**.

Voraussetzungen für die Durchführung

Die Fallstudie kann ohne weitere Anpassungen auf bestehenden IDES-Schulungssystemen verwendet werden. Auch andere Schulungssysteme mit konfigurierten SD- und FI-Bereichen können mit kleineren Änderungen verwendet werden. Es werden jedoch in beiden Fällen die Grundeinstellungen aus Kapitel 3 vorausgesetzt.

Zudem ist es ratsam, die Einzelübungen aus dem vorangegangenen Kapitel durchgearbeitet zu haben.

Technisch gesehen wird Business-System A als ERP-System des SARIDIS-Unternehmens dienen, während Business-System B der Einfachheit halber alle externen Systeme, insbesondere die Systeme des fiktiven Kunden Hitech AG darstellt.

Darstellung des Beispielszenarios

Das fiktive Label SARIDIS wird in der Fallstudie vom IDES-Konzern genutzt, um den Handel mit Computern und Zubehör zu vermarkten. Es ist in dieser Fallstudie somit Teil des Konzerns und nutzt dessen Kundenbeziehungen und logistischen Einrichtungen innerhalb des ERP-Systems.

Der Großkunde Hitech AG möchte im Rahmen von IT-Umstrukturierungsmaßnahmen die Bestellprozesse mit seinen Lieferanten automatisieren. Dazu hat das Unternehmen SAP XI in seine Landschaft aufgenommen und möchte den Bestellprozess bei der SARIDIS als Referenzumsetzung automatisieren. Die SARIDIS setzt für die Mitarbeit an dem Integrationsprojekt voraus, dass die bisherigen Prozesse in ihrem SAP-System durch die Integration kaum verändert werden sollen. Aus diesem Grund werden die Integrationsszenarien mithilfe von IDocs in die bestehenden Prozesse integriert. Sie werden nun als XI-Development-Consultant inhouse von der Hitech AG beauftragt, dies in die Wege zu leiten und anhand der Bestellung von Monitoren zu testen.

Aufteilung der Fallstudie in einzelne Schritte

Insgesamt sollen vier Integrationsszenarien im Rahmen dieser Automation abgebildet werden. Der erste Schritt ist die Anfrage bei der SARIDIS. Aus einer Anfrage in einer Datei, die das Warenwirtschaftssystem der Hitech AG erstellt, soll eine Anfrage im SAP-System der SARIDIS erstellt werden (siehe Abschnitt 5.1). Dort wird im zweiten Schritt auf Basis dieser Anfrage ein Angebot erstellt und zurückgesandt. Bei der Rücksendung möchte die Hitech AG zusätzlich ein Angebot von einem weiteren Lieferanten, Sunny Electronics, einholen. Dazu soll der bereits bestehende Webservice für automatische Angebote des zweiten Lieferanten genutzt werden. Dies soll in einem Business Process automatisch ablaufen, der beide Angebote weiterleitet (siehe Abschnitt 5.2). Für den Fall, dass die SARIDIS das bessere Angebot abgegeben hat, soll die Bestellung automatisch übermittelt werden. Dieser Integrationsschritt wird auf Seiten der Hitech AG durch die Erweiterung einer bestehenden Java-Lösung erreicht (siehe Abschnitt 5.3). Nach der Versendung der Ware soll die Rechnung von der SARIDIS für die Schnellerfassung automatisch als E-Mail an die Hitech AG gehen (siehe Abschnitt 5.4).

Den schematischen Überblick aller Integrationsszenarien innerhalb der Fallstudie gibt Abbildung 5.1.

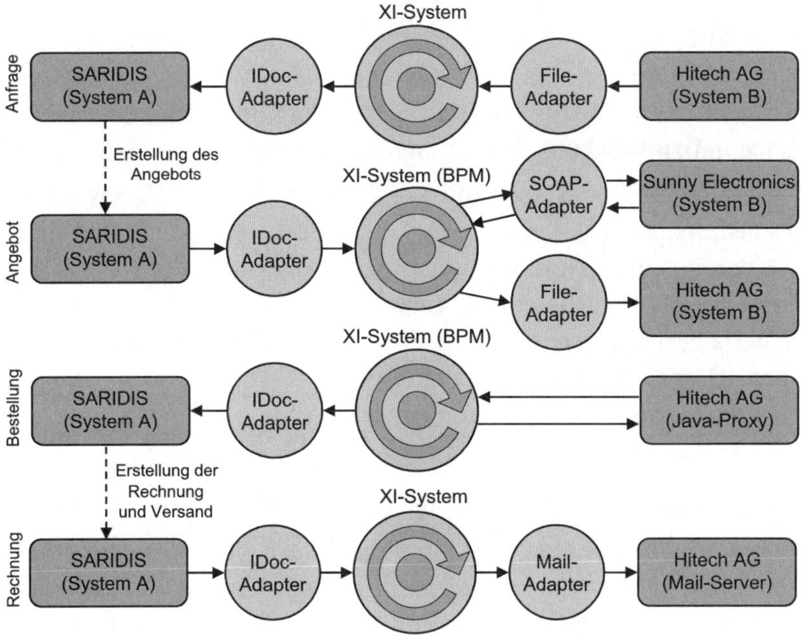

Abbildung 5.1 Ablauf der Fallstudie

5.1 Erstellung einer Anfrage

Ablauf des ersten Schrittes

Der erste Schritt, der mithilfe von SAP XI umgesetzt werden soll, ist die Zustellung von Anfragen an den Lieferanten SARIDIS. Die ursprüngliche Anfrage wird von einem Legacy-System der Hitech AG als Datei erzeugt und soll dann als IDoc zugestellt werden. Dabei erfolgt die Verarbeitung des IDocs im SARIDIS-System automatisch (siehe Abbildung 5.2).

Wenn Sie bereits die Einzelübungen in Kapitel 4 durchgearbeitet haben, erinnern Sie sich an eine gleiche Konstellation in der zweiten Übung. Im Gegensatz zur Einzelübung werden wir der Eigenschaft des IDocs gerecht, mehrere Anfragenpositionen aufnehmen zu können.

In der Einzelübung hatten Sie über das IDoc **MATMAS02** lediglich einen Materialstammsatz in einer flachen Datenstruktur versendet.

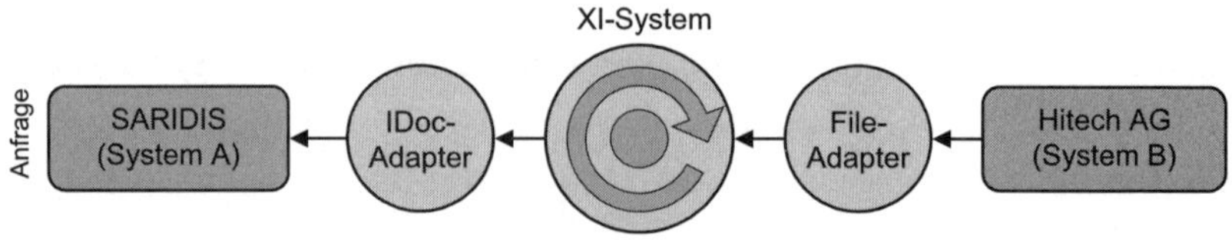

Abbildung 5.2 Ablauf von Schritt 1

5.1.1 Grundlagen

Überblick über die Vorbereitung

Die Versendung und Annahme von IDocs im Rahmen dieses Schrittes bedarf einiger vorbereitender Tätigkeiten. Sie haben in Abschnitt 4.2 bereits eine Partnervereinbarung für den Empfang eines IDocs konfiguriert. Die Hitech AG verwendet unter Umständen andere Materialbezeichnungen als SARIDIS. Um sicherzustellen, dass in allen Belegen das gleiche Material gemeint ist, muss eine entsprechende Zuordnung vorgenommen werden.[1]

Pflegen der Partnervereinbarungen

Erstellen der Partnervereinbarung für System B

Die Informationen über die Einstellungen, die Sie in der Partnervereinbarung für die Verarbeitung von IDocs vornehmen können, stammen aus dem SAP Service Marketplace.[2] Dort finden Sie neben einer Dokumentation über EDI-Anwendungsszenarien auch Auflistungen über die automatische Eingangsverarbeitung von IDocs.

Melden Sie sich in System A an und rufen Sie Transaktion WE20 auf. Wählen Sie aus der Menüleiste **Partner · Anlegen** oder klicken Sie auf das entsprechende Icon **Anlegen**, um eine neue Partnervereinbarung anzulegen. Geben Sie als Partnernummer die Nummer des logischen Systems von System B an, das meistens nach dem Schema **<SID>CLNT<Mandant>** aufgebaut ist. Wählen Sie als Partnerart den Eintrag **LS – Logisches System** aus und stellen Sie sicher, dass im dar-

1 Diese beiden grundlegenden Schritte können nur einmal im System A vorgenommen werden, sodass es sich im Rahmen einer Schulung anbietet, den Dozenten die Tätigkeiten vorführen zu lassen.

2 Sie finden eine Auflistung aller IDocs mit den notwendigen Einstellungen für die Partnervereinbarung z.B. unter *https://websmp110.sap-ag.de/~form/sapnet?_FRAME=CONTAINER&_OBJECT=011000358700004380801999D*.

unter liegenden Karteireiter **Klassifikation** der Wert Partnerstatus auf **A** für Aktiv steht.

Konfiguration der Eingangsparameter

Sie wollen nun angeben, das IDocs vom Typ **REQOTE** (Anfrage) bei Eingang automatisch nach einem bestimmten Muster verarbeitet werden. Speichern Sie dazu die Partnervereinbarung und klicken Sie dann im unteren Bereich **Eingangsparameter** auf das Icon **Eingangsparameter anlegen**.

Im nächsten Schritt stellen Sie den Nachrichtentyp **REQOTE** ein (siehe Abbildung 5.3). Unterhalb des Karteireiters **Eingangsoptionen** können Sie den vorgefertigten Vorgangscode **REQO** auswählen. Damit wird das eingehende IDoc automatisch und derart verarbeitet, dass daraus eine Anfrage generiert wird. Die Verarbeitung durch den Funktionsbaustein soll sofort erfolgen. Speichern Sie diese Einstellungen und beenden Sie die Transaktion.

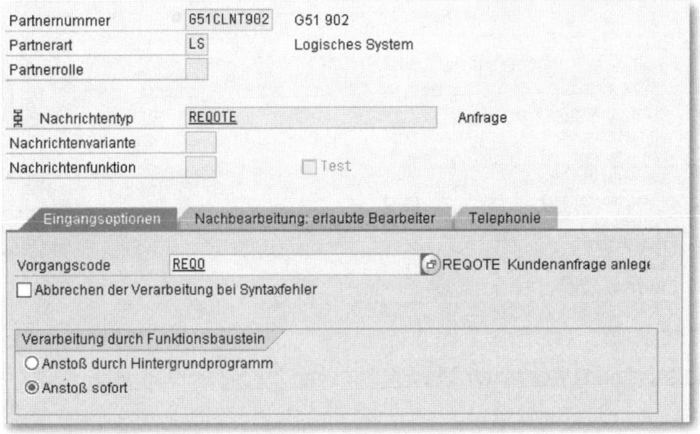

Abbildung 5.3 Pflegen der Eingangsparameter für das IDoc REQOTE

Zuordnung der Materialbezeichnungen im Lieferantensystem

Mapping zwischen Kunden- und Lieferantenmaterialstammdaten

In der Praxis ist es in der Regel der Fall, dass Materialbezeichnungen bei Kunden und Lieferanten verschieden sind. Bei der automatisierten Verarbeitung von Vertriebsbelegen ist deshalb eine Zuordnung von Kunden- und Lieferantenbezeichnungen von Materialien notwendig, auch wenn – wie in dieser Fallstudie – die Materialien sowohl im Quell- als auch im Zielsystem die gleichen Namen haben.

Wechseln Sie innerhalb des Business-Systems A (SARIDIS) in die Transaktion VD51. Geben Sie die **Kundennummer 1171** der Hitech

AG an sowie die **Verkaufsorganisation 1000** und den **Vertriebsweg 10** und bestätigen Sie Ihre Eingaben mit **Enter**.

Tragen Sie in die nun erscheinende Zuordnungstabelle (siehe Abbildung 5.4) sowohl in der Spalte **Materialnummer** als auch in der Spalte **Kundenmaterial** die Materialien **M-01** bis **M-20** ein und bestätigen Sie Ihre Eingaben mit **Enter**. In der Spalte **Bezeichnung** werden daraufhin die Namen der Materialien aus der Spalte **Materialnummer** angezeigt. Durch die Angabe von 20 verschiedenen Materialien kann jeder Schulungsteilnehmer sein eigenes Material bzw. seinen eigenen Monitortyp bestellen. Speichern Sie die Zuordnung und verlassen Sie die Transaktion.

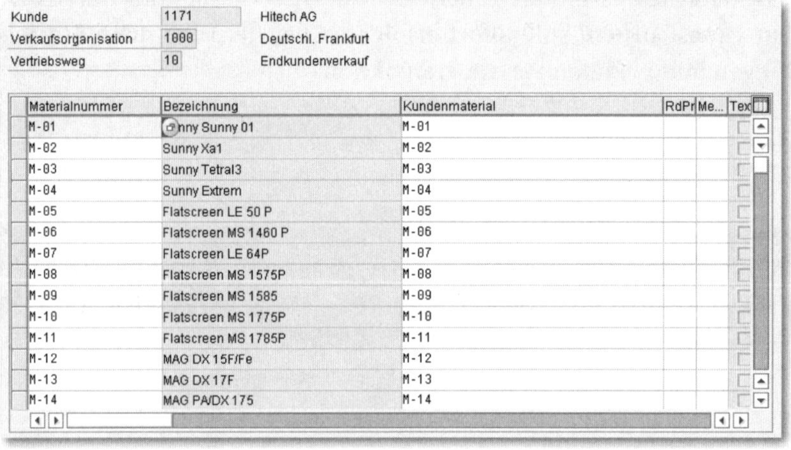

Abbildung 5.4 Zuordnung der Materialbezeichnungen im Lieferantensystem

Hinweis

Beachten Sie, dass es im IDES-System kein Material **M-00** für den Dozenten gibt. Sie sollten in System A in Transaktion MM01 ein solches Material in der Branche **Handel** und in der Materialart **Fertigerzeugnisse** anlegen, wobei Sie als Vorlage das Material **M-01** aus dem gleichen Vertriebsbereich verwenden können. Ergänzen Sie zudem noch die Verkaufskonditionen in der Transaktion VK31, indem Sie das Verzeichnis **Preise • Materialpreise** doppelklicken. Klicken Sie dann rechts in der Zeile mit dem variablen Schlüssel **KArt VkOrg VWeg Material F** in der Spalte **Selektion** auf das Icon mit dem leeren Blatt. Legen Sie in der neuen Tabelle den Verkaufspreis für das Material **M-00** fest. Speichern Sie die Einstellungen und nehmen Sie das neue Material in der oben genannten Zuordnung auf.

5.1.2 Design

Einrichtung von Gliederungsobjekten für die Fallstudie

Da die Einzelübungen zusammen mit der Fallstudie eine Menge von Designelementen ergeben, die nur noch schwer zu überschauen sind, bietet es sich an, für die Fallstudie zumindest einen gesonderten Namensraum für jeden Teilnehmer zu verwenden. Sie können auch – wie in den kursspezifischen Vorbereitungen in Abschnitt 3.6 beschrieben – neue Softwarekomponenten anlegen. Unabhängig davon, ob Sie nur Namensräume oder Softwarekomponenten anlegen, sollten Sie diesen Schritt erst zu Beginn der Fallstudienumsetzung durchführen. Es besteht anderenfalls die Gefahr, dass Objekte der Einzelübungen bereits in den Namensraum oder die Softwarekomponente der Fallstudie abgelegt werden.

Neue Namensräume können Sie über das Detailfenster der Software-Komponentenversion anlegen. Benennen Sie den Namensraum nach dem Schema `http://www.sap-press.de/xi/casestudy/##`. Neue Softwarekomponenten sollten nach dem Schema **SK_CASESTUDY_##** im SLD angelegt werden. Wir werden im Folgenden für die Fallstudie lediglich einen neuen Namensraum verwenden.

Überblick über die Designobjekte

Für die Versendung der Anfrage werden Sie diesmal ineinander geschachtelte Datentypen auf der Senderseite verwenden, um der IDoc-Struktur gerecht zu werden. Der kleinste Typ wird dabei die Anfragenposition sein, die mehrfach in der Anfrage enthalten sein kann. Die Anfrage selbst enthält über die einzelnen Positionen hinaus noch Kopfdaten der Anfrage.

Bei dieser Gelegenheit, ebenso wie in den nächsten Schritten der Fallstudie, werden Sie sich mit der Verarbeitung von verschachtelten Nachrichten beschäftigen. Aus diesem Grund werden wir das Message-Mapping dieses Schrittes etwas genauer betrachten. Einen Überblick über alle Designobjekte dieses Schrittes finden Sie in Tabelle 5.1.

Art des Objekt	Senderseite	Empfängerseite
Message-Interface	**MI_Anfrage_Async_Out**	**REQOTE.ORDERS01**
Message-Typ	**MT_Anfrage**	
Datentyp	▸ **DT_Anfrage** ▸ **DT_Anfragenposition**	

Tabelle 5.1 Designobjekte für den ersten Schritt der Fallstudie

Art des Objekt	Senderseite	Empfängerseite
Interface-Mapping	**IM_MI_Anfrage_Async_Out_zu_REQOTE_ORDERS01**	
Message-Mapping	**MM_MT_Anfrage_zu_REQOTE_ORDERS01**	

Tabelle 5.1 Designobjekte für den ersten Schritt der Fallstudie (Forts.)

Import des IDocs für die Empfängerseite

Melden Sie sich im Integration Repository an und navigieren Sie zur Softwarekomponente der Fallstudie. Importieren Sie die IDoc-Schnittstelle **REQOTE.ORDERS01** im entsprechenden Unterverzeichnis **Importierte Objekte**. Mit diesem Import haben Sie alles, was Sie für die empfangende Seite brauchen.

Erstellung des Datentyps DT_Anfragenposition

Wechseln Sie in Ihren neuen Namensraum `http://www.sap-press.de/xi/casestudy/##` und erstellen Sie den Datentyp **DT_Anfragenposition**. Dieser Datentyp enthält die Informationen zu einer einzelnen Position innerhalb einer Anfrage. Er stellt eine vereinfachte Form der später im IDoc verwendeten Segmente dar.

Legen Sie analog zu Abbildung 5.5 die neun Elemente **Positionsnummer**, **Materialnummer**, **Bezeichnung**, **Menge**, **Materialklasse**, **Nettogewicht**, **Bruttogewicht**, **Gewichtseinheit** sowie **Lieferdatum** darin an und speichern Sie den Datentyp.

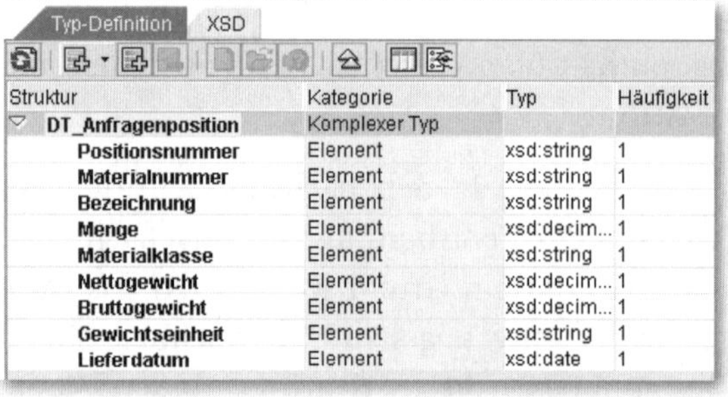

Struktur	Kategorie	Typ	Häufigkeit
DT_Anfragenposition	Komplexer Typ		
Positionsnummer	Element	xsd:string	1
Materialnummer	Element	xsd:string	1
Bezeichnung	Element	xsd:string	1
Menge	Element	xsd:decim...	1
Materialklasse	Element	xsd:string	1
Nettogewicht	Element	xsd:decim...	1
Bruttogewicht	Element	xsd:decim...	1
Gewichtseinheit	Element	xsd:string	1
Lieferdatum	Element	xsd:date	1

Abbildung 5.5 Aufbau des Datentyps DT_Anfragenposition

Die Elemente **Bezeichnung**, **Netto-** und **Bruttogewicht** enthalten Werte des Kunden und können somit von denen des Lieferanten abweichen. Dennoch können Sie im Zweifelsfall zur eindeutigen Identifizierung eines Materials herangezogen werden. Das Element des **Lieferdatums** enthält nicht den definitiven Liefertermin, sondern vielmehr einen Wunschtermin des Auftraggebers und muss somit nicht dem Liefertermin des späteren Angebots entsprechen.

Der Datentyp **DT_Anfragenposition** wird nun in den Datentyp **DT_Anfrage** eingebettet, was es uns ermöglicht, mehrere Positionen zu einer Anfrage in diesem Format abzulegen.

Erstellung des Datentyps DT_Anfrage

Legen Sie dazu den Datentyp **DT_Anfrage** an und erstellen Sie die in Abbildung 5.6 aufgeführten Elemente: **Kundennummer**, **Belegnummer**, **Erstellungsdatum**, **Erstellungszeit**, **Submission**, **Lieferantennummer**, **Angebotsfrist** und **Anfragenposition**. Das letzte Element ist nicht einem eingebauten Typ zugeordnet, sondern basiert auf dem eben angelegten Datentyp **DT_Anfragenposition**.

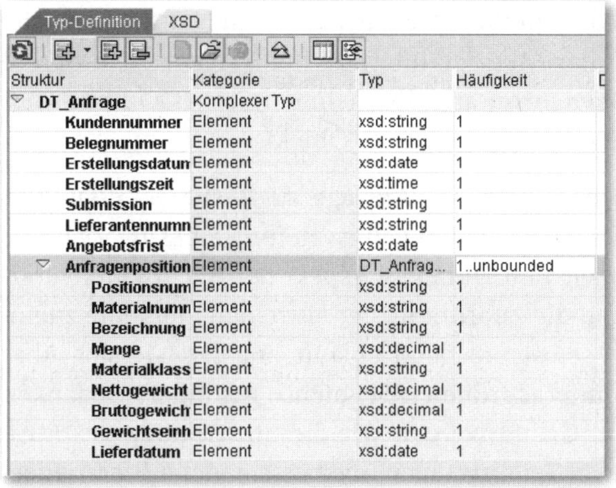

Struktur	Kategorie	Typ	Häufigkeit
DT_Anfrage	Komplexer Typ		
Kundennummer	Element	xsd:string	1
Belegnummer	Element	xsd:string	1
Erstellungsdatum	Element	xsd:date	1
Erstellungszeit	Element	xsd:time	1
Submission	Element	xsd:string	1
Lieferantennumn	Element	xsd:string	1
Angebotsfrist	Element	xsd:date	1
Anfragenposition	Element	DT_Anfrag...	1..unbounded
Positionsnum	Element	xsd:string	1
Materialnumn	Element	xsd:string	1
Bezeichnung	Element	xsd:string	1
Menge	Element	xsd:decimal	1
Materialklass	Element	xsd:string	1
Nettogewicht	Element	xsd:decimal	1
Bruttogewich	Element	xsd:decimal	1
Gewichtseinh	Element	xsd:string	1
Lieferdatum	Element	xsd:date	1

Abbildung 5.6 Aufbau des Datentyps DT_Anfrage

Sobald Sie über die Wertehilfe diesen Datentyp ausgewählt haben, werden Sie Elemente dieses Typs grau unterlegt wieder finden. Die graue Farbe bedeutet, dass diese Elemente nicht verändert werden können, da sie nicht originär aus dem aktuell bearbeiteten Datentyp stammen. Weil die Anfragenposition mehrmals in einer Anfrage vorkommen kann, muss die Häufigkeit des Elements **Anfragenposition** entsprechend geändert werden. Klicken Sie dazu in der Spalte **Häufigkeit** des Elements **Anfragenposition** doppelt. Es erscheint ein neues Fenster, in dem Sie sowohl das Mindest- als auch das Maximalvorkommen dieses Elements angeben können. Wählen Sie aus der Wertehilfe für das Maximalvorkommen **unbounded** aus, was bedeutet, dass keine Grenze gesetzt ist, und speichern Sie den Datentyp.

Die Elemente **Belegnummer** und **Submission** erleichtern es dem Kunden bei Erhalt des späteren Angebots, eine Zuordnung zur versendeten Anfrage zu machen. Die **Lieferantennummer** enthält die Nummer der SARIDIS bei der Hitech AG. Die **Angebotsfrist** gibt an, wie lange das Angebot gültig sein soll, das die SARIDIS auf diese Anfrage hin erstellt.

Anlegen von Message-Typ und Message-Interface

Binden Sie nun den Datentyp **DT_Anfrage** in den neuen Message-Typ **MT_Anfrage** ein und speichern Sie das Objekt. Überprüfen Sie bei dieser Gelegenheit nochmals den Aufbau des verwendeten Datentyps. Erstellen Sie auf Basis des Message-Typs **MT_Anfrage** ein neues Message-Interface namens **MI_Anfrage_Async_Out**. Es wird später dem Versand der Anfrage aus dem File-Adapter auf Seiten des Kunden Hitech AG dienen. Wie Sie auch aus dem Namen herauslesen können, gehört das Message-Interface der Kategorie **Outbound** und dem Modus **Asynchron** an. Übernehmen Sie als Output-Message **MT_Anfrage** und speichern Sie das Objekt.

Mapping der Kopfdaten der Anfrage

Das Message-Mapping **MM_MT_Anfrage_zu_REQOTE_ORDERS01** für diesen Schritt wird aufgrund der Verwendung eines IDocs etwas umfangreicher und wirft einen neuen Aspekt der Nachrichtenverarbeitung auf: Während die Zuordnung der einzelnen Elemente zueinander überwiegend selbstsprechend abläuft, müssen Sie sich über die Häufigkeit der untergeordneten Segmente gesondert Gedanken machen. Aus diesem Grund werden wir die Entwicklung des Message-Mappings in zwei Teile aufteilen, die verschiedene Hierarchieebenen symbolisieren.

Zunächst ordnen Sie die Kopfdaten der Anfrage dem IDoc zu. Wählen Sie dazu als Ausgangs-Message den Message-Typ **MT_Anfrage** aus Ihrem Namensraum aus. Die Ziel-Message ist das importierte IDoc-Format **REQOTE.ORDERS01**. Über die Daten hinaus, die über den Message-Typ **MT_Anfrage** geliefert werden, sind an einigen Stellen verschiedene Konstanten notwendig; beispielsweise wird der Vertriebsbereich, in dem die Hitech AG als Kunde bekannt ist, in dieser Form eingepflegt.

An dieser Stelle ist es wichtig, dass Segmente eines IDocs je nach Inhalt verschiedene Bedeutungen haben können. Die Bedeutung wird dabei in der Regel von einem so genannten *Qualifier* bestimmt. Sie sehen dies in diesem Beispiel besonders gut am Segment **E1EDK14**, das insgesamt dreimal vorkommt und jedes Mal eine andere Bedeutung hat: mal gibt es den Vertriebsweg, mal die Verkaufsorganisation oder weitere Werte an.

Sie finden eine tabellarische Auflistung aller inhaltlich notwendigen Kopfdaten in Tabelle 5.2. Darüber hinaus ist es erforderlich, jedem aufgeführten Ziel-Segment sowie dem darunter befindlichen Element **SEGMENT** den Knoten **MT_Anfrage** zuzuordnen. Dadurch wird festgelegt, dass die verwendeten Segmente so oft erstellt werden, wie der Knoten **MT_Anfrage** in der Ausgangs-Message besteht – also einmal.

Datenelement von MT_ Anfrage bzw. Konstanten	Datenelement von REQOTE.ORDERS01	Segment von REQOTE.ORDERS01
Konstante: 1	BEGIN	Keins (IDOC)
Konstante: AN (Anfrage)	BSART	E1EDK01
Belegnummer	BELNR	E1EDK01
Lieferantennummer	RECIPNT_NO	E1EDK01
Konstante: 006 (Sparte)	QUALF	E1EDK14(1)
Konstante: 00	ORGID	E1EDK14(1)
Konstante: 007 (Vertriebsweg)	QUALF	E1EDK14(2)
Konstante: 10	ORGID	E1EDK14(2)
Konstante: 008 (Verkaufsorganisation)	QUALF	E1EDK14(3)
Konstante: 1000	ORGID	E1EDK14(3)
Konstante: 004 (Angebotsfrist)	IDDAT	E1EDK03(1)
Angebotsfrist	DATUM	E1EDK03(1)
Konstante: 012 (Erstellungsdatum)	IDDAT	E1EDK03(2)
Erstellungsdatum	DATUM	E1EDK03(2)
Konstante: AG (Auftraggeber)	PARVW	E1EDKA1
Kundennummer	PARTN	E1EDKA1
Konstante: 003 (Ursprungsbelegdaten)	QUALF	E1EDK02(1)
Belegnummer	BELNR	E1EDK02(1)
Erstellungsdatum	DATUM	E1EDK02(1)
Erstellungszeit	UZEIT	E1EDK02(1)
Konstante: 007 (Zuordnung zu Submission)	QUALF	E1EDK02(2)
Submission	BELNR	E1EDK02(2)

Tabelle 5.2 Zuordnung der Kopfdaten im Message-Mapping des ersten Schrittes

Pflegen Sie die beschriebenen Zuordnungen der Kopfdaten und deaktivieren Sie vorläufig alle nicht verwendeten Segmente des IDocs. Achten Sie darauf, dass Sie die mehrfach verwendeten Segmente wie z.B. **E1EDK14** über die Option **Teilbaum duplizieren** im Kontextmenü des entsprechenden Segments vervielfältigen können. Innerhalb der Tabelle werden die verschiedenen Teilbäume mit einem Index unterschieden, der im Mapping nicht explizit angezeigt wird. Die Reihenfolge der Duplikate spielt dabei keine Rolle.

Das Erstellen der **Submission** ermöglicht es der Hitech AG, mehrere Anfragen logisch zu bündeln. Aus diesem Grund muss dieser Wert bei der späteren Erstellung des Angebots mit zurückgeliefert werden. Abbildung 5.7 zeigt beispielhaft die Zuordnung der Elemente innerhalb des Segments **E1EDK02**.

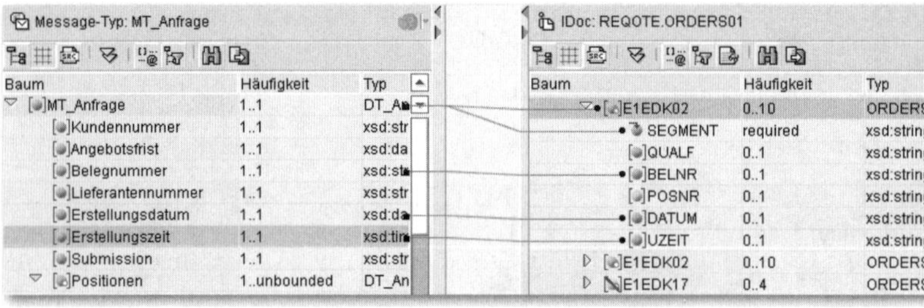

Abbildung 5.7 Zuordnung des IDoc-Segments E1EDK02

Test des Kopfdaten-Mappings

Testen Sie nun den bisherigen Teil des Mappings. Sie können dabei im Karteireiter **Test** durch Klick auf das Icon **Testinstanz laden** beispielsweise eine bereits bestehende Datei im Anfrageformat laden. Zudem können Sie auch über das Icon **Quelltextansicht** den Aufbau der Datei verändern und gegebenenfalls wieder abspeichern. Der Test sollte dermaßen ablaufen, dass auf Zielseite ein Dokument erstellt wird, das alle bisher verwendeten Segmente mit den entsprechenden Werten enthält.

Herleitung des Positionen-Mappings

Nachdem das Mapping der Kopfdaten erfolgreich abgelaufen ist, können Sie sich den Positionsdaten zuwenden. Die einzelnen Anfragenpositionen können fast unbegrenzt häufig in einer Anfrage erscheinen. Dieser Tatsache muss bei der Zuordnung von Datentypen und Segmenten Rechnung getragen werden.

Um das Mapping gedanklich durchzugehen, stellen Sie sich vor, dass in der Anfragendatei mehrere Positionen aufgeführt sind, d.h. der eingebettete Datentyp **DT_Anfragenposition** ist mehrmals enthalten. Die Daten jeder Position sollen im Segment **E1EDP01** abgelegt werden. Damit soll das Segment genauso häufig erstellt werden, wie Anfragenpositionen in der Datei bestehen. Angenommen, dass zwei Positionen in der Datei enthalten sind, dann gibt es den Knoten **Anfragenposition** zweimal. Dadurch, dass das Segment **E1EDP01** unbegrenzt häufig vorkommen kann, stellt es kein Problem dar, zwei Segmente zu erstellen. Die Zuordnung des Knotens **Anfragenposition** zu **E1EDP01** ist damit geklärt.

Betrachten wir nun das Element **SEGMENT** unterhalb von **E1EDP01**: Dieses Element muss genau einmal in jedem Segment vorkommen. Die Zuordnung des Knotens **Anfragenposition** zu diesem Element stellt somit ein Problem dar, wenn mehrere Positionen vorliegen. Um wieder auf das Beispiel mit zwei Positionen zurückzukommen, kann SAP XI nicht eine Reihe mit zwei Einträgen einem Element zuweisen, das nur einen einzigen Wert aufnehmen kann. Die beiden Werte in der Reihe bzw. Queue müssen somit in zwei einzelne Werte aufgespalten werden.

Dies wird erreicht, indem die Knotenfunktion **SplitByValue** verwendet wird. Sie macht aus einer Queue mit zwei Werten eine Queue mit so genannten *Kontextwechseln* zwischen den Werten. Ein Kontext bezieht sich auf eine Instanz eines Elements. Dadurch bewirkt ein Kontextwechsel, dass eine neue Instanz eines Elements – in diesem Fall das Element **SEGMENT** – erstellt wird.

Arbeitsweise der Funktion SplitByValue

Veranschaulicht wird dieser Sachverhalt in Abbildung 5.8: Sie sehen das Mapping für das Zielelement **SEGMENT** innerhalb des IDoc-Segments **E1EDP01**. Die ursprüngliche Queue des Knotens **Anfragenposition** beinhaltet zwei Einträge, die von Kontextwechseln eingerahmt werden. Zu Beginn und zum Ende jeder Queue findet ein Kontextwechsel statt, der in der grafischen Anzeige grau unterlegt ist. Durch den Einsatz der Knotenfunktion **SplitByValue** wird nach jedem Wert ein Kontextwechsel eingefügt, Sie können dies in der zweiten Queue sehen. Damit werden die beiden Werte zwei unterschiedlichen Instanzen des Elements **SEGMENT** zugewiesen.

Die Funktion kann über ihre Parameter allerdings auch so eingestellt werden, dass sie beispielsweise nur bei Änderung der Werte oder bei leeren Inhalten einen Kontextwechsel erzeugt. Zuvor sollten Sie jedoch das Mapping erweitern, wie es in Tabelle 5.3 dargestellt ist.

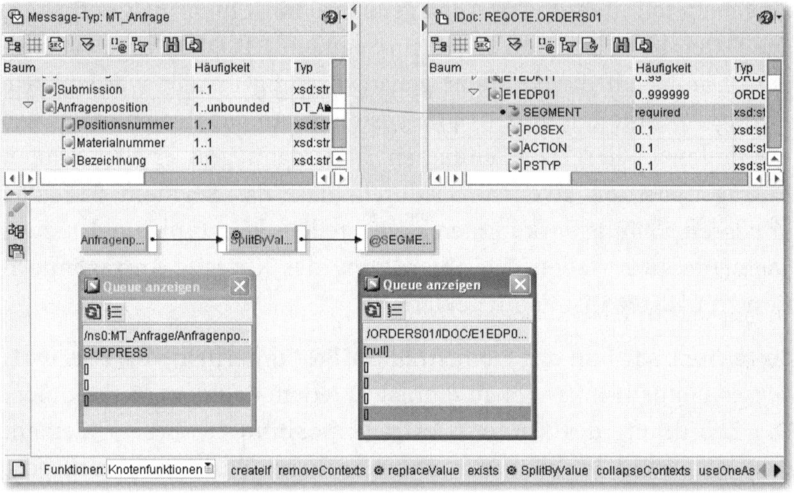

Abbildung 5.8 Einsatz der Funktion SplitByValue

Die Zielelemente, die mit einem Stern (*) versehen sind, benötigen die Funktion **SplitByValue** im Mapping.

Datenelement von MT_Anfrage/Anfragenposition bzw. Konstanten	Datenelement von REQOTE.ORDERS01/E1EDP01	Segment von REQOTE.ORDERS01/E1EDP01
Anfragenposition	E1EDP01	Keins (IDOC)
Anfragenposition	SEGMENT *	E1EDP01
Positionsnummer	POSEX	E1EDP01
Konstante: 001 (Anlegen)	ACTION	E1EDP01
Menge	MENGE	E1EDP01
Konstante: PCE (Mengeneinheit Stück)	MENEE	E1EDP01
Nettogewicht	NTGEW	E1EDP01
Gewichtseinheit	GEWEI	E1EDP01
Bruttogewicht	BRGEW	E1EDP01
Materialnummer	MATNR	E1EDP01
Anfragenposition	E1EDP20 *	E1EDP01
Anfragenposition	SEGMENT *	E1EDP01/ E1EDP20

Tabelle 5.3 Zuordnung der Positionsdaten im Message-Mapping des ersten Schrittes

Datenelement von MT_ Anfrage/Anfragenposition bzw. Konstanten	Datenelement von REQOTE.ORDERS01/ E1EDP01	Segment von R EQOTE.ORDERS01/ E1EDP01
Menge	WMENG	E1EDP01/ E1EDP20
Lieferdatum	EDATU	E1EDP01/ E1EDP20
Anfragenposition	E1EDP19 *	E1EDP01
Anfragenposition	SEGMENT *	E1EDP01/E1EDP19
Konstante: 001 (Bezeichnung)	QUALF	E1EDP01/E1EDP19
Materialnummer	IDTNR	E1EDP01/E1EDP19
Bezeichnung	KTEXT	E1EDP01/E1EDP19

Tabelle 5.3 Zuordnung der Positionsdaten im Message-Mapping des ersten Schrittes (Forts.)

Mit den beiden Segmenten **E1EDP19** und **E1EDP20** hat die Zielstruktur eine weitere Hierarchieebene gewonnen, auf die in diesem Beispiel jedoch nicht gesondert eingegangen wird. Sie hätten prinzipiell aber die Möglichkeit, die Lieferung des Materials in verschiedenen Chargen oder eine ausführlichere Bezeichnung des Materials anzugeben, indem Sie mehrere Instanzen dieser Segmente verwenden.

Hinweis

Sie können häufig verwendete Mappings oder Teile von Mappings über die beiden Icons **Vorlage auf Grundlage des Mappings erstellen** und **Geeignete Vorlagen einblenden** speichern und später schnell einbinden. Die gespeicherten Vorlagen erscheinen im Verzeichnis **Mapping-Vorlagen** und können wie konkrete Mappings bearbeitet und getestet werden.

Test des Message-Mappings

Speichern Sie nun Ihr Message-Mapping und wechseln Sie in den Testmodus. Expandieren Sie den Knoten **MT_Anfrage** und duplizieren Sie den Teilbaum **Anfragenposition** mindestens einmal. Füllen Sie die Felder der Kopfdaten und der beiden Positionen; zu diesem Zeitpunkt können Sie noch beliebige Werte verwenden. Starten Sie die Transformation mit dem entsprechenden Icon links unten und überprüfen Sie, ob die Zielstruktur die richtige Anzahl aller Segmente enthält – der Aufbau sollte dem in Abbildung 5.9 entsprechen. Darin sind die Segmente des IDocs zu sehen, wobei je nach Bedarf manche Segmenttypen auch mehrmals vorkommen können.

Das Segment **E1EDP01** enthält die Angaben zu den Positionen und zudem noch weitere Segmente.

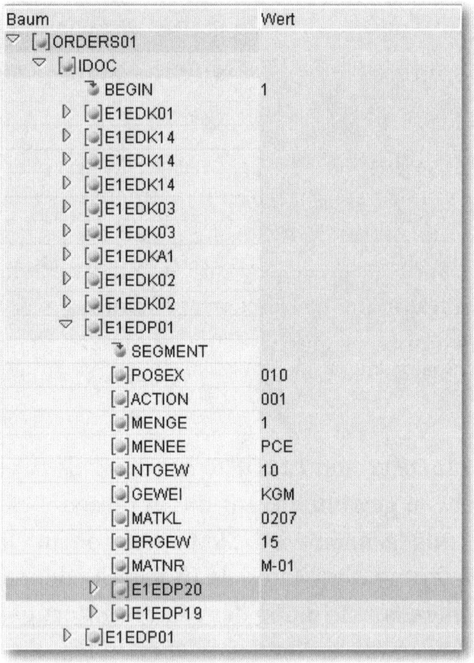

Abbildung 5.9 Aufbau der Zielstruktur in Schritt 1 der Fallstudie

Wechseln Sie nun wieder zum Karteireiter **Design** zurück und wählen Sie ein Element aus, das die Funktion **SplitByValue** im Mapping verwendet hat. Öffnen Sie nun das Kontextmenü des Quellelements in der Arbeitsfläche und wählen Sie daraus die Option **Queue anzeigen.** Wiederholen Sie diesen Schritt auch für das Quellelement. Sie müssten eine Anzeige erhalten, die der in Abbildung 5.8 ähnelt.

Interface-Mapping

Das letzte Objekt der Designphase ist das Interface-Mapping **IM_MI_Anfrage_Async_Out_zu_REQOTE_ORDERS01**. Das Ausgangs-Interface **MI_Anfrage_Async_Out** wird dabei mithilfe des eben erstellten Message-Mappings in das Ziel-Interface **REQOTE.ORDERS01** umgewandelt. Das Ziel-Interface finden Sie aufgrund seiner Herkunft im Verzeichnis **Importierte Objekte · IDocs**. Speichern Sie das Interface-Mapping und testen Sie es.

Sie können jetzt alle Designobjekte aktivieren und das Integration Repository für diesen Schritt verlassen.

5.1.3 Konfiguration

Anlegen eines weiteren Konfigurationsszenarios

Ebenso wie im Integration Repository werden Sie auch im Integration Directory angesichts der Anzahl der Objekte nur schwer den Überblick behalten können. Aus diesem Grund bietet es sich auch hier an, einen neuen logischen Abschnitt in Form eines weiteren Konfigurationsszenarios anzulegen.

Wechseln Sie dazu ins Integration Directory und erstellen Sie über den Menüpfad **Objekt • Neu** ein Szenario nach dem Namensschema **XI_CaseStudy_##**. Speichern und aktivieren Sie das neue Szenario. Achten Sie zudem darauf, dass Sie die Anzeige innerhalb des Karteireiters **Szenarien** mit den beiden Icons **Vorherigen Teilbaum anzeigen** und **Nur markierten Teilbaum anzeigen** auf das neue Szenario umstellen. Fügen Sie zudem unter dem Karteireiter **Objekte** die beiden Business-Systeme **SystemA** und **SystemB** zu Ihrem neuen Szenario hinzu.

Überblick der Konfigurationsobjekte

Die Zustellung der Anfrage werden Sie wie auch in den letzten Einzelübungen mithilfe des Konfigurations-Assistenten erstellen. Die einzigen Voraussetzungen für die Benutzung des Assistenten stellen die Kommunikationskanäle dar. Den Überblick über alle Konfigurationsobjekte finden Sie in Tabelle 5.4.

Art des Objekts	Empfängerseite: System A	Senderseite: System B
Kommunikationskanal	**IDoc_Empfaengerkanal**	**File_Senderkanal_##**
Sendervereinbarung	**| SystemB | MI_Anfrage_Async_Out | |**	
Empfängervereinbarung		**| SystemB | | SystemA | REQUOTE:ORDERS01**
Empfängerermittlung	**| SystemB | MI_Anfrage_Async_Out**	
Interface-Ermittlung	**| SystemB | MI_Anfrage_Async_Out | | SystemA**	

Tabelle 5.4 Elemente im Integration Directory des ersten Schrittes in der Fallstudie

Anlegen des IDoc-Empfängerkanals

Der IDoc-Empfängerkanal des Systems A kann sinnvoll nur einmal durch den Dozenten angelegt werden. Wechseln Sie dazu in das Integration Directory und legen Sie über das Kontextmenü der Kommunikationskanäle von System A den Kanal **IDoc-Empfängerkanal** an.

Wählen Sie den Adaptertyp **IDoc** aus und stellen Sie die Richtung **Empfänger** ein. Die Angaben zu den Protokollen und der Adapter-Engine können Sie unverändert belassen.

Als **RFC-Destination** können Sie die bereits in den Vorbereitungen zu den Einzelübungen erstellte Verbindung **SystemA_IDoc** verwenden. Die Interface-Version sollte je nach angebundenem System das **SAP-Release 4.0 oder höher** haben. Als Port nehmen Sie den ebenfalls in den Vorbereitungen zu den Übungen erstellen Port **SAP<SIDA>**, wobei SIDA für die System-ID des Systems A steht. Das verwendete **SAP-Release** hängt vom angebundenen System ab. Im Falle von SAP ECC 5.0 ist es **500** (siehe Abbildung 5.10).

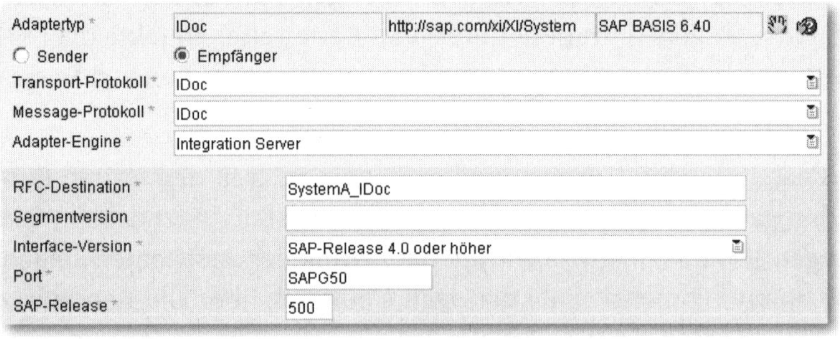

Abbildung 5.10 Anlegen des IDoc-Empfängerkanals für System A

Anlegen des File-Senderkanals

Der **File-Senderkanal** des Systems B kann wie alle nicht direkt IDoc-bezogenen Objekte wieder von jedem Teilnehmer angelegt werden. Erstellen Sie im Integration Directory über das Kontextmenü der Kommunikationskanäle des Systems B den Eintrag **File_Senderkanal_##**. Wählen Sie im Detailfenster den Adaptertyp **File** und die Richtung **Sender** aus. Als Quellverzeichnis können Sie wieder */tmp* für UNIX- und *C:\temp* für Windows-Systeme verwenden, der Dateiname der einzulesenden Datei sollte nach dem Schema *anfrage_##.dat* benannt werden. Die **Quality-of-Service** können Sie auf **Exactly Once** belassen.

Stellen Sie ein **Poll-Intervall** im Bereich zwischen drei und fünf Minuten ein. Den **Verarbeitungsmodus** können Sie frei wählen, je nachdem wie viele Rechte Sie auf Dateiebene haben bzw. ob es ein Archiv-Verzeichnis gibt. Sollten Sie nur eingeschränkte Rechte haben und keinen Vollzugriff auf die entsprechende Datei herstellen können, bietet es sich an, die Option **Schreibgeschützte Dateien verarbeiten** zu aktivieren (siehe Abbildung 5.11).

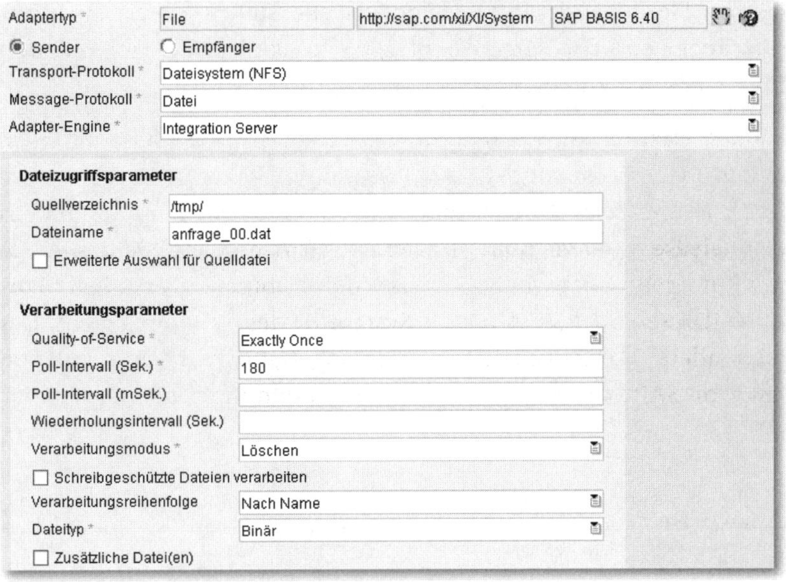

Abbildung 5.11 Anlegen des File-Senderkanals für System B

Aufruf des Konfigurations-Assistenten

Mit den beiden Kommunikationskanälen haben Sie die letzten beiden Objekte erstellt, um den Konfigurations-Assistent aufzurufen. Starten Sie den Wizard über die Menüleiste **Werkzeuge • Konfigurations-Assistent** oder das entsprechende Icon. Sie werden dieses Beispiel als **interne Kommunikation** anlegen, obwohl es inhaltlich gesehen eine Partnerkommunikation ist. Da Sie jedoch nach wie vor Business-Systeme für die Kommunikation verwenden, erleichtert diese Wahl die Arbeit.

Der sendende **Service** ist das **Business-System B**, das mit dem **File-Adapter** über die Schnittstelle **MI_Anfrage_Async_Out** Datensätze versendet. Achten Sie bei der Auswahl des Message-Interfaces darauf, dass Sie das Objekt aus Ihrer eigenen Softwarekomponente auswählen (siehe Abbildung 5.12).

Der Empfänger der Message ist das **Business-System A**, das den Adaptertyp **IDoc** verwendet. Das **Interface** ist die Definition des IDocs **REQOTE.ORDERS01**, das Sie Ihrer Softwarekomponente entnehmen (siehe Abbildung 5.13).

Verwenden Sie für die Sendervereinbarung den eben angelegten Kommunikationskanal **File_Senderkanal_##** des Systems B. Die Bildschirmmaske zur Empfängerermittlung **|SystemB|MI_Anfrage_**

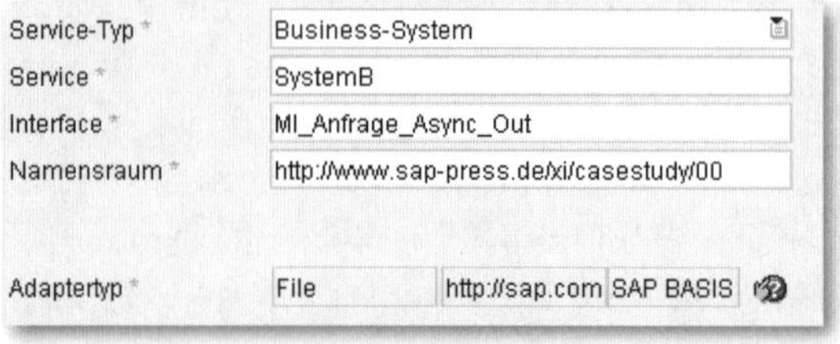

Abbildung 5.12 Sendereinstellungen im Konfigurations-Assistenten des ersten Schrittes

Abbildung 5.13 Empfängereinstellungen im Konfigurations-Assistenten des ersten Schrittes

Async_Out hat rein informativen Charakter, zumal noch keine Nachrichten mit diesem Interface von System B versendet wurden und somit eine Anpassung nicht notwendig ist.

Achten Sie im nächsten Schritt bei der Interface-Ermittlung **|SystemB|MI_Anfrage_Async_Out||SystemA** darauf, dass das passende Interface-Mapping **IM_MI_Anfrage_Async_Out_zu_REQOTE_ORDERS01** angezeigt wird. Die neue Empfängervereinbarung **|SystemB||SystemA|REQOTE.ORDERS01** verwendet den vom Dozenten erstellten Kommunikationskanal **IDoc_Empfaengerkanal** des Systems A.

Fügen Sie im letzten Schritt alle Objekte zu Ihrem neuen Szenario **XI_CaseStudy_##** hinzu und stellen Sie den Wizard fertig. Anschließend aktivieren Sie Ihre Änderungsliste im Integration Directory.

Verwendung des Konfigurationstests

An dieser Stelle möchten wir Sie auf eine besondere Option hinweisen, die in neueren Support Packages die Simulation einer Konfiguration ermöglicht. Die Voraussetzung dafür ist, dass der Service **sap/xi/simulation** in der Transaktion SICF des XI-Systems freigeschaltet ist.

Wählen Sie dazu im Menü des Integration Directory den Pfad **Werkzeuge · Konfiguration testen** aus. Sie können in den Eingabefeldern den **Sender-Service** und das **Interface** angeben, mit dem gesendet wird. Klicken Sie danach in der Ablaufsteuerung auf das Icon **Weiter** und SAP XI ermittelt die Objekte der Nachrichtenstrecke wie bei einem richtigen Durchlauf. Sie können anhand des Protokolls Fehler ermitteln und beheben (siehe Abbildung 5.14). Beachten Sie jedoch bitte, dass manche Objekte ohne eine entsprechende Nachricht nicht korrekt ermittelt werden können.

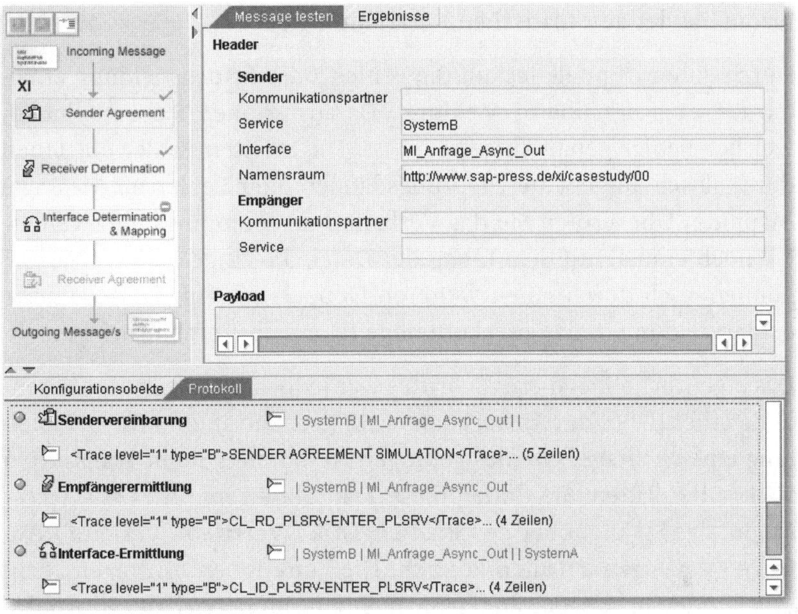

Abbildung 5.14 Testen der Konfiguration

5.1.4 Ablauf und Monitoring

Kontrolle der IDoc-Verarbeitung

Der Ablauf des ersten Schrittes der Fallstudie beginnt mit der Erstellung der Datei *anfrage_##.dat* im entsprechenden Verzeichnis des File-Senderadapters **File_Senderkanal_##**. Ein Muster für diese Datei finden Sie im Anhang des Buches. Unabhängig davon können Sie auch nach der Eingabe von Daten im Testmodus des Message-Mappings den Quellcode dieser Testdaten als Datei speichern. Achten Sie in jedem Fall darauf, dass die **Belegnummer** nach dem Schema **Anfrage-##** aufgebaut ist, um den Beleg später wieder finden zu können. Verwenden Sie zudem für die Bezeichnung der **Submission** das Schema **SUBMI_##**, da nach diesem Eintrag ein Empfänger im nächsten Fallstudienschritt ausgewählt wird.

Die versendete Nachricht erscheint im Erfolgsfall im Message-Monitoring von SAP XI, das Sie über die Transaktionen SXMB_MONI oder SXI_MONITOR erreichen können. Innerhalb des Business-Systems A können Sie den Eingang des IDocs in der Transaktion BD87 verfolgen. Lassen Sie sich dort alle IDocs anzeigen und betrachten Sie die Zeilen in der Rubrik **IDocs im Eingang**, wobei in diesem Schritt nur der IDoc-Typ **REQOTE** eine Rolle spielt. Sie können daran direkt erkennen, ob das IDoc überhaupt angekommen ist bzw. ob es Probleme bei der automatischen Verarbeitung gab.

Durch einen Doppelklick auf die Fehler- oder Erfolgsmeldung erhalten Sie eine detaillierte Meldung. Daraus können Sie entnehmen, welcher Fehler genau aufgetreten ist. Die meisten Fehler entstehen durch falsch aufgebaute Ursprungsdateien oder Fehler im Message-Mapping. Überprüfen Sie das Verhalten des Mappings im Zweifelsfall noch einmal mit dem Inhalt der Datei, die eingelesen wurde. Sie können auch durch einen weiteren Doppelklick auf die detaillierte Fehlermeldung in das angekommene IDoc selbst hineinspringen.

Überprüfung der eingegangenen Anfrage

Das eigentliche Ziel dieses Schrittes war jedoch nicht nur die Versendung eines IDocs mit Anfragedaten, sondern die automatische Erstellung einer Anfrage. Ob dies gelungen ist, können Sie in Transaktion VA13 überprüfen. Sie finden diese Transaktion im SAP Easy Access Menu, das Sie u.a. über den Pfad **Logistik • Vertrieb • Verkauf • Anfrage • Anzeigen** aufrufen können. Die Funktionen, Anfragen anzuzeigen oder anzulegen, finden Sie nicht nur im Bereich des Vertriebs. Genauso kann die SARIDIS eine Anfrage an ein anderes Unternehmen verschicken. Diese Art von Anfrage ist im Bereich des Einkaufs angesiedelt und nicht mit der Anfrage im Vertrieb zu verwechseln.

Nachdem Sie in die Transaktion VA13 gewechselt sind, stehen Sie vor dem Problem, die Nummer Ihrer Anfrage zu finden. Sie haben dazu einerseits die Möglichkeit, in der Transaktion BD87 zu Ihrer Erfolgsmeldung zu navigieren und sich die Nummer zu merken oder Sie nutzen die Suchfunktion des Eingabefeldes **Anfrage**. Öffnen Sie dazu die **F4**-Hilfe des Feldes und wählen Sie den Karteireiter **Verkaufsbelege nach Kunde** aus. Geben Sie zum einen den Partner **1171** (Hitech AG) sowie die Partnerrolle **AG** (Auftraggeber) an. Pflegen Sie insbesondere die Belegnummer Ihrer Anfrage **Anfrage-##** im Feld **Bestellnummer** ein.

Führen Sie die Abfrage aus, sollte Ihre Anfrage in einer Auflistung erscheinen. Wählen Sie diese Anfrage mit einem Doppelklick aus, damit die Anfragennummer übernommen wird. Bestätigen Sie Ihre Eingabe mit **Enter**, um zur Anfragenansicht zu gelangen (siehe Abbildung 5.15). Sie sollten nun die Daten Ihrer Anfrage sehen. Damit haben Sie den ersten Schritt der Fallstudie erfolgreich abgeschlossen.

Abbildung 5.15 Anzeige der Anfrage der Hitech AG

5.2 Abgabe der Angebote

Ablauf des zweiten Schrittes

Nachdem die Anfrage der Hitech AG bei der SARIDIS eingegangen ist, werden Sie die Rolle eines Sachbearbeiters übernehmen und manuell ein Angebot auf Basis der Anfrage erstellen. Dieses Angebot wird automatisch als IDoc aus dem System versendet und an die Hitech AG zurückgeschickt. Sobald das Angebot im XI-System der Hitech AG angelangt ist, wird über einen Webservice der Firma Sunny Electronics ebenfalls ein Angebot zu den Produkten eingeholt. Die Ergebnisse der beiden Anfragen von SARIDIS und Sunny Electronics werden zusammengestellt und schließlich der Hitech AG zugestellt.

Der Ablauf dieses Schrittes ist grob in Abbildung 5.16 auf der nächsten Seite dargestellt.

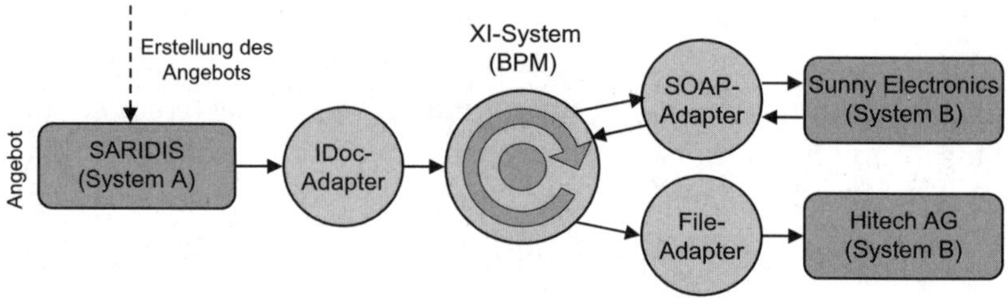

Abbildung 5.16 Ablauf von Schritt 2

5.2.1 Grundlagen

Übersicht über alle vorbereitenden Aktivitäten

Bevor Sie an die inhaltliche Bearbeitung dieses umfangreichen Schrittes gehen, sind zwei vorbereitende Tätigkeiten notwendig: Zum einen muss ebenso wie beim Empfangen eines IDoc auch beim Senden die Integration in die bestehenden Prozesse hergestellt werden. Dies wird mit einer entsprechenden Partnervereinbarung erreicht. Darüber hinaus werden Sie innerhalb des Business Process einen Webservice ansprechen, den Sie selbst anlegen oder importieren können.[3]

Pflege der Partnervereinbarungen

Pflege der Ausgangsparameter für Kunde Hitech AG

Melden Sie sich in System A an und rufen Sie Transaktion WE20 für die Pflege der Partnervereinbarungen auf. Legen Sie für die **Partnerart KU** und Partner **1171** (Hitech AG) eine neue Partnervereinbarung an und speichern Sie diese. Klicken Sie unterhalb der noch leeren Auflistung der **Ausgangsparameter** auf das Icon **Ausgangsparameter anlegen**.

Im Detailfenster, das sich nun öffnet (siehe Abbildung 5.17), wählen Sie zunächst die Partnerrolle **AG** (Auftraggeber) aus. Dies bedeutet, dass dieser Ausgangsparameter nur gültig ist, wenn an die Hitech AG in ihrer Rolle als Auftraggeber ein IDoc versendet wird. Wählen Sie den Nachrichtentyp **QUOTES**, der Anfragen enthält. Wählen Sie im unteren Bereich den Karteireiter **Ausgangsoptionen** und stellen Sie den Empfängerport **XI_SYSTEM** ein. Dieser Port wurde im Rahmen der Vorbereitungen der Einzelübungen bereits angelegt und verweist auf eine RFC-Verbindung zum XI-System. Wählen Sie den Aus-

3 Beide Schritte können nur einmal vorgenommen werden, weshalb sie vom Dozenten durchgeführt werden sollten.

gabemodus **IDoc sofort übergeben** und geben Sie den Basistyp **ORDERS01** an. Durch die Auswahl dieses Ausgabemodus wird beim Bestätigen der Eingaben die Paketgröße auf **1** gesetzt, d.h. es werden nicht mehrere IDocs in einem Paket gesammelt, bevor sie versendet werden. Der Basistyp **ORDERS01** ist der grundlegende Aufbau von IDocs, die im Einkauf und Verkauf verwendet werden, und ist dementsprechend vielseitig einsetzbar.

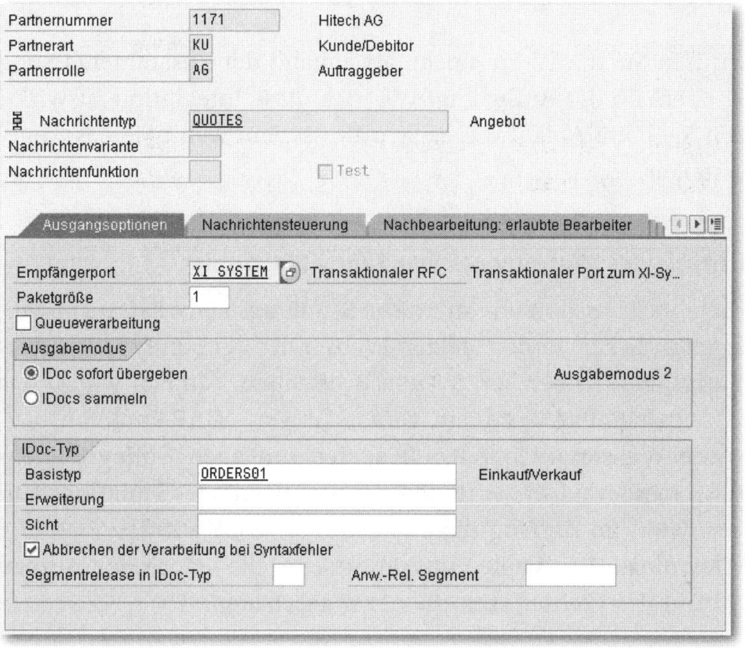

Abbildung 5.17 Ausgangsoptionen des Ausgangsparameters für den Kunden Hitech AG

Wechseln Sie nun zum Karteireiter **Nachrichtensteuerung**, um die Integration in die Transaktionen des Verkaufs vorzunehmen. Fügen Sie mit dem Icon **Zeile einfügen** unterhalb der Auflistung eine neue Zeile hinzu und wählen Sie in der Spalte **Applikation** den Eintrag **V1** (Verkauf) aus (siehe Abbildung 5.18). Da die Integration zunächst nur auf den Versand von Angeboten beschränkt sein soll, wählen Sie in der Spalte **Nachrichtenart** die Option **AN00** (Angebot) aus. Pflegen Sie schließlich in der Spalte **Vorgangscode** den Eintrag **SD12** mit der Wertehilfe ein und bestätigen Sie Ihre Eingaben.

Abbildung 5.18 Nachrichtensteuerung des Ausgangsparameters für den Kunden Hitech AG

Überprüfen Sie die Werte nochmals anhand der Zusammenfassung direkt oberhalb der Auflistung. Wie sich diese Integration auswirkt, werden Sie beim Ablauf dieses Schrittes sehen, wenn Sie das Angebot erstellen.

Einrichtung des Webservices von Sunny Electronics

Quelle des Webservices

Um die ohnehin schon umfangreiche Schulungslandschaft nicht weiter zu vergrößern, werden Sie den Webservice der Sunny Electronics der Einfachheit halber von System B beziehen. Ähnlich wie in der dritten Einzelübung wird ein remotefähiger ABAP-Funktionsbaustein den Webservice bereitstellen, der von allen Übungsteilnehmern verwendet wird; Sie finden den Quellcode des Funktionsbausteins sowohl im Anhang dieses Buches als auch auf der Webseite zum Download. Wir wollen uns an dieser Stelle jedoch den Aufbau und Ablauf des Webservices ein wenig anschauen.

Aufbau des Webservices

Der Webservice nimmt einerseits die Kopfdaten eines Angebots entgegen und andererseits unbegrenzt viele Angebotspositionen auf. Technisch gesehen wird dies unter Verwendung einer Tabelle für die Übergabe von Parametern umgesetzt. Für die Verwendung der Tabelle wird eine Datenstruktur benötigt, die für den Webservice im Data Dictionary angelegt wird. Sie können diese Struktur auch über den Transport einspielen oder nach entsprechender Anleitung im Anhang selbst erstellen. Die Kopfdaten und auch der Großteil der Positionsdaten werden unverändert durchgereicht.

Verändert werden hingegen das Angebots- und das Gültigkeitsdatum sowie alle Preisangaben. Dies erlaubt es, später das Angebot der SARIDIS unverändert an Sunny Electronics weiterzuleiten, die zu den gleichen Konditionen ihre Preise angeben. Die Preise der einzelnen Monitore entsprechen genau denen von SARIDIS, werden jedoch mit einem bestimmten Faktor verändert. Standardmäßig kosten die Artikel von Sunny Electronics 110 % vom SARIDIS-Preis. Wäre dies nicht so, müsste die gesamte Fallstudie ab hier mit Sunny Electronics weiter durchgeführt werden.

5.2.2 Design

Entgegen dem bisherigen Vorgehen in den Phasen Design und Konfiguration, werden Sie sich in diesem Schritt zunächst einen Überblick verschaffen und dann das gesamte Szenario in mehreren Teilen bearbeiten. Der Überblick über die verwendeten Objekte wird in den entsprechenden Teilen vorgenommen.

Erstellung des Business-Process-Gerüsts

Ablauf des Integrationsprozesses

Da dieser zweite Schritt der Fallstudie maßgeblich durch den Business Process beeinflusst wird, werden Sie mit diesem Objekt beginnen. Dadurch können Sie sich bewusst machen, welche Aktionen notwendig sind und in welche drei Blöcke sich der Ablauf einteilen lässt.

Öffnen Sie zunächst das Integration Repository und navigieren Sie zu Ihrer Software-Komponentenversion und darin in den Namensraum der Fallstudie. Erstellen Sie im Verzeichnis **Integrationsszenarien & -Prozesse • Integrationsprozesse** den neuen Integrationsprozess **IP_Angebote_##**, wobei ## für Ihre Teilnehmernummer steht. Lösen Sie das Detailfenster mit dem Icon **Fenster loslösen** rechts oben und blenden Sie den Kopfbereich aus, um möglichst viel Platz zu gewinnen. Fügen Sie zunächst drei Blöcke ein und geben Sie ihnen in der entsprechenden Reihenfolge die Namen **IDoc-Verarbeitung**, **Webservice-Aufruf** und **Listenversendung**.

Fügen Sie im ersten Block zunächst einen Empfangsschritt ein und nennen Sie ihn **IDoc empfangen**. Ergänzen Sie den Block um einen Transformationsschritt nach dem Empfang und geben Sie ihm den Namen **IDoc umwandeln**. In diesem Schritt wird das IDoc in ein vereinfachtes Angebotsformat zur weiteren Verarbeitung umgewandelt. Dieses vereinfachte Angebotsformat stimmt mit dem Antwortformat des Webservices von Sunny Electronics überein. Der letzte Schritt in diesem Block ist eine Containeroperation und lautet **Angebot SARI-**

DIS anhängen. Dabei wird das vereinfachte SARIDIS-Angebot in eine Angebotsliste aufgenommen.

Der zweite Block beginnt mit der Umwandlung des SARIDIS-Angebots in das Format des Webservice-Request. Dieser Schritt trägt den Namen **WS Request erstellen**. Danach folgt ein synchroner Sendeschritt namens **Webservice aufrufen**. Hier wird der Webservice aufgerufen und das Vergleichsangebot eingeholt. Achten Sie bei diesem Element darauf, dass Sie den Modus **Synchron** in den Eigenschaften auswählen. Die Containeroperation **Angebot Sunny anhängen** am Ende des Blocks fügt auch das Vergleichsangebot in die Angebotsliste ein. Dies ist ohne eine Transformation möglich, da die Antwort des Webservice identisch ist mit dem vereinfachten Angebotsformat.

Der dritte Block besteht nur aus zwei Elementen. Das erste ist ein Transformationselement mit dem Namen **Angebotsliste umwandeln** und macht aus der mehrzeiligen Angebotsliste eine einfache Nachricht, die alle Angebote enthält. Der letzte Schritt **Angebote senden** verschickt mit einem asynchronen Sendeschritt die eben erstellte Nachricht.

Die drei Blöcke sollten nun den Aufbau aus Abbildung 5.19 haben. In den nächsten Schritten werden Sie nun dieses Business-Process-Gerüst mit Leben füllen.

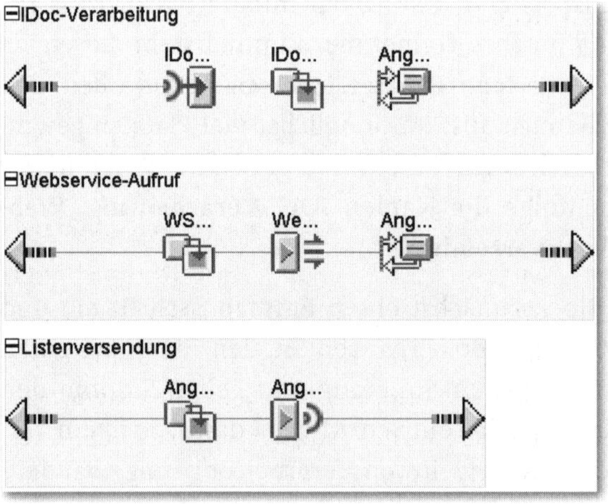

Abbildung 5.19 Aufbau der Business-Process-Blöcke

Designobjekte des ersten Blocks

Überblick der Designobjekte im ersten Block

Im ersten Block des Integrationsprozesses ist aus Sicht der Designphase vor allen Dingen die Umwandlung des IDocs in das vereinfachte Angebotsformat von Bedeutung. Dies bedeutet zunächst, dass dieses vereinfachte Angebotsformat und ein Message-Mapping dazu angelegt werden müssen. Bei diesem Message-Mapping werden Sie sich intensiver mit dem Umgang von Kontexten im Mapping auseinander setzen. Das Interface-Mapping ist durch die Besonderheit gekennzeichnet, dass beide Interfaces abstrakt sind, da sie in einem Business Process verwendet werden. Dies macht es auch notwendig, für das IDoc **QUOTES.ORDERS01** ein abstraktes Interface anzulegen. Eine Übersicht über alle Objekte in diesem Teil finden Sie in Tabelle 5.5.

Art des Objekt	Senderseite	Empfängerseite
Message-Interface	▸ **QUOTES.ORDERS01** ▸ **MI_QUOTES_ORDERS01_Async_Abstrakt**	**MI_ws_sunny_response_Async_Abstrakt**
Message-Typ	**QUOTES.ORDERS01**	**Z_SUNNY_ANGEBOTOutput**
Datentyp		
Interface-Mapping	**IM_QUOTES_ORDERS01_Async_Abstrakt_zu_MI_ws_sunny_response_Async_Abstrakt**	
Message-Mapping	**MM_QUOTES_ORDERS01_zu_Z_SUNNY_ANGEBOTOutput**	

Tabelle 5.5 Designobjekte für den ersten BP-Block des zweiten Schrittes der Fallstudie

Erstellung der Objekte der Senderseite

Beginnen Sie der Reihe nach mit den Elementen der Senderseite: Importieren Sie zunächst die IDoc-Definition **QUOTES.ORDERS01** aus System A. Erstellen Sie nun auf Basis dieses importierten Objekts das Message-Interface **MI_QUOTES_ORDERS01_Async_Abstrakt**. Dieser ungewohnte Schritt ist notwendig, da die Schnittstellen-Deklaration als abstrakt deklariert werden muss, um in einem Integrationsprozess verwendet zu werden. Stellen Sie deshalb die Kategorie **Abstrakt** und den Modus **Asynchron** ein.

Erstellung der Objekte der Empfängerseite

Sowohl Datentyp als auch Message-Typ des vereinfachten Angebotsformats stimmen mit dem Response-Format des Webservices der Sunny Electronics überein. Damit müssen diese beiden Elemente nicht manuell angelegt werden, sondern können über den Import der WSDL-Beschreibung des entsprechenden Webservices beschafft werden.

Rufen Sie das Webservice Repository von System B über die URL *http://<Host SystemB>:<Port 80XX>/sap/bc/bsp/sap/webservicebrowser/search.html?sap-client=<Mandant>* auf und melden Sie sich mit Ihrem Benutzer **SYS_B-##** an. Suchen Sie dort nach dem Webservice **Z_SUNNY_ANGEBOT** und speichern Sie die WSDL-Beschreibung, indem Sie neben der entsprechenden Zeile den Eintrag **wsdl** anklicken. Achten Sie beim Speichern darauf, bei Bedarf aus der Quelltext-Ansicht des Webbrowsers zu speichern und legen Sie die Definition als **Z_SUNNY_ANGEBOT_SystemB.wsdl** auf Ihrem Frontend ab.

Erstellen Sie auf der Basis der WSDL-Datei die externe Definition **ws_sunny_angebot** in Ihrem Fallstudien-Namensraum. Überprüfen Sie nach dem Import der Datei, dass unter dem Karteireiter **Messages** die beiden Messages **Z_SUNNY_ANGEBOTInput** und **Z_SUNNY_ANGEBOTOutput** vorhanden sind.

Erstellen des Message-Interfaces

Legen Sie nun das Message-Interface **MI_ws_sunny_response_Async_Abstrakt** für die Empfängerseite an. Verwenden Sie dazu den Message-Typ **Z_SUNNY_ANGEBOTOutput**. Da auch dieses Interface im Business Process verwendet wird, muss es der Kategorie **Abstrakt** und dem Modus **Asynchron** angehören.

Erstellen des Message-Mappings

Sie haben nun die Objekte für die Sender- und Empfängerseite angelegt und können sich den Mapping-Objekten zuwenden. Erstellen Sie deshalb zunächst das Message-Mapping **MM_QUOTES_ORDERS01_zu_Z_SUNNY_ANGEBOTOutput**. Wählen Sie als Ausgangs-Message den IDoc-Typ **QUOTES:ORDERS01** und als Ziel-Message **Z_SUNNY_ANGEBOTOutput** aus der externen Definition **ws_sunny_angebot.**

Beachten Sie dabei, dass die Struktur der Ziel-Message ungewohnt aufgebaut ist: Die Unterstruktur **POSITIONEN**, die mehrfache Angebotspositionen enthält, befindet sich nicht am Ende der Message, sondern ist alphabetisch einsortiert. Lösen Sie auch dieses Fenster los, damit Sie genug Platz für das Mapping haben.

Beginnen Sie mit dem Mapping der Kopfdaten, was mithilfe von Tabelle 5.6 für Sie kein Problem darstellen sollte. Diejenigen Ziel-

Elemente, die aus mehr als einem Quellelement hervorgehen, lassen Sie vorerst aus.

Segment von QUOTES.ORDERS01	Datenelement von QUOTES.ORDERS01	Datenelement von Z_SUNNY_ANGEBOTOutput
E1EDK01	RECIPNT_NO	KUNDE
E1EDK01	BELNR	BELEGNUMMER
E1EDK03	IDDAT (025) DATUM	ANGEBOTSDATUM
E1EDK03	IDDAT (006) DATUM	BINDEFRIST
E1EDK04	MSATZ	MWSTSATZ
E1EDK04	MWSBT	MWSTBETRAG
E1EDK02	QUALF (007) BELNR	SUBMISSION
E1EDS01	SUMID (002) SUMME	NETTOPREIS
E1EDS01	SUMID (002) SUNIT	WAEHRUNG
	Konstante: SARIDIS	LIEFERANTENNR

Tabelle 5.6 Zuordnung der Kopfdaten im Message-Mapping des ersten Blocks des zweiten Schrittes

Betrachten Sie nun die Zielelemente, die aus mehr als einem Element erstellt werden, wie z. B. **ANGEBOTSDATUM** und **BINDEFRIST**. Beide Elemente werden aus den gleichen Daten des Segments **E1EDK03** erstellt, obwohl sie verschiedene Werte haben können. Dies hängt damit zusammen, dass das Element **IDDAT** innerhalb des Segments angibt, was für eine Art von Datum eine Instanz dieses Segments enthält. Ein Angebots-IDoc, das aus System A abgeschickt wird enthält mehrere Instanzen dieses Segments mit verschiedenen Inhalten im Feld **IDDAT**.

Um sich dies besser vor Augen zu führen, können Sie bereits einen Blick in Abschnitt 5.2.4 werfen, dort ein Angebot erstellen und als IDoc versenden. Das IDoc wird zu diesem Zeitpunkt zwar noch nicht zugestellt, aber zumindest erstellt. Sie können sich den genauen Aufbau des IDocs dann in Transaktion BD87 von System A anschauen. Sie werden dort einen ähnlichen Aufbau wie in Abbildung 5.20 finden: Dort ist zu sehen, dass das Segment **E1EDK03** insgesamt viermal eingebunden ist. Rechts neben dem Segmentnamen sehen Sie den Inhalt des Feldes **IDDAT**, das die einzelnen Instanzen genau identifiziert.

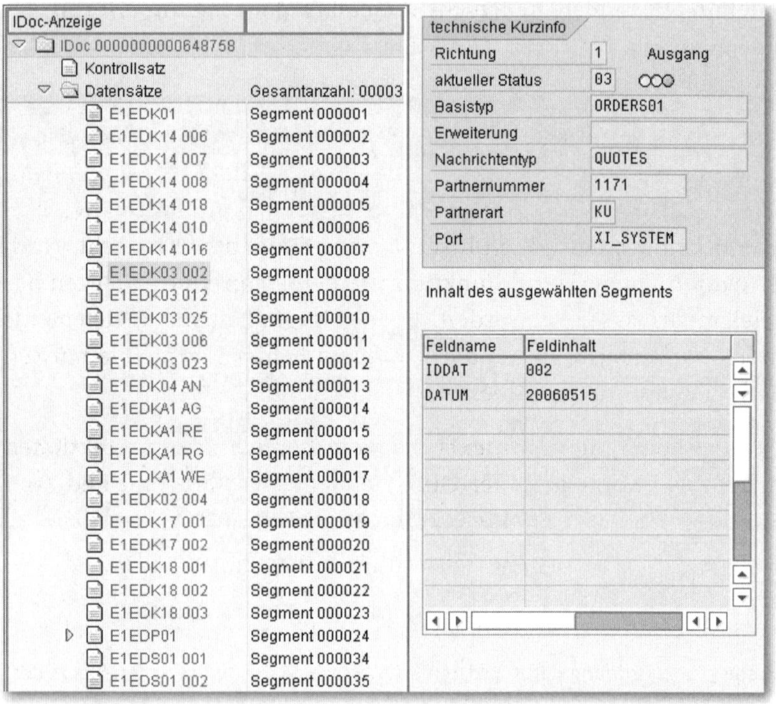

Abbildung 5.20 Aufbau eines Angebots-IDocs

Kopfdaten-Mapping bei mehreren gleichen IDoc-Segmenten

Es ist somit notwendig, den Inhalt des Elements **IDDAT** abzufragen und je nach Inhalt das Zielelement zu füllen oder nicht. Sie können dies mit der grafischen Funktion **IfWithoutElse** im Funktionenbereich **Boolesch** realisieren. Sie können den Funktionenbereich unterhalb der Arbeitsfläche auswählen, woraufhin die einzelnen Funktionen rechts davon erscheinen. Vergleichen Sie den Inhalt von **IDDAT** mit einer entsprechenden Konstante, deren Inhalt Sie ebenfalls aus Tabelle 5.6 entnehmen können. Wenn die beiden Werte übereinstimmen, wird dem Zielelement der Wert des Feldes **DATUM** zugewiesen.

Verwenden Sie zum Vergleichen die Funktion **equalsS** aus dem Bereich **Text**, da Sie zwei String-Variablen miteinander vergleichen. Füllen Sie nun im Testbereich des Mappings die entsprechenden Segmente mit Beispieldaten, aber führen Sie noch keinen Test durch. Achten Sie dabei darauf, dass Sie mehrere Positionen angeben und die Segmente, die mehrmals vorkommen können, auch mehrmals vorkommen. Nutzen Sie im Zweifelsfall das IDoc, das Sie soeben aus

System A abgeschickt haben. Sie können im Message-Monitoring des XI-Systems die genaue XML-Struktur kopieren. Dies ist notwendig, damit die Queue-Anzeige Daten zur Anzeige hat.

Lassen Sie sich nun mithilfe des Kontextmenüs die Queues der **if**-Funktion anzeigen. Sie erinnern sich vielleicht aus dem Mapping des ersten Schrittes, dass jedes grau unterlegte Feld ein Kontextwechsel ist und damit einer neuen Instanz eines Elements entspricht. Nach der Output-Queue der **if**-Funktion würden somit vier Instanzen des Zielelements angelegt werden. Da die Häufigkeit des Zielelements jedoch nur eins ist, würde dies zu einem Fehler führen. Sie müssen somit alle unnötigen Kontextwechsel entfernen.

Die Funktion **removeContexts** aus dem Bereich **Knotenfunktionen** entfernt alle Kontexte einer Queue außer dem Start- und End-Kontext. Fügen Sie diese Funktion zwischen die **if**-Funktion und das Zielelement und lassen Sie sich Ihre Queue anzeigen. Sie sehen, dass nun statt den ursprünglichen vier Quellelementen nur noch genau eins angelegt wird (siehe Abbildung 5.21). Führen Sie nach diesem Muster das Mapping für die verbleibenden Kopfdaten durch. Eine weitere Ausnahme bildet dabei jedoch das Zielelement **SUBMISSION**.

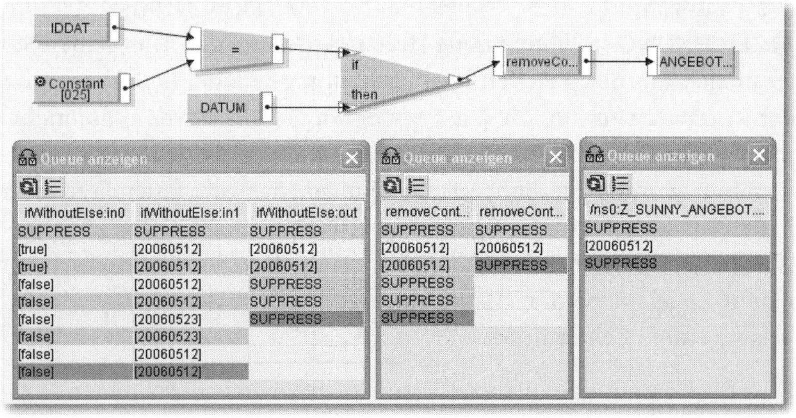

Abbildung 5.21 Kopfdaten-Mapping bei mehreren gleichen IDoc-Segmenten

Mapping der Positionselemente

Fahren Sie nun fort mit dem Mapping der Positionselemente, das Sie bis auf zwei Ausnahmen nach Tabelle 5.7 durchführen können.

Segment von QUOTES.ORDERS01	Datenelement von QUOTES.ORDERS01	Datenelement von Z_SUNNY_ANGEBOTOutput
Keins (IDoc)	E1EDP01	Item
E1EDP01	POSEX	POS
E1EDP01	MENGE	MENGE
E1EDP01	NTGEW	NETTOGEWICHT
E1EDP01	GEWEI	GEWICHTSEINHEIT
E1EDP01	CURCY	WAEHRUNG
E1EDP01	MATKL	MATERIALKLASSE
E1EDP01	BRGEW	BRUTTOGEWICHT
E1EDP01/E1EDP05	BETRG	POSITIONSSUMME
E1EDP01/E1EDP20	EDATU	LIEFERDATUM
E1EDP01/E1EDP19	QUALF (002) IDTNR	MATERIALNUMMER
E1EDP01/E1EDP19	QUALF (002) KTEXT	BEZEICHNUNG

Tabelle 5.7 Zuordnung der Positionsdaten im Message-Mapping des ersten Blocks des zweiten Schrittes

Verteilung von Werten auf verschiedene Positionen

Die Zuordnung der Zielelemente **MATERIALNUMMER** und **BEZEICHNUNG** stellt eine neue Herausforderung dar. Hier haben Sie es an sich mit der gleichen Problemstellung wie bei den Elementen der Kopfdaten zu tun, die aus Segmenten erstellt wurden, die mehrmals vorkommen. Versucht man jedoch die gleiche Lösung anzuwenden, werden Sie anhand der Queue-Anzeigen feststellen, dass bei mehreren Positionen genauso viele Werte dem Zielelement zugewiesen werden. Enthält das Angebot also drei Positionen, werden einem Zielelement der ersten Zielposition drei Werte zugewiesen, was zu einem Fehler führt.

Dies liegt daran, dass die drei Werte nicht jeweils durch einen Kontext voneinander getrennt sind. Ein ähnliches Problem hatten Sie im ersten Schritt der Fallstudie mithilfe der grafischen Funktion **SplitByValue** aus dem Bereich **Knotenfunktionen** gelöst. Diese Funktion kann nach jedem Wert einen Kontextwechsel einfügen und somit die drei Werte auf drei verschiedene Positionen verteilen.

Der Mapping-Prozess vergleicht zunächst die Inhalte der Queue **QUALF** mit der Konstanten, bis der festgelegte Wert gefunden wird.

Daraufhin wird der entsprechende Wert der Queue **IDTNR** übernommen. Die daraus entstandene Queue hat ebenso viele Einträge wie Materialien übermittelt wurden, jedoch sind noch zu viele Kontextwechsel enthalten. Um die Anzahl der Kontextwechsel zu korrigieren, werden zunächst alle Kontexte entfernt. In einem weiteren Schritt wird für jeden enthaltenen Wert ein neuer Kontextwechsel eingefügt. Setzen Sie die in Abbildung 5.22 gezeigte Lösung für die beiden Zielelemente **MATERIALNUMMER** und **BEZEICHNUNG** um.

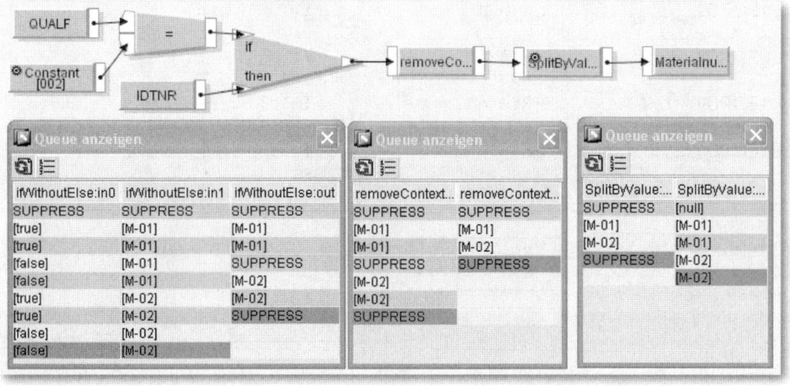

ifWithoutElse:in0	ifWithoutElse:in1	ifWithoutElse:out
SUPPRESS	SUPPRESS	SUPPRESS
[true]	[M-01]	[M-01]
[true]	[M-01]	[M-01]
[false]	[M-01]	SUPPRESS
[false]	[M-01]	[M-02]
[true]	[M-02]	[M-02]
[true]	[M-02]	SUPPRESS
[false]	[M-02]	
[false]	[M-02]	

removeContext...	removeContext...
SUPPRESS	SUPPRESS
[M-01]	[M-01]
[M-01]	[M-02]
SUPPRESS	SUPPRESS
[M-02]	
[M-02]	
SUPPRESS	

SplitByValue:...	SplitByValue:...
SUPPRESS	[null]
[M-01]	[M-01]
[M-02]	[M-01]
SUPPRESS	[M-02]
	[M-02]

Abbildung 5.22 Positionsdaten-Mapping bei mehreren gleichen IDoc-Segmenten

Weitere Mapping-Möglichkeit

Alternativ zu dieser Lösung möchten wir noch eine weitere Möglichkeit betrachten. Dabei wird der Wechsel der Kontextsicht beim Mapping des Zielelements **MATERIALNUMMER** untersucht.

Die Kontextwechsel der beiden Quellelemente **QUALF** und **IDTNR** sind durch die Gesamtanzahl der Segmente **E1EDP01/E1EDP19** bestimmt, d.h. die Sicht auf diese Segmente wird derzeit aus Sicht derselben Segmentart vorgenommen. Sie haben jedoch die Möglichkeit die Sichtebene zu ändern, indem Sie das Kontextmenü der jeweiligen Quellelemente wählen und mit der Option **Kontext** von **E1DP19** auf **E1EDP01** wechseln.

Wenn Sie sich die Queues dieser beiden Elemente neu anzeigen lassen, verändern sich die Einträge der Queue, da nur noch nach einem neuen Segment **E1EDP19** ein Kontextwechsel vorgenommen wird. Damit sind ohnehin nur noch so viele Kontextwechsel vorhanden, wie es Zielelemente gibt, die anderen Kontextwechsel werden unterdrückt und spielen somit bei der Häufigkeit des Zielelements keine

Rolle mehr. Sie können damit die Knotenfunktionen nach dem **if**-Block weglassen (siehe Abbildung 5.23).

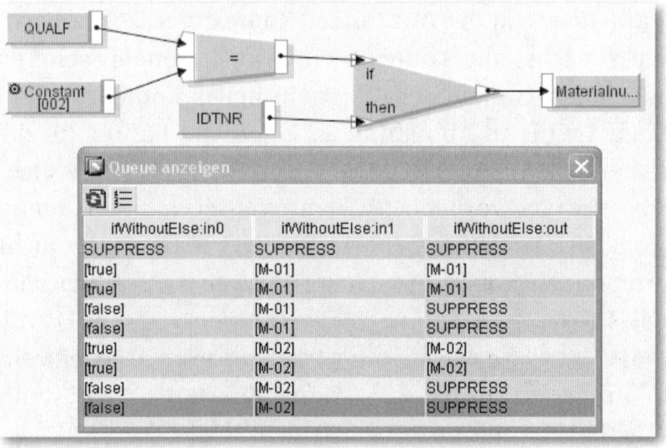

Abbildung 5.23 Wechsel der Kontextsicht bei den Quellelementen

> **Hinweis**
>
> Sollte es aus irgendeinem Grund dazu kommen, dass weniger Werte in einer Queue enthalten sind, als Zielelemente vorliegen, wird der letzte Wert der Queue für alle weiteren Zielelemente verwendet.

Testen des Message-Interfaces

Speichern Sie das Mapping und testen Sie es. Wie bereits weiter oben erwähnt, können Sie bereits den ersten Schritt des Ablaufs durchführen, um ein Angebots-IDoc zu erzeugen. Sie können dann den Aufbau des XML-Dokuments im Message-Monitoring des XI-Systems betrachten und als XML-Datei für den Test speichern. Achten Sie jedoch auch hier darauf, dass Sie nur den Quellcode der Anzeige speichern, da anderenfalls die Minuszeichen nicht interpretiert werden können. Speichern Sie bei einem erfolgreichen Test auch die Ausgangs-Message, da diese in einem Mapping im zweiten Block zum Testen verwendet werden kann.

Erstellung des Interface-Mappings

Der letzte Schritt in der Designphase des ersten Blocks ist die Erstellung des Interface-Mappings **IM_QUOTES_ORDERS01_Async_Abstrakt_zu_ MI_ws_sunny_response_Async_Abstrakt**. Erstellen Sie dazu ein neues Interface-Mapping und verwenden Sie das abstrakte Interface der IDoc-Definition **MI_QUOTES_ORDERS01_Async_Abstrakt** als Ausgangs-Interface. Das Ziel-Interface ist das abstrakte Interface der Response-Message von Webservice **ws_sunny_angebot**.

Lesen Sie die Interfaces im unteren Bereich ein und wählen Sie das eben erstellte Message-Mapping aus Ihrem Namensraum aus. Speichern Sie das Interface-Mapping. Sie haben nun alle Designobjekte des ersten Prozessblocks erstellt.

Designobjekte des zweiten Blocks

Überblick über die Designobjekte des zweiten Blocks

Im zweiten Block wird das Angebot der SARIDIS, das nun im vereinfachten Angebotsformat vorliegt, an den Webservice von Sunny Electronics geschickt. Da die Request-Message des Webservices nicht dem vereinfachten Angebotsformat entspricht, muss auch hier wieder ein einfaches Message-Mapping vorgenommen werden. Da die Request- und die Response-Message im Integrationsprozess einzeln über abstrakte Interfaces bearbeitbar sein müssen, werden somit zwei passende abstrakte Interfaces benötigt.

Für die Response-Message verwenden Sie das abstrakte Interface aus dem ersten Block wieder. Beim Aufruf des Webservices wird von einem abstrakten synchronen Message-Interface aus gesendet. Das empfangende Gegenstück außerhalb des Business Process benötigt jedoch ein gewöhnliches synchrones **Inbound**-Interface.

Alle für diesen Block verwendeten Designobjekte sind in Tabelle 5.8 dargestellt. Beachten Sie, dass bei den beiden Mappings die verwirrenden Namen daher rühren, dass das vereinfachte Angebotsformat dem Response-Format des Webservices entspricht.

<table>
<tr><th>Art des Objekt</th><th>Senderseite</th><th>Empfängerseite</th></tr>
<tr><td rowspan="2">Message-Interface</td><td>MI_ws_sunny_request_ Async_Abstrakt</td><td>MI_ws_sunny_response_ Async_Abstrakt*</td></tr>
<tr><td colspan="2">▸ MI_ws_sunny_angebot_Sync_Abstrakt
▸ MI_ws_sunny_angebot_Sync_In</td></tr>
<tr><td>Message-Typ
Datentyp</td><td>Z_SUNNY_ANGEBOTInput*</td><td>Z_SUNNY_ ANGEBOTOutput*</td></tr>
<tr><td>Interface-Mapping</td><td colspan="2">IM_ws_sunny_response_Async_Abstrakt_zu_ws_sunny_ request_Async_Abstrakt</td></tr>
<tr><td>Message-Mapping</td><td colspan="2">MM_Z_SUNNY_ANGEBOTOutput_zu_Z_SUNNY_ ANGEBOTInput</td></tr>
</table>

Tabelle 5.8 Designobjekte für den zweiten BP-Block des zweiten Schrittes der Fallstudie

Anlegen der Message-Interfaces

Beginnen Sie zunächst mit den Interfaces, die Sie zum Verarbeiten von Webservice-Request und -Response benötigen werden. Legen Sie das Message-Interface **MI_ws_sunny_request_Async_Abstrakt** für den Aufruf des Webservices an. Es repräsentiert die Message **Z_SUNNY_ANGEBOTInput** aus Ihrem Namensraum und gehört der Kategorie **Abstrakt** und dem Modus **Asynchron** an. Speichern Sie das Interface.

Der Aufruf des Webservices von Sunny Electronics läuft synchron ab, weshalb für den Integrationsprozess ein abstraktes synchrones Interface erstellt werden muss und für die Gegenstelle außerhalb ein synchrones **Inbound**-Interface notwendig ist.

Beginnen Sie zunächst mit dem abstrakten Interface **MI_ws_sunny_angebot_Sync_Abstrakt** (siehe Abbildung 5.24). Wie der Name schon vermuten lässt, handelt es sich um ein abstraktes Interface, das im Modus **Synchron** arbeitet. Da es aus Sicht des Integrationsprozesses verwendet wird, ist die Output-Message vom Typ **Z_SUNNY_ANGEBOTInput** aus der externen Definition **ws_sunny_angebot**. Beachten Sie, dass die Benennung der Messages aus Sicht des Webservices erfolgt ist. Die Input-Message ist dementsprechend vom Typ **Z_SUNNY_ANGEBOTOutput**. Speichern Sie das Message-Interface nachdem Sie die Einstellungen vorgenommen haben.

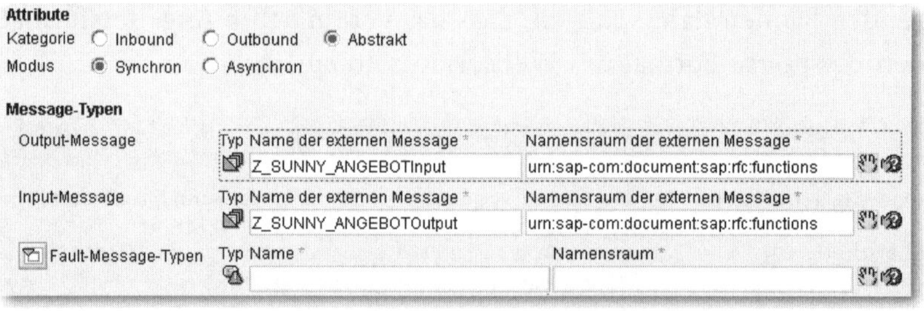

Abbildung 5.24 Abstraktes Interface für den synchronen Webservice-Aufruf

Das **Inbound**-Interface **MI_ws_sunny_angebot_Sync_In** für die synchrone Verarbeitung des Webservice-Aufrufs gehört dementsprechend der Kategorie **Inbound** und dem Modus **Synchron** an. Da dieses Interface aus Sicht des Webservices verwendet wird, stimmen die Bezeichnungen der Message nun. Somit ist die Input-Message vom Typ **Z_SUNNY_ANGEBOTInput** und die Output-Message vom Typ **Z_SUNNY_ANGEBOTOutput**. Beide Messages sind unterhalb der externen Definition **ws_sunny_angebot** zu finden. Speichern Sie auch dieses Message-Interface.

Fahren Sie nun fort mit dem Message-Mapping **MM_Z_SUNNY_ANGEBOTOutput_zu_Z_SUNNY_ANGEBOTInput**, das zur Umwandlung des vereinfachten SARIDIS-Angebots in einen Webservice-Request dient. Verwenden Sie als Ausgangsnachricht die Output-Message **Z_SUNNY_ANGEBOTOutput** der externen Definition **ws_sunny_angebot**. Die Ziel-Message ist **Z_SUNNY_ANGEBOTInput** aus der gleichen externen Definition. Beginnen Sie zunächst mit den Kopfdaten und weisen Sie die Quellelemente **KUNDE**, **LIEFERANTENNR** und **SUBMISSION** den entsprechenden Gegenstücken zu. Die anderen Quellkopfdaten werden in diesem Mapping nicht weiter verwendet und können unverändert belassen werden.

Markieren Sie nun auf beiden Seiten die Unterstruktur **POSITIONEN** und klicken Sie auf das Icon **Markierte Felder und Unterstrukturen mit gleichem Namen zuordnen**. Dadurch werden automatisch alle Felder aufeinander gemappt (siehe Abbildung 5.25) und das Mapping kann gespeichert werden.

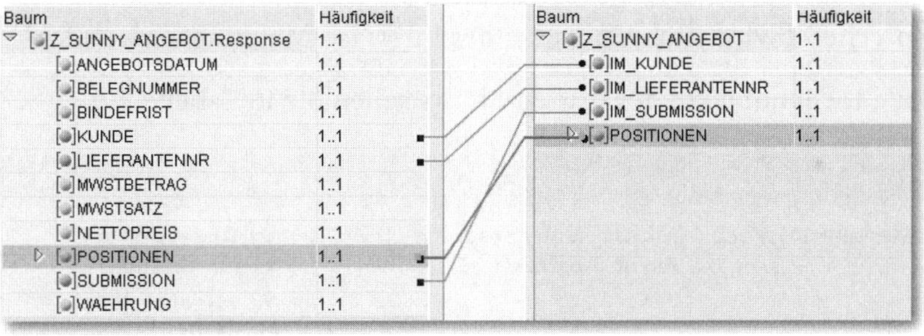

Abbildung 5.25 Message-Mapping des zweiten Blocks des zweiten Schrittes

Testen Sie es mit den Daten, die Sie aus dem Mapping des ersten Blocks gewonnen haben. Sollten an dieser Stelle Fehler auftauchen, so überprüfen Sie dieses Mapping und im Zweifelsfall auch das vorgelagerte Mapping aus dem ersten Block.

Anlegen des Interface-Mappings

Erstellen Sie nun auf Basis dieses Message-Mappings das Interface-Mapping **IM_ws_sunny_response_Async_Abstrakt_zu_ws_sunny_request_Async_Abstrakt**. Verwenden Sie als Ausgangs-Interface **MI_ws_sunny_response_Async_Abstrakt**, das Sie in Ihrem Fallstudien-Namensraum finden. Das Ziel-Interface ist vom Typ **MI_ws_sunny_**

request_Async_Abstrakt. Lesen Sie die beiden Interfaces im unteren Bereich ein und weisen Sie das eben erstellte Message-Mapping **MM_Z_SUNNY_ANGEBOTOutput_zu_Z_SUNNY_ANGEBOTInput** zu. Mit dem Speichern dieses Objekts haben Sie alle Designobjekte des zweiten Blocks erstellt.

Designobjekte des dritten Blocks

Überblick der Designobjekte

Im dritten Block wird der mehrzeilige Container, der während des Integrationsprozesses die Angebote speichert, in ein Format umgewandelt, das in einer Nachricht mehrere Angebote aufnehmen kann. Dies ist notwendig, da mehrzeilige Containerobjekte nur innerhalb eines Integrationsprozesses existieren und nicht direkt versendet werden können.

Es muss somit ein entsprechender Daten- und Message-Typ angelegt werden, der durch ein abstraktes Interface repräsentiert wird. Da der Datentyp leider nicht auf die Messages der externen Definition verweisen kann, müssen die Datentypen des Webservice-Response nachgebaut werden. Darüber hinaus benötigen Sie ein Message-Mapping, das die Einzelangebote in die Liste überführen kann. Dementsprechend wird auch ein passendes Interface-Mapping verwendet.

Alle Designobjekte des dritten Blocks sehen Sie in Tabelle 5.9.

Art des Objekts	Senderseite	Empfängerseite
Message-Interface	**MI_ws_sunny_response_ Async_Abstrakt***	▸ **MI_Angebotsliste_ Async_Abstrakt** ▸ **MI_Angebotsliste_ Async_In**
Message-Typ	**Z_SUNNY_ANGEBOTOutput***	**MT_Angebotsliste**
Datentyp		▸ **DT_Angebotsliste** ▸ **DT_Angebot** ▸ **DT_Angebotsposition**
Interface-Mapping	**IM_ws_sunny_response_Async_Abstrakt_zu_MI_ Angebotsliste_Async_Abstrakt**	
Message-Mapping	**MM_Z_SUNNY_ANGEBOTOutput_zu_MT_Angebotsliste**	

Tabelle 5.9 Designobjekte für den dritten BP-Block des zweiten Schrittes der Fallstudie

Der Datentyp **DT_Angebotsposition** entspricht dem Aufbau nach der Unterstruktur **POSITIONEN** aus der Response-Message des Webservices. Sie können den Datentyp anhand von Abbildung 5.26 erstellen.

Erstellung der Datentypen

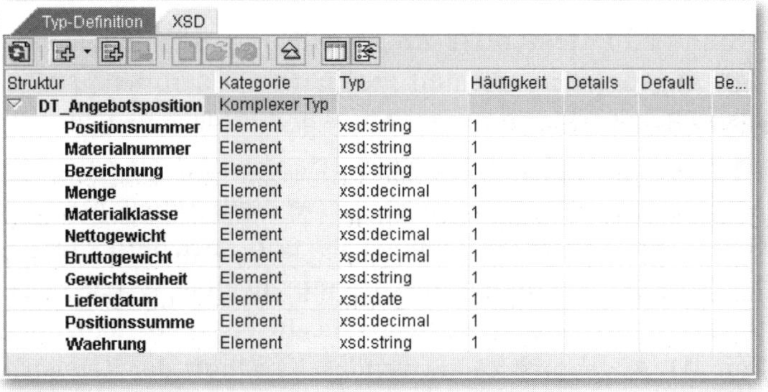

Struktur	Kategorie	Typ	Häufigkeit	Details	Default	Be...
DT_Angebotsposition	Komplexer Typ					
Positionsnummer	Element	xsd:string	1			
Materialnummer	Element	xsd:string	1			
Bezeichnung	Element	xsd:string	1			
Menge	Element	xsd:decimal	1			
Materialklasse	Element	xsd:string	1			
Nettogewicht	Element	xsd:decimal	1			
Bruttogewicht	Element	xsd:decimal	1			
Gewichtseinheit	Element	xsd:string	1			
Lieferdatum	Element	xsd:date	1			
Positionssumme	Element	xsd:decimal	1			
Waehrung	Element	xsd:string	1			

Abbildung 5.26 Aufbau des Datentyps DT_Angebotsposition

Der Datentyp **DT_Angebot** beinhaltet sowohl Kopfdaten, die nur einmal pro Angebot auftauchen, als auch unbegrenzt viele Angebotspositionen. Die Kopfdaten müssen Sie im neuen Datentyp erstellen. Die Angebotspositionen können Sie durch Referenzierung auf den eben erstellten Datentyp erstellen. Den kompletten Aufbau können Sie Abbildung 5.27 entnehmen. Beachten Sie zudem, dass das Element **Angebotsposition** beliebig oft innerhalb eines Angebots auftreten kann. Speichern Sie den Datentyp.

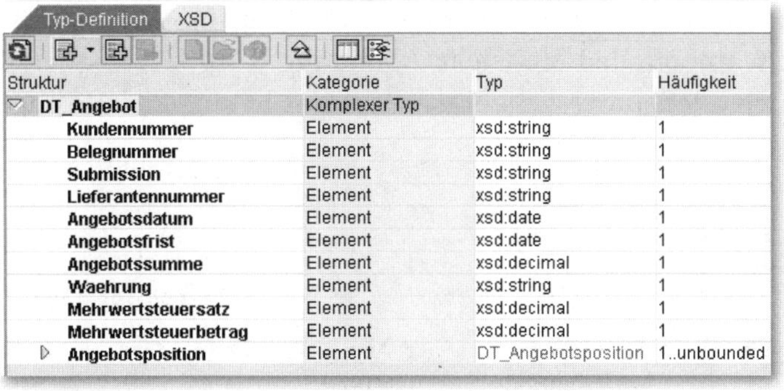

Struktur	Kategorie	Typ	Häufigkeit
DT_Angebot	Komplexer Typ		
Kundennummer	Element	xsd:string	1
Belegnummer	Element	xsd:string	1
Submission	Element	xsd:string	1
Lieferantennummer	Element	xsd:string	1
Angebotsdatum	Element	xsd:date	1
Angebotsfrist	Element	xsd:date	1
Angebotssumme	Element	xsd:decimal	1
Waehrung	Element	xsd:string	1
Mehrwertsteuersatz	Element	xsd:decimal	1
Mehrwertsteuerbetrag	Element	xsd:decimal	1
Angebotsposition	Element	DT_Angebotsposition	1..unbounded

Abbildung 5.27 Aufbau des Datentyps DT_Angebot

Um eine Liste von Angeboten in einer Nachricht aufnehmen zu können, reicht es aus, im Datentyp **DT_Angebotsliste** den Datentyp **DT_Angebot** unbegrenzt häufig aufzunehmen. Erstellen Sie somit den

Erstellung der Elemente auf Empfängerseite

Datentyp **DT_Angebotsliste** und fügen Sie ein Element namens **Angebot** hinzu. Dieses Element ist vom Typ **DT_Angebot** und hat die Häufigkeit **1..unbounded**. Mit dem Speichern dieses letzten Datentyps haben Sie den Aufbau der Angebotsliste abgeschlossen.

Binden Sie nun den Datentyp **DT_Angebotsliste** in den neuen Message-Typ **MT_Angebotsliste** ein und speichern Sie den neuen Message-Typ. Erstellen Sie nun ein neues Message-Interface namens **MI_Angebotsliste_Async_Abstrakt**. Dieses Interface gehört zur Kategorie **Abstrakt** und zum Modus **Asynchron**. Verwenden Sie als Message den eben erstellen Typ **MT_Angebotsliste** und speichern Sie das Interface ab. Erstellen Sie zudem für das empfangende System B das Message-Interface **MI_Angebotsliste_Async_In**, das ebenfalls den Message-Typ **MT_Angebotsliste** verwendet. Es gehört der Kategorie **Inbound** an und empfängt über den Modus **Asynchron**.

Sie haben nun alle Objekte der Empfängerseite dieses Blocks angelegt. Da die Objekte der Senderseite aus vorherigen Blöcken wieder verwendet werden, können Sie sich den Mappings widmen.

Anlegen der Mapping-Objekte

Legen Sie zunächst das Message-Mapping **MM_Z_SUNNY_ANGEBOTOutput_zu_MT_Angebotsliste** an. Die Ausgangs-Message ist vom Typ **Z_SUNNY_ANGEBOTOutput**, d.h., sie entspricht dem vereinfachten Angebotsformat. Die Ziel-Message ist der eben erstellte Message-Typ **MT_Angebotsliste**.

Bevor Sie mit dem Mapping selbst beginnen, wechseln Sie in den Karteireiter **Messages** und stellen Sie für die Ausgangs-Message die Häufigkeit **0..unbounded** ein (siehe Abbildung 5.28). Dies bewirkt, dass im Integrationsprozess mehrere Messages in eine Ziel-Message umgewandelt werden können.

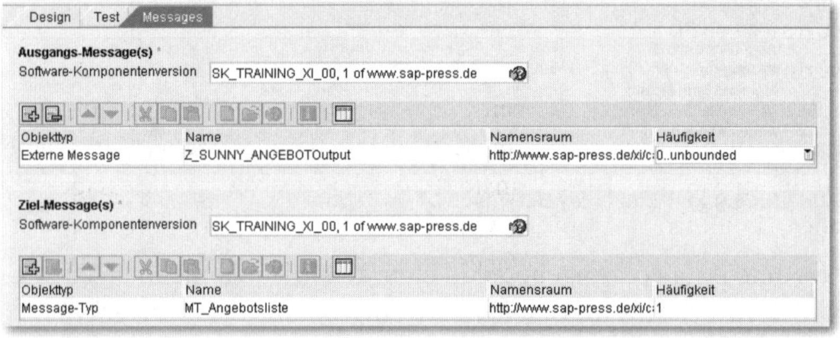

Abbildung 5.28 Einstellung der Häufigkeit der Ausgangs-Message

Das Mapping selbst ist denkbar einfach, zumal die gleichnamigen Elemente einander zugeordnet werden müssen. Eine Ausnahme ist das Zielelement **Angebot**, dem das Root-Element **Z_SUNNY_ANGEBOT.Response** der Quell-Message zugeordnet werden muss – dadurch wird aus jeder Message ein Angebot in der Angebotsliste. Dem Zielelement **Angebotsposition** wird das Quellelement **item** aus der Unterstruktur **POSITIONEN** zugeordnet. Dem Zielelement **Angebotssumme** muss das Quellelement **NETTOPREIS** zugeordnet werden.

Da die Elemente nicht gleich geschrieben sind bezüglich der Groß- und Kleinschreibung, kann an dieser Stelle leider nicht die automatische Zuordnung verwendet werden. Einen kompletten Überblick über das Message-Mapping gibt Ihnen Abbildung 5.29. Speichern Sie das Message-Mapping und testen Sie es mit dem Ergebnis des Message-Mappings aus dem ersten Block.

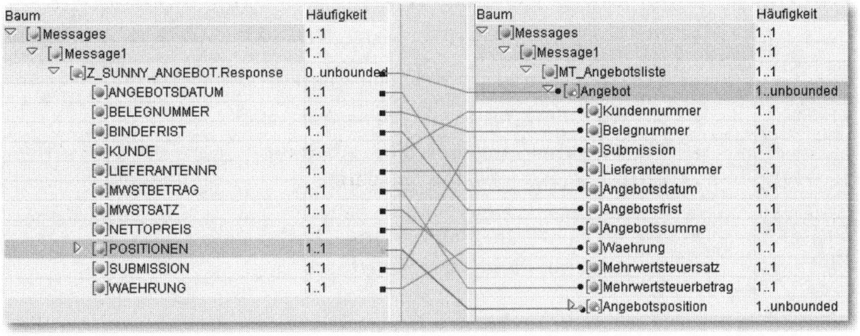

Abbildung 5.29 Message-Mapping des dritten Blocks des zweiten Schrittes

Anlegen des Interface-Mappings

Der letzte Schritt in diesem Block ist die Erstellung des Interface-Mappings **IM_ws_sunny_response_Async_Abstrakt_zu_MI_Angebotsliste_Async_Abstrakt**. Dabei wird die Ausgangs-Message **MI_ws_sunny_response_Async_Abstrakt** aus der externen Definition **ws_sunny_angebot** mit dem Ziel-Interface **MI_Angebotsliste_Async_Abstrakt** verbunden. Achten Sie auch an dieser Stelle darauf, dass das Ausgangs-Interface die Häufigkeit **0..unbounded** hat (siehe Abbildung 5.30). Diese Einstellung muss sowohl im Message- als auch im Interface-Mapping vorgenommen werden, damit sie greift. Lesen Sie die beiden Interfaces ein und wählen Sie über die Wertehilfe Ihr eben erstelltes Message-Mapping aus. Speichern und testen Sie das Interface-Mapping.

Abbildung 5.30 Einstellung der Häufigkeit des Ausgangs-Interfaces

Integration aller Designobjekte in das BP-Gerüst

Überblick über die verwendeten Containerelemente

Sie haben nun alle Designobjekte erstellt, die zur Umsetzung des Integrationsprozesses **IP_Angebot_##** notwendig sind. Um den Überblick der verwendeten Objekte zu behalten, finden Sie in Tabelle 5.10 alle abstrakten Interfaces, die Sie in diesem Schritt bereits angelegt haben und die nun zum Einsatz kommen werden.

	Abstrakte Message-Interfaces
Erster Block	▸ **MI_QUOTES_ORDERS01_Async_Abstrakt** ▸ **MI_ws_sunny_response_Async_Abstrakt**
Zweiter Block	▸ **MI_ws_sunny_request_Async_Abstrakt** ▸ **MI_ws_sunny_response_Async_Abstrakt*** ▸ **MI_ws_sunny_angebot_Sync_Abstrakt** ▸ **MI_ws_sunny_angebot_Sync_In**
Dritter Block	▸ **MI_ws_sunny_response_Async_Abstrakt*** ▸ **MI_Angebotsliste_Async_Abstrakt**

Tabelle 5.10 Abstrakte Interfaces des zweiten Schrittes der Fallstudie

Öffnen Sie Ihren Integrationsprozess und lösen Sie das Fenster los, damit Sie eine möglichst große Arbeitsfläche haben. Begeben Sie sich zunächst in den Container-Bereich, um dort die notwendigen Container anzulegen. Die Containerelemente basieren auf abstrakten Interfaces und dienen zur Referenzierung von Nachrichten, die im Integrationsprozess vorkommen. Eine Übersicht über alle verwendeten Elemente gibt Abbildung 5.31: Achten Sie beim Anlegen der Elemente darauf, dass sie sich alle auf den Container **Prozess** beziehen, womit sie während des gesamten Integrationsprozesses verwendbar sind. Das Element **Angebotscontainer** ist mehrzeilig und muss auch als solches beim Anlegen gekennzeichnet werden.

Name	Kategorie	Typ	Mehrze...	Container
SARIDIS_IDoc	Abstraktes Interface	MI_QUOTES_ORDERS01_Async_Abstrakt	☐	Prozess
SARIDIS_Angebot	Abstraktes Interface	MI_ws_sunny_response_Async_Abstrakt	☐	Prozess
Sunny_Request	Abstraktes Interface	MI_ws_sunny_request_Async_Abstrakt	☐	Prozess
Sunny_Response	Abstraktes Interface	MI_ws_sunny_response_Async_Abstrakt	☐	Prozess
Angebotscontainer	Abstraktes Interface	MI_ws_sunny_response_Async_Abstrakt	☑	Prozess
Angebotsliste	Abstraktes Interface	MI_Angebotsliste_Async_Abstrakt	☐	Prozess

Abbildung 5.31 Übersicht der verwendeten Containerelemente

Zuordnung der Containerelemente zum Ablauf

Zunächst werden Sie das Element **SARIDIS_IDoc** verwenden, um das IDoc zu referenzieren, das im ersten Block eingeht. Danach wird dieses IDoc in die vereinfachte Angebotsform umgewandelt und ab diesem Zeitpunkt als **SARIDIS_Angebot** verwendet. Diese Messageform wird in den mehrzeiligen **Angebotscontainer** aufgenommen und die Nachricht selbst wird in das Format **Sunny_Request** umgewandelt. Auf Basis der eingegangenen IDoc-Daten wird damit der Webservice von Sunny Electronics aufgerufen. Die Antwort des Webservices **Sunny_Response** wird nach Aufruf des Webservices auch in den Angebotscontainer übertragen. Der Angebotscontainer wird schließlich in das **Format Angebotliste** übertragen und versendet.

Einstellungen des ersten Blocks

Navigieren Sie zum ersten Block und klicken Sie dort den Schritt **IDoc empfangen** an. Dadurch erscheinen die Eigenschaften dieses Schritts auf der rechten Seite des Fensters. In der Auflistung der Eigenschaften ist beim Feld **Message** ein Fragezeichen zu sehen, was symbolisiert, dass an dieser Stelle eine Angabe fehlt. Wählen Sie über die Wertehilfe des Feldes das Containerelement **SARIDIS_IDoc** aus. Achten Sie an dieser Stelle auch darauf, dass die Option **Prozessstart** angekreuzt ist, da anderenfalls kein Anfangspunkt definiert ist.

Wechseln Sie zum nächsten Schritt **IDoc umwandeln**. An dieser Stelle wird das IDoc-Format in das vereinfachte Angebotsformat umgewandelt. Wählen Sie dazu das Interface-Mapping **IM_QUOTES_ORDERS01_Async_Abstrakt_zu_MI_ws_sunny_response_Async_Abstrakt** aus und geben Sie das Containerelement **SARIDIS_IDoc** als Quelle an. Die Ziel-Message ist **SARIDIS_Angebot**.

Nach der Auswahl der beiden Messages sollten die roten Rechtecke um die Eingabefelder herum verschwinden, da anderenfalls ein Fehler vorliegt. Wechseln Sie zum nächsten Schritt **Angebot SARIDIS anhängen**. Wählen Sie als Ziel das Element **Angebotscontainer** aus, dem über die Operation **Anhängen** der Inhalt der Interface-Variablen **SARIDIS_Angebot** zugewiesen werden soll (siehe Abbildung 5.32).

Eigenschaften

Name	Wert
Schrittname	Angebot SARIDIS anhängen
Ziel	Angebotscontainer
Operation	Anhängen
Ausdruck	SARIDIS_Angebot

Abbildung 5.32 Eigenschaften des Prozess-Schrittes zum Anhängen des SARIDIS-Angebots

Einstellungen des zweiten Blocks

Navigieren Sie weiter zum Block **Webservice-Aufruf** und klicken Sie den ersten Schritt **WS Request erstellen** an. Die Umwandlung des SARIDIS-Angebots in den Webservice-Request erfolgt mithilfe des Interface-Mappings **IM_ws_sunny_response_Async_Abstrakt_zu_ws_sunny_request_Async_Abstrakt**. Die Quell-Message ist dabei **SARIDIS_Angebot**, während die Ziel-Message **Sunny_Request** ist.

Gehen Sie weiter zum Schritt **Webservice aufrufen**. In den Eigenschaften sollte bereits eingestellt sein, dass es sich um einen synchronen Sendeaufruf handelt. Geben Sie das synchrone, abstrakte Interface **MI_ws_sunny_angebot_Sync_Abstrakt** an. Die Request-Message ist **Sunny_Request**, die Antwort wird in **Sunny-Response** gespeichert. Diese Message wird schließlich im Schritt **Angebot Sunny anhängen** dieses Blocks ebenso wie das SARIDIS-Angebot an die Liste **Angebotscontainer** angehängt.

Einstellungen des dritten Blocks

Der Schritt **Angebotsliste umwandeln** zu Beginn des dritten Blocks wandelt den **Angebotscontainer** in die Message **Angebotsliste** um. Dies erfolgt unter Verwendung des Interface-Mappings **IM_ws_sunny_response_Async_Abstrakt_zu_MI_Angebotsliste_Async_Abstrakt** (siehe Abbildung 5.33).

Eigenschaften

Name	Wert
Schrittname	Angebotsliste umwandeln
Interface-Mapping	IM_ws_sunny_response_Async_Abstrakt_zu_MI_Angebotsliste_Async_Abstrakt
Ausnahmen	
Systemfehler	
Quell-Messages	
MI_ws_sunny_response_Async_Abstrakt |	Angebotscontainer
Ziel-Messages	
MI_Angebotsliste_Async_Abstrakt | http://w	Angebotsliste

Abbildung 5.33 Eigenschaften des Prozess-Schrittes zum Umwandeln des Angebotscontainers

Den allerletzten Schritt des Integrationsprozesses stellt die asynchrone Versendung der Message **Angebotsliste** dar, die beide Angebote beinhaltet.

Speichern und prüfen Sie den Prozess. Es sollten keine roten Fehlermeldungen auftreten. Den Hinweis, dass das Containerelement **Sunny-Response** initialisiert, aber nicht verwendet wird, können Sie ignorieren. Aktivieren Sie nun alle Designobjekte dieses Schrittes.

5.2.3 Konfiguration

Überblick über die vorbereitenden Schritte

Bevor Sie die Konfigurationsobjekte für das Integrationsszenario durchführen können, benötigen Sie einige neue Objekte. Zum einen muss der Integrationsprozess selbst aus dem Integration Repository in das Integration Directory übertragen werden, denn nur so kann der Prozess als Sender oder Empfänger auftreten. Darüber hinaus benötigen Sie mehrere Kommunikationskanäle: Zum einen müssen Sie aus System A ein IDoc versenden. Der Integrationsprozess selbst kommuniziert auch synchron mit einem Webservice. Zu guter Letzt wird die Angebotsliste der Hitech AG über einen File-Adapter zugestellt.

Vorbereitung der Konfiguration

Deklaration des Integrationsprozesses

Beginnen Sie zunächst mit dem Integrationsprozess selbst. Legen Sie im Integration Directory im Fallstudien-Szenario **XI_Casestudy_##** einen neuen Integrationsprozess an. Daraufhin öffnet sich ein Wizard, der Ihnen zunächst erklärt, dass Sie Integrationsprozesse aus dem Integration Repository übernehmen können. Fahren Sie zum nächsten Schritt fort und wählen Sie Ihren Prozess **IP-Angebot_##** aus der Auflistung aus. Gehen Sie weiter zum nächsten Bildschirm und geben Sie den gleichen Namen noch einmal ein. Dadurch heißt der Integrationsprozess sowohl im Repository als auch im Directory **IP_Angebot_##**.

Erstellung des IDoc-Senderkanals durch den Dozenten

Der IDoc-Senderkanal von System A kann aufgrund seiner Natur nur einmal sinnvoll angelegt werden, sodass dies durch den Dozenten durchgeführt werden sollte. Es ist nicht üblich, IDoc-Senderkanäle anzulegen, da sie für den technischen Ablauf nicht benötigt werden, jedoch erlaubt Ihnen die Existenz dieses Kanals die Verwendung des Konfigurations-Assistenten.

Erstellen Sie unter dem Verzeichnis **Kommunikationskanäle** des Business-Systems A den Eintrag **IDoc_Senderkanal**. Wählen Sie den Adaptertyp **IDoc** und die Richtung **Sender** aus (siehe Abbildung 5.34). Sie werden feststellen, dass Sie ohnehin nicht mehr einstellen können. Speichern Sie den Kanal. Die Übungsteilnehmer sollten diesen Kanal aus dem Karteireiter **Objekte** in ihr Szenario aufnehmen.

Abbildung 5.34 Erstellen des IDoc-Sendekanals für System A

Erstellung eines Business-Services und eines SOAP-Empfängerkanals

Zum Aufruf des Webservices von Sunny Electronics werden Sie einen SOAP-Empfängerkanal für diesen speziellen Webservice benötigen. Da alle Teilnehmer den gleichen Webservice verwenden werden, ist es technisch gesehen egal, ob Sie den Kommunikationskanal nur einmal anlegen oder nicht. Am Webservice von Sunny Electronics sollen Sie sich jedoch mit Business-Services beschäftigen. Aus diesem Grund sollte jeder Teilnehmer die folgenden Schritte selbst durchführen.

Anlegen eines Business-Services

Erstellen Sie in Ihrem Szenario einen neuen Business-Service namens **Sunny_Angebot_##**. Wählen Sie im Detailfenster des neuen Services den Karteireiter **Empfänger** aus. Dort können Sie alle Interfaces angeben, die der neue Service kennt. Bisher ist dies nur ein einziges Interface, nämlich **MI_ws_sunny_angebot_Sync_In**, das Sie in der Designphase für den Aufruf des Webservices erstellt haben. Wählen Sie dieses Interface aus (siehe Abbildung 5.35) und speichern Sie den Business-Service.

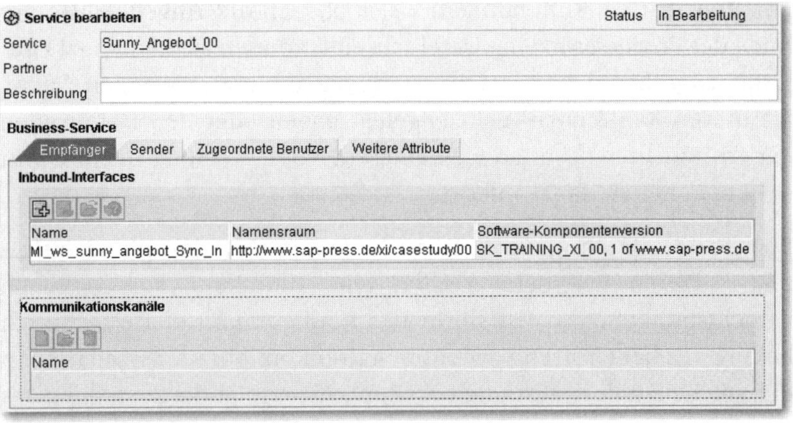

Abbildung 5.35 Bearbeitung eines Business-Services

Erstellen des SOAP-Kommunikationskanals

Navigieren Sie zu Ihrem neu erstellten Business-Service und expandieren Sie das entsprechende Verzeichnis. Sie können erkennen, dass der Business-Service eigene Kommunikationskanäle enthalten kann. Legen Sie an dieser Stelle den Kommunikationskanal **SOAP_Empfaenger_Angebot_##** mit dem Adaptertyp **SOAP** und der Richtung **Empfänger** an. Stellen Sie das Transport-Protokoll **HTTP** ein und belassen Sie alle anderen Werte, wie sie sind (siehe Abbildung 5.36). Die **Ziel-URL** des Webservices lautet *http://<host SystemB>:80XX/sap/bc/soap/rfc/sap/Z_SUNNY_ANGEBOT?sap-client=<Mandant>*. Klicken Sie die Option **Benutzerauthentifizierung konfigurieren** an und geben Sie Ihren Benutzer **SYS_B-##** mit seinem Passwort an.

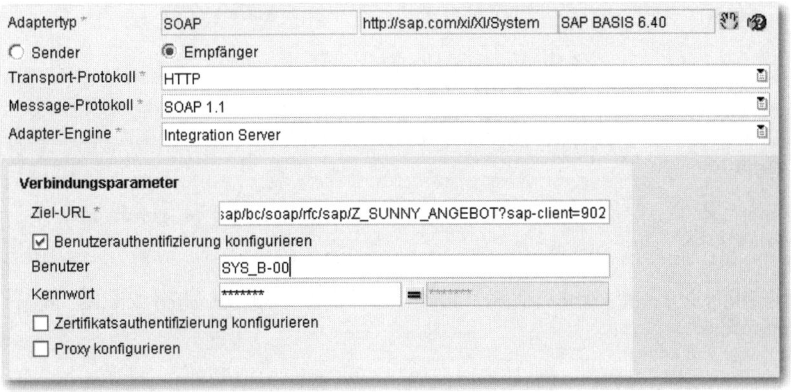

Abbildung 5.36 Einstellung des SOAP-Empfängerkanals für den Business-Service

Verwendung des File-Kommunikationskanals

Für den dritten Kommunikationskanal, der die Angebotsliste am Ende des Prozesses in eine Datei schreibt, können Sie den Kanal **File_Empfaengerkanal_##** aus der ersten Einzelübung verwenden. Wenn Sie diesen Kanal noch nicht angelegt haben oder den Dateinamen ändern möchten, können Sie gemäß der Beschreibung in Abschnitt 4.1 einen neuen Kanal anlegen.

Dreiteilung der Konfiguration

Ebenso wie die Designphase ist auch die Konfigurationsphase dreigeteilt. Während es beim Design eine Aufteilung aus logischen Gesichtspunkten war, ist sie in der Konfigurationsphase technisch bedingt. Es liegen streng genommen drei Konfigurationsszenarien in diesem Schritt der Fallstudie vor: Zunächst erfolgt die Zustellung des IDocs an den Integrationsprozess. In einem weiteren Schritt wird der Webservice von Sunny Electronics aufgerufen, was auch eine eigenständige Konfiguration erfordert. Schließlich stellt die Versendung der Angebotsliste an System B den dritten Konfigurationsschritt dar.

Übermittlung des IDocs an den Integrationsprozess

Konfigurationsobjekte des ersten Blocks

Sie werden diesen Schritt ebenso wie die beiden nachfolgenden mithilfe des Konfigurations-Assistenten durchführen, da die Anzahl der neuen Objekte recht umfangreich ist. Sie sehen in Tabelle 5.11 alle Konfigurationsobjekte dieses Szenarios.

Art des Objekts	Senderseite: System A	Empfängerseite: IP_Angebot_##
Kommunikationskanal	**IDoc_Senderkanal**	
Sendervereinbarung	**| SystemA | QUOTES.ORDERS01 | * | ***	
Empfängerermittlung	**| SystemA | QUOTES.ORDERS01**	
Interface-Ermittlung	**| SystemA | QUOTES.ORDERS01 | | IP_Angebot_##**	

Tabelle 5.11 Konfigurationsobjekte für den ersten Block des zweiten Schrittes in der Fallstudie

Rufen Sie den Assistenten über das Menü oder das entsprechende Icon auf. Da wir die beiden Business-Systeme A und B nach wie vor als intern ansehen, handelt es sich um eine **interne Kommunikation**.

Stellen Sie als Sender das **Business-System A** mit dem Adaptertyp **IDoc** ein. Die verwendete Schnittstelle ist **REQOTE.ORDERS01**.

Der Empfänger ist diesmal der Integrationsprozess **IP_Angebot_##**, den **Adaptertyp** belassen Sie auf **XI**. In der Wertehilfe zum Interface erscheint nur der einzige Wert **MI_QUOTES_ORDERS01_Async_Abstrakt**, da dies dem Interface entspricht, mit dem der startende Empfangsschritt versorgt werden muss (siehe Abbildung 5.37).

Abbildung 5.37 Einstellungen des Empfängers bei Verwendung des Prozesses

Die Sendervereinbarung **| SystemA | REQOTE.ORDERS01 | * | *** soll den Kommunikationskanal **IDoc_Senderkanal** verwenden. Die Empfängerermittlung **| SystemA | REQOTE.ORDERS01** wird für den ersten Teilnehmer angelegt, alle weiteren haben nur die Möglichkeit, sie noch zu erweitern. Die Benachrichtigung über die Erweiterung der Empfängervereinbarung sollte Sie nicht weiter beschäftigen, da Sie die Empfängerermittlung später ohnehin manuell nachbearbeiten werden.

Die Interface-Ermittlung **| SystemA | REQOTE.ORDERS01 | | IP_Angebot_##** zeigt im Gegensatz zum gewohnten Vorgehen kein Interface-Mapping an (siehe Abbildung 5.38). Dies liegt daran, dass keines benötigt wird. Sowohl das sendende als auch das empfangende Interface verwenden den gleichen Aufbau, nämlich den IDoc-Typ **QUOTES.ORDERS01**.

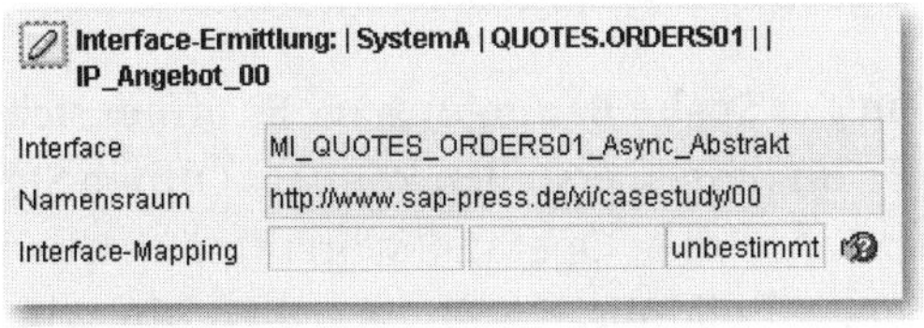

Abbildung 5.38 Interface-Ermittlung bei der Zustellung an den Integrationsprozess

Eine Empfängervereinbarung ist nicht notwendig, da der Adaptertyp **XI** für den Empfänger ausgewählt wurde. Fügen Sie die neu erstellten Konfigurationsobjekte zu Ihrem Szenario hinzu und stellen Sie den Assistenten fertig. Aktivieren Sie die neu erstellten Objekte in der Änderungsliste.

Anpassung der Empfängerermittlung

Würden Sie zu diesem Zeitpunkt das IDoc aus System A versenden, würde es an alle Integrationsprozesse geleitet werden. Damit dies nicht geschieht, sondern die IDocs nur an jeweils einen Prozess gesendet werden, werden Sie Empfängerermittlung **| SystemA | QUOTES.ORDERS01** manuell anpassen. Der Sperrmechanismus von SAP XI wird jedoch verhindern, dass alle Kursteilnehmer gleichzeitig an diesem Objekt arbeiten, weshalb Sie den Zugriff zeitlich abstimmen sollten.

Bearbeiten der Bedingungen

In Abbildung 5.39 sehen Sie, dass bisher erst ein Empfänger konfiguriert wurde. Um die Zustellung mit einer bestimmten Verbindung zu verknüpfen, haben Sie die Möglichkeit in der ersten Spalte der Empfängerauflistung einen entsprechenden Ausdruck anzugeben. Es soll ja nach Inhalt des Submissions-Eintrags ein passender Empfänger bestimmt werden. Sie hatten bereits bei der Erstellung der Anfrage im vorangegangenen Schritt den Eintrag **SUBMI_##** in dem entsprechenden Feld vorgenommen. Demnach soll der Empfänger anhand der Nummer der Submission ausgewählt werden.

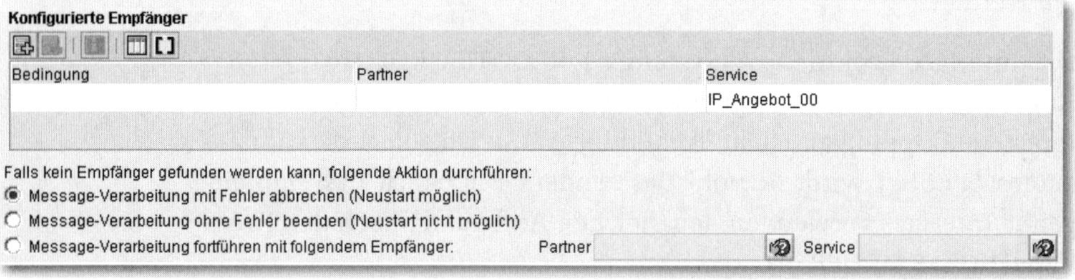

Abbildung 5.39 Nachbearbeitung der Empfängerermittlung

Klicken Sie die Wertehilfe im der Spalte **Bedingung** an. Es öffnet sich ein Fenster, in dem Sie die Bedingungen erstellen können. Öffnen Sie erneut die Wertehilfe in der Spalte linker Operand, woraufhin sich der **Ausdruckseditor** öffnet (siehe Abbildung 5.40). Sie haben über die Option **XPath** die Möglichkeit, ein Feld aus der Struktur des eingehenden IDocs auszuwählen. Wählen Sie zunächst das Feld **/ORDERS01/IDOC/E1EDK02/QUALF** aus und übernehmen Sie den Wert.

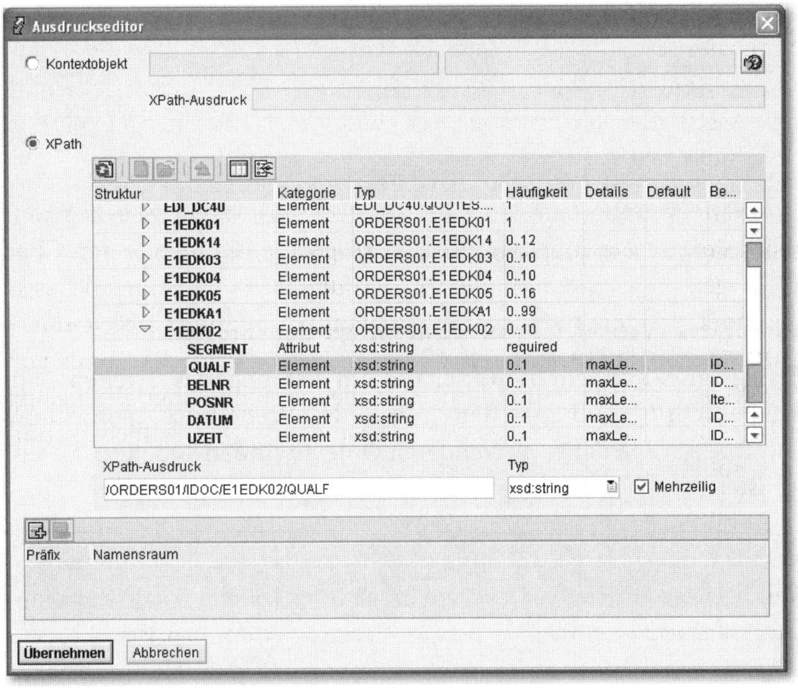

Abbildung 5.40 Auswahl des IDoc-Feldes über den Ausdruckseditor

Fügen Sie eine neue Zeile in die Bedingungsübersicht ein und wiederholen Sie die Auswahl eines IDoc-Feldes mit **/ORDERS01/IDOC/E1EDK02/BELNR.**

Nachdem Sie beide Felder übernommen haben, müssen Sie den rechten Operanden noch konkrete Werte zuweisen. Ebenso wie im Mapping des ersten Prozessblocks muss auch hier der Qualifier den Wert **007** enthalten, wenn es sich um das Submissions-Segment des IDocs handelt. Geben Sie als zweiten rechten Operanden den Submissionsnamen nach dem Schema **SUBMI_##** an. Die beiden einzelnen Bedingungen werden standardmäßig mit booleschen Operator **AND** verbunden, sodass beide Bedingungen eintreten müssen, um wahr zu sein (siehe Abbildung 5.41).

Speichern Sie die veränderte Empfängerermittlung, die jetzt nur noch IDocs vom Typ **QUOTES.ORDERS01** an Ihren Integrationsprozess weiterleitet, wenn die Submission **SUBMI_##** lautet.

Abbildung 5.41 Bedingungsübersicht in der Empfängerermittlung

Aufruf des Webservices aus dem Integrationsprozess

Konfigurationsobjekte des zweiten Blocks

Das zweite Konfigurationsszenario im Rahmen des zweiten Fallstudienschrittes umfasst den Aufruf des Webservices von Sunny Electronics. Die dafür verwendeten Objekte sind in Tabelle 5.12 aufgelistet.

Art des Objekts	Senderseite: IP_Angebot_##	Empfängerseite: Sunny_Angebot_##
Kommunikationskanal		**SOAP_Empfaenger_Angebot_##**
Empfängervereinbarung	**| IP_Angebot_## | | Sunny_Angebot_## | MI_ws_sunny_angebot_Sync_In**	
Empfängerermittlung	**| IP_Angebot_## | MI_ws_sunny_angebot_Sync_Abstrakt**	
Interface-Ermittlung	**| IP_Angebot_## | MI_ws_sunny_angebot_Sync_Abstrakt | | Sunny_Angebot_##**	

Tabelle 5.12 Konfigurationsobjekte für den zweiten Block des zweiten Schrittes in der Fallstudie

Rufen Sie den Konfigurations-Assistenten auf und wählen Sie die **interne Kommunikation** aus. Geben Sie als Sender den Integrationsprozess **IP_Angebot_##** mit dem Adaptertyp **XI** an. Wenn Sie die Wertehilfe des Interfaces öffnen, werden diesmal zwei Einträge erscheinen, da der Prozess an zwei Stellen senden kann. Zum einen kann dies der synchrone Webservice-Aufruf sein und zum anderen die asynchrone Versendung der Angebotsliste. Für diesen Durchlauf des Assistenten wählen Sie das Interface **MI_ws_sunny_angebot_Sync_Abstrakt** aus (siehe Abbildung 5.42).

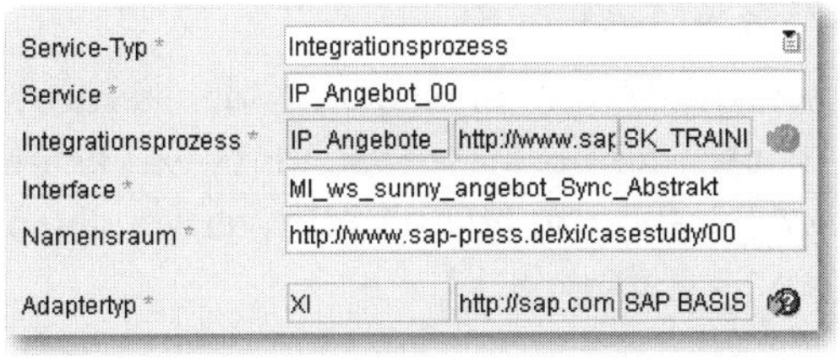

Abbildung 5.42 Sendereinstellungen im Konfigurations-Assistenten des Webservice-Aufrufs

Der Empfänger des Webservice-Aufrufs ist der Business-Service **Sunny_Angebot_##**, den Sie zuvor angelegt haben. Die Kommunikation zu diesem Service läuft über den **SOAP**-Adapter ab. Wählen Sie die Schnittstelle **MI_ws_sunny_angebot_Sync_In** aus, die Sie als Einzige auf Seiten dieses Business-Services hinterlegt haben (siehe Abbildung 5.43).

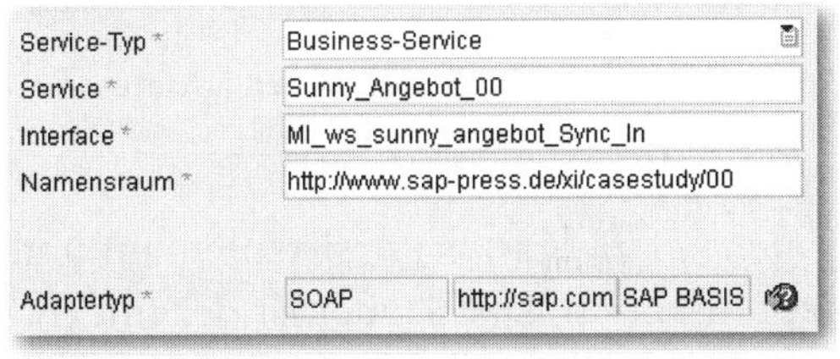

Abbildung 5.43 Empfängereinstellungen im Konfigurations-Assistenten des Webservice-Aufrufs

Eine Sendervereinbarung benötigen Sie wegen des XI-Adapters nicht. Im nächsten Bildschirm werden Sie darüber informiert, dass die neue Empfängerermittlung **| IP_Angebot_## | MI_ws_sunny_angebot_Sync_Abstrakt** angelegt wird. Die Interface-Ermittlung **| IP_Angebot_## | MI_ws_sunny_angebot_Sync_Abstrakt | | Sunny_Angebot_##** verwendet kein Interface-Mapping, da – wie auch bei der Konfiguration der IDoc-Zustellung – die Message-Typen von Sender und Empfänger gleich sind. Die Empfängervereinbarung **|IP_Angebot_##||Sunny_Angebot_##|MI_ws_sunny_angebot_Sync_In** verwendet den Kommunikationskanal **SOAP_Empfaenger_Angebot_##**, den Sie in der Vorbereitung zur Konfigurationsphase angelegt haben. Fügen Sie die neuen Objekte zu Ihrem Szenario hinzu und beenden Sie den Assistenten.

Versendung der Angebotsliste an System B

Konfigurationsobjekte des dritten Blocks

Der letzte Konfigurationsschritt ist die Versendung der fertigen Angebotsliste an den File-Adapter des Business-Systems B, was keine Besonderheiten in der Konfiguration aufweist. Alle verwendeten Konfigurationsobjekte finden Sie Tabelle 5.13.

Art des Objekts	Senderseite: IP_Angebot_##	Empfängerseite: System B
Kommunikationskanal		**File_Empfaengerkanal_##***
Empfängervereinbarung	**|IP_Angebot_##||SystemB| MI_Angebotsliste_Async_In**	
Empfängerermittlung	**|IP_Angebot_##|MI_Angebotsliste_Async_Abstrakt**	
Interface-Ermittlung	**|IP_Angebot_##|MI_Angebotsliste_Async_Abstrakt ||SystemB**	

Tabelle 5.13 Konfigurationsobjekte für den dritten Block des zweiten Schrittes in der Fallstudie

Rufen Sie auch hier wieder den Konfigurations-Assistenten auf und wählen Sie die **interne Kommunikation**. Der Sender ist der Integrationsprozess **IP_Angebot_##**, der über den Adaptertyp **XI** Daten austauscht. Wählen Sie das Interface **MI_Angebotsliste_Async_Abstrakt** zum Versenden aus. Der Empfänger ist das **Business-System B**, das über einen File-Adapter mit der Schnittstelle **MI_Angebotsliste_Async_In** empfängt. Eine Sendervereinbarung ist aufgrund des verwendeten Adaptertyps nicht notwendig.

Im nächsten Schritt werden Sie darüber informiert, dass die Empfängerermittlung **|IP_Angebot_##|MI_Angebotsliste_Async_Abstrakt** angelegt wird. Die Interface-Ermittlung **|IP_Angebot_##|MI_Angebotsliste_Async_Abstrakt||SystemB** benötigt wie alle Konfigurationsszenarien mit Integrationsprozessen kein Interface-Mapping. Die Empfängervereinbarung **|IP_Angebot_##||SystemB|MI_Angebotsliste_Async_In** verwendet den Kommunikationskanal **File_Empfaengerkanal_##** aus der ersten Einzelübung wieder.

Fügen Sie die neuen Objekte zu Ihrem Szenario hinzu und beenden Sie den Assistenten. Sie haben nun alle Konfigurationsobjekte des zweiten Schrittes der Fallstudie angelegt. Aktivieren Sie alle Änderungen unter dem Karteireiter **Änderungslisten**.

5.2.4 Ablauf und Monitoring

Nachdem Sie in diesem Fallstudienschritt sehr viele Design- und Konfigurationsobjekte angelegt haben, sind Sie nun sicher gespannt, wie dieser Schritt ablaufen wird. Eventuell haben Sie auch schon vorab einen Blick in den Ablauf geworfen, um Teile der Konfiguration zu testen.

Ablauf des Schrittes

Erstellung des Angebots

Der Ablauf beginnt mit dem Anlegen eines Angebots. Dieses Angebot basiert in unserem Fall auf der Anfrage der Hitech AG, kann aber auch ohne eine entsprechende Anfrage erstellt werden.

Melden Sie sich im Business-System A mit Ihrem Benutzer **SYS_A-##** an und rufen Sie die Transaktion VA21 auf, mit der Sie Angebote erstellen können. Da Sie bereits eine Anfrage erhalten haben, in der alle relevanten Daten gespeichert sind, werden Sie sich beim Angebot auf die Anfrage beziehen. Dies erreichen Sie, indem Sie im Menü im Pfad **Verkaufsbeleg · Anlegen mit Bezug** navigieren und Ihre Anfrage auswählen.

Das neue Fenster sollte bereits den Karteireiter **Anfrage** anzeigen. Öffnen Sie die Wertehilfe des Eingabefeldes **Anfrage**. Navigieren Sie in der Suchhilfe zum Karteireiter **Verkaufsbelege nach Kunde** und geben Sie im Feld **Bestellnummer** die Belegnummer der Hitech AG nach dem Schema **Anfrage-##** ein. Damit sollten Sie genau Ihre Anfrage wieder finden können. Wählen Sie sie mit einem Doppelklick aus.

Übernehmen Sie die ermittelte Anfragennummer, woraufhin sich die Positionsübersicht des Angebots öffnet. Achten Sie darauf, dass sowohl **Auftraggeber** als auch **Warenempfänger** der Kunde **1171** (Hitech AG) ist. Geben Sie innerhalb des Karteireiters **Positionsübersicht** im Feld **Gültig bis** ein Datum in einer Woche an. Die Preise für die angefragten Artikel werden automatisch ermittelt und angezeigt (siehe Abbildung 5.44).

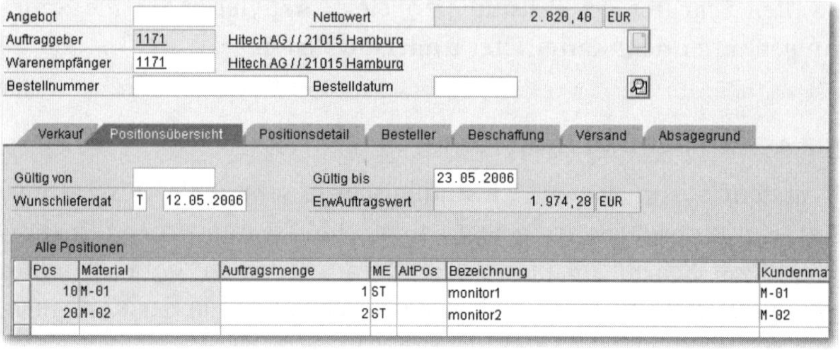

Abbildung 5.44 Anzeige der Angebotspositionen

Damit das Angebot beim Speichern automatisch als IDoc versendet wird, müssen Sie noch zwei Einstellungen vornehmen: Navigieren Sie im Menü zum Pfad **Zusätze · Nachrichten · Kopf · Bearbeiten**, wählen Sie in der Auflistung der Nachrichten die Zeile mit dem Partner **1171** (Hitech AG) aus und ändern Sie das Medium auf **6 EDI** ab, damit das Angebot als elektronisches Dokument über die Partnervereinbarung versendet wird (siehe Abbildung 5.45).

Abbildung 5.45 Auswahl des Nachrichtenmediums

Wählen Sie abschließend den Menüpfad **Bearbeiten · Zusatzangaben** oder klicken Sie auf den entsprechenden Button **Zusatzangaben**. Wählen Sie dort im Bereich **Gewünschte Verarbeitung** den Versandzeitpunkt **4 sofort versenden (beim Sichern der Anwendung)** aus (siehe Abbildung 5.46). Damit werden keine Nachrichten gesammelt, bevor sie versendet werden.

Navigieren Sie danach zurück zur Positionsübersicht und speichern Sie das Angebot. Durch das Speichern wird automatisch eine Nachricht als IDoc generiert und versendet.

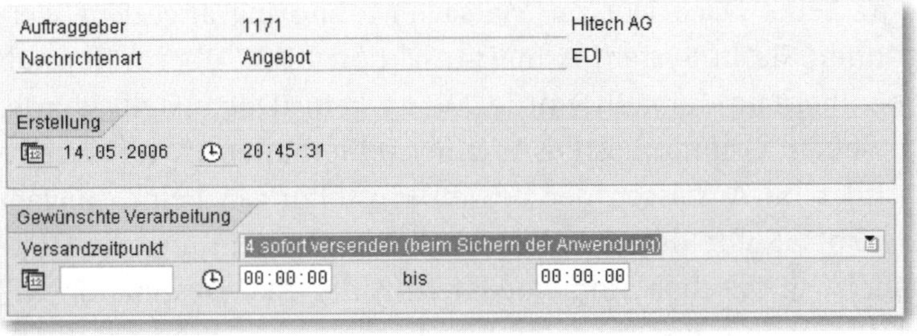

Abbildung 5.46 Einstellung der Zusatzangaben bei der Nachrichtensteuerung

Erstellung ohne Anfrage

Sollten Sie keine Anfrage haben, können Sie auch ohne Bezug eine Anfrage erstellen. Wählen Sie dazu beim Einstiegsbildschirm der Transaktion VA21 die Angebotsart **AG** (Angebot), die Verkaufsorganisation **1000**, den Vertriebsweg **10** sowie die Sparte **00** und bestätigen Sie Ihre Eingaben mit **Enter**. Wählen Sie danach den Kunden **1171** als Auftraggeber und Warenempfänger aus.

Navigieren Sie im Menü zum Pfad **Springen • Kopf • Bestelldaten** und pflegen Sie die Submission mit einem Eintrag nach dem Schema **SUBMI_##**. Kehren Sie zur Positionsübersicht zurück und tragen Sie die entsprechenden Materialien nach dem Schema **M-##** mit einer entsprechenden Menge ein. Alle anderen Schritte sind ab diesem Zeitpunkt mit denen der anfragenbezogenen Ausführung gleich.

Monitoring des Ablaufs

Verfolgung des Nachrichtenweges

Das Ergebnis des Szenarios sollte eine Datei sein, die sowohl das Angebot der SARIDIS als auch das von Sunny Electronics enthält. Sie können dies in SAP XI zum einen mit Transaktion AL11 oder dem zu diesem Buch downloadbaren File-Tool kontrollieren. Darüber hinaus steht Ihnen nach wie vor das Message-Monitoring von SAP XI zur Verfügung, um die korrekte Verarbeitung der Daten nachzuvollziehen.

Sie sollten in diesem Fall zwei Nachrichten darin sehen: Zum einen die Nachricht, die an den Integrationsprozess mit dem IDoc versendet wurde, zum anderen die Nachricht, die mit der Angebotsliste aus dem Integrationsprozess versendet wurde. Den Webservice-Aufruf werden Sie aufgrund seiner synchronen Natur nicht im Message-Monitoring finden können.

Sollte gar keine Nachricht im Message-Monitoring angezeigt werden, können Sie in System A in Transaktion BD87 überprüfen, ob das IDoc überhaupt erstellt wurde. Wenn kein IDoc erstellt wurde, hat dies seinen Grund meistens in einer fehlerhaften Partnervereinbarung oder im Auslassen der beiden Einstellungen beim Anlegen des Angebots. Sollte das IDoc fehlerhaft sein, besteht hier die Ursache zumeist in falschen Anmeldedaten in der RFC-Destination **XI_System** oder dem transaktionalen RFC-Port.

Monitoring des Business Process

Sollten Sie nur eine Meldung im Message-Monitoring sehen, bedeutet dies, dass der Business Process nicht vollständig abgearbeitet wurde. In diesem Fall können Sie in SAP XI die Transaktion SXMB_MONI aufrufen und in der ersten Message nach dem Eintrag **PE** für Process Engine suchen und diesen anklicken. Einen generischen Zugang zu dieser Anzeige haben Sie durch die Transaktion SXMB_MONI_BPE. In jedem Fall kommen Sie zur Anzeige der einzelnen Prozess-Schritte und ihres Status (siehe Abbildung 5.47).

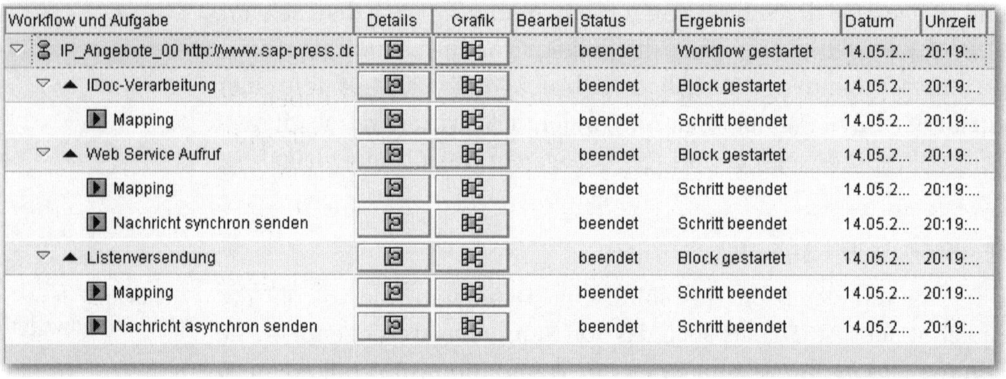

Workflow und Aufgabe	Details	Grafik	Bearbei	Status	Ergebnis	Datum	Uhrzeit
IP_Angebote_00 http://www.sap-press.de				beendet	Workflow gestartet	14.05.2...	20:19:...
IDoc-Verarbeitung				beendet	Block gestartet	14.05.2...	20:19:...
Mapping				beendet	Schritt beendet	14.05.2...	20:19:...
Web Service Aufruf				beendet	Block gestartet	14.05.2...	20:19:...
Mapping				beendet	Schritt beendet	14.05.2...	20:19:...
Nachricht synchron senden				beendet	Schritt beendet	14.05.2...	20:19:...
Listenversendung				beendet	Block gestartet	14.05.2...	20:19:...
Mapping				beendet	Schritt beendet	14.05.2...	20:19:...
Nachricht asynchron senden				beendet	Schritt beendet	14.05.2...	20:19:...

Abbildung 5.47 Workflow-Protokoll des zweiten Fallstudienschrittes

Sie können die Anordnung der Schritte nach den einzelnen Blöcken erkennen und haben die Möglichkeit, durch einen Klick auf einen Button in der Spalte **Grafik** sich die grafische Anzeige des gesamten Ablaufs anzuschauen. Darin können Sie einfach erkennen, wo der Fehler aufgetreten ist. Durch einen Doppelklick auf das entsprechende Workflow-Item gelangen Sie in die Detailansicht. Dort können Sie über den Menüpfad **Workitem · Objekt · Anzeigen** die Log-Dateien zu den einzelnen Vorgängen betrachten.

5.3 Erfassung eines Kundenauftrags

Ablauf des Schrittes

Die Hitech AG hat sich aufgrund der unschlagbar günstigen Preise für SARIDIS als Lieferanten entschieden. Der dritte Schritt der Fallstudie umfasst die Zustellung einer Bestellung der Hitech AG über verschiedene Monitortypen an SARIDIS. Dabei wird die Bestellung als IDoc zugestellt, wobei der Basistyp **ORDERS01** verwendet wird, den Sie bereits in den ersten beiden Fallstudienschritten kennen gelernt haben.

Die Besonderheit dieses Szenarios ist die Erstellung eines Java-Standalone-Proxy, der von einem Programm im SAP NetWeaver Developer Studio aufgerufen wird und die Bestelldaten sendet. Sie benötigen somit zur Umsetzung das SAP NetWeaver Developer Studio auf Ihrem Frontend. Eine Herausforderung ist die Tatsache, dass der Java-Standalone-Proxy nur synchron kommunizieren kann. Damit ist die Umsetzung der synchronen Schnittstelle in eine asynchrone notwendig. Dies wird mit einer so genannten *Sync-Async-Bridge* bewerkstelligt.

Sie haben im vorangegangenen Schritt der Fallstudie bereits das Gegenteil davon umgesetzt: Mit einer *Asnyc-Sync-Bridge* haben Sie aus einer asynchronen Nachricht einen synchronen Webservice-Aufruf erstellt. Das Problem bei einer Sync-Async-Bridge ist jedoch, dass die Verbindung so lange aufrechterhalten werden muss, bis die asynchrone Nachricht versendet wurde. Innerhalb des Business Process Managements besteht die vorgefertigte Option, eine solche Lösung umzusetzen.

Das Ablaufschema dieses Schrittes ist in Abbildung 5.48 zu sehen.

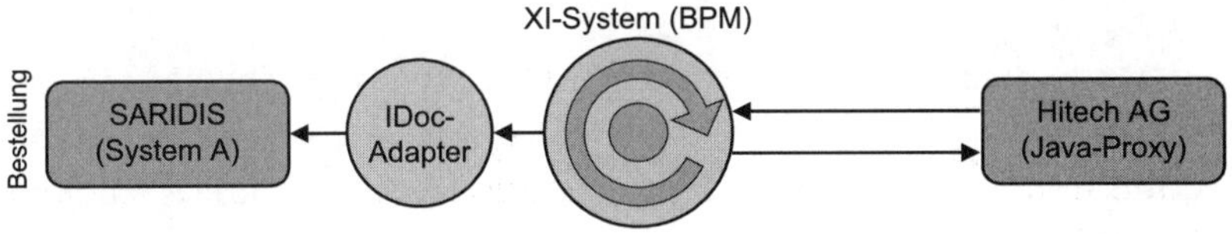

Abbildung 5.48 Ablauf von Schritt 3

5.3.1 Grundlagen

Konfiguration der Partnervereinbarung

Die Vorbereitungen dieses Schrittes bestehen lediglich aus der Erweiterung der Partnervereinbarung in System A, die jedoch nur einmal vorgenommen werden kann. Damit können eingehende Bestellungen automatisch verarbeitet werden.

Melden Sie sich dazu in System A an und rufen Sie die Transaktion WE20 auf, um zu den Partnervereinbarungen zu gelangen. Wählen Sie im Verzeichnis **Partnerart LS** den Eintrag mit dem logischen Systemnamen von System B, den Sie im ersten Schritt bereits angelegt haben. Sie wollen nun angeben, dass IDocs vom Typ **ORDERS** (Bestellung/Auftrag) bei Eingang automatisch nach einem bestimmten Muster verarbeitet werden. Klicken Sie dazu im unteren Bereich **Eingangsparameter** auf das Icon **Eingangsparameter anlegen** und stellen Sie den Nachrichtentyp **ORDERS** ein.

Unterhalb des Karteireiters **Eingangsoptionen** können Sie den vorgefertigten Vorgangscode **ORDE** auswählen (siehe Abbildung 5.49). Damit wird das eingehende IDoc automatisch derart verarbeitet, dass daraus ein Auftrag generiert wird. Die Verarbeitung durch den Funktionsbaustein soll sofort erfolgen. Speichern Sie diese Einstellungen und beenden Sie diese Transaktion.

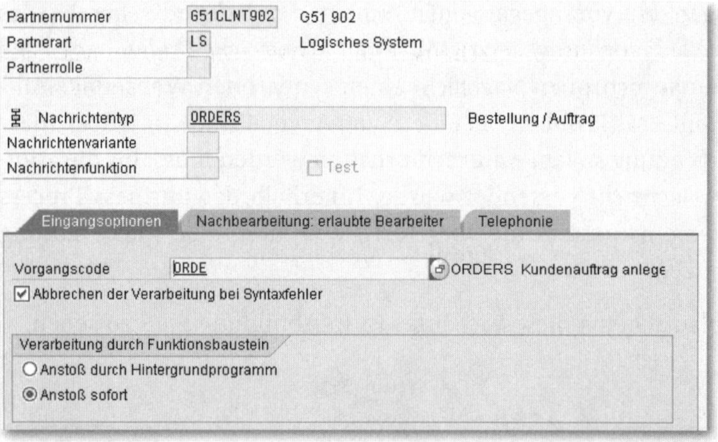

Abbildung 5.49 Pflege der Eingangsparameter für das IDoc ORDERS

Hinweis

Der IDoc-Typ **ORDERS** wird sowohl für Bestellungen als auch für Kundenaufträge verwendet. Die Bestimmung eines konkreten IDocs geht aus einer Kennzeichnung im **E1EDK01** hervor.

5.3.2 Design

Aufteilung der Designphase

Aufgrund der Verwendung der Sync-Async-Bridge in Form eines Integrationsprozesses ergeben sich als Aufgaben zwei trennbare Designszenarien und die Erstellung des Integrationsprozesses, die gesondert betrachtet werden sollten. Da es sich um einen überschaubaren Integrationsprozess handelt, werden wir ihn zunächst gedanklich durchgehen:

Der Prozess beginnt mit dem Empfang der synchronen Nachricht, womit die Sync-Async-Bridge beginnt. Solange diese Bridge läuft, wird die Verbindung zum sendenden Java-Proxy aufrechterhalten. Der nächste Prozess-Schritt ist die Transformation der Eingangsnachricht in das Auftrags-IDoc. Dieses wird in einem weiteren Schritt zugestellt. Nachdem die asynchrone Kommunikation abgeschlossen ist, kann nun auch die synchrone Kommunikation beendet werden. Dazu wird eine sinnvolle Antwortnachricht auf die eingegangene Bestellung erzeugt. Im Falle dieses Beispiels ist die Antwortnachricht sehr einfach gehalten, es werden lediglich ein Returncode und eine Message zurückgegeben, die besagen, dass die eingegangene Bestellung erfolgreich weitergesendet wurde. Da die Antwortnachricht nicht »aus dem Nichts« erscheinen kann, wird sie in einem Mapping aus der eingegangen Bestellung erzeugt. Mit dem abschließenden Senden der Antwortnachricht auf den synchronen Aufruf wird die Sync-Async-Bridge beendet.

Designelemente der synchronen Verarbeitung

Überblick über die Designelemente

In der Designphase dieses Teilschrittes werden Sie für die Senderseite eigene Daten- und Message-Typen für die Bestellung sowie für die Antwort anlegen. Da der Aufbau und auch der Großteil der Elemente des Auftrags den vorherigen Schritten der Fallstudie entsprechen, können Sie diese weitestgehend durch das Kopieren bestehender Objekte erstellen. Die Proxies werden als Teil von System B auftreten. Die Message-Interfaces des Java-Proxys enthalten die Teilnehmernummer, damit der sendende Proxy später eindeutig identifiziert werden kann. Nur so kann eine eingehende Nachricht dem passenden Integrationsprozess zugewiesen werden. Die Alternative dazu wäre, jeweils einen Business-Service anzulegen.

Einen Überblick über alle Designobjekte liefert Ihnen Tabelle 5.14.

Art des Objekts	Senderseite	Empfängerseite
Message-Interface	**MI_Auftrag_Sync_Out_##**	▶ **MI_Auftrag_Sync_Abstrakt** ▶ **MI_Auftrag_Async_Abstrakt** ▶ **MI_Antwort_Async_Abstrakt**
Message-Typ	▶ **MT_Auftrag** ▶ **MT_Antwort**	
Datentyp	▶ **DT_Auftrag** ▶ **DT_Auftragsposition** ▶ **DT_Antwort**	
Interface-Mapping	**IM_MI_Auftrag_Async_Abstrakt_zu_MI_Antwort_Async_Abstrakt**	
Message-Mapping	**MM_MT_Auftrag_zu_MT_Antwort**	

Tabelle 5.14 Designobjekte der asynchronen Verarbeitung im dritten Schritt der Fallstudie

Designelemente des Auftrags

Um sich etwas Arbeit zu ersparen, können Sie die Datentypen des Auftrags größtenteils von den Datentypen des Anfragenszenarios kopieren. Navigieren Sie dazu in den Namensraum der Fallstudie in Ihrer Software-Komponentenversion und markieren Sie den Datentyp **DT_Anfragenposition**. Im Kontextmenü dieses Objekts finden Sie die Option **Objekt kopieren** mit der Sie das neue Objekt **DT_Auftragsposition** erstellen können. Sie können alle Elemente unverändert beibehalten. Wiederholen Sie diesen Vorgang auch zur Erstellung von **DT_Auftrag** auf Basis von **DT_Anfrage**.

Öffnen Sie dann den neuen Datentyp zur Bearbeitung und benennen Sie das Element **Anfragenposition** in **Auftragsposition** um und weisen Sie ihm den Typ **DT_Auftragsposition** zu. Ihr neuer Datentyp sollte nun so aufgebaut sein wie in Abbildung 5.50 dargestellt.

Erstellen Sie nun auf der Basis des Datentyps **DT_Auftrag** den Message-Typ **MT_Auftrag**.

Struktur	Kategorie	Typ	Häufigkeit
DT_Auftrag	Komplexer Typ		
Kundennummer	Element	xsd:string	1
Belegnummer	Element	xsd:string	1
Erstellungsdatum	Element	xsd:date	1
Erstellungszeit	Element	xsd:time	1
Submission	Element	xsd:string	1
Lieferantennummer	Element	xsd:string	1
Angebotsfrist	Element	xsd:date	1
Auftragsposition	Element	DT_Auftragsposition	1..unbounded
Positionsnummer	Element	xsd:string	1
Materialnummer	Element	xsd:string	1
Bezeichnung	Element	xsd:string	1
Menge	Element	xsd:decimal	1
Materialklasse	Element	xsd:string	1
Nettogewicht	Element	xsd:decimal	1
Bruttogewicht	Element	xsd:decimal	1
Gewichtseinheit	Element	xsd:string	1
Lieferdatum	Element	xsd:date	1

Abbildung 5.50 Aufbau des Datentyps DT_Auftrag

Designelemente der Antwort

Die Designelemente der Antwort müssen Sie von Grund auf neu erstellen. Beginnen Sie mit dem Datentyp **DT_Antwort** in Ihrem Namensraum. Er enthält die beiden Elemente **Type** und **Message** (siehe Abbildung 5.51). Das erste Element enthält einen Returncode, der im Erfolgsfall **OK** lautet, während die Nachricht eine entsprechende Erfolgsmeldung und die Bestellnummer enthält. Beide Felder sind vom Typ **xsd:string**. Speichern Sie das Objekt nach dem Anlegen der Elemente.

Typ-Definition | XSD

Struktur	Kategorie	Typ	Häufigkeit	Beschreibung
DT_Antwort	Komplexer Typ			
Type	Element	xsd:string	1	Returncode
Message	Element	xsd:string	1	Antwort-Nachricht

Abbildung 5.51 Aufbau des Datentyps DT_Antwort

Erstellen Sie nun auf der Grundlage dieses Datentyps den Message-Typ **MT_Antwort**.

Erstellung des Message-Interfaces

Das Message-Interface **MI_Auftrag_Sync_Out_##** beinhaltet sowohl den sendenden als auch den empfangenden Message-Typ der synchronen Kommunikation. Stellen Sie zunächst die Kategorie **Outbound** und den Modus **Synchron** ein. Verwenden Sie als Output-Message **MT_Auftrag** und als Input-Message **MT_Antwort**. Ein Interface-Mapping, das diese Schnittstelle verwendet benötigen Sie nicht, da die abstrakten Interfaces im Integrationsprozess die gleichen Message-Typen verwenden.

Das Gegenstück zu diesem Message-Interface im Integrationsprozess ist eine synchrone Schnittstelle, die beim Empfang in zwei asynchrone, abstrakte Messages aufgeteilt wird. Erstellen Sie das Message-Interface **MI_Auftrag_Sync_Abstrakt** mit der Kategorie **Abstrakt** und dem Modus **Synchron** (siehe Abbildung 5.52). Verwenden Sie als Output-Message **MT_Auftrag** und als Input-Message **MT_Antwort**. Diese Einstellungen stimmen somit mit denen des passenden **Outbound**-Interfaces überein.

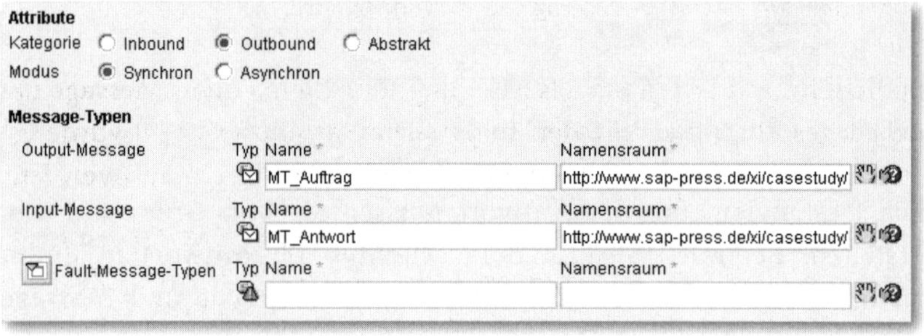

Abbildung 5.52 Einstellungen des synchronen Outbound-Message-Interfaces

Um die beiden Messages der synchronen Schnittstelle innerhalb des Integrationsprozesses getrennt verarbeiten zu können, benötigen Sie für jeden Message-Typ ein abstraktes Interface. Legen Sie zunächst das Message-Interface **MI_Auftrag_Async_Abstrakt** an, das den Message-Typ **MT_Auftrag** beinhaltet und der Kategorie **Abstrakt** sowie dem Modus **Asynchron** angehört. Das zweite Interface **MI_Antwort_Async_Abstrakt** verwendet die Nachricht **MT_Antwort** und ist ebenfalls von der Kategorie **Abstrakt** und dem Modus **Asynchron**.

Anlegen der Mapping-Elemente

Damit die Sync-Async-Bridge am Ende des Integrationsprozesses beendet werden kann, muss auf Grundlage des Auftrags die Antwortnachricht generiert werden. Dazu benötigen Sie ein Message-Mapping und ein Interface-Mapping zwischen den beiden abstrakten Schnittstellen.

Legen Sie zunächst das Message-Mapping **MM_MT_Auftrag_zu_MT_Antwort** an und weisen Sie ihm die Ausgangs-Message **MT_Auftrag** zu. Die Ziel-Message ist vom Typ **MT_Antwort**. Weisen Sie dem Knoten **MT_Antwort** den Quellknoten **MT_Auftrag** zu. Das Element **Type** wird mit der Konstante **OK** belegt.

Das Element **Message** soll später einen Inhalt haben, der eine Erfolgsmeldung und die Bestellnummer enthält. Dies können Sie mit Konstanten, dem Quellelement **Belegnummer** und der Testfunktion **concat** umsetzen, wie es in Abbildung 5.53 dargestellt ist.

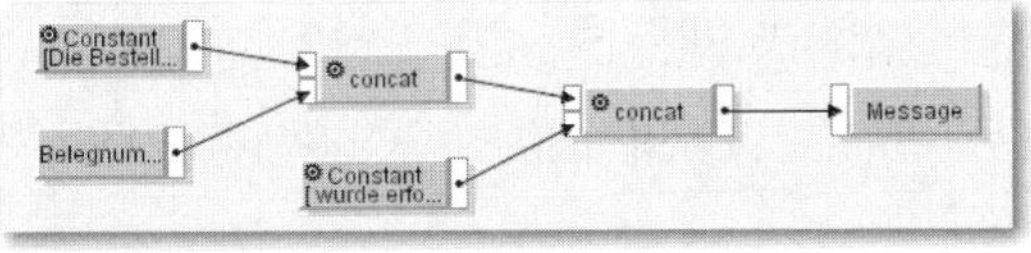

Abbildung 5.53 Message-Mapping der Antwortnachricht

Speichern und testen Sie das Mapping. Das Zielelement **Message** hat im dargestellten Beispiel den Inhalt »Die Bestellung 1234 wurde erfolgreich zugestellt«, wobei die Bestellnummer nur ein Testwert ist.

Legen Sie anschließend das Interface-Mapping **IM_MI_Auftrag_Async_Abstrakt_zu_MI_Antwort_Async_Abstrakt** an, das die Ausgangsschnittstelle **MI_Auftrag_Sync_Abstrakt** mit dem Ziel-Interface **MI_Antwort_Async_Abstrakt** verbindet. Lesen Sie nach der Auswahl der Objekte die Schnittstellen im unteren Bildschirmbereich ein und weisen Sie das eben erstellte Message-Mapping zu. Sie haben nun alle Designobjekte angelegt, um die synchrone Kommunikation zwischen Java-Proxy und dem Integrationsprozess abzubilden.

Designelemente der asynchronen Verarbeitung

Überblick der Designobjekte

Die Designelemente der asynchronen Verarbeitung sind in diesem Szenario dafür verantwortlich, dass der Integrationsprozess die Bestellung als IDoc versenden kann. Auf Senderseite werden die Objekte der synchronen Verarbeitung in diesem Fallstudienschritt wieder verwendet. Beachten Sie, dass bei der Versendung des IDocs die Schnittstelle als abstraktes Interface im Integrationsprozess verwendet wird. Die verwendeten Designobjekte sind in Tabelle 5.15 dargestellt.

Art des Objekts	Senderseite	Empfängerseite
Message-Interface	**MI_Auftrag_Async_Abstrakt***	▸ **MI_ORDERS_ORDERS_Asnyc_Abstrakt** ▸ **ORDER.ORDERS01**

Tabelle 5.15 Designobjekte der synchronen Verarbeitung im dritten Schritt der Fallstudie

Art des Objekts	Senderseite	Empfängerseite
Message-Typ	**MT_Auftrag***	**ORDER.ORDERS01**
Interface-Mapping	**IM_MI_Auftrag_Async_Abstrakt_zu_MI_ORDERS_ORDERS_Asnyc_Abstrakt**	
Message-Mapping	**MM_MT_Auftrag_zu_ORDERS_ORDERS01**	

Tabelle 5.15 Designobjekte der synchronen Verarbeitung im dritten Schritt der Fallstudie (Forts.)

Importieren Sie zunächst das IDoc **ORDERS.ORDERS01** auf dem Business-System A. Erstellen Sie anschließend daraus das Message-Interface **MI_ORDERS_ORDERS_Asnyc_Abstrakt**. Die Schnittstelle ist abstrakt und wird zur asynchronen Kommunikation verwendet.

Mapping der Kopfdaten

Die eingehende Bestellung des Kunden Hitech AG muss im Laufe des Prozesses in das Auftrags-IDoc umgewandelt werden. Dazu benötigen Sie ein Message-Mapping und ein Interface-Mapping zwischen den beiden abstrakten Schnittstellen.

Im Message-Mapping **MM_MT_Auftrag_zu_ORDERS_ORDERS01** wird deshalb die Ausgangs-Message **MT_Auftrag** auf das IDoc **ORDERS.ORDERS01** gemappt. Sie können die Elemente der Kopfdaten nach der folgenden Mapping-Tabelle (siehe Tabelle 5.16) zuordnen.

Datenelement von MT_Auftrag bzw. Konstanten	Datenelement von ORDERS.ORDERS01	Segment von ORDERS.ORDERS01
Konstante: 1	BEGIN	Keins (IDOC)
Konstante: TA (Terminauftrag)	BSART	E1EDK01
Belegnummer	BELNR	E1EDK01
Lieferantennummer	RECIPNT_NO	E1EDK01
Konstante: 006 (Sparte)	QUALF	E1EDK14(1)
Konstante: 00	ORGID	E1EDK14(1)
Konstante: 007 (Vertriebsweg)	QUALF	E1EDK14(2)

Tabelle 5.16 Zuordnung der Kopfdaten im Message-Mapping des dritten Schrittes

Datenelement von MT_Auftrag bzw. Konstanten	Datenelement von ORDERS.ORDERS01	Segment von ORDERS.ORDERS01
Konstante: 10	ORGID	E1EDK14(2)
Konstante: 008 (Verkaufsorganisation)	QUALF	E1EDK14(3)
Konstante: 1000	ORGID	E1EDK14(3)
Konstante: 004 (Angebotsfrist)	IDDAT	E1EDK03(1)
Angebotsfrist	DATUM *	E1EDK03(1)
Konstante: 012 (Erstellungsdatum)	IDDAT	E1EDK03(2)
Erstellungsdatum	DATUM *	E1EDK03(2)
Konstante: AG (Auftraggeber)	PARVW	E1EDKA1
Kundennummer	PARTN	E1EDKA1
Konstante: 003 (Ursprungsbelegdaten)	QUALF	E1EDK02(1)
Belegnummer	BELNR	E1EDK02(1)
Erstellungsdatum	DATUM *	E1EDK02(1)
Erstellungszeit	UZEIT *	E1EDK02(1)
Konstante: 007 (Zuordnung zu Submission)	QUALF	E1EDK02(2)
Submission	BELNR	E1EDK02(2)

Tabelle 5.16 Zuordnung der Kopfdaten im Message-Mapping des dritten Schrittes (Forts.)

Die Elemente Angebotsfrist und Submission sind dabei optional, dienen jedoch zur besseren Orientierung auf Kunden- und Lieferantenseite. Über die in der Tabelle angezeigten Verbindungen hinaus muss jedes verwendete Segment sowie dessen Element **SEGMENT** auf der Zielseite mit dem Knoten **MT_Auftrag** der Quellseite verbunden werden. Deaktivieren Sie das nicht gemappte Zielsegment **EDI_DC40** über das Kontextmenü und duplizieren Sie die mehrfach verwendeten Zielsegmente über den entsprechenden Eintrag im Kontextmenü.

Eine Besonderheit bei den Daten, die später über dieses Mapping laufen werden, sind die Datums- und Zeitangaben. Das Java-Programm, das Sie später anlegen werden, befüllt diese Angaben mit dem Standard-Java-Datums- bzw. Zeitformat. Datumsangaben werden mit der Zeitzone und Zeitangeben mit Millisekunden versehen, beispielsweise `2006-05-16+01:00` als Datum oder `10:41:44.796` als Uhrzeit. Der Aufbau dieser Formate führt jedoch beim Eingang als IDoc zu Problemen.

Sie können dieses Problem zwar bereits direkt im Java-Proxy beheben, jedoch möchten wir uns bei dieser Gelegenheit mit der Mapping-Funktion **DateTrans** aus dem Funktionenbereich **Datum** beschäftigen. Betroffen davon sind die Mappings der Quellelemente Erstellungsdatum, Erstellungszeit und Angebotsfrist, die in Tabelle 5.16 mit einem Stern (*) gekennzeichnet sind.

Schieben Sie die Funktion **DateTrans** in der Arbeitfläche zwischen Quell- und Zielelement und klicken Sie sie doppelt an, um die Parameter einzustellen. Zunächst geben Sie das Format des Ausgangsdatums **yyyy-MM-dd** an (siehe Abbildung 5.54). Es stellt sich nun die Frage, wie die Zeitzone abgebildet werden soll, aber aufgrund der Arbeitsweise dieser Funktion muss die Zeitzone gar nicht abgebildet werden. Die Funktion **DateTrans** funktioniert derart, dass sie nur die im Ausgangsformat angegebenen Platzhalter füllt und alles Weitere ignoriert. Das Zielformat soll nach dem Schema **yyyyMMdd** aufgebaut sein. Stellen Sie zudem über die erweiterten Eigenschaften sicher, dass der Kalender fehlertolerant ist.

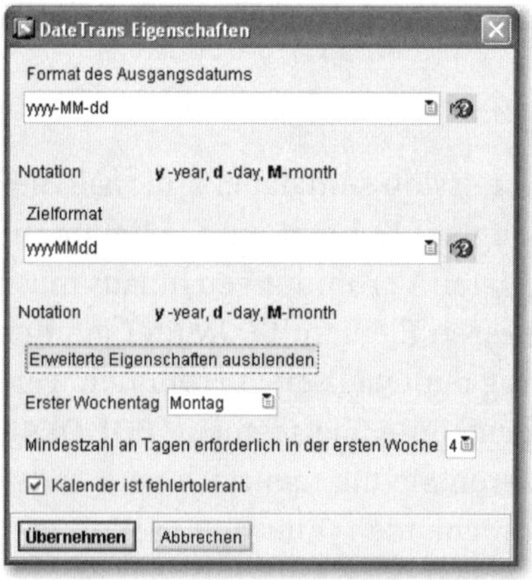

Abbildung 5.54 Parameter der Mapping-Funktion DateTrans

Verfahren Sie analog für das Quellelement Erstellungszeit, wobei Sie das Ausgangsformat **hh:mm:ss** in das Zielformat **hhmmss** umwandeln.

Mapping der Positionsdaten

Das Mapping der Positionsdaten erfolgt analog zu Tabelle 5.17. Beachten Sie dabei die mit dem Stern (*) gekennzeichneten Elemente. Damit so viele Elementinstanzen auf der Zielseite erstellt werden, wie Positionen vorliegen, müssen Sie die Knotenfunktion **SplitByValue** zwischen Quell- und Zielelement einfügen. Da das Quellelement Lieferdatum ebenfalls im Java-Datumsformat vorliegt, müssen Sie auch dieses mit der Funktion **DateTrans** wie oben beschrieben umwandeln.

Datenelement von MT_Auftrag/Auftragsposition bzw. Konstanten	Datenelement von ORDERS.ORDERS01/E1EDP01	Segment von ORDERS.ORDERS01/E1EDP01
Auftragsposition	E1EDP01	Keins (IDOC)
Auftragsposition	SEGMENT *	E1EDP01
Positionsnummer	POSEX	E1EDP01
Konstante: 001 (Anlegen)	ACTION	E1EDP01
Menge	MENGE	E1EDP01
Konstante: PCE (Mengeneinheit Stück)	MENEE	E1EDP01
Nettogewicht	NTGEW	E1EDP01
Gewichtseinheit	GEWEI	E1EDP01
Bruttogewicht	BRGEW	E1EDP01
Materialnummer	MATNR	E1EDP01
Auftragsposition	E1EDP20 *	E1EDP01
Auftragsposition	SEGMENT *	E1EDP01/ E1EDP20
Menge	WMENG	E1EDP01/ E1EDP20
Lieferdatum	EDATU	E1EDP01/ E1EDP20
Auftragsposition	E1EDP19 *	E1EDP01
Auftragsposition	SEGMENT *	E1EDP01/E1EDP19

Tabelle 5.17 Zuordnung der Positionsdaten im Message-Mapping des ersten Schrittes

Datenelement von MT_Auftrag/Auftragsposition bzw. Konstanten	Datenelement von ORDERS.ORDERS01/ E1EDP01	Segment von ORDERS.ORDERS01/ E1EDP01
Konstante: 001 (Bezeichnung)	QUALF	E1EDP01/E1EDP19
Materialnummer	IDTNR	E1EDP01/E1EDP19
Bezeichnung	KTEXT	E1EDP01/E1EDP19

Tabelle 5.17 Zuordnung der Positionsdaten im Message-Mapping des ersten Schrittes (Forts.)

Testen Sie das Mapping mit mindestens zwei verschiedenen Auftragspositionen, indem Sie im Karteireiter **Test** das Kontenelement über das Kontextmenü duplizieren. Verwenden Sie dabei auch die Java-Datums- und Zeitformate. Speichern Sie das Mapping nach erfolgreichem Test ab.

Erstellen Sie auf Grundlage dieses Message-Mappings das passende Interface-Mapping **IM_MI_Auftrag_Async_Abstrakt_zu_MI_ORDERS_ORDERS_Asnyc_Abstrakt**. Binden Sie dazu als Ausgangs-Interface den Typ **MI_Auftrag_Async_Abstrakt** und als Zieltyp die Schnittstelle **MI_ORDERS_ORDERS_Asnyc_Abstrakt** ein. Lesen Sie schließlich die Interfaces ein und weisen Sie das eben erstellte Message-Mapping **MM_MT_Auftrag_zu_ORDERS_ORDERS01** zu.

Erstellung des Integrationsprozesses

Anlegen der Containerelemente

Sie haben nun alle Designobjekte erstellt, die Sie für den Integrationsprozess benötigen. Legen Sie den Integrationsprozess **IP_Auftrag_##** an und schaffen Sie sich den nötigen Platz zur Bearbeitung auf dem Bildschirm.

Beginnen Sie mit dem Anlegen der drei benötigten Containerelemente (siehe Abbildung 5.55):

- Das erste Element **Auftrag** ist von der Kategorie abstraktes Interface und verwendet den Typ **MI_Auftrag_Async_Abstrakt**. Es wird nach dem Aufruf durch den Java-Proxy die Auftrags-Message in der Bestellung beinhalten.
- Das zweite Objekt **Antwort** ist ebenfalls ein abstraktes Interface und vom Typ **MI_Antwort_Async_Abstrakt**.

- Das letzte Element namens **IDoc_Auftrag** ist ebenfalls ein abstraktes Interface und verwendet den Typ **MI_ORDERS_ORDERS01_Async_Abstrakt** zum Versenden des Auftrags als Bestellung.

Name	Kategorie	Typ	Mehr...	Container
Antwort	Abstraktes Interface	MI_Antwort_Async_Abstrakt	☐	Prozess
Auftrag	Abstraktes Interface	MI_Auftrag_Async_Abstrakt	☐	Prozess
IDoc_Auftrag	Abstraktes Interface	MI_ORDERS_ORDERS01_Async_Abstrakt	☐	Prozess

Abbildung 5.55 Containerelemente des dritten Fallstudienschrittes

Vermutlich sind Sie nun verwundert, wieso kein Containerelement vom abstrakten Interface-Typ **MI_Auftrag_Sync_Abstrakt** erstellt wurde. Dies liegt daran, dass mit den Nachrichten, die über die synchrone Schnittstelle eintreffen, innerhalb des Integrationsprozesses nicht explizit gearbeitet wird. Sie werden jetzt jedoch sehen, wofür Sie das entsprechende Message-Interface angelegt haben.

Öffnen der Sync-Async-Bridge

Fügen Sie den ersten Schritt zum Empfangen in den Prozess ein und benennen Sie ihn **Proxy-Aufruf annehmen.** Mit diesem Schritt soll die Sync-Async-Bridge geöffnet werden. Wählen Sie dementsprechend in den Eigenschaften den Modus **Öffnet S/A-Bridge** aus. Dadurch eröffnet sich Ihnen darunter die Möglichkeit, das synchrone Interface **MI_Auftrag_Sync_Abstrakt** anzugeben. Im Feld **Message** wird jedoch kein Containerelement eines synchronen Interfaces erwartet, sondern die Nachricht, in die der Input-Teil (aus Sicht des Prozesses) der synchronen Schnittstelle abgelegt werden soll. Dies ist in Ihrem Fall das Containerelement **Auftrag**.

Abbildung 5.56 zeigt die Einstellungen des ersten Schrittes im Integrationsprozess.

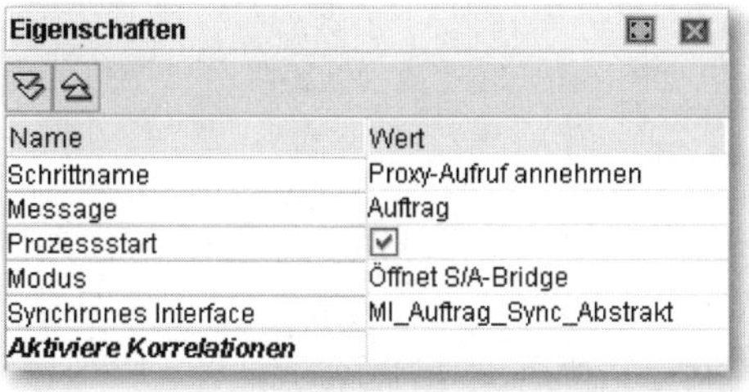

Name	Wert
Schrittname	Proxy-Aufruf annehmen
Message	Auftrag
Prozessstart	☑
Modus	Öffnet S/A-Bridge
Synchrones Interface	MI_Auftrag_Sync_Abstrakt
Aktiviere Korrelationen	

Abbildung 5.56 Eigenschaften des synchronen Empfangsschrittes

Zustellung des IDocs

Die nächsten Schritte im Prozess sind die Transformation des Auftrags in das IDoc und dessen Versendung. Fügen Sie dazu einen Transformationsschritt mit dem Namen **IDoc erzeugen** ein. Weisen Sie dem verwendeten Interface-Mapping **IM_MI_Auftrag_Async_Abstrakt_zu_MI_ORDERS_ORDERS_Asnyc_Abstrakt** die Quell-Message **Auftrag** und die Ziel-Message **IDoc-Auftrag** zu. In diesem Mapping wird der Auftrag faktisch in das IDoc-Format kopiert. Fügen Sie danach den Sendeschritt **IDoc senden** ein. Die Nachricht **IDoc_Auftrag** soll darin asynchron versendet werden.

Schließen der Sync-Async-Bridge

Um die geöffnete Sync-Async-Bridge wieder zu schließen, muss die Antwortnachricht erzeugt und zugestellt werden. Nehmen Sie dazu einen weiteren Transformationsschritt am Ende des Prozesses auf. Er trägt den Namen **Antwort erstellen** und verwendet das Interface-Mapping **IM_MI_Auftrag_Async_Abstrakt_zu_MI_Antwort_Async_Abstrakt**. Weisen Sie anschließend **Auftrag** als Quell- und **Antwort** als Ziel-Message zu.

Der letzte Schritt im Integrationsprozess ist der Sendeschritt, der die Antwort zustellt. Hängen Sie dementsprechend einen Sendeschritt ans Ende des Prozesses an und nennen Sie ihn **Bridge schließen** (siehe Abbildung 5.57). Wählen Sie den Modus **Schließt S/A-Bridge**, wodurch sich die anderen Eingabefelder ändern. Wählen Sie die Message **Antwort** aus, die an dieser Stelle versendet werden soll. Im Feld **Geöffnet durch** haben Sie nun die Möglichkeit, den Schritt anzugeben, der die Bridge geöffnet hat. In der Wertehilfe finden Sie den einzigen Empfangsschritt **Proxy-Aufruf annehmen**, den Sie auch auswählen.

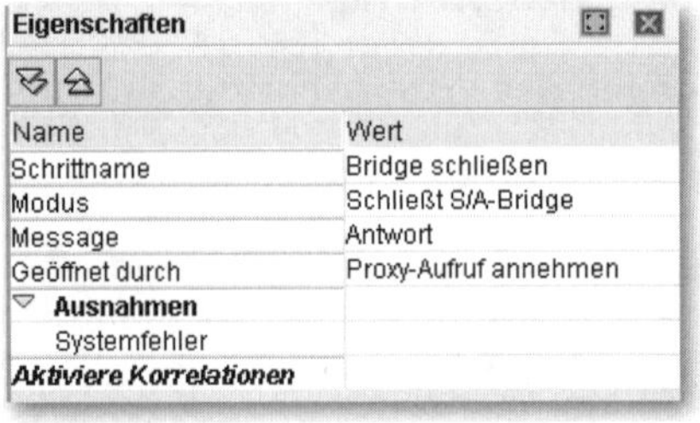

Abbildung 5.57 Eigenschaften des schließenden Sendeschrittes

Speichern Sie den Integrationsprozess und prüfen Sie ihn mit der entsprechenden Option im Menüpfad. Wenn keine Fehler mehr angezeigt werden, können Sie alle Designobjekte zu diesem Fallstudienschritt über die Änderungsliste aktivieren.

5.3.3 Konfiguration

Zweiteilung der Konfiguration

Die Konfigurationsphase ist aufgrund der beiden Sendeschritte des Integrationsprozesses zweigeteilt: Zum einen muss die Nachrichtenzustellung vom Java-Proxy zum Integrationsprozess eingestellt werden. Diese läuft synchron ab, auch wenn die beiden Teile des Interfaces getrennt bearbeitet werden. Das zweite Konfigurationsszenario deckt die Zustellung des IDocs an System A ab.

Deklaration des Integrationsprozesses

Bevor Sie mit den beiden Szenarien beginnen können, müssen Sie jedoch den Integrationsprozess im Integration Directory deklarieren. Öffnen Sie dazu das Integration Directory und navigieren Sie zu Ihrem Szenario **XI_CaseStudy_##**. Legen Sie den neuen Integrationsprozess **IP_Auftrag_##** an und importieren Sie dazu den gleichnamigen Prozess aus dem Integration Repository.

Definition des Java-Proxy-Webservices

Der Java-Proxy wird später aufgrund einer WSDL-Datei wissen, an welchen XI-Server mit welchem Interface er sich verbinden soll. Diese WSDL-Datei können Sie im Integration Directory erstellen. Wählen Sie dazu im Menü den Eintrag **Werkzeuge · Web Service definieren**, woraufhin sich ein Wizard öffnet.

Lesen Sie sich den ersten Schritt durch und fahren Sie zum zweiten Bildschirm fort. Dort sollen Sie die URL angeben, über die das XI-System SOAP-Anfragen entgegennimmt. Klicken Sie auf den Button **URL vorschlagen**, damit die Daten der aktuellen SAP XI eingetragen werden. Gehen Sie weiter zum nächsten Schritt und wählen Sie dort über die Wertehilfe das Message-Interface **MI_Auftrag_Sync_Out_##** aus. Der Namensraum und die Software-Komponentenversion werden automatisch ergänzt.

Im nächsten Schritt geben Sie an, als was sich der Java-Proxy ausgibt. Der Java-Proxy muss zu Zwecken der späteren Konfiguration als ein Service mit einem bestimmten Interface identifiziert werden können. Da diese Daten beim Java-Proxy frei gewählt werden können, geben Sie als Service **SystemB** an und übernehmen die Daten des Message-Interfaces aus dem vorangegangenen Schritt. Sie können dabei mit den Buttons **Zurück** und **Weiter** hin- und hernavigieren, ohne dass die Daten verloren gehen. Nach dem Übertragungsprozess sollte der Wizard analog zu Abbildung 5.58 aussehen. Diese Angaben setzen voraus, dass das angegebene Message-Interface nicht in einer anderen Konfiguration von System B zum Senden benutzt wird, da sonst Verwirrung über den Sender entsteht. Stellen Sie den Wizard danach fertig.

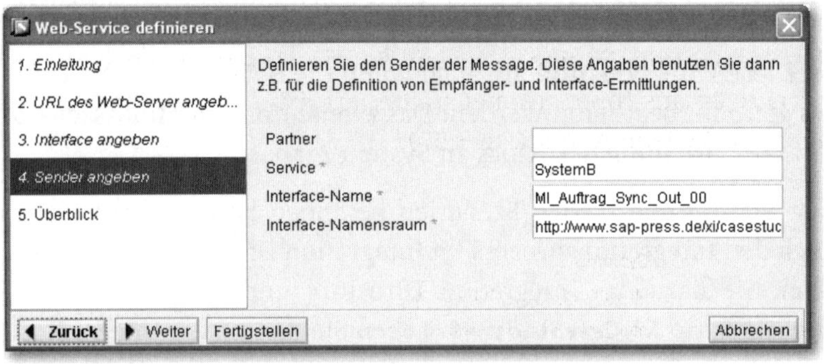

Abbildung 5.58 Senderdaten der Webservice-Definition

Beim Fertigstellen des Wizards wird die gewünschte WSDL-Datei erzeugt, die Sie als *MI_Auftrag_Sync_Out_##.wsdl* sichern sollten.

Hinweis

Die erstellte WSDL-Datei entspricht nicht der WSDL-Anzeige des Message-Interfaces im Integration Repository. Der Beschreibung in der Designphase fehlen die konkreten Angaben über den XI-Server und sie kann somit nicht direkt in einem Java-Proxy zum Einsatz gebracht werden.

Konfiguration der synchronen Kommunikation

Konfiguration der Anbindung des Java-Proxy

Einen Überblick über die in diesem Konfigurationsszenario verwendeten Objekte sehen Sie in Tabelle 5.18.

Art des Objekts	Senderseite: System B/ Java-Proxy	Empfängerseite: IP_Auftrag_##
Empfänger-ermittlung	**|SystemB|MI_Auftrag_Sync_Out_##**	
Interface-Ermittlung	**|SystemB|MI_Auftrag_Sync_Out_##||IP_Auftrag_##**	

Tabelle 5.18 Konfigurationsobjekte der synchronen Kommunikation des dritten Schrittes der Fallstudie

Der Java-Proxy wird später als Teil von System B auftreten, weshalb Sie in den folgenden Konfigurationsschritten den Proxy gleichwertig zu System B behandeln können. Rufen Sie den Konfigurations-Assistenten auf und erstellen Sie eine **interne Kommunikation**. Als Sender tritt Business-System B mit dem **XI**-Adapter auf. Wie beim ABAP-Proxy kommuniziert der Java-Proxy über das XI-Format mit der zentralen Integration Engine. Wählen Sie das Interface **MI_Auftrag_Sync_Out_##** aus Ihrem Namensraum aus, über das der Java-Proxy senden wird (siehe Abbildung 5.59).

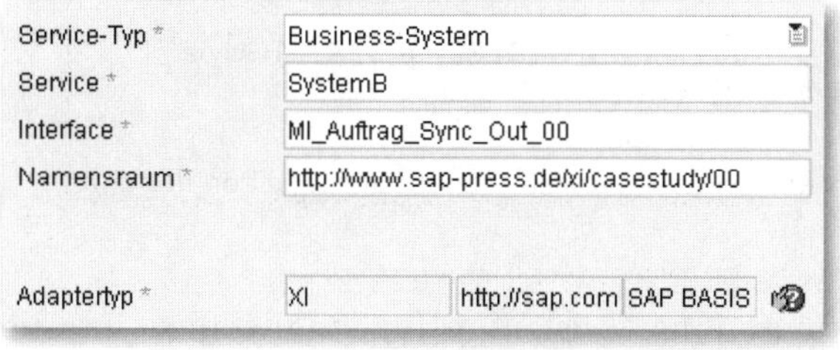

Abbildung 5.59 Einstellungen für den Java-Proxy als Sender

Der Empfänger der Nachricht ist der Integrationsprozess **IP_Auftrag_##**, der nur über das Interface **MI_Auftrag_Sync_Abstrakt** beliefert werden kann. Der Adaptertyp ist hierbei aufgrund des Integrationsprozesses **XI**. Sie benötigen weder eine Sender- noch später eine Empfängervereinbarung. Nehmen Sie die Erstellung der Empfängerermittlung **|SystemB|MI_Auftrag_Sync_Out_##**, die im nächsten Schritt angezeigt wird, zur Kenntnis. Die Interface-Ermittlung **|SystemB|MI_Auftrag_Sync_Out_##||IP_Auftrag_##** im darauf folgenden Bildschirmbild zeigt kein Interface-Mapping an, da sowohl das verwendete Interface als auch sein abstraktes Gegenstück im Integrationsprozess die gleichen Messages verwenden und somit keine Zuordnung notwendig ist. Fügen Sie schließlich alle Objekte zu Ihrem Szenario **XI_CaseStudy_##** hinzu und beenden Sie den Wizard.

Konfiguration der asynchronen Kommunikation

Konfigurationsobjekte der IDoc-Zustellung

Die Erstellung des zweiten Konfigurationsszenarios erfolgt ebenfalls unter Verwendung des Konfigurations-Assistenten. Die dabei erzeugten bzw. wieder verwendeten Objekte sind in Tabelle 5.19 dargestellt.

Art des Objekts	Senderseite: IP_Auftrag_##	Empfängerseite: System A
Kommunikationskanal		**IDoc_Empfaengerkanal***
Empfängervereinbarung		**|IP_Auftrag_##||SystemA|ORDERS.ORDERS01**
Empfängerermittlung	**|IP_Auftrag_##|MI_ORDERS_ORDERS01_Async_Abstrakt**	
Interface-Ermittlung	**|IP_Auftrag_##|MI_ORDERS_ORDERS01_Async_Abstrakt||SystemA**	

Tabelle 5.19 Konfigurationsobjekte der asynchronen Kommunikation des dritten Schrittes der Fallstudie

Rufen Sie den Konfigurations-Assistenten für eine weitere **interne Kommunikation** auf. Die Nachricht mit dem Interface **MI_ORDERS_ORDERS01_Async_Abstrakt** wird vom Integrationsprozess **IP_Auftrag_##** über den **XI**-Adapter versendet. Der Empfänger des IDocs ist das **Business-System A**, das über den **IDoc**-Adapter auf der Schnittstelle **ORDERS.ORDERS01** Nachrichten entgegennimmt. Eine Sendervereinbarung ist wegen des Integrationsprozesses nicht notwendig.

Die Angaben über die Erstellung der Empfängerermittlung **|IP_Auftrag_##|MI_ORDERS_ORDERS01_Async_Abstrakt** dienen nur zur Information. Die Interface-Ermittlung **|IP_Auftrag_##|MI_ORDERS_ORDERS01_Async_Abstrakt||SystemA** wird wegen der Verwendung des gleichen Message-Typs in sendendem und empfangendem Interface kein Mapping ermitteln. Die Empfängervereinbarung **|IP_Auftrag_##||SystemA|ORDERS.ORDERS01** bindet den Kommunikationskanal **IDoc_Empfaengerkanal** in das Szenario ein. Speichern Sie schließlich die Konfigurationsobjekte in Ihrem Szenario.

Manuelle Pflege der Empfängervereinbarung

Würden Sie den Fallstudienschritt mit der bisherigen Konfiguration durchführen, könnte das IDoc später nicht an System A gesendet werden, da SAP XI nicht ohne Weiteres von einem Integrationsprozess ein IDoc zustellen kann. Dies liegt daran, dass der Senderservice **IP_Auftrag_##** nicht in ein logisches System für die ALE-Kommunikation umgeschlüsselt werden kann.

Um diesen Fehler zu vermeiden, müssen Sie eine Anpassung an der Empfängervereinbarung **|IP_Auftrag_##||SystemA|ORDERS.ORDERS01** vornehmen. Öffnen Sie das entsprechende Objekt zur Bearbeitung, wählen Sie die Option **Sender-Service** im Bereich **Header-Mapping** und dort das Business-System B aus (siehe Abbildung 5.60).

Abbildung 5.60 Manuelle Pflege der Empfängervereinbarung

Dies bewirkt, dass IDocs, die aus diesem Integrationsprozess versandt werden, so behandelt werden, als wären sie von System B versendet worden. Somit kann das System A aufgrund der bestehenden Partnervereinbarung den Auftrag auch verarbeiten.

Speichern Sie die veränderte Empfängervereinbarung und aktivieren Sie alle veränderten Elemente über die Änderungsliste.

5.3.4 Ablauf und Monitoring

Erstellen eines Standalone-Proxy-Projekts

Die Übermittlung der Bestellung beginnt mit dem Aufruf des Java-Proxys in einem Java-Programm. Zur Realisierung sowohl des Proxys als auch des Java-Programms benötigen Sie das SAP NetWeaver Developer Studio und die WSDL-Datei, die Sie in der Konfigurationsphase erzeugt haben.

Öffnen Sie das Developer Studio und erstellen Sie ein neues Projekt der Kategorie **Web Services**. Achten Sie darauf, dass die Unterkategorie **Standalone Proxy Project** auf der rechten Seite angewählt ist (siehe Abbildung 5.61).

Die andere Variante, das **Deployable Proxy Project**, ist eine Anwendung, die Sie auf einer SAP J2EE Engine deployen und dort betreiben können. Sie werden in diesem Schritt jedoch die Standalone Variante kennen lernen, die aus einer beliebigen Java-Anwendung heraus aufgerufen werden kann.

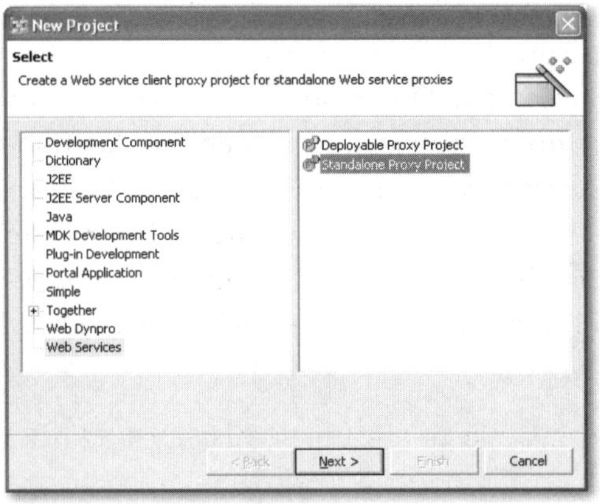

Abbildung 5.61 Anlegen eines Standalone-Proxy-Projekts

Fahren Sie mit **Next** zum nächsten Schritt fort und geben Sie den Namen **ProxyAufruf** für das Projekt an. Sie können das Projekt danach fertig stellen.

Erstellen des Java-Proxys

Öffnen Sie anschließend das Kontextmenü Ihres Projekts **ProxyAufruf** und wählen Sie den Pfad **New · Client Proxy Definition** aus. Geben Sie das Package **sap.press.de.xi** an und pflegen Sie als Namen für den Proxy **JavaProxy** ein. Wählen Sie außerdem die WSDL-Quelle **Local File System or URL** aus (siehe Abbildung 5.62) und fahren Sie fort.

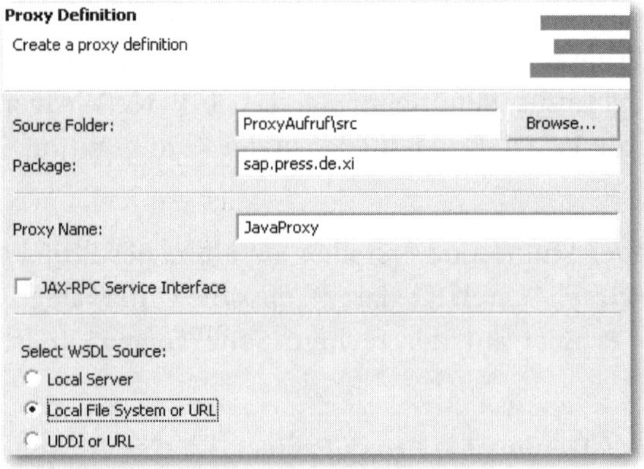

Abbildung 5.62 Anlegen des Java-Proxys

Wählen Sie im nächsten Schritt die Datei *MI_Auftrag_Sync_Out_##.wsdl* aus. Gehen Sie zum nächsten Schritt und beenden Sie dort den Wizard ohne eine Änderung.

Anlegen des Java-Programms

Wechseln Sie über den Menüpfad **Window • Open Perspective • Resource** oder über das entsprechende Icon **Resource Perspective** am oberen linken Bildschirmrand in die Resource-Perspektive des Projekts. Navigieren Sie zu Ihrem Projekt und öffnen Sie das Kontextmenü des Pfades **ProxyAufruf • src • sap • press • de • xi**. Wählen Sie innerhalb des Kontextmenüs die Option **New • File** und geben Sie im erscheinenden Fenster den neuen Dateinamen *SendJava-Proxy.java* an. In dieser Datei werden Sie die eigentliche Entwicklung vornehmen.[4]

Ablauf des Java-Programms

Durch den Import der WSDL-Definition wurden Klassen inklusive Methode für den Aufruf des Proxys sowie zur Nutzung der Datentypen in der Schnittstelle **MI_Auftrag_Async_Out_##** hergestellt. Diese Klassen werden im Quellcode importiert. Darüber hinaus werden von SAP im SAP NetWeaver Developer Studio bereitgestellte Security-Protokoll-Klassen genutzt, um die Authentifizierung vorzunehmen. Die importierten Datentypen werden in Form von Auftrags- und Auftragsposition-Objekten instanziiert und mit Daten befüllt.

Die Methode, um die entsprechenden Felder zu setzen, wurde mit den Klassen der Datentypen generiert. So kann beispielsweise die Materialnummer über die generierte Methode **setMaterialnummer** gesetzt werden. Ebenfalls wurden dazu passende **GET**-Methoden geliefert. Der Quellcode dieses Beispiels kann je nach Anzahl der Positionen viel Tipparbeit bedeuten. Dies liegt daran, dass keine entsprechenden Eingabemasken enthalten sind; es bleibt Ihnen überlassen, wie Sie das Programm erweitern.

Nachdem alle Daten gesetzt wurden, werden die Positionen an den Auftrag angehängt und abgeschickt. Da es sich dabei um einen synchronen Aufruf handelt, wird der Rückgabewert des Aufrufs einer Instanz des Antwortformates zugewiesen. Im Erfolgsfall wird die Meldung »Die Bestellung **Bestellung-##** wurde erfolgreich zugestellt« ausgegeben. Es ist wichtig, dass Sie die Belegnummer nach dem

4 Sie finden den Quellcode der darin enthaltenen Klasse im Anhang dieses Buches sowie auf der zugehörigen Webseite zum Download. An dieser Stelle werden wir nur grundsätzlich auf den Ablauf im Programm selbst eingehen.

Schema **Bestellung-##** anlegen, da Sie im nächsten Fallstudienschritt wieder darauf Bezug nehmen werden. Sollten Sie beim Aufruf des Programms eine Warnmeldung des Sicherheitsprotokolls bekommen, können Sie sie in diesem Fall ignorieren.

Monitoring der Nachrichtenstrecke

Sie können die Zustellung am besten im Message-Monitoring von SAP XI überwachen. Sie werden dort allerdings nur die Zustellung des IDocs beobachten können, da der Aufruf des Integrationsprozesses synchron ablief. Im XI-System können Sie außerdem Transaktion SXMB_MONI_BPE zu Rate ziehen, falls einer der Prozess-Schritte misslungen ist.

Den Nachweis, dass das IDoc auch korrekt verarbeitet wurde, finden Sie in Transaktion BD87 des Business-Systems A. Wenn das IDoc korrekt angekommen ist und verarbeitet wurde, können Sie sich den Kundenauftrag anschauen. Rufen Sie dazu die Transaktion VA03 auf und öffnen Sie die Wertehilfe des Eingabefeldes **Auftragsnummer**. Wählen Sie die Suchmaske **Verkaufsbelege nach Kunden** und geben Sie als Kriterium die Bestellnummer **Bestellung-##** an. Wählen Sie dann aus der erscheinenden Auflistung Ihren Auftrag mit Doppelklick aus. Die Auftragsnummer wird in den ersten Bildschirm übernommen und Sie können Ihre Eingaben mit **Enter** bestätigen. Sie sollten dann eine Anzeige sehen, die der in Abbildung 5.63 ähnelt.

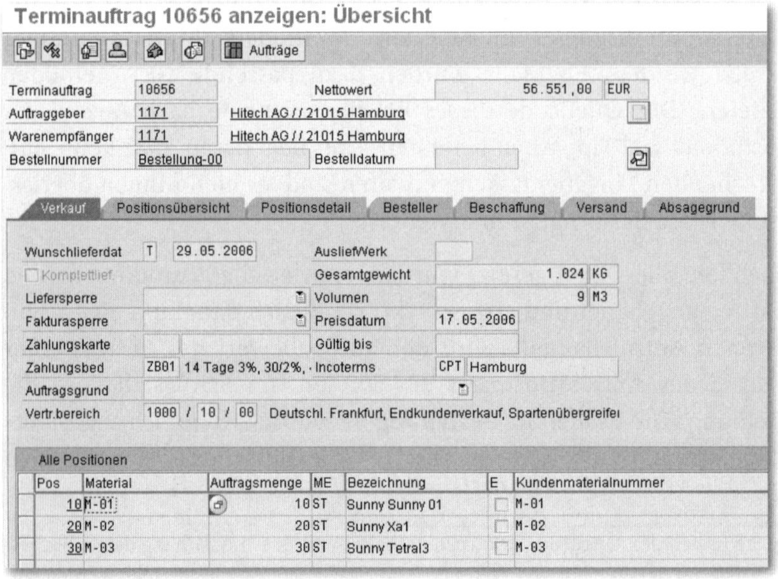

Abbildung 5.63 Anzeige des eingegangenen Kundenauftrags

5.4 Zustellung der Rechnung

Ablauf des vierten Schrittes

Der letzte Schritt der Fallstudie umfasst die Zustellung der Rechnung für die Bestellung per E-Mail. Dies erleichtert es der Hitech AG, die Schnellerfassung von Eingangsrechnungen zeitnah zu tätigen.

Das Szenario ist derart aufgebaut, dass die SARIDIS bei der Erstellung der Rechnung automatisch ein IDoc erzeugt, das an SAP XI geht und dort mithilfe eines XSLT-Mappings in ein gut lesbares HTML-Dokument umwandelt. Dieses HTML-Dokument wird schließlich mit dem Mail-Adapter an die Hitech AG zugestellt.

Der schematische Aufbau dieses Teils des Szenarios ist in Abbildung 5.64 dargestellt.

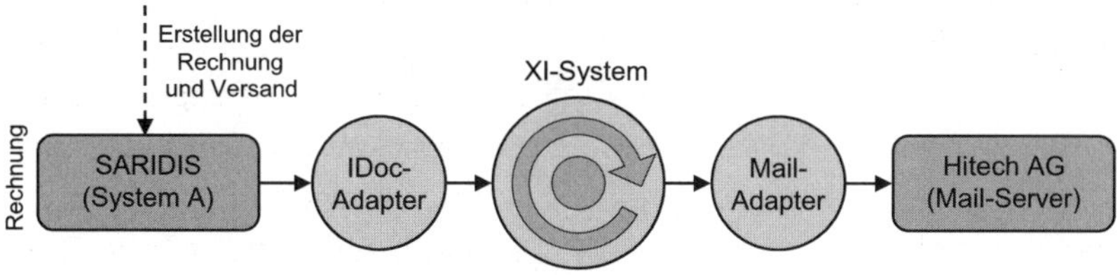

Abbildung 5.64 Ablauf von Schritt 4

5.4.1 Grundlagen

Realistischer Vertriebsprozess

Wenn Sie bereits Vertriebsprozesse in SAP R/3 oder SAP ECC bearbeitet haben, wissen Sie, dass auf den Eingang der Bestellung in der Regel nicht gleich die Erstellung der Rechnung folgt. Um die Fallstudie jedoch im Rahmen des Buches zu einem sinnvollen Ende zu bringen, werden die fehlenden Prozesse nicht mehr mit SAP XI abgebildet. Sie werden sie im Ablauf des Szenarios manuell durchgehen und beispielsweise die Auslieferung der bestellten Ware vornehmen.

Pflege der Partnervereinbarung

Die Integration der IDoc-Erzeugung in die Transaktion zur Fakturierung erfolgt über die Ausgangsparameter der bereits bestehenden Partnervereinbarung zum Kunden Hitech AG. Melden Sie sich dazu als Dozent im System A an und rufen Sie Transaktion WE20 auf. Navigieren Sie zur Partnervereinbarung **1171**, die Sie im Ordner **Partner KU** finden. Legen Sie einen neuen Ausgangsparameter über das entsprechende Icon unterhalb der Auflistung aller bereits bestehenden Ausgangsparameter an, stellen Sie die Partnerrolle **RE** (Rechnungsempfänger) ein und wählen Sie darunter den Nachrichtentyp

INVOIC (Rechnung/Faktura) aus. Zur Versendung des IDocs benutzen Sie den bereits bestehenden Empfängerport **XI_SYSTEM**, den Sie bereits in den Vorbereitungen der Einzelübungen erstellt haben. IDocs, die erstellt werden, sollen sofort übergeben werden. Der Basistyp, den Sie für die Rechnung benutzen, lautet **INVOIC01**. Abbildung 5.65 zeigt diese Einstellungen zum Anlegen des Ausgangsparameters.

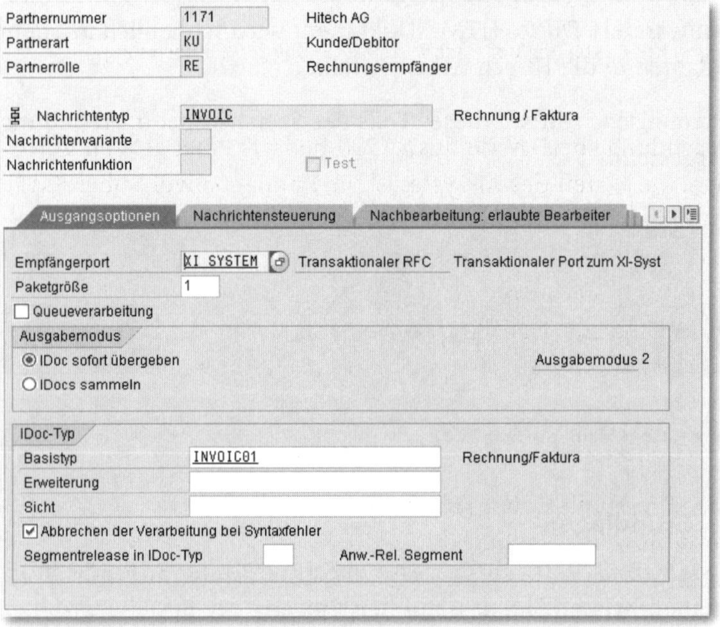

Abbildung 5.65 Anlegen des Ausgangsparameters für den vierten Schritt

Wechseln Sie zum Karteireiter **Nachrichtensteuerung**. Dabei werden Sie darauf hingewiesen, dass die Paketgröße auf **1** gesetzt wurde, was lediglich bedeutet, dass IDoc-Pakete versendet werden, sobald sich ein IDoc darin befindet.

Fügen Sie über das entsprechende Icon unterhalb der Auflistung eine neue Zeile ein und wählen Sie in der Spalte **Applikation** den Wert **V3** (Fakturierung) aus (siehe Abbildung 5.66). Die Nachrichtenart, die verwendet werden soll, ist eine Rechnung, weshalb Sie in der entsprechenden Spalte **RD00** angeben. Da es sich um eine Rechnung an einen Kunden handelt, wählen Sie dafür die einzig sinnvolle Option **SD09** als Vorgangscode aus. Speichern Sie die veränderte Partnervereinbarung.

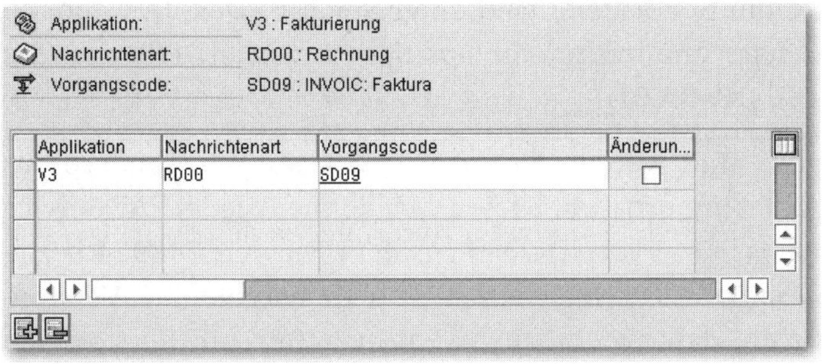

Abbildung 5.66 Einstellung der Nachrichtensteuerung für die Rechnungsversendung

Bereitstellung eines Mail-Servers

Die Versendung von E-Mails aus SAP XI bedarf keiner großen Vorbereitungen auf Seiten des XI-Systems. Sie können sowohl über SMTP als auch über IMAP4 Nachrichten unter Angabe des entsprechenden Mail-Servers versenden. Die »Erweiterung« der Schulungslandschaft um solch einen Server sollte kein Problem darstellen, zumal auch allgemein zugängliche Mail-Provider angebunden werden. Sie müssen somit keinen gesonderten Server für dieses Szenario betreiben.

5.4.2 Design

Überblick über die Designobjekte

Sie werden feststellen, dass sich dieses Szenario aus Sicht der Designobjekte kaum von den anderen Schritten unterscheidet. Die Art und die Menge der Objekte ist zwar vergleichbar, jedoch unterscheiden sich die Quellen mancher Objekte von denen anderer Szenarien. So werden Sie den Datentyp der E-Mail vom SAP Service Marketplace beziehen und das XSLT-Mapping extern erzeugen und später importieren. Einen Überblick über alle Designobjekte gibt Ihnen Tabelle 5.20.

Art des Objekts	Senderseite	Empfängerseite
Message-Interface	**INCOIC.INVOIC01**	**MI_Mail_Async_In**
Message-Typ		**Mail**
Datentyp		
Interface-Mapping	**IM_INVOIC_INVOIC01_zu_MI_Mail_Async_In**	
Message-Mapping	**MM_INVOIC_INVOIC01_zu_Mail**	

Tabelle 5.20 Designobjekte für den vierten Schritt der Fallstudie

Import der IDoc-Schnittstelle

Die Objekte der Senderseite sind aufgrund der IDoc-Verwendung schnell angelegt. Importieren Sie aus System A die Definition des IDocs **INVOIC.INVOIC01**.

Erstellen der Objekte der Empfängerseite

Den Datentyp **Mail** werden Sie nicht selbst anlegen, sondern aus einer XSD-Datei importieren. Diese Datei können Sie im SAP Service Marketplace (*http://service.sap.com*) aus dem Hinweis 748024 beziehen. In dieser Datei ist eine Vielzahl von Datentypen zur Verwendung des Mail-Adapters enthalten. Eine vereinfachte Version, die nur den Datentyp **Mail** enthält, finden Sie im Anhang dieses Buches.

Wechseln Sie im Integration Repository in Ihren Namensraum und legen Sie eine neue externe Definition namens **Mail_XSD** an. Wählen Sie die Kategorie **xsd** und importieren Sie die entsprechende Datei von Ihrem Frontend (siehe Abbildung 5.67). Wenn Sie in den Karteireiter **Messages** wechseln, sehen Sie, dass je nach Dateiversion zumindest die Message **Mail** enthalten ist. Speichern Sie die externe Definition.

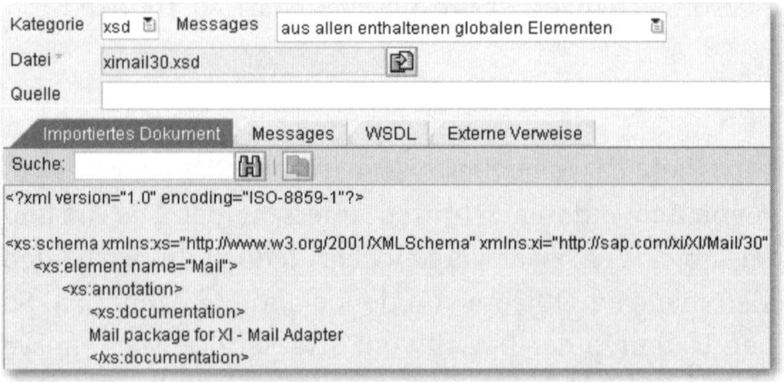

Abbildung 5.67 Import des Message-Typs Mail

Erstellen Sie nun aus dieser Message-Definition das Message-Interface **MI_Mail_Async_In**, das die eben importierte Message **Mail** verwendet. Die Schnittstelle ist vom Typ **Inbound** und wird asynchron angesprochen. Speichern Sie das Message-Interface.

Erstellung der Mapping-Objekte

Das Message-Mapping werden Sie in diesem Szenario auch nicht im Integration Builder erstellen, sondern in Form einer XSLT-Datei importieren. Ein Muster für diese Datei finden Sie im Anhang und auf der Webseite zu diesem Buch unter *http://www.sap-press.de/1264*.

Dieses Mapping bewirkt Folgendes: Zum einen enthält es die Mailaddressen von Sender und Empfänger, die in diesem Beispiel fest angegeben sind, aber ohne Weiteres auch dynamisch befüllt werden können. Darüber hinaus wird das **Subject**-Feld der Mail mit der Rechnungsnummer aus dem IDoc versehen. Der Inhalt der Mail selbst besteht hauptsächlich aus einer Tabelle, welche die bestellten Objekte mit einigen Positionsdaten anzeigt und vor allen Dingen die Preise anzeigt.

Die erstellte oder heruntergeladene XSLT-Datei muss in eine Archivdatei aufgenommen werden. Dabei spielt es keine Rolle, ob es sich um eine ZIP- oder JAR-Datei handelt.

Wechseln Sie innerhalb des Integration Repository in Ihrem Namensraum in das Verzeichnis **Mapping-Objekte · Importierte Archive** und erstellen Sie über das Kontextmenü ein neues Objekt namens **Mail_XSLT_Mapping**. Wählen Sie Ihr Archiv, das die XSLT-Datei **MM_INVOIC_INVOIC01_zu_Mail.xsl** enthält (siehe Abbildung 5.68), und speichern Sie das Archivobjekt.

Abbildung 5.68 Auswahl der XSL-Datei

Erstellen Sie nun das Interface-Mapping **IM_INVOIC_INVOIC01_zu_MI_Mail_Async_In**. Es hat als Ausgangs-Message den IDoc-Typ **INVOIC.INVOIC01** und als Ziel-Message das erstellte Interface **MI_Mail_Async_In** (siehe Abbildung 5.69). Lesen Sie die Interfaces aus und ändern Sie in der Auflistung der Mapping-Programme den Typ des Mappings auf **XSL**. Wählen Sie anschließend über die Wertehilfe das Message-Mapping **MM_INVOIC_INVOIC01_zu_Mail** aus dem Archiv **Mail_XSLT_Mapping**.

Speichern Sie das Interface-Mapping und testen Sie es, wobei Sie mehrere Duplikate des Quellsegments **E1EDP01** erstellen sollten. Die Anzeige der Ziel-Message kann zwar nicht das fertige HTML-Dokument anzeigen, aber Sie können überprüfen, ob die entsprechenden Felder mit Daten befüllt werden. Aktivieren Sie nach erfolgreichem Test alle neuen Designobjekte über die Änderungsliste.

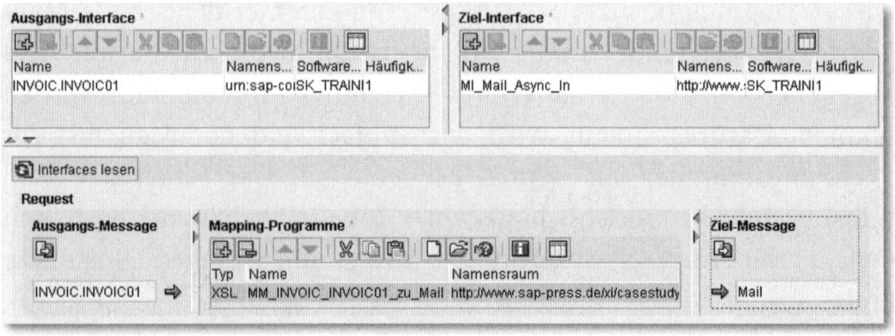

Abbildung 5.69 Interface-Mapping des vierten Schrittes

5.4.3 Konfiguration

Neue Konfigurationsobjekte

Ein neues Element, das Sie für die Konfiguration benötigen, ist ein Mail-Empfängerkanal für jeden Kursteilnehmer. In diesem Kanal geben Sie einerseits den SMTP- oder IMAP-Server und bei Bedarf weitere Log-on-Daten an.

Die Konfiguration dieses Schrittes scheint auf den ersten Blick recht einfach zu sein und sich mit dem Wizard schnell erstellen zu lassen. Grundsätzlich ist das nicht falsch, aber da vermutlich nicht alle Kursteilnehmer den gleichen Mail-Provider haben, müssen Sie dem Rechnung tragen.

Wenn die Nachricht in SAP XI eingeht, können Sie aufgrund der Bestellnummer des IDocs mit dem Muster **Bestellung-##** unterscheiden, welcher Teilnehmer die Nachricht versandt hat. Es stellt sich nun jedoch die Frage, welcher Empfänger und welche damit verbunden Kommunikationskanäle zur Verfügung stehen. Es stehen nicht genug Business-Systeme bereit, um für jeden Teilnehmer ein gesondertes Business-System als Mail-Empfänger zu verwenden. Die Lösung, die es jedem Teilnehmer ermöglicht, seinen individuellen Kommunikationskanal einzubinden, ist das Erstellen von Business-Services. Durch die Erstellung jeweils eines Business-Services pro Teilnehmer kann individuell ein Empfänger für die E-Mail angegeben werde. Sie haben bereits im zweiten Schritt der Fallstudie ohne Not zu diesem Mittel gegriffen. Nun ist dieses Objekt notwendig, um in der Empfängerermittlung verschiedene Ziele und damit auch verschiedene Kommunikationskanäle zu haben.

Eine Übersicht über alle verwendeten Konfigurationsobjekte gibt Ihnen Tabelle 5.21.

Art des Objekts	Empfängerseite: System A	Senderseite: Mail_Server_##
Kommunikations-kanal		**Mail_Empfaenger**
Sender-vereinbarung	**| SystemA | INVOIC.INVOIC01|*|***	
Empfänger-vereinbarung		**|SystemA||Mail_Server_##|MI_Mail_Async_In**
Empfänger-ermittlung	**|SystemA|INVOIC.INVOIC01**	
Interface-Ermittlung	**|SystemA|INVOIC.INVOIC01||Mail_Server_##**	

Tabelle 5.21 Elemente im Integration Directory des vierten Schrittes der Fallstudie

Anlegen eines Business-Service

Melden Sie sich im Integration Directory an und navigieren Sie zu Ihrem Szenario **XI_CaseStudy_##**. Erstellen Sie den Business-Service **Mail_Server_##** und weisen Sie ihm als **Inbound**-Interface **MI_Mail_Async_In** aus Ihrem Namensraum `http://www.sap-press.de/xi/casestudy/##` zu. Speichern Sie den neuen Business-Service.

Erstellen des Mail-Kommunikations-kanals

Wechseln Sie in das Verzeichnis **Service ohne Partner · Business-Services** und vergewissern Sie sich, dass Ihr neuer Service dort erschienen ist. Legen Sie für ihn den Kommunikationskanal **Mail_Empfaenger** an, stellen Sie den Adaptertyp **Mail** ein und bestimmen Sie die Richtung **Empfänger**. Geben Sie das **Transport-Protokoll** an, das Ihr Mail-Server verwendet. In den meisten Fällen werden Sie einen Mail-Server über SMTP ansprechen können.

Beim **Message-Protokoll** haben Sie die Wahl zwischen **XIALL** und **XIPAYLOAD**. Die erste Option können Sie prinzipiell wählen, wenn der Inhalt der RFC822-konformen E-Mail mit dem Inhalt der XI-Message übereinstimmt. Die XI-Message ist dann eine Multipart-MIME-Message, deren erster Teil der SOAP-Umschlag ist. In unserem Fall stellen Sie die zweite Option **XIPAYLOAD** ein (siehe Abbildung 5.70), bei der die E-Mail als Payload der Nachricht verwendet wird.

Geben Sie im Bereich **Verbindungsparameter für Mail-Server** die URL zu Ihrem Mail-Server an. Bei der Verwendung von SMTP beginnt die URL mit dem Präfix **smtp://**, bei IMAP beginnt sie mit **imap://**. Falls es notwendig ist, können Sie durch Aktivierung der entsprechenden Option auch eine Benutzerauthentifizierung auswählen.

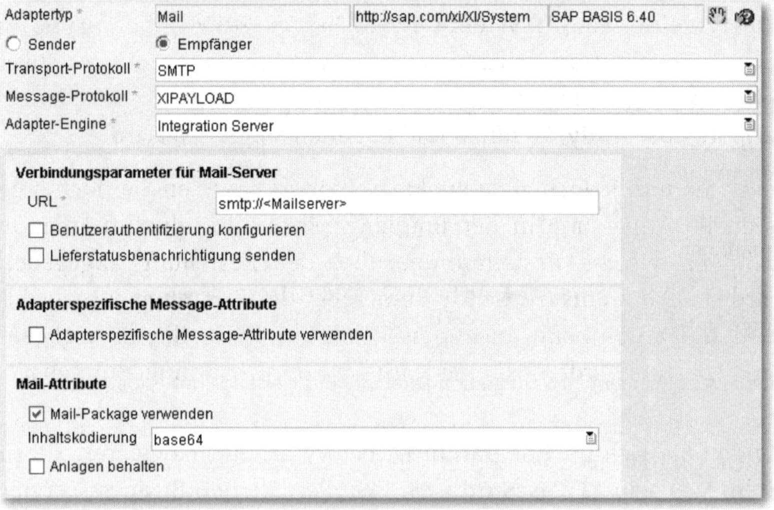

Abbildung 5.70 Einstellungen des Mail-Empfängerkanals

Überprüfen Sie außerdem, dass im Bereich **Mail-Attribute** die Option **Mail-Package verwenden** aktiviert ist. Diese Einstellung ist notwendig, damit Kopfdaten wie Sender, Empfänger und Betreff ebenfalls aus dem Payload herausgelesen werden. Wählen Sie die Inhaltscodierung **base64** aus und speichern Sie den Kommunikationskanal.

Aufruf des Konfigurations-Assistenten

Rufen Sie nun den Konfigurations-Assistenten auf und erstellen Sie eine weitere **interne Kommunikation**. Wählen Sie als Sender das **Business-System A** und den **IDoc**-Adapter aus. Das versendete IDoc ist vom Typ **INCOIC.INVOIC01**. Der Empfänger der Rechnung ist der soeben erstellte Business-Service **Mail_Server_##**, der über die einzige konfigurierte Schnittstelle **MI_Mail_Async_In** erreichbar ist. Die Kommunikation erfolgt dabei über den **Mail**-Adapter. Verwenden Sie für die Sendervereinbarung den Kommunikationskanal **IDoc_Senderkanal** des Systems A.

Während beim ersten Anlegen der Empfängerermittlung **|SystemA|INVOIC.INVOIC01** der Bildschirm nur informativen Charakter hatte, müssen alle weiteren Teilnehmer angeben, dass sie das bestehende Objekt erweitern möchten. Die Interface-Ermittlung **|Sys-**

temA|INVOIC.INVOIC01||Mail_Server_## sollte bereits das richtige Mapping zum Eingangs-Interface **MI_Mail_Async_In** anzeigen.

Fahren Sie mit dem nächsten Schritt fort und wählen Sie für die Empfängervereinbarung **|SystemA||Mail_Server_##|MI_Mail_Async_In** den einzigen Kommunikationskanal **Mail_Empfaenger** Ihres Business-Services aus. Fügen Sie abschließend alle Objekte zu Ihrem Szenario **XI_CaseStudy_##** hinzu und beenden Sie den Wizard.

Bestimmung des E-Mail-Empfängers anhand der Belegnummer

Bevor Sie nun jedoch alle Objekte aktivieren, müssen Sie noch eine manuelle Anpassung in der Empfängerermittlung durchführen: Je nachdem, welche Bestellnummer bei der Bestellung angegeben wurde, soll der entsprechende Empfänger der Rechnung ausgewählt werden. Da sich beim folgenden Schritt die Kursteilnehmer gegenseitig sperren werden, ist eine zeitliche Koordination unabdingbar.

Navigieren Sie dazu zur Empfängerermittlung **|SystemA|INVOIC.INVOIC01** und öffnen Sie sie im Bearbeitungsmodus. Klicken Sie in der Zeile mit Ihrem Business-Service in die Spalte **Bedingung** und öffnen Sie über die Wertehilfe den Ausdruckseditor. Wählen Sie als linken Operanden das IDoc-Feld **INVOIC/IDOC/E1EDK02/BELNR** aus und setzen Sie den rechten Operanden auf den Wert **Bestellung-##**. Achten Sie darauf, dass der Operator ein Gleichheitszeichen ist. Fügen Sie über das entsprechende Icon eine zweite Bedingung ein. Wählen Sie hier für den linken Operanden das IDoc-Feld **/INVOIC01/IDOC/E1EDK02/QUALF** und setzen Sie den rechten Wert auf **001**. Abbildung 5.71 zeigt diese Einstellungen.

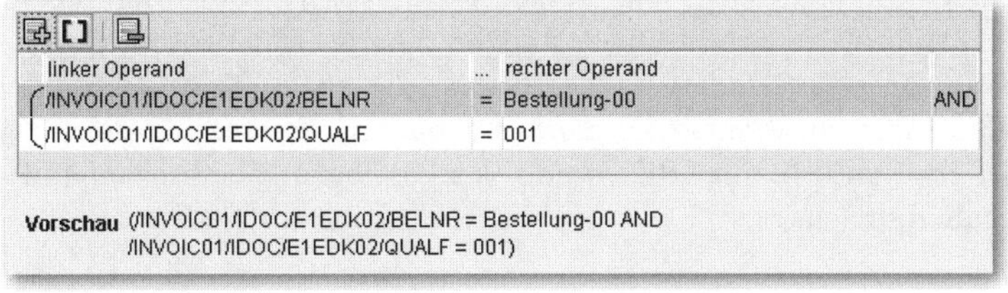

Abbildung 5.71 Einstellungen des Ausdruckseditors

Diese beiden Bedingungen haben einerseits den Effekt, dass das Segment **E1EDK02** nur dann für die Zustellung ausgewertet wird, wenn die Instanz des Segments aufgrund des Qualifiers die Bestellnummer enthält, andererseits muss zudem die Bestellnummer einen bestimmten Wert beinhalten.

Übernehmen Sie die Bedingung und speichern Sie die Empfängerermittlung. Jetzt können Sie alle neuen Konfigurationsobjekte aktivieren.

5.4.4 Ablauf und Monitoring

Der Ablauf des Szenarios beginnt mit der Erstellung der Rechnung auf Basis des eingegangenen Kundenauftrags. Für die Rechnungserstellung wird jedoch die Auslieferung der Ware vorausgesetzt, die auch vorgenommen werden muss. Nach dem Anstoß der Nachrichtenversendung werden Sie zudem den Weg der Nachricht verfolgen und ihren Eingang in Form einer E-Mail überprüfen.

Ablauf des Szenarios

Anlegen einer Auslieferung

Um von der eingegangenen Bestellung aus dem vorangegangenen Schritt zur Rechnungsstellung zu gelangen, sind noch zwei Schritte notwendig, die nicht mit XI-Unterstützung umgesetzt wurden: Dies sind das Anlegen einer Auslieferung sowie die Erstellung eines Transportauftrags mit zugehöriger Kommissionierung. Diese Schritte sind nötig, da standardmäßig nur Aufträge in Rechnung gestellt werden dürfen, die bereits geliefert worden sind.

Hinweis

Sollten Sie aus irgendeinem Grund keine Bestellung im dritten Schritt der Fallstudie im System erzeugt haben, können Sie mit Transaktion VA01 einen Kundenauftrag manuell eingeben. Verwenden Sie dabei die Auftragsart **TA** (Terminauftrag), die Verkaufsorganisation **1000**, den Vertriebsweg **10** und die Sparte **00**. Bestätigen Sie die Eingaben mit **Enter** und geben Sie den Kunden **1171** (Hitech AG) als Auftraggeber und Warenempfänger an. Wählen Sie die Bestellnummer **Bestellung-##** und füllen die Positionsliste mit Artikeln und Mengen, bevor Sie abschließend Ihre Eingaben speichern.

Wechseln Sie im System A in die Transaktion VL01N, mit deren Hilfe Sie eine Auslieferung zu einem bestimmten Kundenauftrag anlegen können. Geben Sie als Versandstelle **1200** (Dresden) und als Selektionsdatum einen Zeitpunkt in ungefähr zwei Wochen an.

Um die Nummer Ihres Kundenauftrages zu finden, öffnen Sie die Wertehilfe und navigieren zur Suchmaske **Verkaufsbelege nach Kunden**. Geben Sie dort im Feld Bestellnummer die Nummer **Bestellung-**

an und führen Sie die Suche aus. Klicken Sie doppelt auf Ihren Auftrag in der erscheinenden Auflistung. Dadurch wird die Auftragsnummer in das entsprechende Feld übertragen und Sie können Ihre Eingaben bestätigen. Sie haben nun ein letztes Mal die Möglichkeit, alle Angaben vor dem Anstoß des Versands zu überprüfen (siehe Abbildung 5.72). Speichern Sie danach den Beleg.

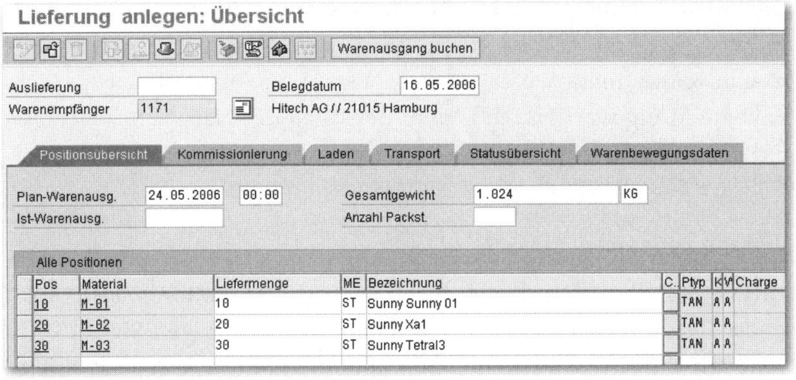

Abbildung 5.72 Anlegen einer Auslieferung

Hinweis

Sollten Sie einmal den Faden verlieren und nicht mehr wissen, welche Belege auf der Basis Ihres Kundenauftrags erstellt wurden, können Sie jederzeit mit Transaktion VA03 wieder in Ihren Auftrag springen. Im Menüpfad **Umfeld • Belegfluß anzeigen** können Sie alle entsprechenden Belege sehen.

Erstellen eines Transportauftrags im Versand

Der durch die Auslieferung angestoßene Warenausgang bedarf noch der Erstellung eines Transportauftrags, um abgeschlossen zu werden. Rufen Sie dazu die Transaktion LT03 auf, die bereits Ihre letzte erstellte Lieferung anzeigen sollte. Stellen Sie in einem IDES-System die Lagernummer **012** (Dresden) ein. Achten Sie darauf, dass im Bereich **Steuerung** die Option **Pos. aktivieren** aktiviert ist (siehe Abbildung 5.73). Wählen Sie als Ablaufart **D Dunkel**, was bedeutet, dass einige Transaktionen im Hintergrund aufgerufen und bearbeitet werden. Stellen Sie zudem im Feld **Kommimenge übernehm.** die Option **2** ein, was bedeutet, dass automatisch auch ein Warenausgang gebucht wird. Bestätigen Sie Ihre Eingaben und warten Sie, bis Sie benachrichtigt werden, dass ein Transportauftrag angelegt wurde.

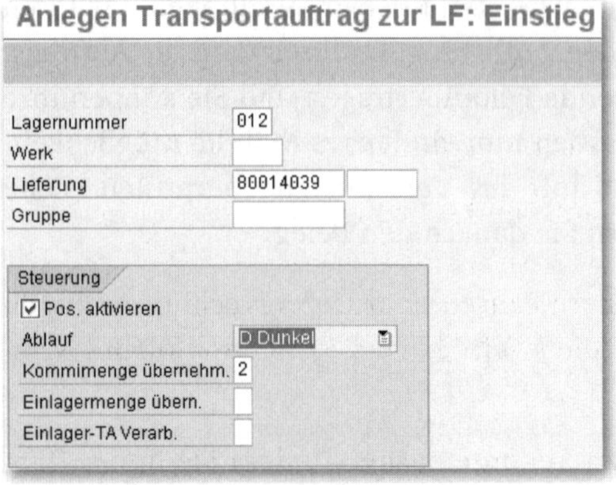

Abbildung 5.73 Anlegen eines Transportauftrags im Versand

Nun können Sie endlich die Rechnung zum ausgelieferten Kundenauftrag erstellen. Wechseln Sie dazu in Transaktion VF01. Dort sehen Sie die von Ihnen erstellte Lieferung, bestätigen Sie die Auswahl mit **Enter**. Es werden Ihnen alle Positionen aufgelistet, die in Rechnung gestellt werden sollen (siehe Abbildung 5.74). Navigieren Sie im Menü zum Pfad **Springen · Kopf · Nachrichten**. Stellen Sie dort das Medium **6 EDI** für den Partner **1171** ein. Überprüfen Sie über den Menüpfad **Bearbeiten · Zusatzangaben**, dass die Nachricht sofort versendet wird. Kehren Sie zur Nachrichtenübersicht zurück und speichern Sie die Rechnung. Durch das Speichern wird automatisch das IDoc versendet und in eine E-Mail umgewandelt.

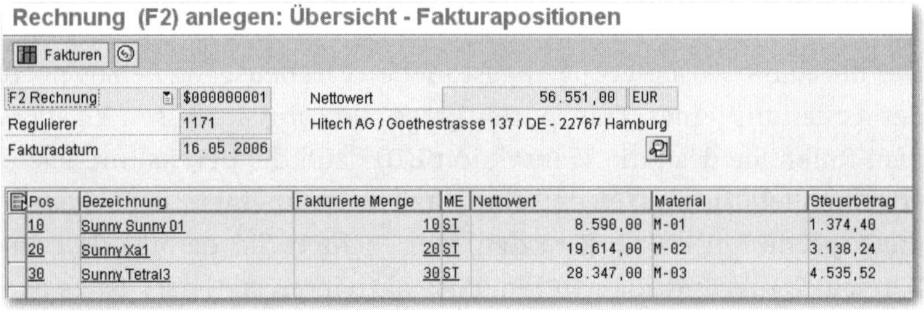

Abbildung 5.74 Erstellen der Rechnung

Monitoring des Szenarios

Zunächst können Sie im System A in der Transaktion BD87 überprüfen, ob das IDoc korrekt versandt wurde. Untersuchen Sie die Nachrichten vom IDoc-Typ **INVOIC.INVOIC01**, die im Ausgang angezeigt werden. Wenn keine Fehler angezeigt werden, können Sie den nächsten Schritt im Monitoring unternehmen, anderenfalls analysieren Sie die Fehlermeldung. Mögliche Fehlerquellen an dieser Stelle sind vor allem fehlerhafte Partnervereinbarungen.

Das Rechnungs-IDoc kann aufgrund seiner asynchronen Versendung im **Message-Monitoring** des XI-Systems beobachtet werden. Die Nachricht sollte ohne größere Pausen oder Unterbrechungen durchlaufen. Fehler können beispielsweise bei der Konfiguration des Mail-Adapters aufgetreten sein.

Den Adapter selbst können Sie untersuchen, indem Sie in der Runtime Workbench das **Adapter-Monitoring** öffnen und die Mail-Adapter auswählen. Sie können leider nur ermitteln, ob die Konfiguration korrekt ist und ob bereits Nachrichten verarbeitet wurden – die Anzeige ist somit leider nicht so ausführlich wie beispielsweise beim File-Adapter.

Der letzte und sicherste Schritt, um die erfolgreiche Versendung der Rechnung zu überprüfen, ist der Blick in die eigene Mailbox. Dort sollten Sie eine E-Mail erhalten haben, die je nach E-Mail-Client Abbildung 5.75 ähneln sollte.

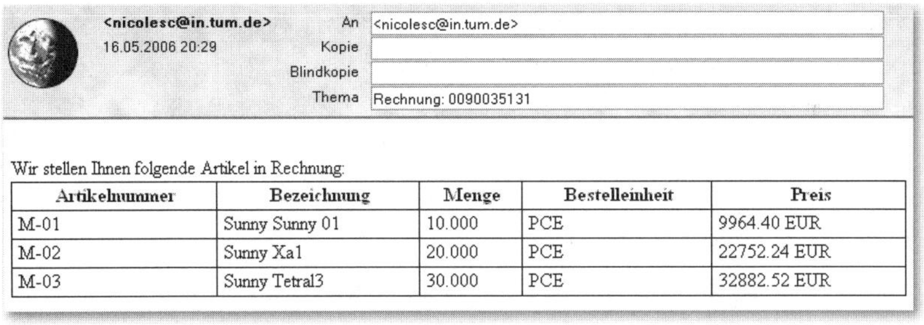

Abbildung 5.75 Rechnung im Posteingang

Dieses Kapitel zeigt Ansätze zum Ausbau der beschriebenen Fallstudie und bietet mit dem Beer Distribution Game die Beschreibung eines weiteren umfangreichen Geschäftsprozesses mit verschiedenen XI-externen Applikationen. Zudem wird die zukünftige Weiterentwicklung der SAP NetWeaver Exchange Infrastructure beleuchtet.

6 Erweiterungen und Ausblick

Nachdem Sie die Übungen und die Fallstudie dieses Buches erfolgreich abgeschlossen haben, möchten wir Ihnen zum einen Möglichkeiten aufzeigen, wie Sie Ihre Kenntnisse in anderen bzw. umfangreicheren Szenarien vertiefen können, zum anderen sollen Sie auf zukünftige Entwicklungen im XI-Umfeld vorbereitet sein – zumindest, soweit es heute möglich ist. Aus diesem Grund werden Sie sich im Folgenden mit der Bedeutung von SAP XI im SOA-Umfeld und mit der Weiterentwicklung des Produktes selbst beschäftigen.

6.1 Ergänzungsmöglichkeiten der Fallstudie

Unterscheidung von zwei Erweiterungsrichtungen

Sie haben sich über vier Schritte mit der Fallstudie auseinander gesetzt und mit Sicherheit an einigen Punkten den Eindruck gehabt, dass man sich mit einem bestimmten Aspekt noch detaillierter beschäftigen könnte. Die Fallstudie ist mit Absicht etwas einfacher gestaltet, als die Realität es in solch einem Umfeld ist, jedoch möchten wir Ihnen einige Ansätze aufzeigen, wie Sie aufbauend auf den bestehenden Materialien weitermachen können. Dazu kann die Fallstudie in zwei Richtungen erweitert werden:

Vergrößerung des Betrachtungsausschnitts

- **Erweiterung in die Breite**
  Mit der Erweiterung in die Breite ist die Vergrößerung des Betrachtungsausschnitts gemeint. Dies bedeutet z. B. einerseits das Davor und das Danach des bearbeiteten Prozesses oder die Systeme der anderen Unternehmen zu betrachten.

Die SARIDIS-Fallstudie selbst ist hier nur zu einem kleinen Teil verwendet worden und enthält selbst noch zahlreiche Prozesse und Sonderfälle, die als Herausforderungen gesehen werden können. Beispielsweise können die Prozesse im Einkauf betrachtet werden, der Aspekt des Materialmanagements kann mehr in den Vordergrund rücken und vieles mehr. Der dargestellte Vertriebsprozess kann auch variiert werden, indem z.B. ein Streckengeschäft durchgeführt wird. Sie finden im umfangreichen Theorieskript[1] der Fallstudie zahlreiche weitere Anregungen.

Sie müssen jedoch nicht einmal den behandelten Vertriebsprozess aus den Augen verlieren, um weitere Szenarien zu entdecken: Der Prozess beinhaltet Schritte, die nicht mithilfe von SAP XI unterstützt werden. So kann der Prozess um die Versendung einer Auftragsbestätigung oder eines Lieferavises ergänzt werden. Auch ist nicht klar, wie die SARIDIS den Zahlungseingang kontrolliert und verbucht. Zudem wurde in den praktischen Teilen nicht beleuchtet, welche Systeme auf Seiten der Hitech AG oder bei Sunny Electronics stehen könnten; eventuell haben diese Anwendungen Besonderheiten, die eine Änderung von Prozessen erfordert. Außerdem wurde der Fall nicht betrachtet, wie das Szenario aussehen würde, wenn Sunny Electronics den Auftrag über die Monitore enthält.

Je nachdem, in welchem Bereich Ihr Fokus liegt, können Sie beispielsweise auch die im dritten Schritt vorgestellte Java-Anwendung erweitern und benutzerfreundlicher gestalten. Auch die Einzelübungen, die prinzipiell unabhängig von der Fallstudie sind, könnten eingebunden werden. So könnte der Materialstammsatz erweitert werden und dadurch die Artikel, die später von der Hitech AG bestellt werden, überhaupt erst erstellt werden.

Eine weitere Problemstellung, mit der Sie sich befassen könnten, ist der Nachrichtenaustausch mit anderen Unternehmen und Partnern. Um die Übungen übersichtlich zu halten und die verwendete Systemlandschaft nicht noch weiter zu vergrößern, haben wir darauf verzichtet, den Austausch mit anderen Landschaften oder XI-Systemen zu betrachten.

---

1 Sie finden das Theorieskript zusammen mit einer frei verfügbaren Version der Fallstudie unter *http://www.winfobase.de* im Bereich **Publikationen • Arbeitspapiere • 2006**.

- **Erweiterung in die Tiefe**
  Details der vorgestellten Konzepte
  Mit der Erweiterung in der Tiefe ist die Beschäftigung mit Details der vorgestellten Konzepte und Probleme gemeint. Die Frage der Sicherheit ist einer dieser Punkte: In vielen Adaptern können beispielsweise entsprechende Einstellungen vorgenommen werden, um einen sicheren Datenaustausch auch über Unternehmensgrenzen hinweg vorzunehmen. Zwar haben wir in den Übungen einige Adapter beschrieben, aber nicht tiefer gehend behandelt, da für fast alle weiteren Adapter zusätzliche Anwendungen und Server notwendig sind, die teilweise mit erheblichem Mehraufwand in das Gesamtkonzept einzubinden wären.

  Jedoch können Ihnen gerade diese zusätzlichen Systeme neue Horizonte öffnen und weitere Szenarien ermöglichen. So könnte unter Verwendung einer entsprechenden Datenbankanwendung der JDBC-Adapter zum Einsatz kommen oder der JMS-Adapter bei der Anbindung an andere EAI-Anwendungen.

  Ein maßgeblicher Punkt, den wir bereits in verschiedenen Fällen zum Einsatz gebracht haben, waren Businessprozesse. Das Potenzial dieser Objekte ist so groß, dass Sie beispielsweise durch zwei miteinander kommunizierende Businessprozesse die gesamte Fallstudie automatisieren können. Damit können die Schritte entfallen, die wir noch manuell in der Fallstudie vorgenommen haben.

Sie sehen, dass auf der Basis des vorliegenden Materials viele weitere Szenarien und Spielarten entwickelt werden können. Da es jedoch viele weitere Geschäftsabläufe gibt, die nicht im Umfeld der SARIDIS ablaufen, gibt es auch ebenso viele weitere Möglichkeiten, seine Kenntnisse im XI-Umfeld zu erweitern. Ein Beispiel dafür wollen wir in Abschnitt 6.2 diskutieren: das Beer Distribution Game.

6.2 Beer Distribution Game

Beschreibung

Das *Beer Distribution Game* ist eine Logistik-Simulation, die Anfang der 60er Jahre am Massachusetts Institute of Technology entwickelt wurde und eine vierstufige Logistik-Kette, bestehend aus Retailer, Wholesaler, Distributor und Factory simuliert. Weitergehende Informationen zum Beer Distribution Game und eine Simulation des Spiels finden Sie unter *http://www.beergame.lim.ethz.ch*.

In der ursprünglichen Form als Brettspiel wird jede Stufe durch eine Person vertreten, die entscheidet, wie viel Bier der vorhergehenden Stufe (im Falle des Retailers beschreibt das einen Kunden, der in wöchentlichen Zyklen bestellt) geliefert und wie viel bei der folgenden Stufe (im Falle der Factory ist dies die Produktion) bestellt werden soll. Ziel des Spiels ist die Minimierung der in der gesamten Lieferkette auftretenden Kosten. Diese setzen sich aus zwei Bestandteilen zusammen: Kosten, die zum einen für die Lagerhaltung und zum anderen durch Lieferverzug entstehen.

Whiplash-Effekt

Die Simulation veranschaulicht den aufgrund zeitlicher Verzögerungen in der Lieferkette auftretenden *Whiplash-Effekt*, der durch starke Schwankungen in den Lagerbeständen der einzelnen Stufen gekennzeichnet ist (siehe Abbildung 6.1).

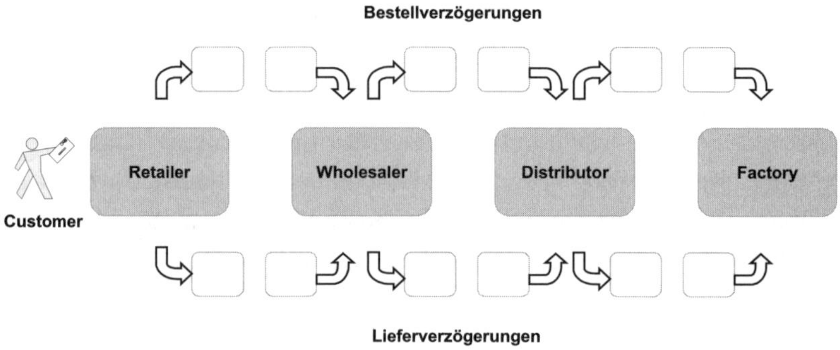

Abbildung 6.1 Lieferkette im Beer Distribution Game

Wie Sie die beschriebene Simulation und den damit verbundenen Geschäftsprozess mithilfe von SAP XI umsetzen können, wird im Folgenden beschrieben.

Fachliche Anforderungen

In einer ersten Stufe schlagen wir vor, die Prozesse der einzelnen Wertschöpfungsstufen zunächst nicht über reale ERP-Prozesse abzubilden, sondern über simplifizierende RFC-Bausteine, denen jeweils nur zu bestellende bzw. zu liefernde Mengen übergeben werden.

Fachlich enthalten die RFC-Bausteine eine einfache Logik zur Entscheidung über die Höhe der zu bestellenden Biermenge, erteilen die Aufträge, nehmen Ware an und liefern. Während zwei Factories betrieben werden, die die Aufträge des Distributors in Abhängigkeit der jeweils verfügbaren Biermengen erhalten, werden Retailer, Wholesaler und Distributor nur einfach ausgelegt. Die Auswahl der

Factories erfolgt über einen BPEL-Prozess in SAP XI. Weitere Aufgaben von SAP XI bestehen darin, die Bestellungen an die folgenden Stufen und die Lieferavis an die vorhergehenden Stufen weiterzuleiten. Darüber hinaus sollen alle wesentlichen Schritte des Programmablaufs über den File-Adapter protokolliert werden.

Mithilfe eines externen Webservice werden die Lagerbestände und offenen Bestellungen registriert – hierfür übermitteln die einzelnen Stufen aktiv ihre Daten an den Webservice –, um eine abschließende Auswertung der Gesamtkosten der Lieferkette zu ermitteln. Die Initiierung der Stufen (Setzen der Lagerbestände) erfolgt ebenfalls über eine Webservice-Schnittstelle, die im Gegensatz zum zuvor genannten Webservice von SAP XI bereitgestellt wird, d.h., SAP XI fungiert hier als Server.

Die Abbildung der Simulation zerfällt also in folgende Schritte:

1. Abbildung der einzelnen Wertschöpfungsstufen (Retailer, Wholesaler, Distributor, Factory) über passende RFC-Bausteine, Nachrichtenaustausch zwischen den Wertschöpfungsstufen über SAP XI
2. Auswahl der passenden Factory über einen BPEL-Prozess
3. Anschluss eines externen Logging-Services, der alle Bestandsveränderungen zentral – unter Verwendung des File-Adapters von SAP XI – protokolliert
4. Anschluss eines Monitoring-Services zur Auswertung der aktuellen Bestände und der Bestandsentwicklung im Laufe der Simulation
5. Tool zur Initialisierung der einzelnen Wertschöpfungsstufen (Initialbestände, Delays etc.)

6.2.1 Vorbereitete Softwarekomponenten

Die folgende Beschreibung soll Sie in die Lage versetzen, das Beer Distribution Game mithilfe der vorbereiteten Softwarekomponenten selbstständig auf SAP XI abzubilden. Sie stellt im Vergleich zu den detaillierten Übungsaufgaben der vorhergehenden Kapitel einen groben Leitfaden dar und ist eher als Ideengeber denn als konkrete Umsetzungsbeschreibung zu verstehen. Zunächst werden die vorbereiteten Komponenten beschrieben, um anschließend Entwurf und Lösungsansatz zu skizzieren.

Funktionsbausteine und Lieferstufen Die einzelnen Lieferstufen sollen im Rahmen der Übung innerhalb eines SAP-Systems umgesetzt werden, gleichzeitig aber so behandelt werden, dass eine Verteilung auf mehrere Systeme möglich wäre. Die Funktionsbausteine zur Implementierung der einzelnen Stufen werden in einem Paket angelegt.[2]

Zu jeder Lieferstufe existieren sechs remotefähige Funktionsbausteine:

- Senden und Empfangen von Bestellungen (die Speicherung der Bestände erfolgt über eine Datenbanktabelle)
- Senden und Empfangen von Warenlieferungen
- Initialisierung der Lagerbestände
- Abfrage der Bestands- und Bestelldaten

Eine Ausnahme bildet die Factory, diese empfängt zwar Bestellungen, erteilt selbst aber Produktionsaufträge, die dann mit einem Zeitverzug ausgeführt werden.

Webservices Die Implementierung des externen Webservices für das Monitoring der Bestellungen und Bestände sowie des Webservice-Clients für die Initialisierung der Bestände erfolgt auf der Basis von Apache Axis 1.3 (*http://ws.apache.org/axis*) und Jakarta Tomcat. Den Webservice deployen Sie auf einem öffentlich zugänglichen Server Ihrer Wahl, der allerdings die folgenden Voraussetzungen erfüllen muss:

- eine Installation von Jakarta Tomcat 5.x, Apache Axis 1.3 oder höher
- der Server verfügt über eine aus Sicht Ihres SAP-Systems erreichbare IP-Adresse
- eine relationale Datenbank mit JDBC-Treiber muss verfügbar sein (in der Beispielimplementierung unter *http://eai.uni-lueneburg.de/sap-xi* wurde eine Oracle-Datenbank verwendet, der Zugriff ist auf die lokalen Gegebenheiten anzupassen)

Die wichtigsten Operationen des Webservices sind `addOrder(String senderName, int orderVolume)`, die im Zuge einer Bierbestellung aufgerufen wird, und `addDelivery(String supplierName, int deliveryVolume)`, die zum Zeitpunkt der Lieferung aufgerufen wird. Die

2 Eine Beispielimplementierung finden Sie beispielsweise unter *http://eai.uni-lueneburg.de/sap-xi*.

weiteren Methoden dienen der Initialisierung eines neuen Spiels bzw. der Abfrage der historischen Daten zur Auswertung im Beer-Analyse-Client.

6.2.2 Entwurf und Realisierung

SAP XI wird als Integrationsplattform für den Nachrichtenaustausch und die Ablauflogik (Auswahl der Factory) eingesetzt. Neben den drei Schnittstellen zu Initialisierung, Reporting und Logging sind für Retailer, Wholesaler und Distributor weitere sechs Schnittstellen erforderlich. Für die Factory entfallen die Schnittstellen Outbound-Bestellung und Inbound-Lieferung, weil diese durch die factoryinterne Produktion abgebildet werden. Abbildung 6.2 stellt die Situation für eine Lieferstufe schematisch dar.

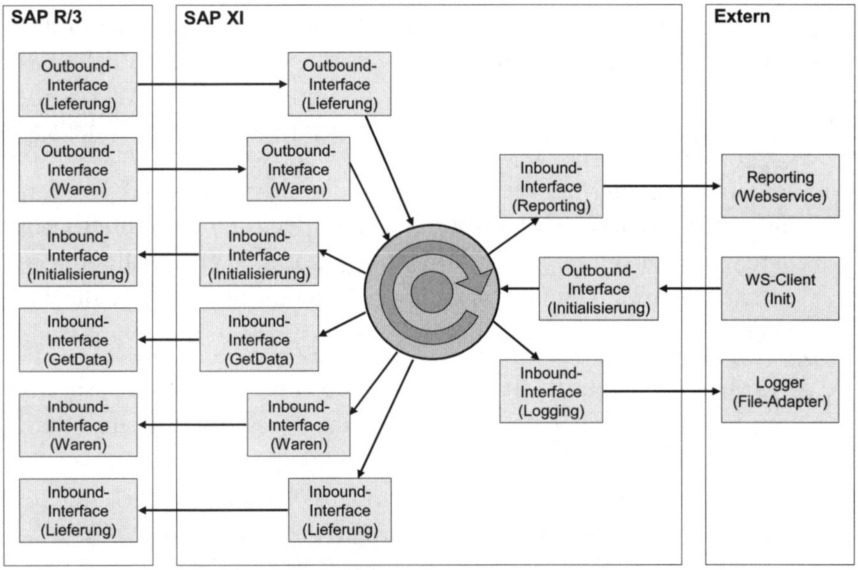

Abbildung 6.2 Überblick In- und Outbound-Interfaces im Beer Distribution Game

Nach Initialisierung der einzelnen Stufen der Lieferkette startet das Spiel mit der Anfrage des Customers beim Retailer. Der Customer verfügt nur über zwei Funktionen: Bestellungen abgeben und Lieferungen entgegennehmen.

Soweit im Lager, liefert der Retailer die angefragte Menge an den Customer. Reicht der Bestand dazu nicht aus, stellt er eine geeignete Anfrage an den Wholesaler. Der Wholesaler verhält sich mit einer

Teillieferung an den Retailer und der Nachbestellung bei dem Distributor, der seinerseits bei der Factory bestellt, entsprechend. Die Factory produziert die bestellte Ware und sendet eine entsprechende Lieferung an den Distributor, dieser an den Wholesaler und dieser dann an den Retailer, der nun endlich die Restlieferung an den Customer bestreiten kann.

6.2.3 Erweiterungsmöglichkeiten

In einem zweiten Schritt können nun die Prozesse einzelner Wertschöpfungsstufen sukzessive über echte ERP-Prozesse abgebildet werden. Anstelle des RFC-Bausteins zum Bestelleingang könnte beispielsweise ein passender Vertriebsbeleg über die zugehörigen BAPIs oder IDocs geschrieben werden. Über einen BPEL-Prozess könnten etwa in Abhängigkeit der Warenverfügbarkeitsprüfung Bestellungen des angeforderten Artikels an die übergeordnete Wertschöpfungsstufe geschickt werden. Sofern der Zugriff auf unterschiedliche ERP-Systeme besteht, wäre es auch reizvoll, unterschiedliche Wertschöpfungsstufen auf unterschiedlichen ERP-Installationen (vielleicht sogar von unterschiedlichen Herstellern) abzubilden.

Während die erste Ausbaustufe, d.h. bei der Abbildung über geeignete RFC-Bausteine, einer Simulation unter »Laborbedingungen« entspricht, treten in der skizzierten Erweiterung nahezu alle Probleme auf, die auch bei realen Integrationsprojekten relevant sind.

Das Beer Distribution Game wurde nur zum Teil mit Webservices umgesetzt und es kamen noch RFCs oder IDocs zum Einsatz. Würde man entsprechende Funktionalitäten heute neu entwickeln, würden sicherlich moderne, auf offenen Standards basierende Technologien genutzt werden. Ein Anwendungsarchitekt würde dazu Webservices in einer serviceorientierten Architektur (SOA) vorschlagen. Wie SOA und Webservices mit SAP XI in Zusammenhang gebracht werden können, verdeutlicht Ihnen der folgende Abschnitt.

6.3 SAP XI und Enterprise Services

SOA als Rahmen für unabhängige Dienste

Der Begriff der *Service-Oriented Architecture* (SOA) wird derzeit häufig anhand technischer Aspekte wie z.B. Webservices diskutiert. Der Begriff SOA bezeichnet dabei eine Architektur, die beschreibt, wie

Softwarekomponenten als unabhängige Dienste miteinander interagieren. Dienste tragen dabei die in Kapitel 1 genannten Eigenschaften (z. B. selbstbeschreibend, abgeschlossen).

SOAP-basierte Webservices sind die geläufigste Implementierung von Diensten im Sinne einer SOA. Betrachten wir dazu eine Online-Bestellung näher: Wenn Sie bei einem Online-Shop im Katalog einzelne Waren auswählen und bestellen, wird die Bestellung durch einen Service abgebildet, der seinerseits mit einem Service kommuniziert, der den Lagerbestand abfragt, um festzustellen, ob die Waren vorhanden sind. Die Bestellungs- und Lieferdetails werden an einen anderen Service übermittelt, der die Gesamtsumme berechnet und Ihnen zurückmeldet, wann die Ware geliefert wird. Zudem wird eine Tracking-Nummer zur Nachverfolgung der Bestellung generiert, die Ihnen durch einen weiteren Service gestattet nachzuverfolgen, wo sich die Ware gerade befindet.

Diese Architektur bietet die Flexibilität, sowohl den Ablauf als auch einzelne Dienste zu modifizieren. Dabei müssen Aspekte wie Sicherheit, Transaktionssicherheit und Compliance (z. B. SOX-Konformität) berücksichtigt werden. Positive Auswirkungen auf die Entwicklung von Unternehmen und auf die Anwendungslandschaft als solche werden zwar versprochen, aber dabei wird meist nicht hinreichend erläutert, wie sie zustande kommen sollen.

Auswirkung auf Technologie und Business

SAP zeigt hingegen mit der *Enterprise Services Architecture* (ESA), die auch als *Enterprise SOA* bezeichnet wird, welche Vorteile sich aus der Serviceorientierung für die Applikationsentwicklung und die Umsetzung der Unternehmensstrategie ergeben. Um die Bedeutung der SAP NetWeaver Exchange Infrastructure innerhalb der Enterprise SOA darzustellen, werden Sie im Folgenden kurz die so genannten *Composite Applications* mit der ihnen zugrunde liegenden Architektur kennen lernen. Sie werden dabei sehen, wie die Enterprise SOA die Entwicklung von Anwendungen beeinflusst, welche neuen Typen von Anwendungen entstehen und wie damit die Erreichung von Unternehmenszielen unterstützt werden kann. Dies hat weit reichende Folgen für die IT, da sie nicht mehr als Engpass gesehen wird, sondern, wenn sie die Möglichkeiten der Enterprise SOA richtig nutzt, einen maßgeblichen Anteil am Geschäftserfolg haben wird.

6.3.1 Composite Applications

Anwendungen sind heute meist nicht mehr monolithisch. End-to-End-Prozesse starten wie gerade beschrieben in einer Anwendung und geben die Kontrolle an eine andere Anwendung ab, was durch eine weitere Anwendung vermittelt wird. Die eigentliche Anwendung, die als Composite Application bezeichnet wird, befindet sich jetzt in der Mitte zwischen den Anwendungen, die die einzelnen Prozess-Schritte bereitstellen.

Composites basieren auf Webservice-Standards

Es geht bei diesen Prozessen aber nicht nur darum, etwa mit einer Integrationsplattform einfach die Aufrufreihenfolge der einzelnen Prozess-Schritte in den miteinander verbundenen Systemen zu koppeln, sondern die Applikation dazwischen muss vielmehr selbst Daten speichern – also über eine eigene Persistenzschicht verfügen oder wie im Rechnungsprüfungsprozess in Kapitel 1 beschrieben auf eine Cross-Referenztabelle zugreifen und diese eigenständig fortschreiben. Eine weitere Anforderung könnte lauten, neue *User Interfaces* (UI) zur Verfügung zu stellen, weil die gerufenen Prozess-Schritte selbst nur über UIs verfügen, die für professionelle Poweruser entwickelt wurden, jetzt aber in der neuen Zusammenstellung für die Rolle eines gelegentlichen Anwenders ausgeprägt sein sollen und daher einfacher gestaltet sein müssen.

Abbildung 6.3 zeigt, wie Composite Applications als Vermittler zwischen bestehenden Anwendungen einen neuen Typus von Anwendungen darstellen, die auf bestehenden Anwendungen aufsetzen und so neue Prozesse ermöglichen.

SAP positioniert Composite Applications als so genannte *xApps*. Die hierfür verwendete englische Sprachweise, bei der das »x« als »cross« gelesen wird, unterstützt den Gedanken an eine Anwendung, die »quer« zu bestehenden Anwendungen verläuft.

Composite Applications zur Entkopplung von Prozessen und IT

Wesentliche Aufgabe der Composite Applications ist die Entkopplung der Prozesslogik von den darunter liegenden Anwendungen. Mit Composite Applications können so neue innovative Prozesse abgebildet oder die Anwenderproduktivität erhöht werden, ohne dazu bisher bestehende ERP-, CRM-, SRM-, PLM- oder Legacy-Anwendungen ablösen zu müssen.

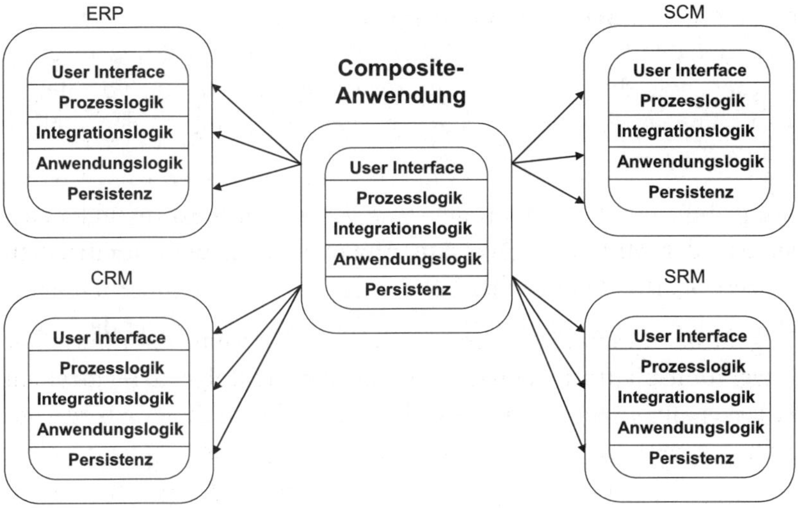

Abbildung 6.3 Composite Applications als neue Anwendungen zwischen bisherigen Anwendungen (Quelle: Woods, Mattern)

Webservices auf SOA-Basis reichen nicht aus

Um dies zu erreichen, müssen die bisherigen Anwendungen ihre Funktionalität als Webservices zur Verfügung stellen und in einem Verzeichnis ablegen. Mithilfe der Enterprise SOA können diese Services und gegebenenfalls neu zu entwickelnde Webservices zu Composite Applications kombiniert werden. Bereits aus diesen neuen Kombinationen ergibt sich ein erheblicher Mehrwert – der aber als Anforderung an moderne Unternehmenssoftware noch nicht genügt. Wieder verwendbare Teile alleine sind nicht ausreichend, sondern die Teile selbst müssen bereits mit dem Gedanken der Wiederverwendung entwickelt werden. Webservices dürfen nicht nur zur Verfügung gestellt werden, sondern müssen im Rahmen einer geeigneten Architektur zu durchgängigen, automatisierten Prozessen integriert werden.

Prozesswissen erforderlich, um die richtigen Services bereitzustellen

Dieser Ansatz fordert implizit aber auch eine neue Rolle für die IT-Abteilung: So muss die IT mehr und mehr Prozesswissen und Verständnis aufbauen, um z.B. die Frage zu beantworten, welche Services sich besonders eignen, um als wieder verwendbare Webservices zur Verfügung gestellt zu werden.

Das bedeutet, dass die IT mehr Verantwortung in übergreifenden Projekten übernehmen muss, um die richtigen Services identifizieren zu können. Das wiederum hat als Konsequenz, dass die Mitarbeiter in den IT-Abteilungen nicht mehr nur über ein tiefes technisches

Verständnis verfügen, sondern Kenntnisse über die Zusammenhänge zwischen den Anwendungen haben müssen, um selbst Vorschläge zu machen, wie durch den Einsatz der vorhandenen und von neuen Technologien Prozesse verbessert werden können oder welche neuen Prozesse ermöglicht werden.

Neue Rolle für die IT-Abteilung

Damit füllt die IT-Abteilung eine neue Rolle im Unternehmen aus. Sie ist nicht mehr ein reiner Kostenfaktor, sondern generiert einen Mehrwert und wirkt positiv bei der Umsetzung der Unternehmensstrategie mit – indem beispielsweise Antworten auf folgende Fragen gegeben werden:

- Welchen optimalen Umfang hat ein Service?
- Wie können reale Anwendungen und Funktionen, die meist statusbehaftet sind, in statuslose Services getrennt werden?
- Wie kann die steigende Komplexität mit zunehmender Zahl von integrierten Services beherrscht werden?
- Wo liegt die Persistenz, wenn Daten verteilt liegen?
- Wer entscheidet, welche Funktionalität sich als Webservice eignet?
- Wie stellt man die semantische Integration zwischen Webservices sicher?
- Wie regelt man die Zugiffsberechtigung darauf, wenn die Services verteilt liegen?
- Wie stellt man Service Level Agreements sicher?
- Welche Guidance- und Governance-Prozesse müssen eingeführt werden?

Auch wenn nicht alle Fragen im Rahmen dieses Buches beantwortet werden, so sollte Ihnen bereits an dieser Stelle deutlich geworden sein, dass sich die Enterprise SOA als Konvergenzpunkt zwischen Business und IT versteht.

6.3.2 Von Webservices zu Enterprise Services

Innerhalb der Enterprise Services Architecture sind die Business-Inhalte dabei in Enterprise Services gekapselt, die eine Erweiterung von Webservices darstellen.

Enterprise Service als betriebswirtschaftlich sinnvoller Service

Stellen Sie sich dazu folgendes Szenario vor (siehe Abbildung 6.4): Sie müssen eine Kreditbeurteilung im Rahmen eines Kundenauftrags durchführen. In der »alten Welt« hätten Sie dazu aus Ihrer Anwendung heraus eine proprietäre Schnittstelle zu einem externen Anbieter wie etwa der Schufa für Endkunden oder zu D&B (Dun&Bradstreet) entwickelt und sich diese Informationen beschafft.

Mit dem Einzug von Internettechnologien haben sich technische Standards etabliert, wie der proprietäre Aufruf durch einen Webservice ersetzt werden kann. Ein Webservice-Aufruf wird beispielsweise über HTTP und wahrscheinlich SOAP abgewickelt, als Dokumentenaustauschformat kommt XML zum Einsatz. Das heißt insbesondere auch, dass der Konsument des Services keine Annahmen über die Plattform oder die Implementierung des Services machen muss. Andererseits haben sich mit den Webservices auch semantische Standards entwickelt, die nicht nur die Technologie festlegen, wie die Services verwendet und aufgerufen werden sollen, sondern auch wie der Prozess selbst geregelt ist, wer welche Rolle einnimmt und wofür verantwortlich ist.

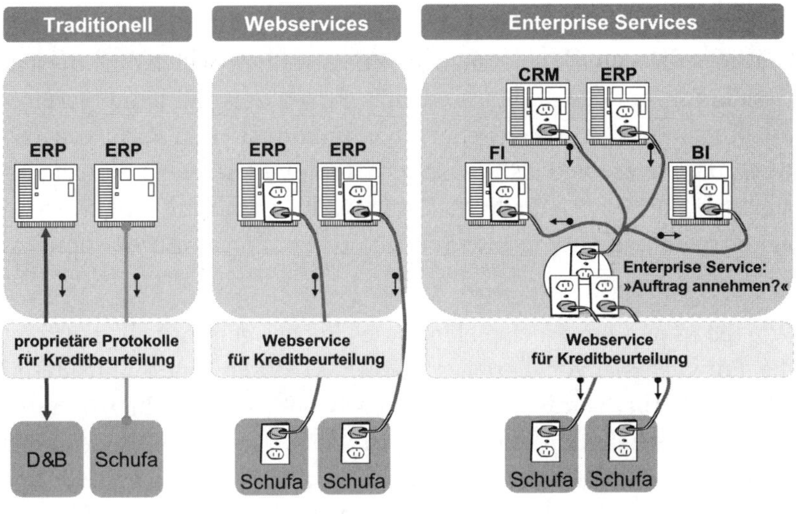

Abbildung 6.4 Von Funktionsaufrufen zu Webservices und Enterprise Services

Die eigentliche Frage aber, die hinter dem Serviceaufruf steht, ist letztlich eine andere – nämlich die, ob der Kundenauftrag angenommen werden soll. In diesem Kontext erscheint die Kreditbeurteilung nur noch als einer von vielen möglichen Prozess-Schritten: Vor oder parallel zu einer Kreditbeurteilung bei einem externen Anbieter wird vielleicht im Finanzbuchhaltungssystem der letzte Zahlungseingang des Kunden eingesehen oder im CRM-System der letzte Auftrag des Kunden oder dessen Zahlungsmoral herangezogen oder es werden Data-Warehouse-Auswertungen über den Kunden geholt.

Die Logik, wie die Kreditbeurteilung zu interpretieren ist und welche zusätzlichen Informationen benötigt werden, ist in einem Enterprise Service nur einmal implementiert und kann von jedem System, das Aufträge entgegennimmt, wieder verwendet werden. Zusätzliche Anwendungslogik, um einen Webservice-Anbieter auszuwählen, Daten zu speichern und zu vergleichen, liegt als Teil der Enterprise-Service-Implementierung vor.

Testen von Enterprise Services

An welchen Enterprise Services SAP heute arbeitet und welche nach und nach ausgeliefert werden, können Sie im SAP Developer Network (*http://sdn.sap.com*) nachlesen: Im Bereich **ESA · ES Community** können registrierte Kunden unter anderem Client-Anwendungen bauen und testen, die Enterprise Services konsumieren.

6.3.3 SAP XI als Service-Infrastruktur

SAP XI zum Service-Enabling und zur Service-Orchestrierung

Die SAP NetWeaver Exchange Infrastructure spielt in diesem Gesamtkonzept eine entscheidende Rolle: Sowohl beim Service-Enabling, also dem Bereitstellen von Funktionalität in Form von Services, ohne diese neu als Webservice implementieren zu müssen, als auch bei der Service-Orchestrierung, wenn es darum geht, vorhandene sowie neu entwickelte Services zu Composite Applications zu verbinden.

Wie Sie in den Praxisbeispielen dieses Buches gelernt haben, erfolgt die Entwicklung von Services in SAP XI durch einen Outside-in-Ansatz. Hierbei werden die zur Integration bereitgestellten Schnittstellen außerhalb der Anwendung in SAP XI entwickelt und mittels Proxy-Technologie in den Anwendungen zur Verfügung gestellt. Insgesamt stellt SAP XI damit eine einheitliche Service-Infrastruktur für eine einheitliche Servicedefinition, -implementierung und -verwendung bereit.

Dabei erlaubt die Modellierung die Entkopplung der Prozesslogik von der Serviceimplementierung und es lassen sich erheblich schneller neue Geschäftsprozesse abbilden; insbesondere wenn, wie im

Beispiel oben gezeigt, gekapselte wieder verwendbare höherwertigere Enterprise Services zum Einsatz kommen.

6.4 Weiterentwicklung von SAP XI

Bislang haben Sie die Architektur der Enterprise SOA sowie die Bedeutung von SAP XI in diesem Gesamtkonzept kennen gelernt. Sie sollen schließlich noch einen Einblick bekommen, welche weiteren Entwicklungen sich abzeichnen.

6.4.1 SAP NetWeaver als Business Process Platform

Die bisher diskutierte Entwicklung der SAP NetWeaver Exchange Infrastructure im Speziellen und von SAP NetWeaver im Allgemeinen lässt sich anhand von Abbildung 6.5 zusammenfassen: Bislang wurde die Entwicklung der SAP-Technologie von einer Transaction Platform für SAP-Anwendungen zu einer Integration und Composition Platform in heterogenen Anwendungslandschaften vorgestellt. Mit SAP NetWeaver wird der Schritt zur Business Process Platform vollzogen.

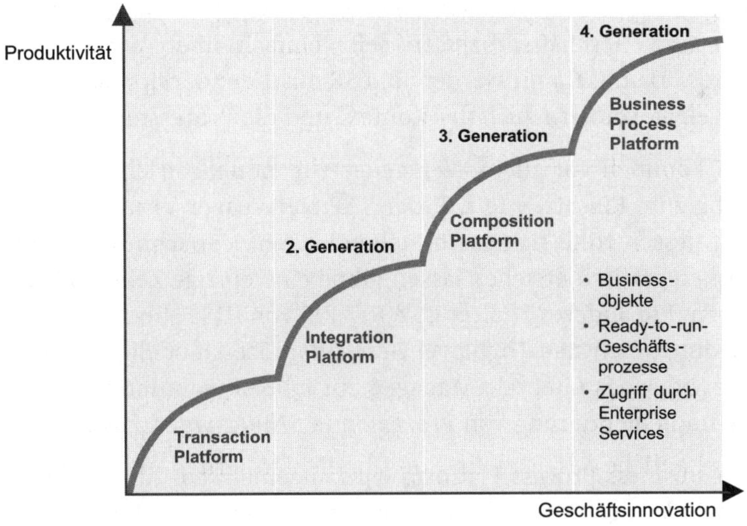

Abbildung 6.5 Von der Infrastruktur zur Applistruktur

Mit jeder neuen Generation wurde die Produktivität erhöht, sei es auf Seiten des Endanwenders durch intuitiv bedienbare Masken oder auf Seiten des gesamten Ablaufs durch immer besser integrierte und durchgängigere Prozesse. Gleichzeitig wurden dank verbesserter Technologien immer mehr Innovationen in Unternehmen möglich.

Während zu Zeiten der Transaction Platform das Denken in lokalen Anwendungen wie Einkauf, Verkauf, Materialplanung etc. vorherrschte und bei der Integration Platform das Denken in technischen Kategorien, also mit welcher Technologie Anwendungen verknüpft werden, kommt mit der Composition Platform mehr und mehr das Denken in übergreifenden Prozessen zum Vorschein, das in der Business Process Platform seinen konsequenten Fortgang findet.

Abstraktion und Unabhängigkeit von der technischen Plattform

Die Business Process Platform beinhaltet neben SAP NetWeaver als technischer Softwareplattform vor allem die Anwendungsplattform, in der Enterprise Services zur Verfügung gestellt werden, deren Metadaten im *Enterprise Services Repository* (ESR) abgelegt werden und zu Composite Applications verknüpft werden können.

Neben Services, die aus der Business Process Platform selbst stammen, können auch Services externer Anwendungen oder von Legacy-Systemen und Eigenentwicklungen im ESR beschrieben und mit Services von SAP integriert werden. Der Mehrwert einer Business Process Platform besteht also im »paketierten« Bereitstellen der Funktionalität in einer Form, die das Erstellen von spezialisierten Anwendungen und Geschäftsprozessen sehr einfach über Webservice-Standards erlaubt. Damit werden im ESR nicht nur Service-Definitionen abgelegt, sondern auch der Kontext und die Prozessmodelle.

Hierbei kommen vor allem Werkzeuge zur modellgetriebenen Entwicklung zum Einsatz, wie z.B. der SAP NetWeaver Visual Composer, mit dessen Hilfe sich aus bestehenden Services schnell Anwendermasken grafisch erstellen lassen, ohne eine einzige Zeile Code zu schreiben. Ein anderes Toolset ist z. B. ARIS von IDS Scheer, mit dem Anwendungsanalysten Highlevel-Geschäftsprozessmodelle erstellen können, oder das Lifecycle-Management im SAP Solution Manager für die Implementierung von Prozessen in SAP-Anwendungen.

Mit der Business Process Platform wird allgemein ein Abstraktionsgrad erreicht, der Unternehmen von der technischen Softwareplattform unabhängiger macht und somit Softwareentwicklung auf einem anderen Niveau erlaubt. Damit ist ein wesentlicher Schritt in Richtung Flexibilität und Umsetzung von innovativen Ideen in Wettbewerbsvorteile gemacht.

Modell-Entwicklung

Ein Beispiel, das zeigt, dass man mit den in der Business Process Platform ausgelieferten Services in der Tat sehr schnell neue Anwendungen modellgetrieben erstellen kann, ist die Composite Anwendung xCQM (*Cost Quotation Management*). xCQM wurde speziell für die Vertragshersteller in der Hightech-Branche entwickelt.

Bei xCQM geht es darum, den Ausschreibungsprozess zu beschleunigen. Wenn man bedenkt, dass in der Hightech-Industrie teils 80 % der Ausschreibungen nicht zum gewünschten Ziel führen, also wertlos waren, aber andererseits Studien gezeigt haben, dass bereits ein Anstieg in der Abschlussrate von 2 % eine Ergebnissteigerung von bis zu 10 % ausmachen kann, wird augenscheinlich, wie wichtig es ist, dem Team für die Beantwortung einer Ausschreibung relevante Informationen wie Preise, zertifizierte und geprüfte Lieferanten oder Teilenummern schnell zur Verfügung zu stellen. In der Realität sind diese Daten jedoch über verschiedene interne und externe Vertriebssysteme, Produkt- und Beschaffungssysteme verteilt. Durch die Verwendung von Services, die in der Plattform zur Verfügung gestellt werden, konnte die gesamte xCQM-Anwendung modelliert und generiert werden (siehe *http://www.sap.com/solutions/xapps/xcqm/index.epx*).

6.4.2 Enterprise Services Repository

In den Modellierungsmöglichkeiten des SAP XI Repositorys, wie sie sich heute darstellen, ist noch der ursprüngliche Ansatz von SAP zu erkennen, SAP XI als Integration Broker und als Werkzeug zum Business Process Management zu positionieren. Auf dem Weg zur Business Process Platform wird immer mehr der Charakter der Businessprozesse und der damit verbundenen Businessobjekte und deren angebotenen Services in den Vordergrund treten, was sich zwangläufig in erweiterten Funktionen zur Modellierung ausdrücken wird.

Dazu wird das vorhandene Repository, das vor allem die technische Sicht von Services repräsentiert, erweitert, um mehr Möglichkeiten zur Beschreibung von Enterprise Services sowie für das Design, die Simulation und das Tuning von Geschäftsprozessen und letztendlich für die Ausführung der Prozesse zu bieten. Das SAP XI Repository entwickelt sich dazu zum *Enterprise Services Repository* (ESR) weiter, dessen wesentliche Bestandteile in Abbildung 6.6 gezeigt sind.

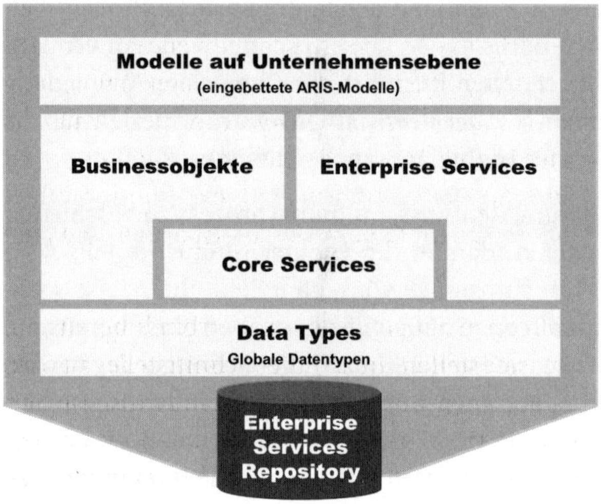

Abbildung 6.6 Enterprise Services Repository

Zur Modellierung von Geschäftsprozessen auf Unternehmensebene wird das ARIS-Modellierungswerkzeug mit in das Repository integriert. Auf diese Weise lassen sich Geschäftsarchitekturen beschreiben und es wird eine methodische Vorgehensweise und einheitliche Beschreibungssprache etabliert. In der Designphase, in der man mit dem Werkzeug arbeitet, beantwortet man die Fragen, wer was in welcher Reihenfolge macht, welche Leistungen erbracht werden und welche Anwendungen dabei eingesetzt werden. Damit geht meist eine Prozessanalyse einher, in der organisatorische und strukturelle Schwachstellen aufgedeckt werden.

Welche weiteren Möglichkeiten sich damit bieten, insbesondere wie sich aus den Modellen eine Implementierung und später auch eine Ausführung der Prozesse ableiten lässt, wurde in Abschnitt 2.5 erläutert. Zur Vereinfachung der Prozessaufnahme werden Werkzeuge angeboten, mit denen man die tatsächlich ablaufenden Geschäftsprozesse analysieren kann, um daraus abzuleiten, welche SAP-Standardprozesse ein Unternehmen bereits im Einsatz hat, und um diese dann als Ausgangsmodell in ARIS zu übernehmen. Ausgehend von diesen real implementierten Prozessen werden dann die neuen gewünschten Modelle erstellt.

Businessobjekte und deren Services

Geschäftsprozesse operieren auf Businessobjekten, wie etwa einem Kundenauftrag, einer Bestellung, einer Kostenstelle oder eines Mitarbeiters, deshalb werden in das Enterprise Services Repository die

Businessobjekte aufgenommen, die wiederum so genannte *Core Services* anbieten, die nachfolgend beschrieben werden. In den Businessobjekten ist die eigentliche Anwendungslogik implementiert. Weiterhin stellen sie die Persistenz aller relevanten Daten in der Datenbank sicher und haben ihrerseits wiederum Referenzen auf andere Businessobjekte. So hat das Businessobjekt Kundenauftrag beispielsweise eine Referenz zum Objekt Geschäftspartner und zum Objekt Produkt.

Core Services

Mit Core Services stellt man letztendlich die Verbindung zu den Businessobjekten her, sie stellen quasi die Schnittstelle zu den Objekten dar. Hierbei kommen nur hochgradig standardisierte Services zum Einsatz, was über ein entsprechendes Framework sichergestellt wird. Über die Core Services erfolgt auch die Interaktion zwischen den Businessobjekten.

Beispiele für Core Services sind z.B. das Erzeugen, Anzeigen, Löschen und Verändern von Businessobjekten oder Services, um Suchabfragen auf Objekte zu machen, wenn deren Schlüsselfelder, wie z.B. die Auftragsnummer, nicht bekannt sind. Core Services können auch Aktionen auf Businessobjekte wie z.B. das Ablehnen eines Kundenauftrags sein.

Ein Haupteinsatzgebiet der Core Services wird die Nutzung bei der Entwicklung von Anwendermasken sein. Durch die Standardisierung der Services können die Objekte einheitlich angesprochen werden, damit können auch sehr leicht generische Funktionen auf diesen aufgesetzt werden. Damit kann sehr viel schneller als bisher für einen Service eine Oberfläche für einen Anwendungsspezialisten oder für einen gelegentlichen Anwender erstellt werden.

Ein weiteres Anwendungsgebiet der Core Services wird die Entwicklung von höherwertigen Services sein, die typischerweise zur Entkopplung von Anwendungen bei interner (A2A) und externer (B2B) Kommunikation zum Zuge kommen. Businessobjekte und Enterprise Services wiederum nutzen globale Datentypen, die für alle Objekte und Services die gleiche Semantik festlegen.

Das Enterprise Services Repository, dessen Steckbrief in Tabelle 6.1 dargestellt ist, wird zum Zeitpunkt der Entwicklung und Konfiguration genutzt und stellt den zentralen Ablageort von Businessobjekten und deren Services für die Entwicklung von Enterprise Services dar, die in Unternehmensmodellen genutzt werden. Aus den Definitionen im ESR wiederum können Provider-Klassen, Schnittstellen und Proxies generiert werden. Wie Letzteres mit dem heute verfügbaren Integration Repository bereits funktioniert, wurde in den Kapiteln 4 und 5 detailliert vorgestellt.

ESR-Steckbrief	
Aufgaben	Das Enterprise Services Repository (ESR) ist das Designzeit-Repository von Serviceobjekten für die Enterprise Services Architecture.
Daten	▶ Businessobjekte (mit assoziierten Objekten) ▶ Service-Interfaces (mit assoziierten Operationen, Nachrichtentypen und Datentypen) ▶ (Aris-)Prozessmodelle ▶ Business-Szenario und Business-Prozessobjekte ▶ Mapping-Objekte
betroffene Prozesse	▶ Designphase ▶ Konfigurationsphase
erforderliche Pflege	beim Design von Enterprise Services

Tabelle 6.1 Steckbrief zum Enterprise Services Repository

6.4.3 Modellierung von Next Practices aus Best Practices

Technisch integrierte Lösung

Dadurch entsteht eine einheitliche Entwicklungsumgebung von Geschäftsprozessen, in der Design, Modellierung und modellbasierte Konfiguration in einer technisch integrierten Lösung stattfindet. Somit lässt sich stärker als zuvor Geschäftsprozesswissen zentral ablegen und mit der technischen Möglichkeit, neue Services oder bereits vorhandene Anwendungsfunktionalität miteinander zu koppeln, kann schrittweise eine serviceorientierte Architektur aufgebaut werden.

Neue, differenzierende Prozesse (»Next Practices«) können auf einer Geschäftsebene spezifiziert werden und werden auf einer modellierenden Ebene aus vorhandenen Anwendungen (»Best Practices«) und ihren Services gebaut, die auf Businessobjekten und in ihnen liegender Anwendungslogik operieren. Die Methoden zur Prozessmodellierung und Werkzeuge zur Implementierung gestatten eine Top-down-Spezifikation von Geschäftsprozessen. Damit gehen Transparenz, Homogenität und einfachere Anpassbarkeit an sich verändernde Anforderungen einher – und damit auch eine Verringerung der Total Cost of Ownership.

ARIS for SAP NetWeaver

SAP plant darüber hinaus, im nächsten Release von SAP NetWeaver das ARIS-Toolset zu integrieren. Damit wird es möglich sein, von den in ARIS erstellten Modellen zu Implementierungsinhalten zu navigieren. So wird man über einen Doppelklick auf das in einem Modell verwendete Businessobjekt direkt zu dessen Definition geleitet, in der z.B. die Struktur eines Businessobjekts Kundenauftrag, bestehend aus Auftragskopf und Auftragspositionsdaten, oder die Beziehung zum Objekt Geschäftspartner zu sehen ist. Dabei werden auch die globalen Datentypen, die in diesen Strukturen verwendet werden, sichtbar.

Globale Datentypen definieren die Attribute von Businessobjekten, etwa eine Adresse oder Region als globalen Datentyp des Objekts Geschäftspartner. Sie sind systemweit eindeutig definiert und in Übereinstimmung mit den heutigen Internet- und anderen Industriestandards wie etwa UN/CEFACT. Abbildung 6.7 zeigt, wie im ESR von den Modellen in die Definition und Struktur von Businessobjekten navigiert werden kann.

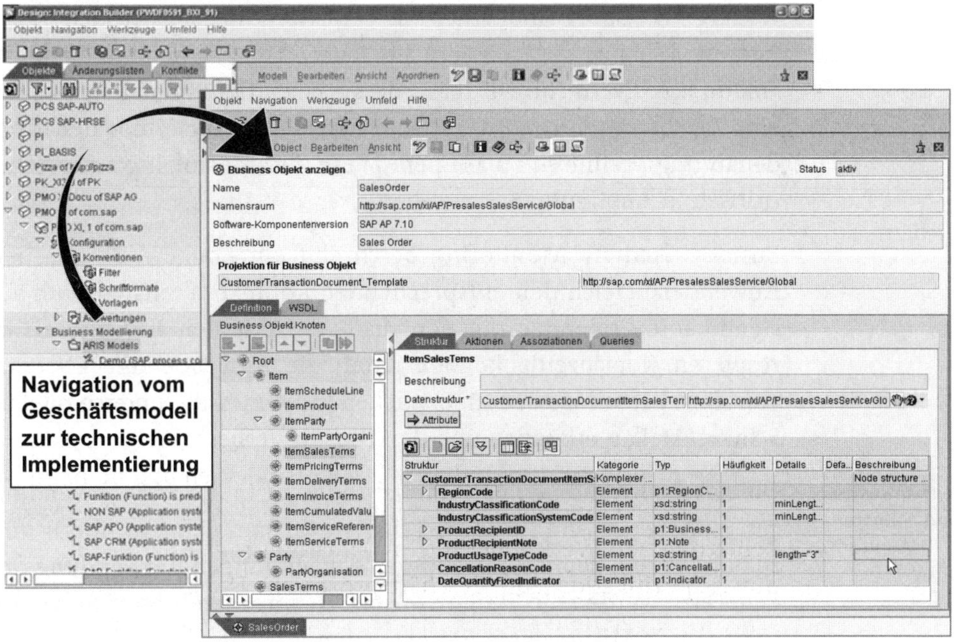

Abbildung 6.7 Vom Businessmodell zu den Implementierungsdetails

6.4.4 Business Activity Monitoring

Überwachung von Prozessmeilensteinen

Weitere Funktionalitäten, die in der Zukunft kommen werden, betreffen Themen wie *Business Activity Monitoring* (BAM), das u.a. für das Überwachen von Prozessmeilensteinen genutzt wird. Damit soll ermöglicht werden, Fortschritte, die ein Prozess aus Sicht des Anwenders macht, zu überwachen, zu verfolgen und letztendlich zur Auswertung der Prozesseffizienz heranzuziehen.

Um das zu gewährleisten, geht BAM selbst tiefer und liefert Neuerungen, insbesondere in der Infrastruktur. Letztlich entspricht das einem Event Enabling der Plattform, indem signifikante Ereignisse über die Grenzen von Anwendungssystemen hinweg propagiert werden. Bereits heute triggert das SAP-System über 1.500 Ereignisse (Events) aus allen möglichen Applikationen. Das Ereignis selbst wird dann von einem Workflow oder einem Funktionsbaustein innerhalb der Anwendung verarbeitet. Um diese Ereignisse weiterzureichen, wird ein Anwendungsentwickler tätig.

Zukünftig wird dies jedoch von einer Event-Infrastruktur bereitgestellt, die die lokalen Ereignisse, die von den Businessobjekten angeboten werden, über bereitgestellte Services an externe Anwendungen wie eine Composite-Anwendung oder einen BAM-Listener weitergibt. Dabei modelliert der Anwendungsentwickler diese Zusammenhänge und codiert sie nicht. Entsprechend modelliert, »merkt« die Event-Infrastruktur, dass z.B. auf den Kundenauftrag hin eine Bestellung von notwendigem Material erfolgte, um den Kundenauftrag ausführen zu können. Diese Zusammenhänge sind schematisch in Abbildung 6.8 zu sehen.

Business Activity Monitoring beschreibt ein Framework, das den Anwendern gleich den entsprechenden Kontext bereitstellt, um auf signifikante Ereignisse mit den richtigen Aktionen angemessen zu reagieren. Gleichzeitig können damit die Anwender die Effizienz von Geschäftsprozessen überwachen und messen und somit die Schwachstellen erkennen und den Prozess verbessern.

Event-Infrastruktur und Milestone-Monitoring

Die dazu notwendige Event-Infrastruktur ist in die SAP-Anwendungen eingebettet, um Businessereignisse zu sammeln, zu filtern und zu publizieren, damit sie in anderen Anwendungen Verwendung finden. Dazu werden die Ereignisse über entsprechende Services an das so genannte *Milestone-Monitoring* weitergereicht.

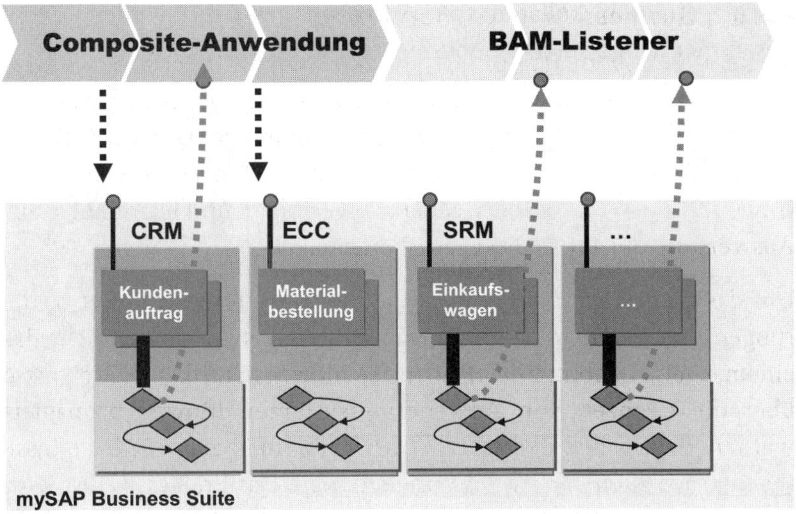

Abbildung 6.8 Lokale Ereignisse werden an Composite-Anwendungen und BAM-Listener weitergereicht

Das Milestone-Monitoring besteht aus einzelnen Prozess-Schritten, die mit BPEL-Mitteln (*Business Process Execution Language*) modelliert werden, jedoch im Gegensatz zu sonstigen BPEL-Prozessen nur Ereignisse als Nachrichten empfangen und weitergeben sowie Alarme auslösen können. Als Szenariovarianten können Anwendungen sich auf die Events bzw. die Milestone-Überwachung subskribieren und können darauf reagieren. Zur Auswertung der Prozesseffizienz können die einzelnen im Milestone-Monitoring verfolgten Prozessinstanzen an SAP BW weitergereicht werden, um z.B. qualitative Auswertungen über die Prozesse zu machen.

In einer entsprechend modellierten Oberfläche (*Event Resolution Dashboard*) werden bei Ausnahmen und Alarmen nicht nur die Alarme selbst dargestellt, sondern gleich noch die relevanten Kontextinformationen bereitgestellt sowie Lösungsvorschläge zur Behebung der Ausnahmen und Alarme. Letzteres könnte als so genannte *Guided Procedure*, also als geführte Anleitung, wie das Problem behoben werden kann, ausgeprägt sein. So könnte z.B. bei Unterschreiten einer zugesagten Systemverfügbarkeit (*Service Level Agreement*) gleich der Servicevertrag angeboten werden, eine Meldung an den Kunden aufgemacht werden oder Vergleichreports der letzten Monate angezeigt werden. Zur Lösung des Problems könnten Best Practices vorgeschlagen oder kollaborative Aufgaben gestartet werden. Diese Zusammenhänge sind in Abbildung 6.9 dargestellt.

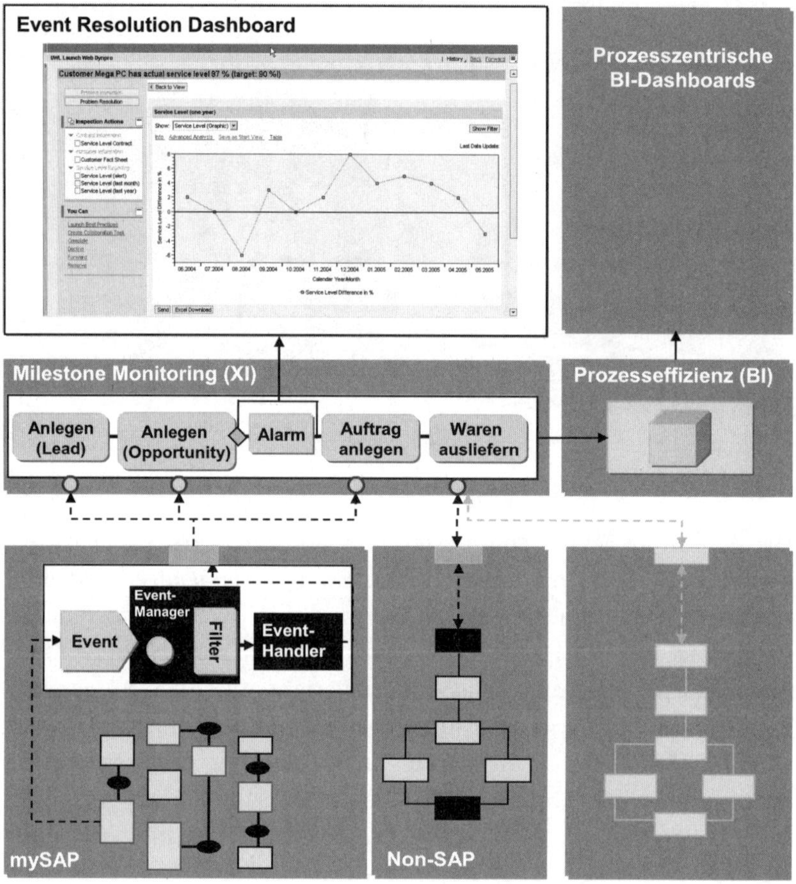

Abbildung 6.9 Architektur des Business Activity Monitorings (BAM)

Entsprechende Erweiterungen bei der Modellierung von Alarmen und vereinfachten Möglichkeiten bei Modellierung von Anwenderinteraktionen gehen damit einher. Insbesondere bei der Anwenderinteraktion und der Definition von Subprozessen in Zusammenhang mit dem WS-BPEL-Standard arbeitet SAP zusammen mit IBM an einer entsprechenden Erweiterung, die unter dem Namen *WS-BPEL Extension for People* (BPEL4People) bzw. *WS-BPEL Extension for Sub-Processes* (BPEL-SPE) als Whitepaper vorliegt.

Modellierung von Anwenderinteraktionen

Beides wurde notwendig, weil Geschäftprozesse weiter gehen als Aktivitäten, die als Webservices implementiert sind. BPEL4People schlägt nun ein gemeinsames Modell für die Service-Orchestrierung und Anwenderintegration vor. Als direkte Anforderung daraus ergibt sich, dass für die Anwender, die am Prozess beteiligt sind, gleich entsprechende UIs, z.B. für Entscheidungsalternativen, mit modelliert und konfiguriert werden können.

Modellierung von Subprozessen

Bei Subprozessen geht es darum, wie man große und komplexe Geschäftsprozesse in modularisierbare, wieder verwendbare und portable Einheiten aufteilt. Insbesondere sollen damit interoperable Aufrufe von Subprozessen über Infrastrukturen von verschiedenen Anbietern ermöglicht werden. Dazu werden unterschiedliche Aufrufszenarien und entsprechende Protokolle zur Koordination beschrieben.

Zentrales Alert Management

Zusätzliche Erweiterungen betreffen das zentrale Alert Management von Alarmkategorien, die in Service-Orchestration-Modellen verwendet werden. Bei Alarmen lassen sich die Qualität des Alarms und Reaktionszeiten definieren, Langtexte für den Anwender mit Durchgriff auf Variablen hinterlegen und schließlich können die Alarme z.B. als Kontrollschritte mit in den Prozess integriert werden.

Anhang

A Übungsmaterial

In diesem Teil des Anhangs finden Sie nach Übungen bzw. Fallstudienschritten geordnet die Quellcodes bzw. verwendeten Vorlagen für Dateien. Da sich insbesondere bei längeren Codings gerne Fehler beim Abtippen einschleichen, können Sie die entsprechenden Dateien und SAP-Transporte auf der Webseite zu diesem Buch unter *http://www.sap-press.de/1264* herunterladen.

An manchen Stellen finden Sie Datums- und Uhrzeitangaben, die lediglich als Muster für Ihre eigenen Daten enthalten sind.

A.1 Material zur ersten Übung (RFC-to-File)

A.1.1 Funktionsbaustein Z_RFB_MATERIALEINGABE_##

```
FUNCTION Z_RFB_MATERIALEINGABE_##.
*"-----------------------------------------------------
*"*"Lokale Schnittstelle:
*" IMPORTING
*"      VALUE(MATNR) TYPE  MATNR
*"      VALUE(MAKTX) TYPE  MAKTX
*"      VALUE(ERSDA) TYPE  ERSDA
*"      VALUE(ERNAM) TYPE  ERNAM
*"      VALUE(MTART) TYPE  MTART
*"      VALUE(MBRSH) TYPE  MBRSH
*"      VALUE(MATKL) TYPE  MATKL
*"      VALUE(MEINS) TYPE  MEINS
*"      VALUE(BRGEW) TYPE  BRGEW
*"      VALUE(GEWEI) TYPE  GEWEI
*"      VALUE(MTPOS_MARA) TYPE  MTPOS_MARA
*"-----------------------------------------------------
ENDFUNCTION.
```

A.1.2 Aufrufendes Programm Z_PROG_MATERIALEINGABE_##

```
*&------------------------------------------------------*
*& Report  Z_PROG_MATERIALEINGABE_##
*&------------------------------------------------------*

REPORT  z_prog_materialeingabe_##.

PARAMETERS: pa_matnr TYPE matnr,
```

```
              pa_maktx TYPE maktx,
              pa_mtart TYPE mtart,
              pa_mbrsh TYPE mbrsh,
              pa_matkl TYPE matkl,
              pa_meins TYPE meins,
              pa_brgew TYPE brgew,
              pa_gewei TYPE gewei,
              pa_mtpos TYPE mtpos_mara.

START-OF-SELECTION.

  CALL FUNCTION 'Z_RFB_MATERIALEINGABE_##'
    IN BACKGROUND TASK
    DESTINATION 'SystemA_Sender-##'
    EXPORTING
      matnr      = pa_matnr
      maktx      = pa_maktx
      ersda      = sy-datum
      ernam      = sy-uname
      mtart      = pa_mtart
      mbrsh      = pa_mbrsh
      matkl      = pa_matkl
      meins      = pa_meins
      brgew      = pa_brgew
      gewei      = pa_gewei
      mtpos_mara = pa_mtpos.
  COMMIT WORK.
  IF sy-subrc = 0.
    WRITE 'Der Aufruf des Funktionsbausteins war
           erfolgreich.'.
  ENDIF.
```

A.2 Material zur zweiten Übung (File-to-IDoc)

```
<?xml version="1.0" encoding="UTF-8"?>

<ns0:MT_Material xmlns:ns0=
"http://www.sap-press.de/xi/training/##">
   <MATNR>XI_BUCH-##</MATNR>
   <MAKTX>Entwicklerbuch</MAKTX>
   <ERSDA>02042006</ERSDA>
   <ERNAM>sys_a-##</ERNAM>
   <MTART>FERT</MTART>
   <MBRSH>1</MBRSH>
   <MATKL>030</MATKL>
   <MEINS>ST</MEINS>
   <BRGEW>1,2</BRGEW>
   <NTGEW>1,0</NTGEW>
```

```
   <GEWEI>KGM</GEWEI>
   <MTPOS_MARA>NORM</MTPOS_MARA>
</ns0:MT_Material>
```

A.3 Material zur dritten Übung (ABAP-Proxy-to-SOAP)

```
*&---------------------------------------------------------------------*
*& Report  Z_MATERIAL_EXISTENCECHECK_##
*&
*&---------------------------------------------------------------------*

REPORT  z_material_existencecheck_##.

PARAMETERS: p_mat TYPE BAPIMATALL-MATERIAL.
DATA : obj_ref
       TYPE REF TO zco_mi_abap_proxy_mat_exist_##,
       wa_output TYPE zmi_abap_proxy_mat_exist_##_in,
       wa_input  TYPE zmi_abap_proxy_mat_exist_##_ou,
       wa_return TYPE zmi_abap_proxy_mat_exist_##_re.

START-OF-SELECTION.

CREATE OBJECT obj_ref.

wa_output-material = p_mat.

CALL METHOD obj_ref->execute_synchronous
  EXPORTING
    output = wa_output
  IMPORTING
    input  = wa_input.

wa_return = wa_input-return.

WRITE: / wa_return-number, / wa_return-message.
```

A.4 Material zur vierten Übung (Business Process Management)

A.4.1 Funktionsbaustein Z_RFC_MATERIALINFO_##

```
FUNCTION Z_RFB_MATERIALINFO_##.
*"----------------------------------------------------------------------
*"*"Lokale Schnittstelle:
```

```
*"  IMPORTING
*"     VALUE(MATNR) TYPE  MATNR
*"     VALUE(ERSDA) TYPE  ERSDA
*"     VALUE(ERNAM) TYPE  ERNAM
*"------------------------------------------------------

ENDFUNCTION.
```

A.4.2 Aufrufendes Programm Z_PROG_MATERIALINFO_##

```
*&-----------------------------------------------------*
*& Report  Z_PROG_MATERIALINFO_##
*&
*&-----------------------------------------------------*

REPORT  z_prog_materialinfo_##.

PARAMETERS: pa_matnr TYPE matnr.

START-OF-SELECTION.

  CALL FUNCTION 'Z_RFB_MATERIALINFO_##'
    IN BACKGROUND TASK
    DESTINATION 'SystemA_Sender-##'
    EXPORTING
      matnr       = pa_matnr
      ersda       = sy-datum
      ernam       = sy-uname.
  COMMIT WORK.

  IF sy-subrc = 0.
    WRITE 'Der Aufruf des Funktionsbausteins war
           erfolgreich.'.
  ENDIF.
```

A.5 Material zum ersten Schritt der Fallstudie (Erstellung einer Anfrage)

```
<?xml version="1.0" encoding="UTF-8"?>

<ns0:MT_Anfrage xmlns:ns0=
"http://www.sap-press.de/xi/casestudy/##">
   <Kundennummer>1171</Kundennummer>
   <Belegnummer>Anfrage-##</Belegnummer>
   <Erstellungsdatum>20060510</Erstellungsdatum>
   <Erstellungszeit>20:00:00</Erstellungszeit>
   <Submission>SUBMI_##</Submission>
```

```
    <Lieferantennummer>SARIDIS</Lieferantennummer>
    <Angebotsfrist>20060515</Angebotsfrist>
    <Anfragenposition>
       <Positionsnummer>010</Positionsnummer>
       <Materialnummer>M-01</Materialnummer>
       <Bezeichnung>Monitor1</Bezeichnung>
       <Menge>1</Menge>
       <Materialklasse>0207</Materialklasse>
       <Nettogewicht>10</Nettogewicht>
       <Bruttogewicht>15</Bruttogewicht>
       <Gewichtseinheit>KGM</Gewichtseinheit>
       <Lieferdatum>20060520</Lieferdatum>
    </Anfragenposition>
   <Anfragenposition>
       <Positionsnummer>020</Positionsnummer>
       <Materialnummer>M-02</Materialnummer>
       <Bezeichnung>Monitor2</Bezeichnung>
       <Menge>2</Menge>
       <Materialklasse>0207</Materialklasse>
       <Nettogewicht>10</Nettogewicht>
       <Bruttogewicht>15</Bruttogewicht>
       <Gewichtseinheit>KGM</Gewichtseinheit>
       <Lieferdatum>20060520</Lieferdatum>
    </Anfragenposition>
</ns0:MT_Anfrage>
```

A.6 Material zum zweiten Schritt der Fallstudie (Abgabe der Angebote)

A.6.1 Erstellung der Struktur ZANG_POS

Rufen Sie im Business-System B Transaktion SE11 auf und wählen Sie die Option **Datentyp**. Geben Sie den Namen **ZANG_POS** im Feld rechts davon ein und klicken Sie auf den Button **Anlegen**. Erstellen Sie Einträge im Karteireiter **Komponenten**, wie in Abbildung A.1 gezeigt.

Wechseln Sie danach in den Reiter **Währungs-/Mengenfelder** und pflegen Sie die Felder **MENGE**, **NETTOGEWICHT**, **BRUTTOGEWICHT** und **POSITIONSSUMME** wie in Abbildung A.2 gezeigt. Speichern Sie danach die Struktur. Über den Menüpfad **Struktur • Prüfen** bzw. **Struktur • Aktivieren** können Sie das Objekt zunächst prüfen und dann aktivieren.

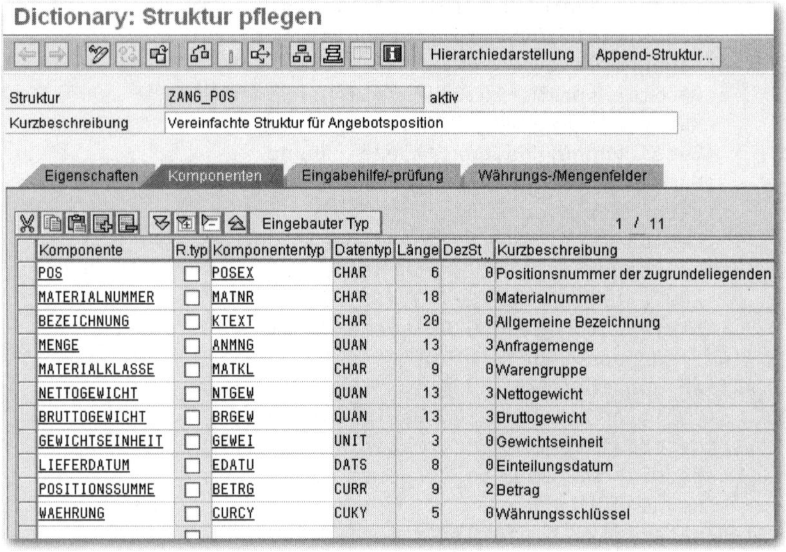
Dictionary: Struktur pflegen

Hierarchiedarstellung | Append-Struktur...

Struktur: ZANG_POS aktiv

Kurzbeschreibung: Vereinfachte Struktur für Angebotsposition

Eigenschaften | Komponenten | Eingabehilfe/-prüfung | Währungs-/Mengenfelder

Eingebauter Typ 1 / 11

Komponente	R.typ	Komponententyp	Datentyp	Länge	DezSt	Kurzbeschreibung
POS		POSEX	CHAR	6	0	Positionsnummer der zugrundeliegenden
MATERIALNUMMER		MATNR	CHAR	18	0	Materialnummer
BEZEICHNUNG		KTEXT	CHAR	20	0	Allgemeine Bezeichnung
MENGE		ANMNG	QUAN	13	3	Anfragemenge
MATERIALKLASSE		MATKL	CHAR	9	0	Warengruppe
NETTOGEWICHT		NTGEW	QUAN	13	3	Nettogewicht
BRUTTOGEWICHT		BRGEW	QUAN	13	3	Bruttogewicht
GEWICHTSEINHEIT		GEWEI	UNIT	3	0	Gewichtseinheit
LIEFERDATUM		EDATU	DATS	8	0	Einteilungsdatum
POSITIONSSUMME		BETRG	CURR	9	2	Betrag
WAEHRUNG		CURCY	CUKY	5	0	Währungsschlüssel

Abbildung A.1 Komponenten der Struktur ZANG_POS

Eigenschaften | Komponenten | Eingabehilfe/-prüfung | Währungs-/Mengenfelder

Suchhilfe 1 / 11

Komponente	R.typ	Komponententyp	Datentyp	Referenztabelle	Referenzfeld	Kurzbeschreibung
POS		POSEX	CHAR			Positionsnummer der zug
MATERIALNUMMER		MATNR	CHAR			Materialnummer
BEZEICHNUNG		KTEXT	CHAR			Allgemeine Bezeichnung
MENGE		ANMNG	QUAN	RV45A	VRKME1	Anfragemenge
MATERIALKLASSE		MATKL	CHAR			Warengruppe
NETTOGEWICHT		NTGEW	QUAN	RV45A	GEWEI	Nettogewicht
BRUTTOGEWICHT		BRGEW	QUAN	RV45A	GEWEI	Bruttogewicht
GEWICHTSEINHEIT		GEWEI	UNIT			Gewichtseinheit
LIEFERDATUM		EDATU	DATS			Einteilungsdatum
POSITIONSSUMME		BETRG	CURR	RV12A	WAERS	Betrag
WAEHRUNG		CURCY	CUKY			Währungsschlüssel

Abbildung A.2 Pflege der Währungs- und Mengenfelder

A.6.2 Aufbau des Webservice Z_SUNNY_ANGEBOT

```
FUNCTION z_sunny_angebot.
*"----------------------------------------------------
*"*"Lokale Schnittstelle:
*"  IMPORTING
*"     VALUE(IM_SUBMISSION) TYPE  SUBMI
*"     VALUE(IM_LIEFERANTENNR) TYPE  ELIFN
*"     VALUE(IM_KUNDE) TYPE  CHAR40
*"  EXPORTING
*"     VALUE(ANGEBOTSDATUM) TYPE  ANGAB
```

```
*"      VALUE(BINDEFRIST) TYPE  BNDDT
*"      VALUE(WAEHRUNG) TYPE  KOEIN
*"      VALUE(LIEFERANTENNR) TYPE  ELIFN
*"      VALUE(NETTOPREIS) TYPE  NETPR
*"      VALUE(SUBMISSION) TYPE  SUBMI
*"      VALUE(BELEGNUMMER) TYPE  VBELN
*"      VALUE(KUNDE) TYPE  CHAR40
*"      VALUE(MWSTSATZ) TYPE  MSATZ
*"      VALUE(MWSTBETRAG) TYPE  MWSBP
*"  TABLES
*"       POSITIONEN STRUCTURE  ZANG_POS
*"-----------------------------------------------------

  DATA wa_position TYPE zang_pos.

  angebotsdatum = sy-datum.
  bindefrist = sy-datum + 7.
  waehrung = 'EUR'.
  lieferantennr = »Sunny Electronics'.
  submission = im_submission.
  belegnummer = 'Sunny_Web'.
  kunde = im_kunde.
  mwstsatz = 16.

  nettopreis = 0.

  LOOP AT positionen INTO wa_position.
    TRANSLATE wa_position-materialnummer TO UPPER CASE.
    CASE wa_position-materialnummer.
      WHEN 'M-00'.wa_position-positionssumme =
           859 * wa_position-menge.
      WHEN 'M-01'.wa_position-positionssumme =
           859 * wa_position-menge.
      WHEN 'M-02'.wa_position-positionssumme =
           980 * wa_position-menge.
      WHEN 'M-03'.wa_position-positionssumme =
           944 * wa_position-menge.
      WHEN 'M-04'.wa_position-positionssumme =
           1016 * wa_position-menge.
      WHEN 'M-05'.wa_position-positionssumme =
           449 * wa_position-menge.
      WHEN 'M-06'.wa_position-positionssumme =
           859 * wa_position-menge.
      WHEN 'M-07'.wa_position-positionssumme =
           716 * wa_position-menge.
      WHEN 'M-08'.wa_position-positionssumme =
           1123 * wa_position-menge.
      WHEN 'M-09'.wa_position-positionssumme =
           1202 * wa_position-menge.
      WHEN 'M-10'.wa_position-positionssumme =
```

```
            1267 * wa_position-menge.
        WHEN 'M-11'.wa_position-positionssumme =
            1345 * wa_position-menge.
        WHEN 'M-12'.wa_position-positionssumme =
            787 * wa_position-menge.
        WHEN 'M-13'.wa_position-positionssumme =
            828 * wa_position-menge.
        WHEN 'M-14'.wa_position-positionssumme =
            868 * wa_position-menge.
        WHEN 'M-15'.wa_position-positionssumme =
            1095 * wa_position-menge.
        WHEN 'M-16'.wa_position-positionssumme =
            1295 * wa_position-menge.
        WHEN 'M-17'.wa_position-positionssumme =
            1441 * wa_position-menge.
        WHEN 'M-18'.wa_position-positionssumme =
            718 * wa_position-menge.
        WHEN 'M-19'.wa_position-positionssumme =
            863 * wa_position-menge.
        WHEN 'M-20'.wa_position-positionssumme =
            889 * wa_position-menge.
      ENDCASE.
      wa_position-positionssumme =
        wa_position-positionssumme / 10 * 11.
      wa_position-waehrung = 'EUR'.
      MODIFY positionen FROM wa_position.
      nettopreis =
        nettopreis + wa_position-positionssumme.
    ENDLOOP.

    mwstbetrag = nettopreis / 100 * mwstsatz.

ENDFUNCTION.
```

A.7 Material zum dritten Schritt der Fallstudie (Erfassung eines Kundenauftrags)

```
package sap.press.de.xi;

import sap.press.de.xi.types.DT_Auftrag;
import sap.press.de.xi.types.DT_Auftragsposition;
import sap.press.de.xi.types.DT_Antwort;

import java.math.BigDecimal;
import java.rmi.Remote;
import java.util.Calendar;
```

```
import
  com.sap.security.core.client.ws.
  AuthenticationContext;
import
  com.sap.security.core.client.ws.
  SecurityProtocol;

public class SendJavaProxy
{
public static void main(String[] args)
{
try
{
MI_AuftragSyncOut00ServiceImpl jsaImpl = new
                  MI_AuftragSyncOut00ServiceImpl();
Remote remote =
jsaImpl.getLogicalPort(MI_AuftragSyncOut00.class);
MI_AuftragSyncOut00BindingStub stub =
(MI_AuftragSyncOut00BindingStub) remote;

//Authentifizierung
SecurityProtocol securityProtocol =
  (SecurityProtocol)stub._getGlobalProtocols().
  getProtocol("SecurityProtocol");
AuthenticationContext ac =
  securityProtocol.getAuthenticationContext();
String user = "Username";
String password = "Password";
ac.setUsername(user);
ac.setPassword(password);

DT_Auftragsposition Apos1 = new DT_Auftragsposition();
DT_Auftragsposition Apos2 = new DT_Auftragsposition();
DT_Auftrag Auftrag = new DT_Auftrag();

//Auftragsposition 1
Apos1.setPositionsnummer("0010");
Apos1.setMaterialnummer("M-01");
Apos1.setBezeichnung("Monitor1");
BigDecimal stueck1 = new BigDecimal("1");
Apos1.setMenge(stueck1);
Apos1.setMaterialklasse("0207");
BigDecimal netto1 = new BigDecimal("10");
Apos1.setNettogewicht(netto1);
BigDecimal brutto1 = new BigDecimal("12");
Apos1.setBruttogewicht(brutto1);
Apos1.setGewichtseinheit("KGM");
Calendar liefer1 = Calendar.getInstance();
liefer1.set(2006, 05, 25);
Apos1.setLieferdatum(liefer1);
```

```
//Auftragsposition 2
Apos2.setPositionsnummer("0020");
Apos2.setMaterialnummer("M-02");
Apos2.setBezeichnung("Monitor2");
BigDecimal stueck2 = new BigDecimal("2");
Apos2.setMenge(stueck2);
Apos2.setMaterialklasse("0207");
BigDecimal netto2 = new BigDecimal("12");
Apos2.setNettogewicht(netto2);
BigDecimal brutto2 = new BigDecimal("14");
Apos2.setBruttogewicht(brutto2);
Apos2.setGewichtseinheit("KGM");
Calendar liefer2 = Calendar.getInstance();
liefer2.set(2006, 05, 25);
Apos2.setLieferdatum(liefer2);

//Positionsliste füllen und setten
DT_Auftragsposition[] Auftragspositionen = {Apos1,
  Apos2};
Auftrag.setAuftragsposition(Auftragspositionen);

//Auftrag Kopfdaten füllen
Auftrag.setKundennummer("1171");
Calendar angfrist = Calendar.getInstance();
angfrist.set(2006, 05, 25);
Auftrag.setAngebotsfrist(angfrist);
Auftrag.setBelegnummer("Bestellung-##");
Auftrag.setLieferantennummer("SARIDIS");
Calendar edatum = Calendar.getInstance();
Auftrag.setErstellungsdatum(edatum);
Auftrag.setErstellungszeit(edatum);
Auftrag.setSubmission("SUBMI_00");

//Abschicken des Datensatzes
DT_Antwort Antwort = stub.MI_AuftragSyncOut00(Auftrag);
System.out.println("Type: "+Antwort.getType()+ ",
  Message: "+Antwort.getMessage());

}
catch (Exception e)
{
e.printStackTrace();
}
}
}
```

A.8 Material zum vierten Schritt der Fallstudie (Zustellung der Rechnung)

A.8.1 Externe Definition für Mail (aus SAP-Hinweis 748024)

```
<?xml version="1.0" encoding="utf-8" ?>

<xs:schema
  targetNamespace="http://sap.com/xi/XI/Mail/30"
  xmlns:xi="http://sap.com/xi/XI/Mail/30"
  xmlns:xs="http://www.w3.org/2001/XMLSchema">

<!--
  * Mail
  -->
  <xs:element name="Mail">
    <xs:annotation>
      <xs:documentation>Mail package for XI - Mail
        Adapter</xs:documentation>
    </xs:annotation>
    <xs:complexType>
      <xs:sequence>
        <xs:element name="Subject" type="xs:string"
          minOccurs="0">
        </xs:element>
        <xs:element name="From" type="xs:string"
          minOccurs="0">
        </xs:element>
        <xs:element name="To" type="xs:string"
          minOccurs="0">
        </xs:element>
        <xs:element name="Reply_To" type="xs:string"
          minOccurs="0">
        </xs:element>
        <xs:element name="Content_Type"
          type="xs:string" minOccurs="0">
        </xs:element>
        <xs:element name="Content_Description"
          type="xs:string" minOccurs="0">
        </xs:element>
        <xs:element name="Content_Disposition"
          type="xs:string" minOccurs="0">
        </xs:element>
        <xs:element name="Date" type="xs:dateTime"
          minOccurs="0">
        </xs:element>
        <xs:element name="Message_ID" type="xs:string"
          minOccurs="0">
```

```
        </xs:element>
        <xs:element name="X_Mailer" type="xs:string"
          minOccurs="0">
        </xs:element>
        <xs:element name="Content" minOccurs="0">
          <xs:annotation>
            <xs:documentation>any mixed content
              type</xs:documentation>
          </xs:annotation>
        </xs:element>
      </xs:sequence>
      <xs:attribute name="encoding" type="xs:string">
          <xs:annotation>
            <xs:documentation>
              optional encoding name (base64,
              quoted-printable)
            </xs:documentation>
          </xs:annotation>
      </xs:attribute>
    </xs:complexType>
  </xs:element>
</xs:schema>
```

A.8.2 XSD-Datei zum Message-Mapping

```
<xsl:stylesheet
xmlns:xsl="http://www.w3.org/1999/XSL/Transform"
version="1.0"
xmlns:ns0="urn:sap-com:document:sap:rfc:functions"
xmlns:ns="http://sap.com/xi/XI/Mail/30">

<xsl:output method="xml" encoding="utf-8"
  indent="yes" />

<xsl:template match="/">
              <xsl:apply-templates select="INVOIC01"/>
</xsl:template>

<xsl:template match="INVOIC01">
 <ns:Mail>
   <Subject>
     <xsl:text>Rechnung: </xsl:text>
     <xsl:value-of select="IDOC/E1EDK01/BELNR" />
   </Subject>
   <From>
     <xsl:text>Sendermailadresse</xsl:text>
   </From>
   <To>
     <xsl:text>Empfängermailadresse</xsl:text>
```

```
    </To>
    <Content_Type>
      <xsl:text>text/html</xsl:text>
    </Content_Type>
    <Content>
      <html>
        <head>
          <meta content="text/html;charset=ISO-8859-1"
          http-equiv="Content-Type" />
        </head>
        <body>
          <xsl:text>Wir stellen Ihnen folgende Artikel
            in Rechnung:</xsl:text>
          <br/><br/>
          <table border="1" cellPadding="1"
            cellSpacing="1" width="60%">
            <tr>
              <th>Artikelnummer</th>
              <th>Bezeichnung</th>
              <th>Menge</th>
              <th>Bestelleinheit</th>
              <th>Preis</th>
            </tr>
              <xsl:apply-templates
                select="IDOC/E1EDP01" />
          </table>
        </body>
      </html>
    </Content>
  </ns:Mail>
</xsl:template>

<xsl:template match="IDOC/E1EDP01">
  <tr>
    <td>
      <xsl:value-of select="E1EDP19[QUALF=002]/IDTNR" />
    </td>
    <td>
      <xsl:value-of select="E1EDP19[QUALF=002]/KTEXT" />
    </td>
    <td><xsl:value-of select="MENGE" /></td>
    <td><xsl:value-of select="MENEE" /></td>
    <td>
      <xsl:value-of select="E1EDP26[QUALF=004]/BETRG" />
      <xsl:text> EUR</xsl:text>
    </td>
  </tr>
</xsl:template>

</xsl:stylesheet>
```

B Literaturverzeichnis

Das folgende Verzeichnis fasst die explizit im Buch herausgestellte Literatur zusammen. Es erhebt keinen Anspruch auf Vollständigkeit und soll Ihnen stattdessen die Möglichkeit bieten, sich mit der Integration von IT-Systemen im Detail auseinander zu setzen.

- Aleksy, Markus; Korthaus, Axel; Schader, Martin: *Implementing Distributed Systems with Java and CORBA*. Springer, 2005.

  Umfassendes Werk, das die Konzepte von CORBA (inkl. Interface Definition Language) und Object-Request-Brokern erläutert und zeigt, wie verteilte Systeme mit Java und CORBA entwickelt werden können.

- Alonso, Gustavo; Casati, Fabio; Kuno, Harumi; Machiraju, Vijay: *Web Services*. Springer, 2004.

  Hebt sich positiv von den zahlreichen anderen Büchern zum Thema Webservices ab, indem es sich auf die Darstellung der wesentlichen Konzepte (inkl. Service-Composition) konzentriert.

- Conrad, Stefan: *Föderierte Datenbanksysteme*. Springer, 1997.

  Bietet als Lehrbuch eine Gesamtdarstellung der Konzepte der Datenintegration mithilfe föderierter Datenbanksysteme und behandelt die Themen semantische Integrität sowie Transaktionsverwaltung.

- Conrad, Stefan; Hasselbring, Wilhelm; Koschel, Arne; Tritsch, Roland: *Enterprise Application Integration*. Spektrum, 2005.

  Aktuelles und fundiertes Werk zum Thema Integration von IT-Systemen, das die Grundlagen zeigt und Konzepte und Entwurfsmuster anhand von Praxisbeispielen erläutert.

- Erl, Thomas: *Service-Oriented Architecture*. Prentice Hall, 2006.

  Einführung in das Thema SOA: Was zeichnet Services aus? Wie werden diese modelliert und mithilfe von Webservices implementiert?

- Grosso, William: *Java RMI*. O'Reilly, 2001.

  Sehr technisch orientiertes Buch, das nach einer Einführung in die allgemeinen Netzwerktechnologien anhand von Beispielen sehr detailliert die Verwendung der Java Remote Method Invocation erläutert (Voraussetzungen, Umsetzung und zugrunde liegende Protokolle).

- Keller, Wolfgang: *Enterprise Application Integration*. dpunkt, 2002.

  Das Buch enthält eine gut verständliche Darstellung zum Thema EAI mit einem deutlichen Praxisbezug. Zudem ist eine Checkliste mit Fragen zum Einsatz und zur Auswahl von EAI-Produkten enthalten.

- Juric, Matjaz B.; Sarang, Poornachandra; Mathew, Benny: *Business Process Execution Language for Web Services*. Packt Publishing, 2. Auflage 2006.

  Eines der wenigen derzeit am Markt verfügbaren Bücher, das sich im Wesentlichen mit dem Aufbau und der Anwendung von BPEL beschäftigt.

- Mertens, Peter: *Integrierte Informationsverarbeitung 1*. Gabler, 2005.

  Eines der Standardlehrbücher der Wirtschaftsinformatik, das die Integration von IT-Systemen in den Vordergrund stellt.

- Scheckenbach, Rainer: *Semantische Geschäftsprozeßintegration*. Deutscher Universitätsverlag, 1997.

  Dissertation, die die technisch-organisatorischen Fragestellungen der zwischenbetrieblichen Integration von IT-Systemen beleuchtet.

- Sharma, Rahul; Stearns, Beth; Ng, Tony: *J2EE Connector Architecture and Enterprise Application Integration*. Addison-Wesley, 2002.

  Führt detailliert in die der Erweiterung von SAP XI zugrunde liegende Java Connector Architecture ein.

- Woods, Dan; Mattern, Thomas: *Enterprise SOA: Designing IT for Business Innovation*. O'Reilly, 2006.

  Das Buch von Dan Woods und Thomas Mattern ist das derzeit aktuellste Buch zum Thema »Enterprise SOA«. Das Buch erklärt anhand von Fragen und Antworten, was eine serviceorientierte Architektur ist, wie SAP diese umsetzt, und wie Kunden von ihrer jetzigen Architekur zur Enterprise SOA kommen. Es richtet sich an ein breites Publikum, von Businessanalysten bis zu Unternehmensarchitekten, die sich mit den Potenzialen einer SOA-Architektur auseinandersetzen wollen.

C Die Autoren

Valentin Nicolescu studierte an der Universität Hohenheim Wirtschaftswissenschaften. Seit 2003 ist er technischer Leiter des SAP Hochschul Competence Center (SAP HCC) an der Technischen Universität München. Dort ist er neben dem Betrieb von SAP-Schulungssystemen für Hochschulen in ganz Deutschland auch für die SAP-Ausbildung von Hochschullehrern verantwortlich.

Neben der Fokussierung auf Produkte der Plattform SAP NetWeaver ist er auch in die klassische ERP-Ausbildung mit SAP R/3 und mySAP ERP involviert. Er ist zertifizierter SAP Technology und Development Consultant XI sowie Technology Consultant Web AS und Enterprise Portal.

Professor Dr. Burkhardt Funk studierte Physik und Informatik an den Universitäten Kiel, Würzburg und Stony Brook (USA) und arbeitete nach seiner Promotion 1997 bei McKinsey & Company. Dort war er als Berater in den Bereichen Retail Banking und E-Business für internationale Banken tätig, bevor er im Jahr 2000 ein Unternehmen gründete.

Heute ist Burkhardt Funk Professor für Wirtschaftsinformatik an der Stiftungsuniversität Lüneburg. Am Institut für elektronische Geschäftsprozesse umfassen seine Arbeitsfelder die geschäftsprozessorientierte Integration von betrieblichen IT-Systemen sowie die Anwendung von webservicenahen Technologien. Darüber hinaus ist er geschäftsführender Gesellschafter der GWIL Gesellschaft für Wirtschaftsinformatik Lüneburg mbH, die schwerpunktmäßig entwicklungsintensive Projekte im SAP-Umfeld durchführt.

Professor Dr. Peter Niemeyer studierte Mathematik an der Universität Ulm und der TU Berlin und kam nach seiner Promotion 1996 zur SAP AG. Dort war er zunächst mehrere Jahre in der Anwendungsentwicklung im Bereich Rechnungswesen tätig und betreute anschließend als Software Consultant zahlreiche entwicklungsnahe Projekte mit nationalen und internationalen Unternehmen.

Heute ist Peter Niemeyer Professor für Wirtschaftsinformatik an der Stiftungsuniversität Lüneburg. Am Institut für elektronische Geschäftsprozesse umfassen seine Arbeitsfelder die Anwendungsentwicklung auf Basis von ERP-Systemen sowie die geschäftsprozessorientierte Integration von betrieblichen IT-Systemen. Darüber hinaus ist er geschäftsführender Gesellschafter der GWIL Gesellschaft für Wirtschaftsinformatik Lüneburg mbH, die schwerpunktmäßig entwicklungsintensive Projekte im SAP-Umfeld durchführt.

Matthias Heiler ist Diplom-Physiker und arbeitet als Solution Sales Executive bei der SAP AG in Walldorf. Nach dem naturwissenschaftlichen Studium war er als Anwendungsentwickler im Bereich Großrechner in der Luftfahrt tätig und später Projektmanager in internationalen Projekten im Bereich Banking/Automotive bei einem amerikanischen Beratungsunternehmen. Seit 1995 ist er bei SAP zunächst als Referent im Bereich SAP Basis (R/2 und R/3), seit 1999 im Vertrieb tätig.

Seine heutigen Arbeitsschwerpunkte liegen im Bereich serviceorientierte Architekturen, mit besonderem Fokus auf Integrationsplattformen und Business Process Management. Darüber hinaus unterrichtet er derzeit betriebswirtschaftliche Prozesse mit SAP-Systemen an der International University Bruchsal.

Dr. Holger Wittges hat an der Universität Hohenheim am Lehrstuhl von Professor Krcmar über das Thema »Verbindung von Geschäftsprozessmodellierung und Workflow-Implementierung« promoviert. Drei Jahre hat er als IT-Projektleiter bei der debitel AG in Stuttgart gearbeitet.

Er ist seit 2004 operativer Leiter des SAP Hochschul Competence Center (SAP HCC) an der Technischen Universität München. Seine aktuellen Forschungsthemen sind Standardsoftware, serviceorientierte Architekturen und Performancemessungen von ERP-Systemen. Er ist zertifizierter Technology Consultant SAP NetWeaver – Enterprise Portal & Knowledge Management.

Thomas Morandell studierte an der Technischen Universität München Diplominformatik mit Nebenfach Mathematik und war bereits während dieser Zeit bei verschiedenen Unternehmen tätig, unter anderen bei der OSRAM GmbH. Er ist Development Consultant bei der SPV AG und beschäftigt sich dabei hauptsächlich mit Produkten im Bereich SAP NetWeaver.

Florian Visintin studierte Informatik mit Nebenfach Wirtschaftswissenschaften an der TU München. Er ist als Development Consultant vor allem im Bereich SAP NetWeaver tätig. Bereits während seines Studiums arbeitete er u.a. bei der Pentos AG im Umfeld von Lotus Notes und beschäftigte sich mit der Thematik SAP NetWeaver Exchange Infrastructure.

Benedikt Kleine Stegemann studierte Wirtschaftsinformatik an der Universität Lüneburg und arbeitete während dieser Zeit u.a. für die Infracor GmbH (Degussa-Konzern) und die Airbus Deutschland GmbH in Hamburg. Er ist Development Consultant bei der GWIL GmbH und beschäftigt sich hauptsächlich mit Entwicklungsprojekten im SAP-Umfeld.

Index

A

B

C

D

E

F

G

H

I

J

K

L

M

N

O

Kollaborative Prozesse, Interfaces, Messages, Proxies und Mappings

Laufzeit, Konfiguration systemübergreifender Prozesse und BPM

288 S., 2005, 59,90 Euro
ISBN 3-89842-437-5

SAP Exchange Infrastructure

www.sap-press.de

Jens Stumpe, Joachim Orb

SAP Exchange Infrastructure

Sie wissen, was XI ist? Haben die neuesten Marketingfolien gesehen? Dann lesen Sie jetzt dieses Buch. Es erläutert Ihnen ausführlich die Architektur und den Umgang mit Mappings, Proxies und Interfaces, und es beschreibt das Design und die Konfiguration von Geschäftsprozessen. In einem großen Praxisteil werden Ihnen dann verschiedene Einsatzszenarien und ihre konkrete Konfiguration vorgestellt.

>> www.sap-press.de/668

Lernen Sie die Voraussetzungen und Systemparameter zur Administration von SAP XI kennen

Konfigurieren Sie Ihre Landschaft optimal mit System Landscape Directory und Change Management Service

103 S., 2005, 48,– Euro
ISBN 3-89842-964-4

Praxisleitfaden SAP XI 3.0 – Administration

www.sap-hefte.de

Marcus Banner, Heinzpeter Klein

Praxisleitfaden SAP XI 3.0 – Administration

SAP-Heft 21

Dieses SAP-Heft hilft Ihnen, die Fallstricke bei der Administration einer SAP XI 3.0 zu identifizieren und zu umgehen. Es führt Sie durch das Setup der wichtigsten Systemparameter, Sie erfahren Grundlegendes über die Konfiguration von SLD und CMS und lernen das XI-eigene Transportwesen kennen.

>> www.sap-hefte.de/1075